Sybille Bedford

Zu Besuch bei Don Otavio

Sybille Bedford

Zu Besuch bei Don Otavio

Übersetzt aus dem Englischen
von Christian Spiel

PIPER

Mehr über unsere Autoren und Bücher:
www.piper.de

ISBN 978-3-492-55056-7

Titel der englischenOriginalausgabe: »A Visit to Don Otavio«,
1960 William Collins Sons & Co. Ltd., London

Covergestaltung: zero-media.net, München
Covermotiv: FinePic®, München
Printed in Germany

Vorwort von Bruce Chatwin

Zu den vielen Geheimnissen der Verlegerei im 20. Jahrhundert gehört jenes: Wie konnte es möglich sein, dass Sybille Bedfords *Zu Besuch bei Don Otavio* jemals vergriffen war? Wird Sybille Bedford doch in die englische Literaturgeschichte als eine der glänzendsten Stilistinnen unserer Zeit eingehen. »Reisebücher« (was für eine aussagelose Kategorie!) erlebten zugegebenermaßen eine Konjunkturschwäche in den sechziger Jahren, während viele prätentiöse und unlesbare Romane lieferbar blieben. Aber *Don Otavio* ist genauso wenig ein Reisebuch, wie Turgenjews *Aufzeichnungen eines Jägers* ein Buch über das Waldschnepfen-Jagen ist. Nein, es ist ein Roman, *a novel,* im besten Wortsinn – im Sinne von etwas »Neuem und Frischem« –, und als solches gehört *Don Otavio* zu ihren drei mehr oder weniger autobiografischen Romanen, deren erster *Ein Vermächtnis* ist. *Don Otavio* ist eine Geschichte der Befreiung aus der klaustrophobischen Lebenssituation im New York der Kriegsjahre; es wagt sich an eines der komplexesten Themen, Mexiko (an dem so viele Literaten scheiterten); und schließt mit dem Porträt eines unvergesslichen Mexikaners, Don Otavio de XyXyXy.

»Natürlich ist es ein Roman«, sagte Mrs. Bedford einmal zu mir. »Ich wollte etwas Leichtes, Poetisches schreiben … Ich habe mir keine einzige Notiz gemacht, während ich in Mexiko war … Wenn man sich mit Notizen blockiert, geht alles verloren. Aber ich habe Postkarten an meine Freunde geschickt, und als ich anfing zu schreiben, habe ich sie mir alle wieder zurückschicken lassen.«

Sybille Bedford ist die lebhafteste und wortgewandteste Person, die ich kenne; sie ist absolut resistent gegen jede Art von Gemeinplatz, und ihre drei voneinander untrennbaren Leidenschaften sind Schreiben, Freundschaften und ein gutes Glas Rotwein. Zwar ist sie in Deutschland kurz vor dem Ersten Weltkrieg geboren, aber es scheint, als sei sie unterwegs geboren. Ihre Mutter war eine ewig Rastlose mit dem Temperament einer Bohemienne und vielfältiger Nationalität. Ihr Vater war ein süddeutscher Baron, »befreundet mit den besten Köchen von London und Paris«, der ihr, als sie sechs Jahre alt war, beibrachte, wie man grüne Bohnen nicht verkocht und wie man einen guten Jahrgang erkennt. »Meinem Vater wäre nie in den Sinn gekommen, warum ein sechsjähriges Kind keinen Geschmack haben sollte.«

Er starb ein Jahr später – woraufhin sie zu ihrer Mutter nach Italien verschickt wurde und dann nach England, »zur sogenannten Erziehung, die nie stattfand«. Später, als junges Mädchen in Südfrankreich gelandet, vertiefte sie sich aus eigenen Stücken in Baudelaire, Stendhal, Flaubert und las keinen der großen englischen Klassiker. Aldous Huxley war der erste, der sie ermunterte zu schreiben, und unter seinem Einfluss verfasste sie drei (nie veröffentlichte) »selbstherrliche Ideenromane«. Als der Krieg ausbrach, floh sie von Frankreich nach Amerika; und als der Krieg vorbei war, reiste sie südwärts nach Mexiko: »Ich hatte großes Verlangen nach einer Ortsveränderung, wollte eine andere Sprache hören, neues Essen kennenlernen; wollte in einem Land mit einer langen, hässlichen Geschichte und so wenig Gegenwartsgeschichte wie möglich leben. Kurzum, ich sehnte mich danach zu reisen. Sicherlich war die Neue Welt, die die Fantasie der Elisabethaner beflügelt hatte, groß genug.«

Es wäre sinnlos zu versuchen, all die Aufregungen, Ansichten, Geschmackserlebnisse und köstlichen Überraschungen von Mrs. Bedfords »Wunderreise« zusammenzufassen oder die unverstellte Klarheit ihres Stils zu kommentieren. Es ist ganz einfach ein Buch, das in Staunen versetzt, das man wieder und wieder lesen kann. Niemals lässt Sybille Bedford sich zur Satire hinreißen. Sie ist niemals derb, niemals überheblich, gestattet sich niemals ironische Randbemerkungen, wie es klassischerweise so viele Reiseschriftsteller tun. Selbst wenn sie die düsteren Chroniken Mexikos aufrollt – wo es um Montezuma und Cortés geht, den Kaiser Maximilian und Benito Juárez oder um die weniger weit zurückliegenden marxistischen Revolutionäre –, moralisiert sie nicht, noch bezieht sie einen politischen Standpunkt. Was sie vermittelt – hier und in all ihren Romanen –, ist die Tatsache, dass alles fraglich ist; dass die Conditio humana darin besteht, dass Abermillionen Menschen auf der Erde hin und her geschubst werden und vergeblich versuchen, Halt zu finden, aber irgendwie immer wieder daran gehindert werden.

(1986)

Erster Teil

Auf der Suche einer Reise

Erstes Kapitel

Von New York nach Nuevo Laredo

Ô le pauvre amoureux des pays chimériques!

Der obere Teil der Grand Central Station ist groß und prächtig wie die Caracallathermen.

»Ihre Zimmer sind an der Isabel de la Catolica«, sagte Guillermo.

»Wie nett von Ihnen«, sagte ich.

»Pension Hernandez.«

»Wie ist's denn dort?«

»Der Manager ist sehr unfreundlich. Er wollte mich nicht mal meine Kleider mitnehmen lassen, als ich verhaftet wurde. Aber Sie werden keinen Ärger haben.«

»Sonst noch was?« sagte ich.

»Schwer zu sagen«, meinte Guillermo. Seine Mutter war eine mexikanische Dame; sein Vater, so sagt Guillermo, war Schotte gewesen. Guillermo sah aus wie ein streunender Kater, nicht eben gepflegt; die Kunst des Überlebens schien seine einzige Stärke. »Freunde werden sich um Sie kümmern.«

»Was für Freunde?«

»Freunde. Sehr lieb und hilfreich.« Seine fiesen Fliegenaugen schweiften über den Boden. »Erwähnen Sie meinen Namen in der Pension nicht.«

»Ja, das wird wohl besser sein.«

»Viel besser«, sagte Guillermo.

Nach etlichen Jahren in den Vereinigten Staaten, wo man eine Eintrittskarte für einen erfolgreichen Film sechs Wochen im voraus bestellen muss und die Reservierung eines Hotelzimmers viel Geduld und Geschick verlangt und dann doch nur in letzter Minute und mit viel Glück gelingt, erwartet man schon nicht mehr, dass man sich wieder würde frei bewegen können. Nicht einmal für viel Geld und gute Worte könne man im Reforma in Mexiko-City etwas bekommen, hieß es beim *American Express.* Man wolle ja gar nicht ins Reforma, erklärte man. Ja, aber im Ritz sei es genauso schlimm. An diesem Punkt gab man auf Daher also Guillermo, daher die Pension Hernandez. Guillermo war einsam und diensteifrig und überschlug sich, jeden unerdenklichen Wunsch auf eine denklich unerwünschte Weise zu erledigen.

»Wie wär's mit einem Gläschen?« fragte er.

Wir saßen in der Bahnhofsbar und warteten. Zeit hatten wir genug. Die Koffer waren in den Händen von Gepäckträgern, und nach tagelangem Gehetze gab es mit einem Mal nichts mehr zu tun. Wir empfingen. Das heißt, alle möglichen Leute kamen vorbei, um uns zu verabschieden und uns und einander auf ein Glas einzuladen. Leute, die wir seit Jahren nicht gesehen hatten. Ankunft und Abreise sind die beiden großen Angelpunkte, um die sich in Amerika das gesellschaftliche Leben dreht. Man kommt an. Man hat sein Empfehlungsschreiben parat. Man ist augenblicklich von einer großen, vagen Erwartung umgeben. Man mag berühmt sein; man mag schön sein, geistvoll oder reich; vielleicht sogar liebenswürdig. Was jedoch zählt: man ist *neu.* In Europa, wo menschliche Beziehungen ebenso dauerhaft sein sollen wie Kleider, muss man etwas aushalten können. In Frankreich muss man interessant, in Italien angenehm sein, in England muss man »sich einfugen«. Hier, wo der Umgang von Mensch zu Mensch keine Abstufungen kennt, *sans lendemain* ist, wo ausländische Besucher Konsumgüter sind, ist es eine Sache des Umsatzes. Man wird aufgenommen, ausgeführt, mitgenommen, eingeführt, Partys werden für einen gegeben, und schwupps, bevor man noch sagen kann, man lebt in Amerika, sind schon die Abschiedspartys und die Proviantkörbe für den Dampfer da. Es werden einem die Wangen geküsst, die Schultern geklopft, die Hände gedrückt; man bekommt Flaschen, Präsente und Blumen geschickt, denn man »segelt« ab. Das große, leere Rad der Gastfreundschaft hat seine Umdrehung vollendet.

Diese letzten Tage haben Atmosphäre und Intensität, alles nimmt quantitativ zu, die Partys, die Menschen, die Drinks. Und bei all ihrer oberflächlichen Herzlichkeit ist diese Betriebsamkeit doch nicht ohne Bedeutung. Die Wärme, die plötzliche Intimität, die Gefühle sind nicht unecht, sondern Ritual. Für die Amerikaner ist das »Segeln« ein Symbol. Symbol vergangener und künftiger Reisen, ihrer Fahrnis und ihrer Sicherheit, Symbol für Isolierung und Flucht. Sie bleiben und sind in Sicherheit; aber sie können auch das Land verlassen und sich selbst beweisen, dass sie frei sind. Der gefährliche, der ersehnte, der verachtete und bewunderte Kontinent Europa liegt nur ein paar Tagereisen jenseits des Meeres. Das tritt ins Bewusstsein, wenn man wieder einmal »segelt«. Abschiede sind Ersatz für Magie: In Amerika hält man noch immer viel vom *adieu suprême des mouchoirs*.

Zwischen Ankunft und Abreise liegt – falls man taktlos genug ist zu bleiben – ein gesellschaftliches Niemandsland, in dem es einem selbst überlassen ist, sich Freunde zu suchen und sein Leben zu führen. Das Land ist groß, und ebenso groß ist die Auswahl. Selten lebt und findet man seine Freunde unter den gastfreundlichen Gestalten der ersten, turbulenten Wochen. Manche verschwinden einfach, und wenn man sie zufällig wiedertrifft, versagen sie sich aus Freundlichkeit die Frage: »Was, immer noch hier?« Statt dessen heißt es: »Rufen Sie doch mal an.« »Ja, das werd' ich tun«, sagt man, und dabei bleibt es, auf ein weiteres Jahr.

Andere werden zu Inventarstücken, zu den Gesichtern, denen man den Winter über auf denselben New Yorker Partys begegnet, ohne sie wahrzunehmen. Man spricht sie beim Vornamen an, man reicht einander Gläser, aber man bleibt sich fern.

Wenn man schließlich abreist, macht man eine gesellschaftliche Auferstehung durch. Es schneit Einladungen und Delikatesskörbe für den Dampfer, als wäre man die Sitwells und nur fünf Wochen geblieben. In meinem Fall nur eine teilweise Auferstehung, weil eine Abreise zu Lande nicht ganz das Richtige und mit Mexiko nicht viel Staat zu machen ist: derselbe Kontinent, oder doch beinahe.

Die Bar war klimatisiert. Was bedeutet, dass man zuerst fröstelt, dann friert und schließlich vor Kälte zu zittern beginnt. Dann wird einem wieder warm, und man fühlt sich ziemlich klebrig; dann beginnt die Luft nach Stahlmessern zu schmecken, in den Ohren fangt es zu summen an, das Atmen fallt schwer; dann bricht einem kalter Schweiß aus, und dann ist es Zeit, aufzubrechen.

Wir stiegen in die Mosaikenhalle hinauf. Hier dampfte es wie in einer chinesischen Wäscherei, und die Hitze fiel wie mit Keulenschlägen über uns her. Der Sommer in den großen amerikanischen Städten ist eine üble Sache. Er ist negativ, gnadenlos und tot. Er ist überaus heiß. Die Hitze, die von Beton und Stahl ausstrahlt, ist synthetisch, unfreiwilliges Menschenwerk, eines der vielen Abfallprodukte der industriellen Revolution. Diese Großstadthitze lässt nichts wachsen; sie wärmt nicht, sie peinigt nur. Man kann kaum glauben, dass sie vom Himmel kommt. Sie hat nichts vom Zauber, nichts von der Kraft der Sonne in einem heißen Land. Sie gehört weder zur Natur noch zum Leben, das Leben ist nicht auf sie eingerichtet, und die Natur zieht sich zurück. Dem Geist und der Wirklichkeit, der Architektur und den Gewohnheiten nach ist die Ostküste der Vereinigten Staaten ein nördlich-raues, ein kaltes Land geblieben, das unter der Geißel der Hitze leidet.

Tagsüber drückt ein grauer, bleierner Deckel auf New York. Auch der Sonnenuntergang bringt keine Linderung. Die Nacht ist ein luftloser Schacht; in der Dunkelheit steigt die Temperatur noch an; von überallher strömt unsichtbar die Hitze aus; sie kommt von unten, von oben, von den düsteren Brutöfen aus hitzegesättigtem Stein, erhitztem Metall. In der Mitte der Nacht erreicht sie ihren Höhepunkt; jeder Bewohner liegt, da menschliche Berührung unerträglich ist, für sich allein auf einer Matratze, eingeschlossen in einem schwarzen Hitzeloch, bis in den unratbedeckten Straßen und in den Zimmern über den Unerfrischten die Dämmerung heraufzieht wie ein besudelter Vorhang.

Solches Dulden ist ganz ohne Sinn. Es kräftigt den Körper nicht, es ermattet ihn nur. Und doch duldet man weiter. Büroangestellte träumen von tiefen, kalten Seen, von einem Zeltplatz in den Adirondacks oder einer Fischerhütte in Maine, wo man, der Sage nach, unter einer Decke schlafen muss, um nicht zu frieren. Aber niemand tut etwas dagegen. Niemand weiß, was man dagegen tun könnte. Es sind schon zu viele Schafe im Stall.

Wir gingen nach unten, wo unter der Erde in grauen Betontunnels die Züge ungeduldig warteten. Guillermo war noch immer an unserer Seite. Obwohl er keineswegs abreiste, trug er eine braune Reisetasche in der Hand. Ein Gepäckträger wollte sie ihm abnehmen, Guillermo wehrte ab. In der Tasche klirrte etwas. Er spähte hinein.

»Ich hätte ein bisschen Papier mitnehmen sollen«, sagte er. Ich spähte ebenfalls hinein. Drinnen lagen, von einer Badematte halb bedeckt, ein paar Zahnputzgläser, etliche Kleiderbügel, einzelne Mottenkugeln, eine metallene Teekanne, Glühbirnen und eine Rolle Löschpapier.

»Guillermo?«

»Aus Ihren Zimmern«, sagte er. »Machen Sie sich keine Gedanken, meine Liebe, Ihr Vermieter legt bestimmt keinen Wert darauf«

Guillermo verwaltet seinen Kaninchenbau von Zimmern in einem abbruchreifen Sandsteinhaus in den East Thirties. Und auf diese Weise möbliert er sie wohl.

Die zwischen den Flüssen liegende Insel Manhattan ist keine Durchgangsstation, sondern ein Sackbahnhof. New York mit der Eisenbahn zu verlassen hat etwas vom Krebsgang an sich. Unser Fahrtziel liegt im Südwesten, aber wir müssen die Stadt in nördlicher Richtung unterfahren. In der 96. Straße taucht man an die Oberfläche. Der Saint-Louis-Express rollt über dem Straßenniveau auf einer Art Rampe dahin wie eine Hochbahn. Harlem. Bahnhof

125. Straße, dieser absurde, kleine, wellblechüberspannte Haltepunkt dicht über den Dächern der Häuser. Die Straßen der einfachen Leute. Niedrige Backsteinhäuser, in den Fenstern Wäsche zum Trocknen, Männer in Unterhemden, die den langen Abend schwitzend in Zimmerenge erdulden. Drunten auf dem Straßenpflaster Kinder, die wie eh und je über Kreidekreise hin und her hüpfen. 205. Straße. Ein Mann rasiert sich am offenen Fenster. Wenn man mit dem Schiff reiste, würde man jetzt den Hudson hinunterfahren. Man würde die Geräusche der Schiffe und des Flusses hören. Vielleicht läge die *Queen Elizabeth* im Hafen. Man würde an Werften, Docks und Speichern vorübergleiten und die Namen von Überseedampfern lesen, die nach Rio und nach China gehen. Man würde das Meer riechen und Fernweh bekommen. Dann würde man die Battery passieren und die berühmte Skyline erblicken, gerade wenn die Lichter aufgehen. Das wäre das New York der glanzvollen Silhouette, nicht das New York der trübseligen Einzelheiten, und vermutlich hätte man Tränen in den Augen.

Immerhin, man fühlt sich recht behaglich. Und ungestört. E. und ich hatten es fertiggebracht, ein Schlafabteil für uns allein zu bekommen. Sie kosten nur etwa einen Dollar mehr als ein Platz im gemeinsamen Schlafwagen, sind aber sehr schwer zu ergattern. Endlich unterwegs. Ich holte ein Fläschchen Gin heraus, eine Thermosbox mit Eiswürfeln, etwas Angostura und aus einem Lederetui die Woolworth-Gläser, die längst die silbergefassten, geschliffenen Reisebecher abgelöst haben, mit denen unsere Vorväter durch eine bessere Welt gereist sind, und mixte uns zwei große *pink-gins.*

»Hat der Junge von Bellows ein Trinkgeld bekommen?« fragte E.

»Von mir nicht. Hast du Mr. Holliday das Buch zurückgegeben?«

»Oh, nein. Wie peinlich.«

»Jetzt können wir daran nichts mehr ändern.« Wie erholsam, endlich frei zu sein! Wir waren in anonymen und, wie man voraussetzte, fähigen Händen, in denen der Great Eastern and Missouri Railroad. Die nächsten vier Nächte und fast vier Tage. Vier Stunden aufrecht auf einem Platz im Zug zu sitzen ist langweilig; acht Stunden sind verdammt lang, zwölf entsetzlich. Ein gradueller Unterschied ist ein wesentlicher Unterschied: Vier Tage auf der Bahn sind ein Waffenstillstand mit dem Leben. Und immer gibt es etwas zu essen. Ich hatte einen Korb und einen Karton vollgepackt. Wenn es mir irgend möglich ist, nehme ich meinen eigenen Proviant mit; man bleibt unabhängig und angenehm beschäftigt, es ist billiger und meist viel besser. Ich hatte uns ein paar Dosen Thunfisch, ein Glas geräucherten Rehfleischs, eine Salami und ein großes Stück Provolone besorgt; dazu Roggen- und Schwarzbrot, zum Frischbleiben in Zellophan verpackt. An diesem ersten Abend gab es frisches Essen. Ein Hühnchen, am Nachmittag bei Freunden gebraten und noch leicht warm; ein paar Scheiben von dem wunderbaren amerikanischen Virginiaschinken, murmelgroße, dunkelrote Tomaten, an den Ständen in der Second Avenue erstanden; Brunnenkresse, ein Baguette, ein Eck Rahmkäse, eine Tüte Kirschen und eine Flasche rosafarbenen Weins. Der Wein hieß »Lancer's Sparkling Rosé«, doch sollte man sich an dem Namen nicht stoßen. Er kommt aus Portugal und ist köstlich. Ein leuchtender, klarer Wein, fast vollmundig, der nicht wie so viele Roses dünn und fade wird, wenn man mehr davon trinkt. Er hat außerdem den Charme, in einen Steingutkrug abgefüllt zu sein, und einmal gekühlt, bleibt er auf Stunden angenehm frisch. Ich öffnete den Krug mit meinem französischen Korkenzieher. Der angenehmste Ton der Welt.

»Nimm doch eine Olive«, sagte ich.

Mit einem silbernen Klappmesser halbierte ich die Tomaten. Ein dünner Strahl Öl aus einem Fläschchen, zwei zerriebene Basilikumblätter. »Hast du den Pfeffer gesehen?«

Ich nahm die hölzerne Pfeffermühle aus dem Etui. Sie war mit trüffelschwarzen Tellicherykörnern gefüllt. Ich schnupperte daran. Diese Pfeffermühle war gewiss zu viel des Guten. Die Götter konnten nicht darüber lächeln. Ein Freund hat mir einmal von einem Dackel erzählt, der an einer roten Leine durch die Straßen von Paris geführt wurde. Er trug ein fesches rotes Mäntelchen, und an dem Mantel war eine Tasche, und aus der Tasche spitzte ein Ziertüchlein mit dem Monogramm des Dackels. Das war, wie sich zeigte, für einen Hund von echtem Schrot und Korn dann doch zu viel. Ein Hund ohne Halsband fiel den Dackel an und biss ihm das Genick durch. Ich habe oft voller Mitgefühl dieses Dackels gedacht.

Zu unserer Reise hatten wir uns im letzten Augenblick entschlossen. Ich war überhaupt nicht auf Mexiko vorbereitet. Ich hatte nicht damit gerechnet, jemals nach Mexiko zu kommen. Ich hatte ein paar Jahre in den Vereinigten Staaten verbracht und war im Begriff, nach Europa zurückzufahren. Ich hatte großes Verlangen nach einer Ortsveränderung, wollte eine andere Sprache hören, neues Essen kennenlernen; wollte in einem Land mit einer langen, hässlichen Geschichte und so wenig Gegenwartsgeschichte wie möglich leben. Kurzum, ich sehnte mich danach zu reisen. Sicherlich war die Neue Welt, die die Fantasie der Elisabethaner beflügelt hatte, groß genug. Kanada? Wer verfällt schon auf Kanada? Argentinien war mir zu neu und Brasilien zu weit. Guatemala zu modern, San Salvador zu begrenzt, Honduras zu britisch. Ich entschied mich für Peru.

Es genügte den Ansprüchen und hatte für mich die beglückendsten Assoziationen. Die heilige Rosa von Lima. Peruanische Architektur: reiche Fassaden, glühend und bröckelnd, wie Kekse, eingeweicht in Romanée-Conti. Dies waren wahrscheinlich irgendwelche Illustrationen – doch zu welchem Buch? Massine in seiner besten Zeit, als er in *Gatte parisienne* den Peruaner tanzte. Er trat mit schwarzen Ringellocken und Kniehosen aus weißem Satin auf trug in einer Hand einen Papageienkäfig und in der anderen eine Reisetasche, worauf das Wort PERU mit Perlen gestickt war, und alles geriet vor Entzücken außer sich. Es gab auch eine Gestalt, mit der ich mich auf Jahre hinaus identifizierte. »Sie werden mich unter dieser geringen Verkleidung nicht erkennen, aber ich bin Don Alonzo d'Alcantarra, der Sohn von Don

Pedro. Eines Tages wird man mich an die Tore von Lima pochen hören, und die edle Jugend von Peru wird wissen, dass Don Alonzo in die Stadt seiner Väter heimgekehrt ist!« Ich war mit sieben Jahren auf dieses erregende Meisterwerk gestoßen und konnte es aus irgendeinem Grund – ich weiß nicht mehr, ob Erwachsene dazwischengegangen waren oder ob Seiten fehlten – nie zu Ende lesen. Vorläufig also tat ich es Don Alonzo nach, der die »absolute Unbeweglichkeit seiner Gesichtsmuskeln übte, um seine edle Absicht der Welt zu verbergen«. Ich nahm an, das bedeute, man dürfe sein Gesicht überhaupt nicht bewegen, und pflegte, wie es mir vorkam, lange Zeit dazusitzen, angestrengt bemüht, nicht einmal ein Lid zuzuklappen. Es war sehr schwer und gelang mir auch nicht.

O ja, Peru, ich war entschieden für Peru. Ich machte mich auf und klapperte voller Energie die Reisebüros ab. Das war nicht sehr ergiebig, bis auf ein Flugticket nach Lima, das sich als ungemein teuer erwies. Ich konnte es mir nicht leisten. Im nächsten halben Jahr würde kein Schiff nach Chile ablegen. Woraufhin ich mit dem Gedanken spielte, nach Uruguay zu fahren. Ein Bekannter aus Montevideo, der Italien liebte, hatte davon erzählt und in mir die Vorstellung von Opernbesuchen und rotem Plüsch, langen Abenden und köstlichem Essen erweckt, den Eindruck, dass diese Stadt die Bürde ihrer Urbanität mit ähnlich lässiger Grazie trage wie Rom. Der Bekannte hatte auch von einem Frachter gesprochen. Der Frachter ließ sich nicht ausfindig machen. Mexiko hatte damals nicht sehr viel Verlockendes für mich, ja ich war durch die folkloristische Reiseliteratur eher abgestoßen. Als ich schon völlig entmutigt war, beteiligte sich E. M. A. an meiner Jagd nach einem Land. Ihr Eifer war maßvoll. E.s Leben besteht aus Geschichte und Politik; früher nahm sie an Gesprächsforen im Rundfunk teil, wo sie als Reisende und Kommentatorin angekündigt wurde. Sie verabscheut das Reisen, oder, besser gesagt, sie besitzt nicht das Talent, den Mechanismus des Reisens, wenn man erst einmal unterwegs ist, zu ertragen.

»Vielleicht sollte ich mir was von meinem Heimatkontinent

anschauen«, sagte sie; »obwohl ich nicht die geringste Lust verspüre, Lateinamerika kennenzulernen.«

Ein Reisebüro, bei dem ich mich hatte vormerken lassen, bot uns reservierte Plätze in einem Zug an, der Ende der Woche nach Mexiko-City ging. Wir nahmen sie.

An diesem Nachmittag ging ich zur Public Library in der 42. Straße und kehrte mit dem Tagebuch von Madame Calderón – Fanny Inglis – zurück, der Schottin, die den ersten spanischen Botschafter in Mexiko geheiratet und in den Dreißigerjahren des 19. Jahrhunderts zwei Jahre als erstaunte Beobachterin in diesem Land verbracht hatte. Später wurde Madame Calderón Erzieherin eines der zahlreichen Kinder der Königin Isabella. Sie hielt dem Hof von Madrid zwanzig Jahre lang die Treue und folgte einer Infantin ins Exil, und als die Bourbonen nach Spanien zurückkehrten, wurde sie, wie jene andere königliche Erzieherin, Madame de Maintenon, zur Marquise erhoben. Sie starb im Alter von einundachtzig Jahren im Schloss von Madrid an einer Erkältung, die sie sich bei einem Diner zugezogen hatte. Ihr mexikanisches Tagebuch ist aus demselben Stoff Mit vollem Titel heißt es: *Life in Mexico, during a residence of two years in that country,* von Madame Calderón de la Barca. Es erschien 1843 England, mit einem Vorwort des berühmten Historikers Prescott, wurde sogleich ein Bestseller und in der *Edinburgh Review* gepriesen. Ich las das *Leben in Mexiko* bis zum Morgengrauen und habe seitdem nicht mehr an Peru gedacht.

In den Ebenen von Indiana ist die Natur wahrhaftig Herrscherin. Wir fahren seit Stunden durch Weizenfelder; Meilen um Meilen üppiger gelber Ähren, die unter einem hellwachen Himmel sichtbar reifen. Ein Bild barbarischen Reichtums. Es gibt nur wenige Anzeichen von menschlichem Leben und Wohnstätten, keine Farmhäuser, keine Tiere neben der Bahnstrecke.

Welche Rolle spielt der Mensch bei der Bewirtschaftung dieser Felder? Pflügt er die Erde, oder hält er sie in Betrieb? Ist er Bauer, Mechaniker oder Geschäftsmann? Vielleicht ist hier der Schauplatz seiner letzten Niederlage: wie er in einem Holzhaus Gemüse aus Konservendosen isst, mit einem Traktor hinausfahrt, sich um seine nie wechselnde Ernte zu kümmern, die an die Banken verpfändet ist, ein Opfer der monströsen Paarung von Natur und Maschine.

Berichtigung: Wenn in Kanada, im Mittleren Westen, in Argentinien und in der Ukraine die Felder so bewirtschaftet würden wie in den »Home Counties« um London, würden wir alle Hungers sterben. O doppelgesichtige Wahrheit, o Malthus, o Kompromiss – es sind nun einmal zu viele Schafe im Stall.

Der Bettler zu Talleyrand: *»Monseigneur, il faut que je mange.«* Talleyrand zum Bettler: *»Je n'en vois pas la necessité.«* Ja, so steht Talleyrands Wort gegen das des Bettlers.

E., die Gesellige, ist in den Clubwagen gegangen, auf der Suche nach Kaffee, wie sie behauptet. Ich liege auf dem unteren Bett, meine Reiseutensilien um mich verstreut, und versuche nicht daran zu denken, dass wir später am Nachmittag in Saint Louis umsteigen müssen. Patiencekarten, Schreibbrett, Mineralwasser, Kognakflasche, Bücher. *Terry's Guide to Mexico*; Ivy Compton-Burnetts *Elders and Betters; Howard's End; Decline and Fall*; *Horizon* und die *Partisan Review,* ein Spanischlehrbuch; *The Unquiet Grave*; zwei Kriminalromane, einer von Agatha Christie und, eine Seltenheit bei mir, noch ungelesen. Ich weiß, ich habe es gemütlich, bin zur Ruhe, zu mir gekommen. Ich weiß, das ist ein Sieg oder eine Unverfrorenheit. Genieße ich diesen Augenblick? Ich bin mir seiner bewusst, vielleicht ist das genug.

Noch immer dehnen sich weithin die Felder von Indiana. Die Vergangenheit ist überall; die zerbrechliche Gegenwart bereits Vergangenheit. Paul Pennyfeather wandert wie Candide durch die ungerechte Welt; die Tragödien bei Ivy Compton-Burnett werfen ein sophokleisches Licht auf das Treiben von Männern und Frauen, das Wirken des Schicksals; Palinurus fühlt unseren matten Puls, und E. M. Försters Verknüpfungen scheinen die letzte Antwort zu sein. Sie haben alle die Wahrheit berührt.

E. ist aus dem Clubwagen zurückgekommen, sehr verdrossen. Es scheint, dass dieser Bundesstaat auf eine sehr gründliche Weise »trocken« ist. Nicht nur, dass es in diesem Zug keinen Alkohol gibt, man kann nicht einmal einen sogenannten *set up,* Sodawasser und Eis, bestellen, als ob es dafür nur einen einzigen Verwendungszweck gäbe. E. wurde nahegelegt zu warten, bis wir die Staatsgrenze hinter uns hätten. Es ist alles sehr verwirrend. Oklahoma und Kansas sind strikt »trocken«, und natürlich trinkt jeder wie ein Loch. In Vermont ist man auf eine Ration von monatlich zwei Flaschen hochprozentigen Alkohols gesetzt. In Pennsylvania bekommt man sonntags keinen Alkohol; in Texas darf man nur zu Hause trinken, in Georgia nur Bier und leichte Weine, in Ohio alles und soviel man will, aber man muss es auf dem Postamt kaufen. Arizona und Nevada sind »flüssige« Staaten, doch steht der Ausschank von Alkohol an Indianer unter Strafe. In New York kann man Sonntag vormittags in keinem öffentlichen Restaurant ein Glas trinken, sich aber Alkohol aufs Hotelzimmer bringen lassen. Und nirgends, in den ganzen Vereinigten Staaten nicht, kann man am Wahltag für Geld und gute Worte einen Tropfen bestellen.

Der Mississippi – für welches Kind, für welchen jungen Menschen ist dieses Wort nicht erfüllt von exotischen Sehnsüchten? Eine Flusswelt des Reisens und ferner Morgendämmerungen …

Comme je descendais des Fleuves impassibles,
Je ne me sentis plus guidé par les haleurs:
Des peaux-rouges criards les avaient pris pour cibles,
Les ayants cloués nus aux poteaux de couleurs.
…
Les Fleuves m'ont laissé descendre où je voulais …

Und nun, hier, durch die Fenster unseres geschlossenen Wagens, unerbittlich davon getrennt, sehen wir den breiten, langsamen Strom, wie er ruhevoll zwischen seinen weidenbestandenen Ufern durch ein Land von weltferner und heroischer Schönheit dahinfließt. Unberührt gleitet die weite, traurige Landschaft still an dem Zug vorüber; ernst, von dunklem Grün, pastoral, dabei erhaben dringt sie mit ihrer Melancholie, ihrer bedeutungsschweren Abgeschiedenheit ins Herz. Niemals werden wir so sein. Will dieser Junitag nicht enden? Ach, die lastende, so lange währende Einsamkeit des amerikanischen Abends!

Ein alter Mann kommt schlurfend durch den Mittelgang. Er sucht an unserem Tisch Halt. »Nimm einen Schluck, Schwester« – er hält eine Flasche Bourbon hoch –, »mir scheint, du hast's nötig.«

»Danke«, sage ich, »das stimmt«, und greife mit der allgegenwärtigen, der obligaten nächtlichen Geste des Landes nach der Flasche.

Wir sitzen jetzt im durchgehenden Zug nach Mexiko-City. Er heißt »Sunshine Special« und ist ein ziemlich schäbiger Bummelzug. Wir haben nun nicht mehr ein Abteil für uns, sondern zwei Plätze im Schlafwagen, das heißt, ein unteres und ein oberes Bett in einem dieser leicht komischen »Schlafsäle«, wie man sie aus dem Film kennt, wo Männer und Frauen hinter zugeknöpften Bettgardinen sich ausziehen und schlafen. Tagsüber sind Bett, Vorhänge und Trennwände auf eine umständliche, doch erfindungsreiche Art irgendwie zusammengeklappt und verstaut, und der Waggon nimmt sich dann wie eine Straßenbahn mit Tischen aus. Diese Einrichtung ist so alt wie die amerikanischen Eisenbahnen. Die großen Entfernungen machten es notwendig, eine billige Möglichkeit zu entwickeln, damit während der vielen Nächte jeder Reisende im Zug das Haupt niederlegen kann. Es ist durchaus nicht schlecht. Die Luft ist kühl und neutral, und obwohl sich an die vierzig Personen in einem Waggon befinden, ist man so anonym und halbwegs für sich, wie man es in einem großen Reisebus wäre.

An diesem Abend war uns nach warmem Essen zumute, und wir gingen zum Speisewagen, der sich als ein mit maschinell fabrizierten spanischen Renaissanceschnitzereien von erstaunlicher

Hässlich- und Düsterkeit dekorierter Raum erwies. Das Essen, das man wie ein Taubstummer zu bestellen hat, indem man seine unerfüllbaren Wünsche auf einen Block kritzelt, war eine kaum zu beschreibende Travestie der Kochkunst, serviert mit der geradezu fantasievollen Missachtung dessen, was zueinander passt, wie sie Tradition der amerikanischen *table d'hôte* zu sein scheint. Die einzigen Beilagen des Tages sollen zu jedem Hauptgericht gegessen werden, das auf der Speisekarte steht. Wenn es also Blumenkohl und Pommes frites gibt, dann erscheinen Blumenkohl und Pommes frites auf dem Teller, gleichgültig ob man den gebratenen Heilbutt, das Corned-Beef-Haschee, das Omelette oder die Hammelkoteletts isst. Ich habe solche genialen Mesalliancen wie Spargelspitzen aus der Dose im Verein mit Spaghetti, die zierlich um eine gebratene Makrele garniert waren, gesehen, wenn auch nicht gegessen. Und das ist nicht etwa ein Reisemärchen.

In der letzten Nacht brach irgendwo tief in Arkansas die Stromzufuhr zusammen. Irgendetwas war mit dem Kühlsystem nicht in Ordnung. Es arbeitete nicht mehr, und da keine Möglichkeit bestand, von außen Luft hereinzulassen, stieg die Temperatur binnen Kurzem auf 43 Grad Celsius, wie uns später erzählt wurde. Als ich aufwachte, glaubte ich mich im Inneren eines Heuhaufens und war natürlich nicht bei klaren Sinnen. Was für ein Schauspiel! Hinter den Vorhängen spähten Gesichter hervor, man rief nach Leitern und Erklärungen; dunkelrot angelaufene Gesichter, kurz vor dem Schlaganfall, bläuliche Gesichter, die nach Luft schnappten; schreiende Babys, Männer in Unterwäsche, die in den oberen Betten zappelten, und engelsgeduldige schwarze Träger, die Damen im Morgenrock durch den Gang stützten. Eine Frau ließ sich von alledem nicht im Schlaf stören. »Lady, Lady«, flehte ein Träger sie an, »wachen Sie doch auf sonst haben Sie morgen früh 'ne Lilie in der Hand.« Schließlich hatte man uns alle in einem eiskalten Sitzwaggon einquartiert, unsere Kleider und Habseligkeiten um uns aufgestapelt. Wir würden uns vermutlich eine Lungenentzündung holen, aber für den Augenblick waren wir dem Tode entronnen. Währenddessen wurde es draußen hell, und jemand machte den Vorschlag, Coca-Cola mit Riechsalz zu trinken. Das war neu für mich. Es wirkte tatsächlich Wunder. Am meisten hatten die Mütter zu leiden, denn die Nahrung in den Babyflaschen war sauer geworden, und die Kleinen schrien wie am Spieß. Kein Speisewagen bis Texarcana. Ich erbot mich, auf meinem Spirituskocher alles warm zu machen, was warm gemacht werden musste.

»Schau dir das an«, sagte eine Mutter, »die kann jederzeit Wasser kochen.«

Ein zusammengesunkener Geschäftsmann beglückte einen anderen zusammengesunkenen Geschäftsmann mit einem lehrreichen Vortrag über unser rollendes Material. E. gesellte sich zu ihnen.

»Auswechseln –«

»Stahl –«

»Prioritäten –«

»Verpflichtungen –«

»E. R. P. –«

Auf den Galeeren Spaniens hat man Zeit zum Nachdenken.

Herrschaft über seine Umwelt, hieß es früher, sei das Markenzeichen des Menschen. Heute wird diese Herrschaft fast völlig stellvertretend ausgeübt, beruhend auf dem Erfindungsgeist vergangener Generationen. In städtischen oder industriellen Lebensgemeinschaften ist sie niemals direkt, körperlich oder spontan. Unsere Gerätschaften sind uns aus der Hand geglitten, und es mag dahin kommen, dass am Ende jeder für sich in seiner Thermosflasche lebt. Man tut vielleicht gut daran, sich zu erinnern, wie man mit einem Paar Holzstöcken und einem Stein umgeht.

Man hat uns einen neuen Schlafwagen ab San Antonio versprochen.

Wir haben Verspätung. Der Zug wird lange hin und her rangiert, und jedermann ist müde. Seit dem ersten Hahnenschrei fahren wir nun durch Texas. Texas ist so groß wie Frankreich, die Britischen Inseln, die Niederlande, Spanien und Portugal zusammengenommen, wie man in der Schule gelernt hat. Oder waren es Frankreich, die Britischen Inseln und Italien? Auf jeden Fall kommt es einem unwahrscheinlich groß vor. Und flach. Und leer. Aber reich, wie ich heute schon mindestens sechs verschiedene Male belehrt wurde. Öl, Rindfleisch, Getreide. E. erzählte mir, dass die »Lone Star Republic« nach der Loslösung von Mexiko eine Abordnung zu Königin Viktoria entsandte und Texas der britischen Krone antrug. Palmerston lehnte ab.

Der neue Waggon ist angekuppelt worden. Der Schaffner hat die Plätze zugewiesen, und wir fahren wieder weiter. Es sieht jedoch so aus, als müssten wir bis zur Zollkontrolle in Laredo aufbleiben. Offensichtlich können wir von der Passabfertigung nicht in unseren Liegestätten inspiziert werden. Wir haben mehrere Stunden Verspätung, und niemand scheint zu wissen, wann wir an der Grenze ankommen werden. Wir fahren an einzeln stehenden Holzhäusern vorüber, jedes Haus mit eigener Veranda, und auf jeder Veranda sitzt ein zerknautschter Mann im Schaukelstuhl, der genauso erschöpft aussieht, wie wir uns fühlen.

Turmspitzen steigen am flachen Horizont auf Eine Kathedrale? Es stellt sich heraus, dass es Bohrtürme sind.

Wieder ein Abendessen im Speisewagen, das uns keine Freude machte. Es ist Mitternacht. Noch immer keine Grenze. Noch immer Texas.

Die amerikanische Passabfertigung ist eben vorüber. Zwei Männer in Hemdsärmeln, zwanglos, freundlich.

Sie begannen damit, dass sie die US-Bürger nach dem Geburtsort fragten. Amerikaner brauchen keinen Pass, um die Staatsgrenzen innerhalb des Kontinents zu überschreiten.

»Birmingham, Alabama, Mister.«

»Terra Haute, Indiana.«

»Las Vegas, Nevada.«

»Walla Walla, Washington.«

»Little Temperance, Iowa.«

Die Reisenden, die einen zu merkwürdigen Akzent hatten oder, wie man das hier nennt, gebürtige Ausländer waren, legten Geburtsurkunde oder Führerschein vor. Niemand wurde absichtlich so behandelt, dass er sich unbehaglich fühlte. Die Beamten verrichteten nur ganz sachlich ihre Arbeit.

Sie haben den Zug versiegelt.

Nach nochmaligem Aufenthalt, dem sinnlos unruhevollen Warten an der Grenze, wobei es für alle, außer für die Reisenden, gemütlich zugeht, überquerten wir die Internationale Brücke über den Rio Grande. Wir sind jetzt eigentlich in Mexiko. Es ist zwei Uhr morgens, und wieder passiert nichts.

Wir sind in den Speisewagen beordert worden, der mexikanischen Passkontrolle wegen. Die amerikanischen Behörden wollten uns nicht im Bett sehen, die mexikanischen können es nicht ertragen, uns sitzend zu sehen. Wir müssen uns in einer Reihe anstellen. Und da steht man nun, gelangweilt und müde und immer wieder mit einem Anflug von Furcht. Tischtücher und Bestecke sind weggerafft worden, der Speisewagen hat den Charakter eines Kriegsgerichtssaals angenommen. Die Atmosphäre ist feindselig. Die Beamten tragen Militäruniform. Bewaffnete Wachen sind da. Zwei mit Riemen und Schnallen beladene Offiziere, die Mütze auf dem Kopf, sitzen hinter einem Tisch. Schließlich kommt jeder der Wartenden an die Reihe. Die Offiziere weigern sich ostentativ, Englisch zu sprechen. Jede einzelne Touristenkarte – die Einreisegenehmigung nach Mexiko erhält man automatisch zusammen mit der Fahrkarte – wird genau begutachtet, obwohl eine aussieht wie die andere. Dann und wann legt sich ein Finger auf ein Geburtsdatum. Aber nichts Furchterregendes passiert, kann gar nicht passieren, wie man sich die ganze Zeit einzureden versucht; dies soll ja eine Grenze ohne große Bedeutung sein, alles gute Nachbarn, die Wege für die Touristen, die man mit Reklame lockt, geebnet.

Wieder im Schlafwagen erhalten wir Weisung, zur Zollkontrolle auszusteigen. Ja, mit dem gesamten Handgepäck. Auch die Mäntel und die Waschbeutel. Eine Schar von Gepäckträgern erscheint, um die Sachen für uns herunterzuzerren. Für diese nächtlichen Dienstleistungen wird, wie wir feststellen, ein besonderer, horrender Tarif verlangt. So steigen wir also aus, in die subtropische Nacht. Wieder ist die Hitze entsetzlich. Man lässt uns zwei volle Stunden auf einem schmutzigen Bahnhof herumstehen, während indianische Pygmäen, Männer und Frauen, in unseren Sachen kramen wie eine Horde Terrier, die sich ein Loch buddeln.

Die Reisenden beginnen unter der Belastung zu leiden. Viele sind ältere Leute oder haben kleine Kinder dabei, und die meisten wähnten sich auf einer Vergnügungsreise. Die Reisebüros mit ihren Prospekten hatten sie dazu verlockt: ein lächelnder Mexikaner mit einem Hut, so groß wie ein Wagenrad, der ein Keramikgefaß hochhält; ein lächelnder brauner Junge in der Brandung von Acapulco, der einen aufgespießten Fisch hochhält; eine lächelnde Frau im *rebozo,* die ein *rebozo* hochhält. In Nuevo Laredo lächelt weit und breit kein Mensch. Die amerikanischen Eisenbahner jenseits des Flusses in Laredo verachten die »Greasers«, die Mexikaner in Nuevo Laredo hassen die »Gringos«. Die Reisenden, umhergeschubst und grollend, erinnern sich an die Namen, die sie in der Schule denjenigen gaben, die von anderer Hautfarbe und kleiner als sie selbst sind. Die Mexikaner verstehen die Reisenden überhaupt nicht – meist riesengroße Frauen, die ohne Begleitung und Hut im Zug umhergehen, und so unverschämt obendrein: Warum sie eigentlich die Reise machen? Eines Gelübdes wegen bestimmt nicht, Ketzer, die sie sind. Niemand traut dem anderen über den Weg.

Diese Zollkontrolle ist eine sinnlose Böswilligkeit. Man versteht nicht, was damit bezweckt werden soll. Der Peso gilt als harte Währung, und in Mexiko gibt es keine Beschränkung für Bargeldeinfuhr. Zigaretten, Spirituosen, französisches Parfüm, Textilien, Tee und Kaffee, all dies ist in Mexiko so viel billiger als in den Vereinigten Staaten, dass sich niemand die Mühe machen würde, desgleichen ins Land zu schmuggeln. Ohnehin hat jedermann seinen unübersehbaren Fotoapparat angegeben. Es zeigt sich denn auch, dass wenige dieser hoffnungsfrohen alten Jungfern viel mehr dabei haben als gemusterte Kleider, ein einziges warmes Kostüm und den Regenmantel, empfohlen von *Terrys* Reiseführer, der den durchaus vernünftigen Rat gibt, mit leichtem Gepäck zu reisen, und der Verdacht, sie könnten Näh-, Mäh- oder Waschmaschinen ins Land schmuggeln, scheint recht absurd. Sie haben nichts anderes im Sinn, als ihre Dollars für eine Unmenge mexikanischen Kunstgewerbes auszugeben und ihre Beute in original mexikanischen Körben nach Hause zu schleppen. Das Gepäck dieser Wohltäterinnen einer solch gründlichen und verletzend indiskreten Durchsuchung zu unterziehen kann keinen anderen Grund haben, als dass die augenblicklich Mächtigen die augenblicklich Machtlosen ihre Macht spüren lassen und ihnen Unbehagen bereiten wollen.

Britische Passbeamte spielen bisweilen ihre bessere Kleidung und ihren besseren Akzent gegenüber der älteren Emigrantin aus, die in der Handtasche nach der schriftlichen Einladung kramt, die sie von der Dame aus Great Marlborough erhalten hat. Doch hier werden die Passinhaber von Unterbezahlten, Rohlingen, Ignoranten schikaniert. Es ist fast, als wäre man auf dem Balkan oder im Orient. Dort besteht für das Individuum mehr Gefahr, mehr Entwürdigung, mehr Zeitverlust, aber auch mehr *Hoffnung* – es gibt ja die Möglichkeit der Bestechung. Hier aber gibt es überhaupt keine Hoffnung. Bei angelsächsischen Beamten wird oft anständige Behandlung durch übermäßige Korrektheit ersetzt; hier gibt es keinen Anstand, weder von Bürger zu Bürger noch von Mensch zu Mensch. Hier herrscht Korruption, aber sie ist alltäglich, hier herrscht gedankenloser Zynismus, Böswilligkeit ist die erste Reaktion, Leben und Schmerz gelten wenig, und wieder trifft man auf die unbesiegbare Unkenntnis des Menschen vom Menschen.

Für E. und mich ist diese Nacht noch nicht ausgestanden. Als wir zu unseren Plätzen zurückkehren, sind die Betten aufgeschlagen, und zwei Fremde schlafen darin. Langsam sickert durch, dass das mexikanische Zugpersonal nicht gesinnt sei, sich an den Wagenwechsel zu halten, den die Amerikaner in San Antonio vorgenommen haben. Aber was sollen wir tun? Wo sollen wir hin? Es sind noch immer an die dreißig Stunden Fahrt bis Mexiko-City. Wir erwischen den Schaffner auf dem falschen Fuß, er zuckt nur die Achseln. Wir laufen hinaus auf den Bahnsteig und verlangen den Bahnhofsvorsteher zu sprechen. E. kehrt die Amerikanerin heraus: »Drittklassiges Land … Wollte von Anfang an nicht herfahren … Der Präsident der Missouri-Pacific wird was zu hören bekommen. Mrs. R. …« Keiner verzieht eine Miene. Der Zug fährt jeden Augenblick ab. Verständlicherweise ist uns nicht sehr daran gelegen, in Nuevo Laredo hängenzubleiben, und wir lassen uns in einen mexikanischen Sitzwaggon dritter Klasse schieben. Wir stolpern in ein stinkendes, enges Abteil. Hinter uns schließt sich die Tür, und wir finden uns im schwachen Licht des dämmernden Morgens zwischen zusammengekauerten Gestalten in einer Art tropischer Gefängniszelle.

Zweites Kapitel

Mesa del Norte – Mesa Central – Valle de Mexico

Regardez, après tout; c'est une pauvre terre.

Es ist heller Tag. Wir erwachen in einer rehfarbenen Wüste von sonnengebranntem Lehm und Stein. Dies ist wahrhaft ein reiner Tisch, eine kahle neue Welt, gebildet aus kärglichen Bestandteilen – hie und da ein hoher Kaktus, wie eine Kerze, Lehmhütten, gleichmäßig wie Maulwurfshügel, und immer wandert ein einsamer Mann mit einem Esel eine Kammlinie entlang.

Wir fahren nach Süden, und es geht bergauf Langsam, sehr langsam windet sich der Zug zum Plateau der Sierra Madre hinauf Mit einem Mal erste Anzeichen mexikanischen Lebens; Kinder, Schweine und magere Hunde wühlen bunt durcheinander neben den Hütten im Staub. Wovon existieren sie? Es sieht nicht so aus, als wüchse hier etwas Essbares für sie.

E. und ich waren frühmorgens freigelassen worden. Der Gefangenenwärter erschien, winkte uns und führte uns durch den Zug zu zwei oberen Betten in einem Schlafwagen. Wir haben nicht lange gefragt, warum. Er hielt die Leiter, wir kletterten hinauf zu unseren Liegestätten und sanken in Schlaf Jetzt befinden wir uns in einem Wagen voll blonder Buben und Mädchen in knappen Shorts und frischen Sommerkleidern. Es ist ein Privatwaggon, den eine Schule in New Orleans für einen Ausflug gemietet hat. Ein Kavallerieoffizier und zwei überelegante mexikanische Damen sind gleichfalls bei ihnen einquartiert worden. Diese hübschen, manierlichen Kinder aus dem Süden und ihre Begleiter nehmen es mit Engelsmiene hin.

Der erste Halt ist eine Stadt namens Saltillo, die Hauptstadt eines dieser einsamen, riesigen Gebiete, die sich von der US-Grenze bis ungefähr zum Wendekreis des Krebses erstrecken: die Bundesstaaten Coahuila, Chihuahua, Baja California, Sonora und Durango, Vorzimmer und Vorhölle von Mexiko. Ihre Gesamtbevölkerung liegt noch um einiges unter der Einwohnerzahl von Birmingham, was bedeutet, dass auf jede Quadratmeile des unfruchtbaren Bodens gerade etwa ein Mensch kommt. Es ist ein heißes, steiniges, trockenes Land, fast ohne Flüsse und Regen, teils Wüste, teils Bergland, teils Grubengegend. Unberührt von Kunst und Architektur, doch auch unberührt von ihren Annehmlichkeiten, sind diese Staaten sozusagen unverbildete arme Verwandte der westlichen US-Staaten jenseits der Grenze und erinnern daran, dass ein sehr großer Teil der Erdoberfläche, wenn auch nicht unbewohnbar, so doch wenig reizvoll zu bewohnen ist. Manche sind hier geboren, aber niemand geht nach Sahuaripa oder Santa Maria del Oro, es sei denn, um einen Schacht zu bohren, eine Bahnlinie anzulegen oder eine Rebellion niederzuschlagen.

Wir steigen alle aus auf den langen, staubigen Bahnsteig voller Indios, die Esswaren feilbieten – Männer und Frauen kauern auf dem Boden und rühren in irdenen Töpfen irgendetwas Dunkles, das über winzigen Kohlenbecken schmort, Jungen tragen ganze Türme von Pfannkuchen auf dem Kopf kleine Kinder schleppen Stauden von Mangofrüchten und Bananen. Das geht ohne Lärm vor sich. Alles wird stumm angeboten, sobald man näher herantritt. Wohin ich mich auch wende, hält eine braune Hand einen einzelnen runden, weißen Käse auf einem Blatt hoch.

Seit der Sezession von Spanien, 1810, hat Mexiko ein volles Dutzend ausgewachsener Verfassungen und eine größere Anzahl von Unabhängigkeits- und Reformerklärungen erlebt. Viele der Verfassungen waren nach dem Vorbild der nordamerikanischen entworfen. Zu ihrer Zeit wurden manche liberal, manche radikal und manche zentralistisch genannt. Alle waren sie Wunder theoretischer Perfektion; alle waren zugleich Ergebnis und Ursache großen Blutvergießens. Die verfassunggebende Versammlung pflegte in einer belagerten Stadt im Gebirge zu tagen, indes zwei Rebellengenerale mit ihren Truppen von Norden anmarschierten; ein dritter General von noch ungewisser Loyalität rückte von der Küste heran; in Vera Cruz saß ein Gegenpräsident, und in Mexiko-City herrschte eine Revolte. Es gab eine Konstitutionelle Partei und eine Reformpartei, eine Agrarpartei und eine Liberale Partei, es gab die Interessen der Kirche, die Interessen der Grundbesitzer, die Interessen der Kreolen sowie die Interessen des ausländischen Kapitals. Manche dieser Interessen verbündeten sich, andere wieder nicht. Dann gab es einen gewählten Präsidenten, dessen Wahl rechtswidrig war, einen verfassungsmäßig gewählten Präsidenten, der nach seiner Wahl ermordet wurde, und einen Präsidenten, der seine Stellung einem Putsch verdankte. Der eine wurde von der nordamerikanischen Regierung nicht anerkannt, der andere hatte die britischen Ölinteressen nicht hinter sich, ein dritter wurde von den Franzosen bekriegt. Zwischen Belagerungen und regelrechten Schlachten hetzten Volksbefreier, Reformer und Verteidiger des Glaubens mit bewaffneten Banden durchs Land, verbrannten Ernten und Dörfer und mordeten alles, was ihnen unter die Augen kam. Und dabei wurde das Volk immer ärmer und verwirrter und seinerseits abwechselnd zorniger, fatalistischer, mordlustiger oder verängstigter.

Dieses Millennium währte hundertzwanzig Jahre, beginnend mit Hidalgos Aufstand gegen die spanische Herrschaft bis zum Jahre 1929, als Calles die Frühjahrsrevolution niederschlug. Zuweilen kam es vor, dass ein General siegreicher war als gewöhnlich und die Möglichkeit hatte, in Ruhe um sich zu blicken und Ordnung zu schaffen; zuweilen waren mehr Menschen in die Metzeleien verwickelt, zuweilen weniger, aber nie gab es frieden. Nur zwei Atempausen waren dem unglücklichen Land vergönnt: der Krieg von 1848 zwischen Mexiko und den USA, in dem die Mexikaner unterlagen und die Hälfte ihres Staatsgebiets einbüßten, und die vierzig Jahre währende Despotie des Diktators Díaz.

(Noch einmal war die Vorsehung Mexiko gnädig. Im Ersten Weltkrieg schlug die deutsche Regierung in einem geheimen Notenentwurf ein Bündnis gegen die Vereinigten Staaten vor und bot als Gegenleistung die Rückgliederung von Gebieten an, die schwerlich das mexikanische Elsass-Lothringen genannt werden konnten – die Staaten Texas, Arizona, Neu-Mexiko, Kalifornien, Utah und Nevada. In einem Augenblick der Zerstreutheit ließ Dr. Albrecht, ein Angehöriger der Deutschen Botschaft, in einem Wagen der Third Avenue Elevated Railway of New York City den Aktenkoffer mit dem Entwurf liegen. Der Inhalt wurde in der *New York World* veröffentlicht. Mexiko blieb neutral.)

Den ganzen angenehmen, trägen Tag hindurch geht es in langsamem Anstieg südwärts; und während des Anstiegs entfaltet sich allmählich das Land, vervielfachen sich die Einzelheiten. Es gibt jetzt Bäume, vom Regen gewaschen, und Felder; auf kleinen Ackern an den Hängen steht junges Getreide; und am Horizont zeichnet sich zart eine Bergkette ab, eine zweite dahinter.

Dies ist der Bundesstaat, der den Namen eines Heiligen trägt: San Luís Potosí. Schon sieht man, wenn auch nur bruchstückhaft, hin und wieder Kirchen und Ruinen. Wir sind noch immer in unserem klimatisierten Waggon eingeschlossen, aber man kann auf den Plattformen zwischen den Wagen die warme, lebendige Sommerluft einatmen. Jeden Augenblick werden wir jetzt den Wendekreis des Krebses passieren. Und nun kommen wir in die *Tierra Templada*, die milde Region, und hier beginnt auch das Mexiko, wie man es kennt, das Mexiko des wunderbaren Klimas, das Mexiko der Geschichte und der Archäologie, das Mexiko des Reisenden. Hier, zwischen dem zweiundzwanzigsten Breitengrad und der Landenge von Tehuantepec, zwischen Pazifik und Golf, auf der Mesa, den beiden Sierras, drunten in den heißen Küstenstreifen und im Flachland von Yucatán, hat sich alles abgespielt: das Aztekenreich und die Eroberung durch die Spanier, der Silberrausch und die spanische Kolonialherrschaft, die Inquisition und der Unabhängigkeitskrieg, das 19. Jahrhundert mit seinen Revolutionen und dem Leben auf den Haziendas, die übermütige und die bedrängte Kirche; General Santa Anna, immer Verräter und immer Verlierer, wie er amtsgierig mit seinem klappernden Holzbein Reklame für sich machte, und der zähe Juarez mit seiner Robespierreschen Starrköpfig- und Tugendhaftigkeit; die schattenhafte Herrschaft Maximilians und die strenge Herrschaft von Díaz mit ihrer Wirtschaftsblüte; Bürgerkrieg, Banditentum, Bodenreform, Präsident Calles und Präsident Cardenas, der Ölrausch und der Anbruch des »amerikanischen Zeitalters«.

Hier ist es also, das Herzland von Mexiko, das älteste Land der Neuen Welt, wo Montezuma zwischen den Lilienteichen und Vulkanen von Tenochtitlán in üppiger Blumenpracht lebte; wo eine despotische, pedantische und unmenschliche Ideenwelt zu steinernen Pyramiden erstarrte, die zu den furchteinflößendsten der Welt gehören; wo Cortés ein volles Jahr ins Unbekannte zog, in die leeren, grenzenlosen Weiten ohne Wiederkehr, mit einer Kühnheit, die einem Zeitalter des Zweifels unvorstellbar ist; wo das Silber entdeckt wurde, das die *Armada* bauen half und die spanischen Vizekönige und königlichen Richter steif vor Gold und Würden und unbeweibt inmitten des Reichtums, der Verschwendung und der Unbeweglichkeit von Neuspanien thronten; wo die Schwerfälligkeit des Gesetzes vier Jahre des Wartens auf ein Schreiben aus Madrid bedeutete, wo die Gipsengel aztekischen Federschmuck trugen, wo Bischöfe auf öffentlichen Plätzen mathematische Formeln verbrannten und Priester eine »Boston Tea Party« anzettelten, weil ihnen die Seidenraupenzucht untersagt war; wo Wegelagerer ihre Beute mit Ministern teilten, wo ein stendhalesker Sekondeleutnant sich mit vierundzwanzig Jahren zum Kaiser krönen ließ und kreolische Damen, diamantenbeladen und kleine Leoparden mit sich führend, zur Messe gingen; wo Nonnen achtzig Jahre lang in geheimen Kämmerchen lebten und starben, wo am helllichten Tage Landjunker ohne ein Wort erstochen wurden und im fliegenverseuchten Vera Cruz Damen im Reifrock an der Festtafel saßen, um den Erzherzog zu empfangen, der ins Land kam, den Liberalismus aufgeklärter Fürsten gegen Gewalten aufzubieten, die er nicht verstand, ja nicht einmal ahnte, indes die Boten des Verrats schon über die unsicheren Straßen jagten; wo sich auf den Haziendas tagtäglich die dreißigköpfige Familie an den Abendtisch setzte, aber die Stühle aus den Schlafzimmern geholt werden mussten, wo der Jahreslohn des Landarbeiters in kleinen Kupfermünzen ausbezahlt wurde und der Besitzer der Hazienda in einer einzigen Woche in Monte Carlo seine ganze Ernte in Goldstücken verspielte; wo die der alles verschlingenden Sonne geweihten Monumente unzerstörbar sind, wo Barockfassaden in Sandstein geritzt und die Märkte voll von Touristen und Rosenkränzen sind.

Alles hat sich hier abgespielt, und wenig hat sich verändert. Das Land hat die Verwirrung, das Gepränge und die Gewalttätigkeit des Machtwechsels erlebt, doch auf die Geburts- und Sterbeziffern hat sich das nicht ausgewirkt. Indios, immer neue Indios wandern und wandern schwer beladen über die endlosen Hügel, sitzen mit starrem Blick auf dem Marktplatz, Stunde um Stunde, scharen sich dann jählings zu einem ihrer Pilgerzüge zusammen und ziehen in einem riesigen Schwarm übers Land, auf der Suche nach einem neuen Gesicht der Gottesmutter.

Jemand ist hereingekommen und hat gesagt, wir würden irgendwann morgen früh in Mexiko-City sein, also mit gar nicht einmal so sehr viel Verspätung. Jeder wird allmählich unruhig. Ich habe auf einem Tisch, den die rechtmäßigen Besitzer freundlicherweise für mich geräumt haben, eine Patience ausgelegt. Rechts und links von meinem Platz stehen zwei zapplige Jungen. Sie sind schrecklich höflich.

»Bitte, M'am, was sind das für Karten?«

Es sind winzige Patiencekarten, wie sie vor dem Krieg in Wien hergestellt wurden und, wie ich annehmen möchte, auch heute dort wieder hergestellt werden.

»Hast du schon mal so herzige Karten gesehen, Jeff? Sind die nicht herzig? Komm und schau dir diese herzigen Karten an, Fleecy-May. Miss Carter, M'am, kommen Sie doch und schaun Sie diese Karten an, haben Sie schon mal so herzige Karten gesehn, Miss Carter, M'am?«

»Hör mal, Braxton, du darfst die Dame nicht stören.«

»Was ist das für eine Patience, M'am?«

»Miss Milligan.« Sie ist fast meine liebste Patience, und sie geht kaum jemals auf Man benötigt viel Konzentration.

»Mein Großpapa legt eine, die ist fast genauso.«

»Oh, der Bube, M'am! Der Karobube auf die schwarze Zehn.«

»Der Bube geht doch nicht auf die Zehn, du Dummkopf, der Bube geht auf die Dame. Nicht wahr, M'am, der Bube geht auf die Dame?«

»Braxton Bragg Jones, willst du wohl die Dame in Ruhe lassen«, sagt Miss Carter.

»Oh, macht gar nichts«, sage ich, »das ist schon in Ordnung. Bitte.«

Es geht nicht auf Ich könnte ja noch immer die Karten umordnen, aber Braxton Bragg und Jefferson finden Miss Milligan allmählich langweilig. Beschämt fange ich etwas an, was schnell und einfach geht und nach mehr aussieht.

Während der Zug durch den Abend fahrt, wird die Landschaft immer lieblicher, zugänglicher und reicher. Auf den Feldern grasen Ochsen, Maulbeerbäume bilden Girlanden an den Hängen, Dörfer und Kirchen treten in der außergewöhnlich klaren Beleuchtung rosa und golden hervor, als wären die Fenster unseres Waggons aus geschliffenem Glas.

Ich beginne ein Gespräch – man übt sein Spanisch – mit dem Offizier aus Monterrey. Unser Austausch der üblichen Höflichkeitsfloskeln nimmt folgende Form an:

»Woher kommen Sie?« werde ich gefragt.

»Aus Amerika.«

»Wir sind in Amerika.«

»Aus Nordamerika.«

»Wir sind in Nordamerika.«

»Aus den Vereinigten Staaten.«

»Wir sind in den Vereinigten Staaten, den *Estados Unidos Mexicanos.«*

»Verstehe. Oje! Dann ist also«, ich deute auf E., »diese Señora hier was? Keine Amerikanerin? Keine Nordamerikanerin? Was denn dann?«

»Yanqui. ha Señora es Yanqui.«

»Aber man nennt doch nur die Nordamerikaner Yankees ... Ich meine, nur Amerikaner aus dem Norden der Vereinigten Staaten ... Ich meine, nur Nordamerikaner aus den Staaten ... Nordamerikaner aus dem Norden ... Ich meine, nur Yankees aus den Nordstaaten heißen Yankees.«

»Por favor?«

In glücklicheren Zeiten pflegte man es so zu halten, dass man über ein Land las, ehe man hinfuhr. Man legte sich eine Bücherliste für die Bibliothek an, befragte gebildete Freunde, dann machte man sich während der Winterabende fleißig an die Arbeit. Diesmal tat ich nichts dergleichen. Aber da ist ein gewisser krümeliger Bodensatz; ich erinnere mich wieder, dass ich dann und wann, hie und da einiges über Mexiko gelesen habe. Bücher eben, wie sie einem im Lauf der Jahre Unterkommen, nichts Systematisches oder, Madame Calderon ausgenommen, kürzlich Gelesenes. Prescotts *Conquest,* als ich noch sehr jung war, und keineswegs das ganze Buch. Cortés' Briefe. Dicke Wälzer über Maximilian und Carlota, keiner wirklich gut und alle faszinierend. Allerlei Reiseberichte aus der Zeit der französischen Okkupation, die durchwegs Titel trugen wie *LE SIÈGE DE PUEBLIA, Souvenir d'une Campagne ou Cinq Ans au Mexique par un officier de Marine en Retraite, Chevalier de la Legion d'Honneur, Attaché à l'État Major du Marechal Bazaine.* Bände, durch die man sich quält und in denen bisweilen eine verrückte, bezaubernde Kleinigkeit, ein paar Worte über eine Bauernküche oder Wegelagerei, durch die gestelzte Eintönigkeit vorimpressionistischer Schilderungen drangen, in denen *jaillissaient les cimes majestueuses et enneigées du venerable Popocatepetl*

Der Schriftsteller, der Menschen meiner Generation zum ersten Mal Mexiko als Gegenwartsrealität nahebrachte, war H. Lawrence in seinen Briefen, *Mornings in Mexico* und *The Plumed Serpent. Mornings in Mexico* hatte einen lyrischen Ton, war spontan, warm, wie ein langer Spaziergang in der Sonne. *The Plumed Serpent* war erfüllt von Angst und Gewalttat, und Lawrence stieß einen auch noch mit der Nase darauf: Man musste die Menge in der Stierkampfarena hassen, man musste Grauen vor dem Ritual der Landesbewohner empfinden. Vielleicht war die Realität, zu ihrem Vor- oder Nachteil, eher seine eigene als die Realität Mexikos. Tatsächlich gab es darin zwei Realitäten. Die *Mornings* wurden im Süden niedergeschrieben, in Oaxaca, im Zapotekenland; *The Plumed Serpent* im Westen, in Chapala, an einem See. Ich habe *The Plumed Serpent* nie gemocht. Das Buch wirkte unheilvoll, doch ohne rechten Grund. Immerfort wurde warnend auf etwas hingewiesen, und man wusste nie so recht, worauf eigentlich, obwohl man zuweilen dazu gezwungen wurde, den erweckten Anschein für bare Münze zu nehmen. Und Lawrences mysteriöse Indianer, diese Verkörperungen von Macht, Weisheit und Bösartigkeit, blieben nach all den beschwörenden Kapiteln wahrhaft immer noch sehr mysteriös.

Auch war aus diesen Stapeln von *littérature engagée* nicht viel Erleuchtung zu gewinnen. Man las ein Buch und kam zu der Überzeugung, die mexikanischen Indianer lebten, unbetroffen von ökonomischer Realität, in einem von Weisen geschaffenen Paradies rein handwerklicher Arbeit; man las ein anderes und gewann den Eindruck, sie seien die Vorkämpfer einer erwachenden Arbeiterklasse, ihrer Aufgabe wohl bewusst. Man las von Bösewichtern – die mexikanische Kost, so kraftlos; der Alkohol; die Kirche; die Verfolgung der Kirche; Präsident Cardenas, der so viel mit Stalin und diesem Mann im Weißen Haus gemein habe.

Man las von Wunderrezepten – Bodenreform; Bewässerung; Konfiszierung ausländischen Besitzes; die Kirche; die Schließung der Kirchen; Präsident Cardenas, der so viel mit Lenin und D. Roosevelt gemein habe.

Die Dreißigerjahre waren nicht die richtige Zeit, sich über den Streit um Díaz den Kopf zu zerbrechen: der gute Landesvater oder der Despot? Man wusste, dass er sich in einer vulgären Zeit als fähiger Mann erwiesen hatte, als ein Hüter der Ordnung und Förderer des Wirtschaftslebens in einem Land der Trägheit und Anarchie, der seine Gegner hinter Schloss und Riegel setzte, die Wahlergebnisse fälschte und für die Pressefreiheit nichts übrig hatte. Sein Regime kam einem recht milde und entrückt und altmodisch vor; Díaz war schon lange tot, und es war damals ein anderes Land, das inzwischen sehr fern ist. Trotzdem höre ich jetzt im Zug ständig seinen Namen.

In unserem Wagen herrscht eine erwartungsvolle Stimmung, wie in der letzten Nacht an Bord eines Schiffes. Die Jungen und Mädchen singen Lieder. Die Lehrerinnen versuchen sie zu dämpfen, wirken aber selbst ungemein freudig gestimmt. Der Schlafwagenschaffner macht schon die Betten bereit. Alle protestieren, doch es hilft nichts. Kissenschlachten liegen in der Luft. Ich flüchte mich in den Speisewagen, um ein Glas Bier zu trinken. Eine der Lehrerinnen – eine nette Frau, wie man so sagt – hat sich ebenfalls davongemacht.

»Wie ist es wirklich?«

»Mexiko? Sie werden Wunder zu sehen bekommen«, sagte sie mit leuchtenden Augen.

Ein Gefühl der Erregung lässt mich um sieben Uhr wach werden, und ich beschließe aufzustehen, was sonst um diese Zeit nicht meine Gewohnheit ist. Ich ziehe in meinem zugeknöpften Zelt mühsam ein paar Sachen über und gehe in den Speisewagen, wo endlich die Fenster heruntergelassen sind und klar und scharf die frische Morgenluft hereinströmt. Und draußen, unter einem intensiv hellen Himmel, liegt eine schimmernde, üppige Ebene, Zuckerrohr und Getreide stehen zwischen den Kakteen, ein helles, reiches tropisches Land, wunderbar erfrischt, breitet sich aus: grün, grün, grün, das Tal von Mexiko.

Drittes Kapitel

Mexiko-City: Erster Zusammenstoß

Ein, zwei Tage müssen vergehen, ehe ich meine Neugierde befriedigen und ausfahren kann, und inzwischen werden die notwendigen Vorbereitungen getroffen, was Wagen und Pferde oder Maultiere, Dienerschaft etc. betrifft…, denn man geht nicht zu Fuß, das gilt in Mexiko als ganz und gar unmodisch… auch kann man, selbst wenn man nur einmal die Straßen passiert hat, unschwer Voraussagen, dass nur die stabiler gebauten englischen Wagen den Beanspruchungen in Mexiko standhalten und die vergleichsweise leichtgebauten Kutschen, die über die wohlgepflasterten Straßen von New York rollen, nicht lange durchhalten werden.

Madame Calderón de la Barca

Der erste Eindruck von Mexiko-City ist sinnlich, unendlich sinnlich. Sonne, Höhe, Bewegung, Gerüche, Lärm. Und ein Entrinnen ist unmöglich. Es gibt keinen abgeschirmten Zufluchtsort, es hilft nichts, im Hotelzimmer zu sitzen und sich mit Reiseführern zu beschäftigen: Es ist da, man ist mittendrin. Blendendes, gleißendes Sonnenlicht sticht durch ein Fenster; Geranienduft strömt aus dem kühlen, weiß gekalkten Patio herein; das Trommelfell vibriert, es schwindelt einem, wenn man sich nur über einen Koffer beugt, man befindet sich eben in 2300 Meter Höhe, und die Luft, die man atmet, ist mit Leichtigkeit geladen. Und so wandert man benommen, verlockt, wie eine Boje schwankend hinaus, und es ergeht einem wie dem Fremden auf der Party, dem an der Tür ein übergroßes Glas Champagner gereicht worden ist, man treibt in unsicherer Seligkeit die Straßen dahin und wird in den Strudel von Aktivität, Hupenlärm und Verkaufsgewühl hineingerissen. Alles ist belebt, bevölkert, am Überfließen; die Trottoirs sind schmal und mit Früchten bedeckt. Während man vorsichtig über Mangofrüchte und Avocados steigt, wird man von einem Wasserträger in den Rinnstein geschubst, man weicht einem Buick und einem Becken mit glühenden Kohlen aus, hüpft wieder auf den Gehsteig und erschreckt dabei ein Huhn mit zusammengebundenen Füßen, scheut vor einer zur Schau gestellten Missbildung zurück und rennt gegen einen indianischen Gentleman in engem schwarzem Anzug. Jetzt plärrt einen von einem Fenster weiter oben ein Papagei an, Lotterielose flattern einem ins Gesicht, eine Ziege tritt einem auf den Fuß, und ein kleines Kind mit dem Antlitz eines Götzenbilds hängt sich einem am Rock fest. Ein Mensch, der lange Zeit im Norden hat leben müssen, wo alles seine Ordnung hat, mag sich wohl Vorkommen, als wäre er in eine der großen Hafenstädte am Mittelmeer zurückgekommen, nach Neapel etwa: Hier wie dort bummeln und drängen die Menschenmassen zugleich, hier wie dort sickert das geschäftliche wie das häusliche Leben auf die Straßen; bietet sich das Schauspiel, wie Tiere im Zickzack durch den motorisierten Verkehr wandern; die ländlichen Einsprengsel, Bauern und Eselskarren mit Krügen und Stroh, die sich ihren Weg auf dem Straßenpflaster bahnen; hier wie dort finden sich die überquellenden Straßenbahnen, genau die gleiche riesige und knallige Vermouth-Reklame, die tintenschwarze Bürokleidung, die überbordenden offenen Lebensmittelläden, in denen große Schinken und Käselaibe hängen, und ebenso der schäbige Laden mit den billigen Schlafzimmermöbeln; die zerlumpten Kinder, die stuckverzierten Palastfronten und die sieben protzigen Wolkenkratzer. Es fehlt nichts: monströse Cafés, türkische Teppichgeschäfte, das Spiegelglasfenster des Flugreisebüros, die Trauerkränze, die an jeder Ecke feilgeboten werden, und jene unglaubwürdige Atmosphäre städtischer Modernität.

Man schaut, man schnuppert, man zieht die Luft ein – vertraut, nie ganz losgeworden, lange entbehrt, Erinnerung und Gegenwart gehen ineinander über, und für eine Viertelstunde taucht man in das geliebte Element vergessener Reisen. Dann schleicht sich etwas anderes ein. Etwas anderes, das immer schon hier war. Die Blicke, die Gesten sind anders. Wo ist Italiens Offenheit, seine Bereitschaft des Herzens? Hier hat der Sommer nicht die südliche Wärme, die einen voll umfängt wie ein lebendes Geschöpf. Hier zielt einem die senkrecht stehende Sonne wie ein gezückter Dolch auf den Kopf – wie gut die Azteken die Natur der Sonne zu deuten wussten –, während die Luftschichten unversehrt bleiben, wie Bergbäche, kühl, klar, flutend, gleichsam von einer sprudelnden Quelle erfrischt. Europa liegt sechstausend Meilen jenseits des Meeres, und diese Gletscherstadt in tropischen Breiten ist niemals, niemals vom Atem des Mediterranen berührt worden. Auf eine angenehme, gefahrlosere Weise, wie durch eine Schießscharte, sieht man vor sich, was Cortés vor fünfhundert Jahren in seiner Absolutheit sah: das Unbekannte.

Nun, was tut man? Wo beginnt man, wohin wendet man sich zuerst? Hier sind wir, in der Hauptstadt dieses riesigen Landes, und wissen von beiden nichts. Wir kennen niemanden. Wir verstehen kaum die Sprache. Wir haben eine ungefähre Vorstellung, was es zu sehen gibt, aber wir wissen nicht, von wo aus wir hinfinden sollen. Wir haben nicht viel Geld zum Ausgeben, und wir haben schon viel zu viel Gepäck, Wintersachen und Sachen für die Tropen, Kleidung für die Stadt und Kleidung fürs Land, und der Boden unserer Taschen birst unter der Last der Bücher. Wir haben ein paar Empfehlungsschreiben. Sie versprechen nicht viel. Von flüchtigen Bekannten an flüchtige Bekannte, Europäer mit ungewisser Adresse, die vor dem Krieg nach Mexiko ausgewandert sein sollen. Guillermo hatte mir auf dem Bahnhof einen Brief in die Hand gedrückt; ein deutscher Name nahm fast den ganzen

Umschlag ein. »Sehr gute Freunde«, hatte er gesagt, »sie haben solche Schwierigkeiten mit ihren Papieren gehabt.« E. hatte man gesagt, sie solle ihren Namen auf der amerikanischen Botschaft hinterlassen. Niemand schien irgendwelche Mexikaner zu kennen. Niemand hatte an Leute geschrieben, die ein Bergwerk oder eine Zuckerplantage besaßen; niemand von irgendeinem in Mexiko ansässigen Weisen gehört, einem Norman Douglas Lateinamerikas, der alles kannte, die Leute und die Geschichten, die Pflanzen und den alten Klatsch, der wusste, wie man sich die Langweiler vom Leibe hält und wo man guten Wein bekommt.

Gottlob haben wir ein Dach über dem Kopf, und gottlob ist es nicht das Dach der Pension Hernandez. Die Stimmung, die uns auf Guillermos Vorschlag eingehen ließ, ist verblasst. Schon weht der Wind von Süden her. Im Zug erzählte uns ein Mann von einem kleinen Hotel unter mexikanischer Leitung, das gegenüber einem Park liegt. Dorthin fuhren wir gleich vom Bahnhof und fanden einen Kolonialpalast mit einer verwitterten hellroten Fassade. Natürlich waren Zimmer frei. Wir haben eine ganze Zimmerflucht. Schlafzimmer, ein Wohnzimmer, ein Ankleidezimmer und eine Art Teeküche mit Spülbecken, ein Badezimmer, einen Verschlag für die Koffer und ein Kämmerchen mit Oberlicht. Alles blitzblank und zum Bersten voll mit imitierten spanischen Möbeln, steiflehnigen, gobelinbezogenen Stühlen, gedrechselten Eisenlampen mit schwachen Glühbirnen. Ein Balkon führt auf den Platz und eine Terrasse auf den Patio. Der Patio hat einen angenehmen maurischen Grundriss; er ist weiß gekalkt, voller Blumen, mit einem Springbrunnen in der Mitte und im Brunnen schwimmen Goldfische, und das alles für dreißig Schilling pro Tag.

Das Nächstliegende ist das Mittagessen. Auch wird es Zeit, dass wir von den Straßen verschwinden. Diese Sonne!

E.s Gesicht hat schon eine ganz sonderbare Farbe. Man hatte uns ermahnt, kein Wasser zu trinken, stets eine Kopfbedeckung zu tragen, uns gegen Typhus impfen zu lassen, keinen Kopfsalat zu essen, keine Butter, keine Schalentiere, keinen Ziegenkäse, keine

Sahne, kein ungekochtes Obst… Wir traten in ein Restaurant. Ich hatte aus vergangenen Tagen einen kleinen spanischen Touristenwortschatz, auf den ich zurückgreifen konnte; es ging zwar nicht fließend, genügte aber, die *comida corrida*, das Hausgericht, zu bestellen. Jeder Tisch ist mit Leuten besetzt, die in einem angelsächsischen Land als eine Gesellschaft gelten würden, aber hier scheint es sich einfach um die Familie zu handeln. Die Gesichtsfarbe ist Milchkaffeebraun, sattes Kastanienbraun, glühendes Kupfer oder ein milchiger Malventon und schmutziges Gelb. Sie sind alle entweder von erlesener Schönheit oder von unglaublicher Hässlichkeit, und zwischen blühenden Epheben und triefenden Nilpferden gibt es keine Übergänge. Die männlichen Epheben tragen eine übertrieben eng sitzende Abart kalifornischer Sportkleidung, glänzende, gabardineartige Anzüge mit Gürteln um die Hosen, Speiseeisfarben, pistaziengrün oder schokoladebraun; die älteren Männer sind in die dunkelsten, schäbigsten Konfektionsstraßenanzüge gepresst, die man sich denken kann, und Damen jeglicher Proportionen üppig mit schlechten Stoffen in den dekorativeren kräftigen Farben drapiert – Blutorange, Smaragdgrün, Chromgelb, Azurblau. Zunächst heißt es fünfundzwanzig Minuten warten, dann wird in atemloser Hast eine Folge von Gängen aufgetragen. Wir tauchen die Löffel in die Suppe, eine köstliche Gemüsecremesuppe, die einem französischen Provinzhaushalt vor dem Krieg 1870/71 alle Ehre gemacht hätte, da erscheinen bereits zwei Teller mit Reis, symmetrisch mit Erbsen und Piment garniert, neben unseren Ellbogen.

»*Yaqut la sopa seca.*« Die »trockene Suppe«.

Wir versuchen noch immer, uns an der nassen zu laben, da ist schon die Eierspeise da: zwei flache, runde, braune Omelettes.

Kein Teller wird abgetragen, ehe er geleert ist, es werden nur immer neue Gänge vor uns hingestellt, so dass sich zwei wachsende Halbkreise kalt werdender Gerichte bilden. Zwei stachelige Fische, mit Tomatensoße übergossen. Zwei Portionen gekochtes Rindfleisch mit Gewürzen. Zwei Schalen Eierkürbis, der in frischem Rahm schwimmt. Zwei dünne Beefsteaks, anzusehen wie

Sohlen von Kinderschuhen. Zwei Schüsseln Salat und Radieschen, kunstvoll angeordnet. Zwei Teller mit Geflügel, magere Schenkel und spitze Flügel, mit irgendeiner braunen Substanz bestrichen. Zwei Teller mit pürierten schwarzen Bohnen; zwei Tellerchen mit in Sirup eingelegten Früchten. Ein Korb voll Brötchen, alle leicht gesüßt; und ein Turm von Tortillas, weichen, kalten, blassen Pfannkuchen aus Mais und Mörtel. Wir langen bei allem herzhaft zu. Alles schmeckt gut, fast alles ist gut. Nur das Huhn hat sein Bestes schon einem langen und anstrengenden Leben und dem Suppentopf geopfert, und das Kompott ist für jemanden, der mehr als sechs Jahre zählt, einfach zu klebrig. Die Eierspeise, das gekochte Rindfleisch, die Gemüse, der Salat, Reis und Bohnen sind wirklich sehr gut. Aber nichts kommt auch nur im entferntesten der Suppe nahe. Wir trinken Flaschenbier, das Carta Bianca heißt, und finden es ausgezeichnet. Kurz nachdem wir unser Mahl begonnen hatten, waren wir gefragt worden, ob wir zum Abschluss Schokolade oder Kaffee wünschten, und so folgte denn eine große Tasse auf das letzte Gericht, dazu wieder ein Korb üppig gezuckerter Brötchen. Dieses *pan dulce* und der Kaffee sind im Menü einbegriffen. Die Rechnung für uns beide, mit Bier und allem anderen, kommt auf neun Pesos.

Es ist vier Uhr nachmittags, und die Sonne hat sich noch nicht von der Mitte des Himmels gerührt. Wir versuchen es nicht erst lange mit Hüten und Sonnenschirmen, sondern fahren im Taxi zum Hotel zurück. Ich schließe die Fensterläden, lege mich hin, und als ich wieder erwache, weiß ich nicht, wo ich bin oder wo ich eben noch war. Ich weiß kaum, wer ich bin. Diese Bruchstücke entglittener Erinnerung scheinen plötzlich von größter Bedeutung zu sein; noch nicht richtig wach, versuche ich angestrengt diese Lücken zu schließen, als ränge ich um Luft. Als mir klar ist, wer ich bin, kann ich noch immer nicht sagen, wie ich in der Zeit lebe – welche Zeit ist jetzt? Schließlich kehrt auch die Erinnerung wieder, wo ich mich befinde. Es muss eine halbe, eine ganze Minute gedauert haben, bis ich meine mutmaßliche Wirklichkeit eingeholt habe. Es kam mir viel länger vor. So schläft man vielleicht zwei-, dreimal in seinem Leben, und nie mehr vergisst man diese Augenblicke, da man zu sich kommt. Dieses schmerzliche Bedauern. Wofür? Für die grenzenlosen Möglichkeiten jener unausgefüllten Zeitspanne, ehe die Erinnerung wieder zur Stelle eilte? Oder für die so hermetisch vergessene Region vor dem Erwachen, für das Gefild, wo wir in diesem Schlaf weilten, das wir nicht kennen können und das gleichwohl ein solches Nachgefühl des Glückes in uns zurücklässt? Dies eine Mal ist die Reaktion umgekehrt, das Glücksgefühl ist ein Vorgefühl, die Einstellung auf die Wirklichkeit eine Freude. Mexiko liegt vor mir – ich eile ans Fenster. Es muss geregnet haben. Es hat geregnet. Dies ist die Regenzeit, und von Mai bis Oktober regnet es jeden Nachmittag. Der Platz sieht frisch gewaschen aus, auf den Blättern glitzern Tropfen, und der Himmel ist noch wild bewegt wie eine El-Greco-Landschaft Die eine Hälfte der männlichen Bevölkerung knöpft ihre amerikanischen Regenmäntel auf und schüttelt das Wasser aus den Sombreros; die andere Hälfte duckt sich in durchnässten weißen Baumwollpyjamas zusammen, um Kinn und Schultern jene dünnen, farbenfrohen Pferdedecken geschlungen, die im Kunstgewerbe als *sarapes* bekannt sind. Es ist nicht mehr heiß, nur noch lind wie an einem Frühlingsabend. Zwei Stunden vorher hatten wir noch August, jetzt sind wir im April.

Ich werfe einen Blick auf einen Stadtplan und mache mich auf den Weg. Ich überquere die Alameda, einen ziemlich öden bepflanzten Platz, der liebevoll als Park betrachtet wird. Er wurde, wie so vieles andere in Mexiko, zu Ehren irgendeines Unabhängigkeitstages begrünt, und sein Pflanzenbestand scheint nur aus Gummibäumen zu bestehen. Ich gelange auf die Avenida Juarez mit ihren plärrenden Musikautomaten, Kinos, Herrenartikelgeschäften und alkoholfreien Bars. Unsere Straße, die Avenida Hidalgo, war hübsch, wenn auch heruntergekommen – eine Reihe von verwitterten *palacios* mit Überbleibseln von aztekischem Mauerwerk auf ihren Fassaden aus dem 16. Jahrhundert, und keine Ladengeschäfte, nur ein Blumenstand neben dem anderen, wo *pièces montées* für Beerdigungen verkauft werden, riesige

Trauerkränze und Kreuze mit Rosenkranzperlen, Filigrangeflecht und Totenköpfen aus Perlmutt. Die falsche Seite der Alameda, wie wir später erfuhren. Die richtige Seite sieht wie die Londoner »Strand« aus.

Ich gehe weiter und bleibe stehen, verblüfft vom Anblick eines wunderlichen Gebäudes, wie ich es nie zu sehen gehofft hätte. Es ist das Nationaltheater, offensichtlich in der Ära Díaz in den ersten Jahren dieses Jahrhunderts erbaut. Ich überlasse die Beschreibung dieses Meisterwerks des Eklektizismus wohl am besten *Terry's* Reiseführer:

»El Teatro Nacional, ein imposantes vielgestaltiges Bauwerk aus schimmerndem Marmor, kostbaren Hölzern, Bronze, buntem Glas und anderen Schmuckelementen, steht am östl. Ende der Alameda ... Der Bau ... kostete über 36 Millionen Pesos. Die ursprünglichen Pläne, eine Arbeit des Italieners Adamo Boari (der auch das nahe gelegene Hauptpostamt entworfen hat), sahen ein Nationaltheater vor, das alle Theaterbauten auf dem Kontinent in den Schatten stellen sollte ... Der *palacio* weist eine ungemein harmonische Verschmelzung verschiedener architektonischer Stilarten auf ... Als der überaus schwere Bau etwa zur Hälfte vollendet war, begann er langsam in den sumpfigen Untergrund zu sinken. Er ist über mehr als eineinhalb Meter unter das ursprüngliche Niveau gesunken.«

Das klingt verheißungsvoll. Aber nein, das Teatro Nacional ist kein Eisberg, ungefähr 30 Meter bleiben noch zu sinken.

Als ich das Stadtzentrum erreiche, ist ganz plötzlich die Nacht hereingebrochen. Die Geschäfte an der Avenida Francesco Madero – ein ermordeter Präsident – strahlen im Neonlicht. Wells Fargo, wo ich gehofft hatte, ein paar Briefe abholen zu können, hält die amerikanischen Ladenschlusszeiten ein und ist schon geschlossen. Nach der dreistündigen Pause für das Mittagessen, der Siesta und dem nachmittäglichen Regen nimmt gegen acht Uhr das Geschäftsleben einen neuen Aufschwung. Die Lebensmittelläden halten, was ihr Aussehen verspricht. Große Säcke

Kaffeebohnen, Schinken aus York und Parma, Gorgonzola, Olivenöl.

»Kann ich Schinken kaufen, soviel ich will?« würde ich am liebsten fragen.

»Wie viele Schinken, Señora?«

Ich habe nicht die Absicht, diesen zauberhaften Laden so rasch wieder zu verlassen. Er ist so sauber, wie das Angebot reichhaltig ist, und die Leute sind so höflich … Man könnte bei *Fortnum's* sein. Nur dass es hier noch mehr gibt: dieser warme Duft von geröstetem Kaffee und frischem Brot. Und die Weine! Regaleweise Bordeaux, hübsche Namen und volltönende Namen von Deuxième Crus, Château Gruaud-Larose-Sarget, Château Pichon-Longueville, Château Ducru-Beaucaillon, doch leider alle teuer. Ein Tablett mit heißen Pastetchen wird hereingebracht, *mille feuilles*, brutzelnd in Butter.

»Qué hay en el interior?«

»Anchovis, Käse, Huhn.«

Ich lasse einiges einpacken, um es E. mitzubringen. Es gibt französischen Kognak, schottischen Whisky, Campari Bitter, nichts davon sündhaft teuer, aber auch nichts billig. Die Landesprodukte hingegen sind es entschieden. Ich kaufe einen Viertelliter Bacardi-Rum, von der besten, der dunkelsten Sorte. Fünf Pesos. Ein Peso ist ziemlich genau ein Schilling. Und eine Flasche mexikanischen Kognak. Der Name dieser unbekannten Größe ist angemessen: *Cinco Equis*, fünf X. Sie kostet neun Pesos und hat drei Sterne. Man wird sehen.

Als ich aus dem Laden trete, nimmt mir ein kleines Mädchen meine Pakete ab. Sie tut es mit Würde und gibt zu verstehen, dass ihr gar nicht so sehr daran liege, ein Trinkgeld zu verdienen, sondern dass es sich für mich nicht schicke, mit Flaschen, die in Packpapier eingewickelt sind, und einem halben Dutzend Fleischpasteten, die mir von den Fingern baumeln, durch die Straßen zu gehen. Ich habe es nicht gern, wenn Leute, die älter oder jünger sind als ich, mich abholen oder Sachen für mich tragen, sehe aber ein, dass ich mich einer so angenehmen Landessitte fügen muss.

Es gibt noch mehr solcher Geschäfte, und dank meiner Begleiterin kann ich nun unbehindert die Gelegenheit wahrnehmen. Ich kaufe eine Flasche Tequila (zwei Pesos der Viertelliter, bereits ein halber Liter erzeugt garantiert Delirium tremens), lasse mich zu Campari hinreißen, aber widerstehe spanischem Pernod. Nach diesen zusätzlichen Einkäufen habe ich ein ganzes Gefolge. Aber immer ist es das erste Kind, das die Päckchen aus meiner Hand empfängt und sie an die anderen Knirpse verteilt. Wir fuhren eine etwas mühsame Unterhaltung. Ein junger Mann sitzt vor einem Schallplattengeschäft auf dem Trottoir und hält sechs Avocados feil. Er legt sie zu einem Muster aus, und wie die Avocados im Dämmerlicht so hin und her bewegt werden, sehen sie aus wie dressierte Mäuse. Ich kaufe seinen ganzen Bestand. Er hat nichts, womit er sie einwickeln könnte, und darum kommandiert meine kleine Anführerin drei vorbeigehende Kleinkinder mit je zwei leeren Händen zur Hilfe. Der Gedanke, dass ich ein halbes Dutzend Avocados für drei Pence erstanden habe, macht mich ein bisschen leichtsinnig. Zwar kaufe ich dem Mann, der aus einer Kirche gerannt kam, nicht seine zwei kleinen Hunde ab, aber ich erstehe eine Ananas, einen ganzen Haufen Papayas, einen Strohhut, ein paar Pflaumen, ein paar Süßigkeiten für meine Träger (aus übertriebener Sorge, Kindern Bargeld in die Hand zu drücken), ein paar heiße Kastanien und ein paar Blumen: zwei Armvoll Tuberosen, und das zu einem Spottpreis. Als wir durch die Geschäftsstraßen Bolivar und Cinco del Mayo und durch den stockdunklen Alameda-Park zum Hotel ziehen, komme ich mir vor wie der Rattenfänger von Hameln. In der Halle nehmen die Kinder ihre Fruchtbonbons und Centavos beherrscht entgegen. Sie bedanken sich und sprechen mir ihre guten Wünsche für mein Wohlergehen in dieser und der nächsten Welt aus, *que Dios laproteja, que la vaya bien*, übergeben ihre Päckchen einem schon etwas größeren Kind vom Hotel und scheiden wie wohlerzogene Gäste einer edwardianischen Abendgesellschaft ohne Eile und ohne Zögern.

Ich hatte den Eindruck, dass der Mann am Empfang insgeheim über den Anblick meiner Einkäufe betroffen war. Und wirklich, zehn Minuten später erhalten wir den Besuch der Wirtschafterin. Sie sieht sehr spanisch aus, eine dieser adretten, tüchtigen romanischen Frauen mittleren Alters, die ihre Wäscheschränke so tadellos in Ordnung halten, wie unsereinem wohl nie etwas gelingen wird. Sie kommt nicht sofort zum Kern der Sache. Ob es uns in Mexiko gefalle?

Oh, sicher.

»Ja, es ist hübsch hier.« Ob uns der Regen nicht missfalle?

Wir beruhigen sie.

Ob das Hotel auch nach unserem Geschmack sei?

Wir versuchen auszudrücken, wie zufrieden wir seien.

Aber diese Blumen. Ob uns ihre Blumen nicht gefielen?

Die Vasen waren bereits mit Flieder und Narzissen gefüllt. Mexikanische Hotels, das heißt, Hotels in Mexiko unter mexikanischer Leitung, versehen ihre Gästezimmer nicht nur mit Handtüchern und der obligaten Flasche Trinkwasser, sondern auch mit Blumen. Jeden Tag frische Blumen, das ganze Jahr über. Ich versuche zu erklären, dass wir uns dieser liebenswürdigen Sitte nicht bewusst gewesen seien. Man glaubt uns nicht. Die Wirtschafterin verlässt uns unter gegenseitigen Entschuldigungen. Dann kommt der Page hinter der Tür hervor und trägt Flieder und Narzissen fort. Am nächsten Tag steht ein großer Strauß Tuberosen in meinem Schlafzimmer, und während unseres ganzen Aufenthalts bekommen wir allmorgendlich frische Tuberosen. Ich liebe sie und bin entzückt.

Viertes Kapitel

Mexiko-City: Klima und ein Abendessen

Glaciers, soleils d'argent, flots nacreux, deux de braises …

Es gibt drei klimatische Zonen in Mexiko, eine heiße, eine kalte und eine gemäßigte. Die *Tierras Caliente*, *Fria* und *Templada.* Die heiße Zone ist sehr heiß, die kalte nicht so kalt, wie es sich anhört; die gemäßigte ist himmlische Vollkommenheit.

Sie ist auch der am dichtesten besiedelte Teil der Republik – die *Mesa Central* liegt größtenteils in der *Tierra Templada.* Dennoch ist dieses Plateau keineswegs ein Land der Mäßigung; die Milde ist üppig und dynamisch, das Gemäßigte ein Produkt des Zusammenpralls zweier Maßlosigkeiten. Es ist eine für tropische Verhältnisse anomal kühle Region, die die geografischen Extreme der Schweiz und Zentralafrikas vereint, hoch wie der Montblanc und auf gleichem Breitengrad wie die Sahara. Auf Meereshöhe gelegen, wären die mexikanischen Breiten Wüste und Dschungel; im Norden wäre das mexikanische Hochland ein ödes alpines Gebiet. Vereint schufen diese Extreme von geografischer Breite und Hochlage ein Klima wie das von Simla, nur dass es das ganze Jahr über herrscht und damit Simla übertrifft. Tatsächlich schwanken, wie man nachlesen kann, die jährlichen Mittelwerte der Temperaturen in der *Tierra Templada* zwischen 19 und 20 Grad Celsius. Die Niederschlagsmenge beträgt im Jahresdurchschnitt etwa 200 Zentimeter und ist auf vier Monate, Juni bis Oktober, konzentriert. Nach menschlicher Erfahrung bedeutet dies: Es ist immer warm;

es ist niemals heiß; es ist niemals kalt. Es regnet nur in der Regenzeit, und da gießt es regelmäßig zu bestimmten Stunden, und danach ist die Luft wieder trocken und leicht, Blätter und Felder glänzen, es gibt weder Dunst noch Schlamm, es tropft nicht, alles ist erfrischt und wie neu.

Trübe Tage sind hier unbekannt. Der Himmel ist immer klar, bis auf die wenigen dramatischen Minuten, in denen sich der eigentliche Ausbruch vorbereitet. Es gibt witterungsmäßig nur wenig Unterschied zwischen Juli und Februar; im Spätfrühjahr kann es ziemlich warm werden, und es gibt kühle Abende, wenn der Wind von der Küste her bläst, doch jemand, der eine Garnitur Kleider, wie sie für einen ungewöhnlich schönen englischen Juni geeignet sind, eine Decke und eine Hütte aus wasserdichten Blättern und Bambusrohr besitzt, würde sich bei Tag und bei Nacht, von Anfang bis Ende des Jahres wohlfühlen. Der Besitz einer Lehmhütte und dazu ein paar Tannenzapfen für ein Feuer um die Weihnachtszeit würden ein sybaritisches Leben garantieren. Dies eröffnet – und verschließt – wirtschaftliche Perspektiven. Ein Unternehmer aus Deutschland, so schildert Grüning uns in seiner herrlich ausführlichen *Geschichte Mexikos,* kam irgendwann im 19. Jahrhundert mit hochfliegenden Projekten an und fuhr derart enttäuscht wieder ab, dass er ein dickes und zorniges Buch über die »verdammte Bedürfnislosigkeit« der Landesbewohner schrieb. Er sollte sie heute sehen, der Ärmste, wie sie ihr Coca-Cola schlürfen.

Die zweite Zone liegt auf Meereshöhe und ist schlechthin tropisch. Hunderte von Meilen Dschungel, Strand und ab und zu ein verlandeter Hafen am Pazifik. Der Golf mit Vera Cruz, die Ölindustrie, *Kaffee-fincas* und eine gewisse geschäftliche Rührigkeit. Der tiefe Süden: Chiapas, Tabasco, Campeche – Sumpfland und Dschungel, das Land von Graham Greenes *The Lawless Roads;* Yucatán und die präkolumbischen Ruinen. Die dritte Zone ist keine zusammenhängende Region, sondern besteht aus einer Anzahl besonders hoch gelegener Punkte. Bestimmend ist die geografische Lage, im Großen und Ganzen gilt alles, was über 2300 Meter hoch liegt, als *Tierra Fria.*

Mexiko-City liegt mithin in der kalten Zone. Es ist jedoch ein Fall für sich. Es hat vier unterschiedliche Klimaarten, eine für die Nacht – in der es bitterkalt ist – und drei für jeden Tag. Morgens sind wir an der Küste von Neuengland. Es ist Herbst. Ein goldener Spätseptember; die Luft ist frisch, doch schon von Wärme durchflutet, leuchtend vom Licht der Sonne. So ein Morgen, an dem es einen nicht im Bett hält, kältestarre Insekten die Flügel zu neuem Aufschwung rühren und man seine Tasse Tee nimmt und hinausgeht in den Garten. Hier wird einem dies unverhoffte Geschenk Tag für Tag zuteil. Das Frühstück wird im Patio angerichtet: Es gibt frisches Obst, die absurden Goldfische gleiten geschwind durch den Springbrunnen, und alles duftet nach Geranien; zart liegt einem die Wärme um die Schultern; E. spricht nicht mehr von Politik, die Wirtschafterin hört zu plappern auf der Page kommt mit warmen Brötchen und Butter gelaufen … Es ist eine Lust zu leben.

Um elf Uhr wird das Klima kontinental. Jetzt ist man im Hochsommer auf Bergeshöhe. Die Sonne brennt herab, mit ihrem gleißenden Licht ist nicht zu spaßen; der *fond de Vair* ist kühl und fließend wie quellfrisches Wasser. Man fühlt sich ungemein beschwingt, mit Energie geladen. Das ist die Tageszeit, zu der ich gerne durch die Straßen bummle, beschattet vom Rand meines Hutes langsam über den Platz vor der Kathedrale gehe. Dieser pralle Mittag währt mehrere Stunden. Dann kommt der tägliche Wolkenbruch, und die frühen Abendstunden hindurch fällt der Regen mit demselben Geräusch, mit dem er überall auf der Welt in heißen Ländern fallt, in Ägypten, in Birma … Daran schließt sich ein Frühlingsabend in einer großen Stadt: lind, zart, sehnsuchtsvoll, ein lang gedachter Abend. Aber er ist nicht lang. Die Dunkelheit senkt sich herab und löscht plötzlich das Licht, wie wenn die Decke sich über den Kanarienvogelkäfig breitet. Die Energie verebbt, das Herz zieht sich furchtsam zusammen. Um diese Zeit soll man nicht mehr auf den Straßen sein, dies ist die Stunde der Heimkehr zum häuslichen Herd, zur Ordnung des Familienlebens. *Alors, il s'est retiré dans son interieur.*

Das Hotelzimmer ist trostlos, das Licht trübe. So bleibt nichts, als fluchtartig in die sauberen, gut erleuchteten Lokale zu eilen.

Doch es gibt sie nicht. In der ganzen Stadt ist der Strom schwach. Es geht die Rede, der Bruder des letzten Präsidenten verhökere noch immer Elektrizität über die Grenze. Es gibt keine Cafés, keine Pubs, nur Bars für Männer und riesige Konditoreien. Vor zehn Uhr isst man nicht zu Abend, es sei denn, man nimmt damit vorlieb, in einer Apotheke Waffeln zu verzehren; die Kinos verschwenden kein Geld an Leuchtreklame; Freitag in einer Woche gibt es ein Konzert … Einige der Hotelbars sind auch Frauen zugänglich. Sie sind voll von Touristen und Mexikanern, die ostentativ ohne ihre Frauen gekommen sind. Davon abgesehen ist in diesem Land das Trinken schwierig: Am Tage spürt man überhaupt kein Verlangen danach und in der Nacht ein zu großes.

Wir beschließen, im N. zu Abend zu essen, einem französischen Restaurant, das in der ganzen Hemisphäre einen guten Ruf genießt. Wir drängen uns durch die Drehtür. Eines Abends in den frühen Dreißigerjahren nahm mich eine Freundin in London liebenswerterweise in ein Restaurant mit, das zu seiner Zeit wirklich sehr berühmt gewesen war. Es zählte glanzvolle Namen aus der Literatur zu seinen Gästen, Keller und Küche waren vorzüglich; es war bekannt dafür, dass man dort Alkohol auch nach der Sperrstunde bekam. Die glücklichere Generation unserer Väter hatte dort die Nächte des Ersten Weltkriegs, als sie noch jung und berüchtigt war, durchgeredet und -gezecht; sie hatten dort in den Zwanzigerjahren diniert, nun bekannt und schon älter. Es hatte in mindestens fünf zeitgenössischen Romanen die Ehre. Wir wollen es Spisa's nennen. Ich war noch nie zuvor dort gewesen, und wenn ich mich recht entsinne, war es mein zwanzigster Geburtstag oder der Abend davor. Als wir bei Spisa's ankamen, waren die Jalousien herabgelassen, der Speisesaal war dunkel, und der Besitzer lag im Sterben. Ich meine es wörtlich. Mr. S. lag auf seinem Sterbebett, und der Priester war eben bei ihm gewesen. Die Familie kannte meine Freundin aus besseren Tagen, und darum war man sehr gerührt, sie in dieser Stunde zu sehen. Und sie war katholisch. Man führte sie zu Mr. S. hinein, wo sie einige Zeit im Gebet verharrte. Ich wurde in einen Salon gebeten, wo ein österreichischer und ein italienischer Kellner den Rosenkranz beteten. Ich hatte keinen Rosenkranz bei mir, aber der italienische Kellner ging einen für mich suchen. Später wollten sie uns nicht gehen lassen und bestanden darauf, wir müssten unser Abendessen bekommen. Sie ließen aus dem Lokal in der Charlotte Street ein paar Koteletts und Lagerbier holen und nötigten uns, im Speisesaal Platz zu nehmen. Nur über unserem Tisch brannte eine Lampe, im übrigen war der Raum ganz dunkel. Während wir aßen, kamen Leute zu uns und flüsterten mit meiner Freundin auf italienisch. Ich sah, dass sie geweint hatte. Wir gingen bald nach Hause und wurden später ganz grundlos heiter.

Als E. und ich uns durch die Drehtür des Restaurants N. drängten, sahen wir, dass nur eine einzige Lampe über einem Tisch brannte. Die Kellner standen in einem Häufchen zusammen, mit trüben Gesichtern. Mir sank das Herz, aus Selbstmitleid. Ich weiß, es ist sinnlos, wenn ich mein Los beklage, dass ich zu spät auf diese Welt gekommen bin, die Tafelfreuden edwardianischer Einladungen zu genießen, aber wenn ich denke, was ich in meiner eigenen Zeit versäumt habe: Ich bin niemals im Chapon Fin in Bordeaux gewesen, ich war zu spät dran für Voisin in Paris, zu spät für Spisa's und kam nun auch für das N. in Mexiko-City zu spät. Dann nahm ich mich zusammen; hier lag ein Mitmensch im Sterben; ich hatte wieder keinen Rosenkranz, aber ich war bereit, dem Unglück meinen Respekt zu zollen, so gut ich konnte.

Über einem zweiten Tisch wurde eine Lampe angezündet, die freilich nicht viel mehr Licht gab, Stühle wurden zurechtgerückt, und man legte uns schicklich, wie eine Blumenspende, eine dieser plakatgroßen französischen Speisekarten vor. Service wie üblich? Aber nein, das Lokal war zu absurd: die gedämpfte Atmosphäre, die Dunkelheit, die Düsterkeit; kein Bestattungsinstitut in den Vereinigten Staaten könnte mit solch einer Atmosphäre länger als eine Woche im Geschäft bleiben. Wir sollten erst noch erfahren, dass sich in der ganzen Republik alle öffentlichen Speiselokale allabendlich so präsentierten.

Ich muss einen mexikanischen Wein probieren. Ich bestelle eine Flasche, deren Inhalt sich Santo Tomás nennt. Im Glas sieht er ganz schwarz aus. Ich rieche daran, bevor ich ihn versuche, und so trifft mich der Schock nicht ganz so heftig. Ich schreie ins Dunkel, man solle die Flasche abtragen.

Der Oberkellner schlurft beflissen herbei. »Ist etwas nicht in Ordnung, Señora?«

»Versuchen Sie mal.«

Er probiert. Seine Miene bleibt gelassen. Schiere Selbstbeherrschung.

»Mit dieser Flasche ist etwas ganz und gar nicht in Ordnung. Versuchen Sie noch mal.«

»??? es regular.«

Regular – normal? Billige Tinte, mit Pflaumensaft und denaturiertem Alkohol versetzt, wie ein Reibeisen auf der Zunge? Normal! Was für ein Land, was für Gaumen, was für Mägen? Man weigert sich, den Santo Tomás gegen einen anderen mexikanischen Wein auszutauschen – was ich damals für ziemlich ungefällig hielt –, und besteht darauf, dass wir statt dessen einen Importwein nehmen. Ich wähle einen spanischen Rotwein, einen von den anständigen Riojas des Marqués de Riscal. Er ist gut, kostet aber über zehn Schilling die Flasche, in einem Weinland zu viel für die paar Glas, die man zu seinem Essen trinkt. Vielleicht, beginnt es mir zu dämmern, ist Mexiko gar kein Weinland. Von Natur war es vor der spanischen Eroberung eines, freilich, Gott weiß von welcher Art; dann rissen die Spanier die Weinstöcke aus, in der Absicht, Wein aus Spanien einzuführen und Zoll darauf zu erheben. Aus demselben Grund fällten sie die Olivenbäume und verboten die Seidenraupenzucht. Öl, Seide und Wein waren für Neuspanien, was Rum und Tee für Massachusetts und Maryland waren. Als die Unabhängigkeit errungen war, waren alle viel zu sehr beschäftigt, einander umzubringen, als dass sie

Weinberge und Olivenhaine angelegt hätten, und was heute produziert wird, ist nur neuer Zündstoff für Mord. Der Santo Tomás kommt aus irgendeinem höllischen Tal in Baja California, wo das Klima so ungesund ist, dass die Trauben selbst Abwehrsäuren in der Schale bilden. Und was die Indios den Trauben alles antun … Der Santo Tomás ist der beste Wein in der Republik. Zum einen enthält er nur eine begrenzte Menge Zuckerlösung, und dann werden die Kufen immer ausgespült, nachdem sie mit Truthahnexkrementen geschrubbt wurden. Ich lernte, meinen Santo Tomás mit einem gehörigen Schuss Wasser zu schlucken wie ein Mann.

Die Bedienung im N. ist so normal wie die Beleuchtung und der Wein. Im Halbdunkel zu sitzen, wenn nur der Tod und Santo Tomás den Sinn beschäftigen, zehrt an den Nerven. Meine Schreie nach dem Essen zerreißen die Schatten.

»Wo bleibt die Terrine, die wir bestellt haben? Sie muss doch fertig sein.«

»Sie ist fertig. Aber die Garnelen auf Reis noch nicht.«

»Aber wir essen die Terrine doch zuerst.«

»Ja, die Terrine kommt zuerst, aber die Garnelen sind noch nicht fertig.«

»Wir wollen ja nicht beides zusammen essen. Bringen Sie uns bitte die Terrine jetzt.«

»Señora, wir müssen auf die Garnelen warten. Dann können Sie die Terrine zuerst essen.«

»Ich meine nicht dann zuerst, sondern jetzt zuerst.«

»Ja, Señora, zuerst. Zuerst nach einer kleinen Weile.«

»Wollen Sie bitte die Terrine sofort bringen.«

»Wie belieben, Señora. Ich werde eilen und dem Chef bestellen, er soll sich mit den Garnelen beeilen.«

Wir warten. Dann wird die Terrine von der Anrichte in der stygischen Ecke herbeigebracht, wo sie in aller Ruhe abgestellt worden war, und da werden auch schon die Garnelen gebracht, noch brutzelnd. So viel ist jetzt klar: Alles kann seine Zeit dauern, aber sobald das Essen erst einmal seinen atemlosen Anmarsch angetreten hat, darf man nicht mehr Luft holen. Dieser Brauch muss Gleichmut und Verdauung ruiniert haben. Ein unergründlicher, ein unausrottbarer Brauch.

Fünftes Kapitel

Mexiko-City: Die Baedeker-Tour

Es gab drei Maskenbälle im Theater, von denen wir nur einen einzigen besuchten. Wir gingen gegen zehn Uhr in eine Parkettloge, und wiewohl ein pronunciamento *(der hiesige Modeausdruck für Revolution) vorausgesagt war, fanden wir alles sehr ruhig und den Ball sehr fröhlich und gut besucht.*

Madame Calderón de la Barca

Wir sind in der Pension Hernandez gewesen.

Wir gingen die Isabel la Catolica entlang, eine elegante Straße im Geschäftsviertel, als wir gleichsam Deckung suchen mussten, das heißt, wir drückten uns dicht an eine Mauer, um nicht von einem Zug Maultiere, die große Steine schleppten, zertrampelt zu werden; die Maultiere wiederum drückten sich gegen uns, um nicht von einem Leichenwagen angefahren zu werden, der einer Straßenbahn auszuweichen versuchte. Die Straßenbahn, wie es so ihre Art ist, wich nicht aus ihrer Bahn; wir fielen rückwärts durch eine Tür in einen Patio. Zu unseren Häupten hing, wie der Finger der Vorsehung, ein Schild mit der Aufschrift:

HERNANDEZ *Casa de Huéspedes.*

Man ist zuweilen weniger auf die Zukunft als auf das neugierig, was im Schöße der Vergangenheit hätte liegen können. »Gehen wir doch hinein«, sagte ich, »vielleicht sind Briefe da.«

Die Pension befand sich auf der dritten Etage. Ein alter Indio, barfüßig und blitzsauber, gab uns, ohne dass er auch nur ein Wort sprach, zu verstehen, dass er keinerlei Ahnung habe, wer wir seien und was wir wünschten. Er nötigte uns in einen düsteren Salon. Genau in der Mitte dieses Raumes stand eine große, nagelneue Nähmaschine. Sie war, wie ein Konzertflügel, mit einem Tischläufer in Gobelinmuster bedeckt, auf dem in Portweinfarben etliche Episoden aus dem Leben der Genoveva von Brabant dargestellt waren. Auf dem Läufer stand eine Vase mit einem säuberlich gerundeten Strauß aus künstlichen Blumen und Stacheldraht. Im übrigen war der Salon wie ein Gemisch aus der Votivkapelle von Lourdes und einer Geschenkvitrine von Queen Viktoria ausstaffiert. Alles war makellos gehalten. Lange Zeit betrachteten wir die Weihwasserbecken, Marienfiguren in Puppenkleidern, bronzenen Hirsche und Schiefen Türme, während sich nicht das geringste ereignete. Dann öffneten wir die Tür. Der Indio war verschwunden. Wir machten uns wieder auf den Weg treppab. Irgendetwas brachte uns dazu, noch einmal nach oben zu schauen. Eine in einen Morgenmantel aus Foulardseide gehüllte exquisite Erscheinung, die aussah, als wäre sie jahrelang aufgespießt unter Glas aufbewahrt worden, beugte sich übers Geländer.

Wir wollten weitergehen. Das Wesen aber sprach.

»Sie sind die Freunde von Guillermo«, stellte es in mitteleuropäischem Englisch fest.

Wir wichen zwei Stufen weiter hinunter.

Eine zweite Erscheinung aus der Schmetterlingssammlung erschien hinter der ersten. »Ich war beim Rasieren.«

»Ich finde New York himmlisch«, sagte das erste Wesen.

»Ich dachte schon, es sind Gerichtsvollzieher«, sagte das zweite.

»Guillermo hat geschrieben, wir sollen uns nach Ihnen umsehen«, sagte das erste.

Wir setzten einen Fuß auf den Treppenabsatz.

»Kennen Sie Bubi von Witzleben?« fragte das zweite Wesen.
»Sie sollten sich Taxco anschauen«, sagte das erste.

Wir hatten die Treppenbiegung hinter uns. Da war die Haustür. Wir stürzten hinaus.

Die Maultiere waren fort. Nur ein alter Mann war da, der eine Ziege in eine leere Tomatencremesuppendose von *Campbell's molk*, und ein Taxi. Wir nahmen das Taxi.

Konzert im Teatro Nacional. Solisten aus den USA. Das Nationalorchester. Ein kurzer Bach. Brahms. Eine zeitgenössische Suite, beileibe nicht kurz, mit dröhnenden Fiestamotiven, die Mexiko nicht solche Ehre macht wie Ravel seiner Heimat Spanien. Die Zuhörerschaft ist kosmopolitisch-provinziell wie das Nachmittagspublikum im Kasino von Nizza. Um Mitternacht spielt das Orchester mehr Strophen der Nationalhymne, als anderswo bei solchen Anlässen üblich. Dann strömen wir aus dem stickigen Foyer, hinaus in die ferne Welt einer stillen Nacht, die bitterkalt ist wie eine Wüstennacht. Auf dem Pflaster liegen Hunderte von Indios im Schlaf zusammengerollt.

Die Stadt hat viele freie Plätze, auf denen beständig Markt gehalten wird und alle Welt kauft und verkauft … Es gibt Barbierläden, wo man sich das Haar waschen und schneiden lassen kann. Es gibt andere Geschäfte, wo man Lebensmittel und Getränke erhalten kann. Es gibt, wie in Spanien, Dienstmänner, die einem die Pakete tragen. Es gibt große Mengen von Holz, Kohlenbecken aus Ton, Matten aller Sorten, manche für Betten und andere, von feinerem Flechtwerk, für Stuhlsitze, und wieder andere, die in Dielen oder Wohnräumen Verwendung finden. Alle Arten von Gemüsen und Kräutern finden sich hier, vor allem Zwiebeln, Lauch, Knoblauch, Kresse, Brunnenkresse, Gurkenkraut, Sauerampfer, Artischocken und Wurzelgemüse. Es gibt vielerlei Obstsorten, darunter Kirschen und Pflaumen. Man hält Bienenhonig feil … Alle Arten von Baumwollgarnen in verschiedenen Farben können strangweise gekauft werden … Eine Menge Geschirr wird angeboten, darunter Steingutkrüge aller Größen, in denen man Flüssigkeiten aufbewahren kann, Kannen, Töpfe, Kacheln und eine unendliche Auswahl an irdenem Geschirr, sämtlich aus einem Lehm ganz besonderer Art gebrannt und fast immer irgendwie bemalt und verziert. Mais wird als Korn wie auch in Form von Brot verkauft … Aus Wild werden Pasteten zubereitet, man findet hier Fischpasteten feilgehalten und große Mengen von Süß- und Salzwasserfischen, sowohl im Naturzustand als auch fertig zum Verzehr gekocht. Hühner-, Gänseeier und alle anderen Eiersorten gibt es zu kaufen und desgleichen fertige Omelettes.

Der letzte Absatz wurde 1520 geschrieben. Er findet sich in einem Brief in dem Cortés Kaiser Karl V. über die Hauptstadt der Azteken berichtet, wie er sie bei seinem ersten Besuch, als Montezumas Gast, vorfand. Die Schilderung trifft auch heute noch zu.

Als ich wieder zu E. stoße, finde ich sie an einem Tisch mit einer Fremden und zwei Gläsern Bacardi.

»S., S.!« rief sie durch den Raum, »diese freundliche Dame aus Ponkah City möchte wissen, ob sie die Pyramide des Mondes besuchen soll.«

Es endet damit, dass wir alle drei das recht ländliche Mittagsmahl – Reis mit Schweinefleisch, Kichererbsen und Zicklein, und was für Portionen! – verzehren, das das Ritz für sieben Pesos in einem engen, vergoldeten Hinterzimmer servieren lässt.

Riveras Fresken im Palast des Cortés sind hart, flach und riesig. Die Figuren sind flach, leblos und riesig; die Farben flach und monoton. Sie sind so anschaulich wie Illustrationen zu einer Moritat, aber ohne deren naive Unschuld. Sie betonen alles mit erhobenem Zeigefinger, mit einem tödlichen Ernst, der nicht beeindruckt, sondern langweilt. Das Sujet ist eine prunkvolle Darstellung der mexikanischen Geschichte, die in der Apotheose der Revolution gipfelt, gewissermaßen einem dialektischen Jüngsten Gericht. Unter den vielen bemerkenswerten Details findet sich, in fünffacher Lebensgröße, die Gestalt der Frau von »Carlos« Marx, die zusammen mit dem werkzeugtragenden Arbeiter und dem garbenbeladenen Bauern unter den Auserwählten steht, während auf der anderen Seite die Señora Doña Maria-Carmen Romero Rubio Díaz mit Bankiers und dem hohen Klerus im trüben Schatten schwebt.

»Können Sie mir ein Paar von diesen Sandalen machen?« »Nein, Señora.«

»Ich meine, können Sie mir nicht ein Paar von diesen Sandalen machen?«

»Nein, Señora.«

»Aber Sie machen doch Sandalen?«

»Ja, Señora.«

»Warum können Sie mir dann nicht ein Paar machen?«

»Ich hab gestern Sandalen gemacht.«

»Das ist doch kein Grund.«

»Doch, Señora. Ich hab alles, was ich brauche.«

»Alles, was Sie brauchen? Sie werden sich wohl kaum mit dem Geld für die Sandalen von gestern zur Ruhe setzen wollen?«

»Wer weiß, Señora. Ich hab alles, was ich jetzt brauche.«

Wieder dieser Ton der Angst.

Ich geriet in den Regen, der heute mit Verspätung kam, und in die Dunkelheit, ich war allein und fern von den Straßen des Zentrums mit dem Licht der Geschäfte. Man spürte die Nähe von Menschen, die stumm in Hauseingängen saßen. Wohl geschah nichts, aber ich wurde von einem solchen Gefühl der Verlassenheit ergriffen, dass ich mehrere Male zu rennen begann. Einmal glaubte ich, mich verlaufen zu haben. Ich erreichte unser Hotel in der Verfassung eines Menschen, der Zuflucht aus einer Panik sucht. Es war halb neun Uhr abends.

Hommage an D. H. L.

»Anthony hat uns geschrieben«, sagte E. »Er hat Ferien und wird sich uns anschließen.«

»Wie nett.«

»Er kommt mit dem Flugzeug nach Mexiko-City.« »Dann müssen wir auf ihn warten.«

»Natürlich müssen wir das.«

»Natürlich.«

Es scheint, dass wir von Rosenkranz und Güldenstern besucht worden sind.

»Versuch doch, aus dem Portier was Vernünftiges rauszubekommen«, sagte E.

Der Portier sagte, zwei Herren seien da gewesen, die so und so geheißen hätten.

Wir finden ihre Karten oben in unseren Zimmern.

Freiherr Karl Heinz Horst von Rautenburg zu Landeck
Baron Günther von der Wildenau-Schlichtleben

»Herrje«, sagte ich. »Die Pension Hernandez.«

»Guillermos langer, schmieriger Arm«, sagte E. »Was sie wohl wollen?«

»Wir werden ja sehen«, sagte E.

Bereits eine volle Woche in Mexiko-City. Einen ganzen Tag hatten wir von der Wirtschafterin Ausgehverbot. Nicht gerade Wahltag, sondern eine Art Stimmennachzählung für eine frühere Wahl, wie wir aus den Zeitungen entnahmen, aber vielleicht täuschten wir uns auch.

»Ja, ja, eine *eleccionita*, eine kleine Wahl. Nicht weiter von Bedeutung«, sagte die Wirtschafterin.

Aber warum sollten wir nicht ausgehen? War es nicht sicher auf den Straßen?

»Doch, schon sicher. Sehr sicher. So sicher, wie's nur sein kann. Nur ein paar Schießereien. Ziemlich sicher. *Aber es ist besser, im Haus zu bleiben.*«

An diesem Tag blieb die massive Eingangstür des Hotels versperrt und verriegelt. Das Hotel hat kein Restaurant, gleichwohl aber wurde unser Hausarrest von morgens bis abends durch eine

Folge von Tabletts belebt – Tabletts mit Sandwichs und mit kaltem Braten, Tabletts mit Früchten und Kuchen, Tabletts mit Tee, Tabletts mit zugedeckten Speisen und mit warmgehaltenen Speisen, Tabletts mit dreifachen Rechauds, auf denen Kasserollen balancierten, bis man einen Imbiss nicht mehr von einer veritablen Mahlzeit unterscheiden konnte. Wir bekamen nie eine Rechnung für diese Bewirtungen. Wir hörten überhaupt keine Schießereien. Am nächsten Morgen erzählte uns die Wirtschafterin, es habe ein paar Tote gegeben – hundert, zweihundert vielleicht –, eine kleine Wahl, nichts weiter.

Unsere Tage vergehen damit, dass wir abwechselnd ausgehen und erschöpft in den kühlen, von Blumenduft erfüllten Frieden des Patio zurückkehren. Draußen ist alles eine Spur zu nah, zu laut, zu viel. Man wird immer gedrängt, muss immerfort ausweichen – den Bettlern, dem irrsinnigen Verkehr, der Sonne, den Ananasfrüchten, die von einem Obststand herabpurzeln.

Die Baedeker-Tour ist rasch absolviert.

Palast und Kathedrale sind riesige spanische Kolonialbauten, mit Ehrgeiz entworfen, den hohen, wenn auch selbstsüchtigen Zwecken der Gegenreformation zu dienen, und ihr Bau wurde etwas mehr als sonst üblich durch Geldknappheit, politische Wechselfalle und vulkanische Beben verzögert. Die Paseo de la Reforma, Maximilians und Charlottes Champs-Elysees, wirkt viktorianisch-grabhaft, halbherzig *dépaysé* mit ihrer schnurgeraden Reihe tropischer Bäume, gnadenlos *à la française* gestutzt. Die Galerie hat ihren Rubens (ein religiöses Sujet), ihren Murillo, »der«, ich zitiere *Terrys,* »von vielen für einen echten Tizian gehalten wird«, rissige und nachgedunkelte Porträts vornehmer Spanier mit Köpfen wie vornehme Spanier von El Grecos Hand, viele Schlachtszenen und Säle um Säle voll von »Schulen«. Das Museum besitzt den »Aztekischen Kalenderstein«, eine Sammlung von Opfersteinen aller Größen und eine reiche Kollektion koboldgesichtiger Gottheiten, aber was die präkolumbische Skulptur betrifft, so findet man sie in Oaxaca und im Britischen Museum besser vertreten.

Ja, die Sehenswürdigkeiten des Stadtführers sind begrenzt und im Großen und Ganzen enttäuschend. Und doch, wie viel es zu sehen gibt. Überall. Unnötig, unnütz, zu planen und zu eilen, nur stehen und schlendern und schauen; und zusammenfugen. Nicht große Schönheit, nicht die vollendeten Proportionen, die langsam gewachsene, wohlgeratene Ausgewogenheit (nirgends ist Griechenland ferner), nicht das Meisterwerk aus Geist und Form, langer Mühen Frucht, die knappe französische Gemme, sondern das Willkürliche, das Groteske, das Übersteigerte, das Barbarische, das Grausame. Das fantastische Detail und die beklemmende Perspektive; das Exotisch-Elegante; das Weite, das Ferne, das Alte aus legendärer Zeit.

Überall. Im Hausdurchgang, wo das Maultier sein Junges wirft; am Brunnen im kühlen Hof des spanischen Kaufmannshauses mit der churrigueristischen* Fassade, sanft verwittert, wie eine Schiefertafel mit halb gelöschter Schrift; in der Straße der Falschen Tür des heiligen Andreas, wo zwei hübsche, androgyne junge Arbeiter einem wartenden Papagei einen Käfig aus weichen Zweigen anmessen; in der Halle des Ritz, wo am Sonntagvormittag die kreolischen Geschäftsleute sitzen, üppig gepudert, das Messbuch im Schoß, und sich über fette Profite unterhalten.

In der Himmelfahrtskirche von Maria Santisima – Kathedrale von Mexiko-City, Diözesankirche des Distrito Federal, Heilige Metropolitankirche von Mexiko, Basilika des Patriarchen von Westindien, *l'Iglesia Mayor,* erste christliche Kirche auf amerikanischem Boden – drängt sich von Sonnenaufgang bis zum Einbruch der Nacht das gläubige Volk, die fahrenden Verehrer heiliger Schreine, hingestreckt, gaffend, Gesänge leiernd, schwankend, auf den Knien rutschend, mit orientalischer Inbrunst Bildnisse umarmend gedankenleer, entrückt, besessen, einsam und doch

* Churriguerismus: bizarr-ornamentaler Stil des spanischen Barocks (nach dem Bildhauer und Baumeister José Churriguera).

vereint, keiner Hemmung achtend, fürchterlich anzusehen, so dass einen panische Angst ergreifen könnte.

Die Stadt ist voll von Buchhandlungen, großen, modernen Geschäften, wohlversehen mit preiswerten, gut aufgemachten Taschenbuchausgaben von *David Copperfield, Le Père Goriot, The Mill on the Floss, Point Counter Point* Die Vitrinen sind mit übersetzten Werken Stefan Zweigs, Emily Brontes und Sigmund Freuds vollgestopft. Wer kauft sie wohl? Ein Viertel der Bevölkerung kann nicht lesen, ein zweites Viertel nur mit Mühe. Jeder Erwachsene, der es kann, ist gesetzlich gehalten jährlich einen erwachsenen Analphabeten darin zu unterweisen. Oft erhebt sich die Frage, in welcher Sprache. Heute spricht man im allgemeinen Spanisch, aber es gibt noch immer zwei Millionen Mexikaner, die nur einen der sechzig verschiedenen präkolumbischen Stammesdialekte beherrschen. Im Bundesstaat Sonora werden nicht einmal arabische oder römische Ziffern verwendet, dort hält man sich an ein selbsterfundenes Zahlensystem.

Ich kaufte mir ein Konversationslexikon. In dem Abschnitt, der »Nützliche Wörter und Wendungen« überschrieben ist, finde ich auf der ersten Seite:

»Interessieren Sie sich für den Tod, Graf?«

»Ja, sehr, Exzellenz.«

Einer der liebenswürdigsten Orte in dieser Stadt ist ein Saal mit kreolischer Genremalerei aus dem frühen 19. Jahrhundert im Chapultepec-Museum. Diese anmutigen Bilder mit Kolibris, Schmetterlingen und Szenen aus dem Landleben (in Lateinamerika ungewöhnliche Themen künstlerischer Inspiration) sind völlig verschieden von allem, was man bislang gesehen hat, schwelgerisch, doch aufs Häusliche beschränkt, naiv und diesseitig, ein wenig absurd, wirklich ganz köstlich. Junge Frauen in gestreifter Seide auf einer Veranda, genarrt von einem Lemuren, ein Musselinkleid, zwischen Magnolienbäumen hindurchschimmernd; Früchte wie Blumen und Blumen wie Vögel vermitteln Ahnungen von einer besseren Welt. Man hört förmlich die Blätterfächer durch den Nachmittag rauschen, bloße Füße leise auf den Patiofliesen patschen, Eis in Bowlengläsern klimpern …

Doch selbst hier wird jener andere Ton angeschlagen. Ein Bild zeigt einen kleinen Jungen, von seiner Erzieherin durch einen wundersamen Garten mit Zuckerrohrstauden und Kaffeesträuchern geführt und von einem Schoßhündchen mit lockigem Fell und einem Indianerbuben gefolgt, der die Puppe des Jungen trägt – das sorgfältig gekleidete Skelett eines Säuglings, ein Käppchen auf dem Kopf.

Es gibt drei aktive Vulkane im Tal, deren Lavaeruptionen leicht die Stadt erreichen könnten. Popocatepetl, Iztaccíhuatl, Xinantécatl – Ungeheuer an Namen und Größe, zarte Gebilde von Erscheinung; japanisch konturierte Formen aus pastellnem Blau und Porzellanweiß, und drei dünne Rauchkringel, die in der klaren Luft schweben. Daneben gibt es einen bescheidenen Hügel, einen winzigen Vulkan, jetzt untätig, den Peñon, der den Geologen zufolge eines Tages die Stadt zerstören wird.

Auf der weitläufigen Plaza Mayor, wo man über das Grab einer Pyramide geht, wird man von der Grenzenlosigkeit übermannt, schnürt einem die schreckliche Vorstellung der Vergangenheit die Kehle zu, die sich durch die Stollen der Zeit weit und weiter nach rückwärts erstreckt … Kann dies *hier* sein, kann es sein, dass man selbst mittendrin ist? Man ist in einer Legende, man wandert durch Troja.

Sechstes Kapitel

Coyoacán: Tee und guter Rat

Manche Besuche in Mexiko scheinen mir an Länge
alles zu übertreffen, was man sich unter einem Besuch
vorstellen kann, da sie selten weniger als eine Stunde dauern
und sich zuweilen über den größeren Teil des Tages hinziehen.
Und zumindest die Herren kommen zu jeder beliebigen Zeit
ins Haus. Geht man frühstücken, kommen sie mit – setzt man
sich zum Abendessen hin, dasselbe – schläft man noch,
so warten sie, bis man erwacht – ist man außer Hause,
kommen sie später wieder. Gestern erschien kurz nach dem
Frühstück ein recht mittelmäßiger Mann, dessen Namen
ich nicht einmal verstand, saß still da und nahm
gar noch an unserem Nachtmahl teil!

Madame Calderón de la Barca

Wir waren bei Akademikerfreunden von Freunden, spanischen Flüchtlingen und seit etwa zehn Jahren in Mexiko ansässig, zum Tee eingeladen. Ihr Haus war in Coyacán, dem Vorort, wo Trotzki lebte und ermordet wurde. Wir machten uns ohne rechte Vorstellung, wie man dorthin kommt, auf den Weg. Nach dem Weg zu fragen ist eine unsichere Sache, da der Wunsch, einem etwas Angenehmes zu sagen, und nicht die Wahrheit das bestimmende Prinzip der Leute zu sein scheint, die einem Auskunft geben. Alles wird so beschrieben, dass es einem herrlich nah vorkommt. Solcherart unterschlug der Hotelportier die zweite Straßenbahn, und die Frauen an der Endhaltestelle verschwiegen eine Meile Fußmarsch auf einer ungepflasterten Straße mit Löchern voll Schmutz und fröhlich scharrenden Schweinen, und wir trafen mit großer Verspätung bei den C.s ein.

Die wenig einnehmende Straße endete in einer Gasse bei einer kleinen Tür in einer hohen, durchgehenden Mauer. Ein Diener in gestreifter Jacke und ohne Schuhe öffnete von innen, und wir traten in den kolonnadenumsäumten Garten eines Karmeliterklosters, ganz erfüllt von Bougainvilleen und großen, üppigen Kletterrosen. Sieben oder acht Personen warteten in einem lang gestreckten gewölbten Raum, an dessen Wänden sich die Bücher reihten, auf Tee und Schokolade. Die Flügelfenster waren zum Garten hin geöffnet. Wir wurden in aller Form vorgestellt, schüttelten Hände und entschuldigten uns für die Verspätung.

»Sie haben hergefunden? Sie sind mit dem Taxi gekommen, ja?«

E. erklärte, ich hätte sie davon abgehalten.

Die Gesellschaft schien angenehm beeindruckt. »Und Sie sind nach der Straßenbahn zu Fuß gegangen? Das ist gut. Die Touristen sind ja so hilflos.«

»Seien Sie barmherzig«, sagte ich, »nennen Sie uns Reisende.«

»Aber Sie wollen sich doch nicht hier niederlassen?«

»Ich denke, ich kann es sechs Wochen aushalten«, sagte E.

»Ungefähr ein Jahr«, sagte ich.

Wir tauschten einen Blick.

»Und wohin wollen Sie fahren?« fragte unser Gastgeber.

»Sie müssen sich die Städte aus der Kolonialzeit ansehen«, sagte seine Frau.

»Lassen Sie Puebla nicht aus«, sagte ihre Tochter.

»Sie können sich Puebla auf dem Weg nach Oaxaca ansehen.«

»Ich würde gern aufs Land gehen«, sagte ich, »und irgendwo ein paar Monate bleiben; mich zurechtfinden, ordentlich Spanisch lernen und dann umherreisen. Irgendwo in der Nähe von Wasser, wenn das möglich ist.«

»Sie können nicht vor Dezember ans Meer fahren«, sagte unser Gastgeber. »Zu heiß.«

»Sie könnten an die Seen fahren.«

»Das ist sehr weit.«

»Sie könnten schon hinkommen.«

»Man hat mir vom Pátzcuaro-See erzählt«, sagte ich.

»Sehr einsam.«

Inzwischen hatten wir um einen polierten Tisch zu einem ordentlichen Tee Platz genommen. »Wissen Sie«, sagte Señora C. wehmütig, als ich ein zweites Stück vom dritten Kuchen dankend ablehnte, »das ist unsere letzte Mahlzeit heute. Man kann in dieser Höhe am Abend nichts essen; jedenfalls geht es einem so nach einiger Zeit. Wir mussten das Abendessen abschaffen.«

Und ich verstand, dass diese Menschen im Exil lebten.

»Die Kinder spüren es nicht so sehr. Mein Mann und ich nehmen nur einen kleinen Imbiss zu uns, bevor wir schlafen gehen, ein Omelette, ein kleines Beefsteak, eine Tasse Schokolade.«

Wir machten eine Bemerkung über das hübsche Haus.

»Ja«, sagte Señor C. »Meine Frau verlässt es nur selten. Sie mag Mexiko-City nicht.«

Es war eine europäische Teegesellschaft. Tschechen und Deutsche außer unseren spanischen Gastgebern, ein Franzose. Schon ältere Leute, einigermaßen gebildet, durch Enttäuschungen milde geworden, die ihre politische Jugend dem Antifaschismus geweiht hatten. Es waren keine Angelsachsen und auch keine Mexikaner da. Die Unterhaltung war allgemeiner Art, das Thema uns zuliebe Mexiko.

»Sie haben keinen Wagen, nein? Die Straßen, soweit es sie gibt, sind gut. Manchmal ist es schwer, Benzin zu bekommen.«

»Hier?«

»Ach, die Sache mit dem Ölgeschäft wurde sehr übertrieben. Es war ja von Haus aus schon nicht so viel da. Dann ist es versickert, und jetzt haben sie Meerwasser in den Quellen. Auch hat die Verstaatlichung nichts genützt, was man sich auch davon erhofft haben mag. Auch nicht die Vertreibung der ausländischen Ingenieure. Und das ist noch nicht alles. Natürlich gibt es Öl genug für den Inlandsverbrauch und um Vorräte anzulegen, nur ist die Verteilung leider eines der größten Schiebergeschäfte im Lande. Es ist ein gut ausgeklügeltes Bestechungssystem, und manchmal gibt's Krach, und dann ist einfach wochenlang kein Benzin zu bekommen.

Freut mich zu hören, dass Sie nicht fliegen wollen. Oh, es ist durchaus sicher. Die Piloten sind gut; besser als die Maschinen. Als Präsident Truman 1947 hierherkam, hat sich ein mexikanischer Pilot ans Steuer gesetzt und ihn über die Sierra Madre geflogen. Aber es ist eine stumpfsinnige Art zu reisen. Fahren Sie nicht mit der Bahn, wenn Sie es vermeiden können. Wenn es eine Straße gibt, nehmen Sie immer den Omnibus. Die Busse sind langsam. Aber Sie werden an Orten anhalten, die Sie sonst niemals zu sehen bekämen. Eine Sache ist wichtig in diesem Land: Lassen Sie sich Zeit, *denken* Sie nicht an Zeit, nehmen Sie die Dinge, wie sie kommen, wenn sie kommen, und *fahren Sie immer erster Klasse.«*

»Haben die Busse denn verschiedene Klassen?«

»Nein. Es gibt Busse erster Klasse und Busse zweiter Klasse.«

»Und worin besteht der Unterschied?«

»Ein Riesenunterschied. Mehr Leute, weniger Sitzplätze, mehr Haltestellen, größere Tiere. Man fährt einfach nicht zweiter Klasse.«

»Gibt's auch Busse dritter Klasse?«

»Es *gibt* welche.« Sie sahen einander an. »Aber Sie werden sie nicht kennenlernen … Hotels: Gehen Sie in den Provinzen grundsätzlich immer ins zweitbeste Hotel. Es wird von Mexikanern geführt, und Sie bekommen mehr für Ihr Geld, bessere Bedienung, üppiger zu essen. Gehen Sie in keine neuen Hotels, in jedem zweiten hat man irgendetwas einzubauen vergessen, die Türen beispielsweise. Erwarten Sie *nie,* im Bett lesen zu können. Sie werden eine Birne mitten an der Decke vorfinden und den Schalter neben der Tür. Kommen Sie nie gleich zur Sache. Mexikanische Indianer sind Formalisten. Die Amerikaner verletzen sie mit ihrer sachlichen oder freundschaftlichen Art, was beides als *una barbaridad* gilt. Seien Sie immer *höflich* … Wasser: Rühren Sie nichts an, was aus einer Leitung kommt. Sie brauchen nicht immer Wasser in Flaschen zu kaufen. Sie können den Karaffen trauen, die in die Zimmer gestellt werden. Das Wasser ist elektrisch sterilisiert oder zumindest abgekocht.«

»Dass sie sich die Mühe machen. Es wäre doch so einfach zu schwindeln.«

»Das tun sie nicht. Kriminalität ist hierzulande ein Beruf Entweder man wird gleich Bandit, oder man ist ein ehrlicher Mensch. Betrug ist ihren Gewohnheiten und ihrer Natur fremd.«

»Außer in Mexiko-City«, sagte Señora C.

»Außer in Mexiko-City«, sagte ihr Mann.

»… Essen: Sie sagten, Sie mögen Chili? Man braucht ab und zu eine Prise guten scharfen Pfeffers, ja. Essen Sie alles, was Ihnen schmeckt. Ausländer machen zu viel Getue darum. Übrigens würden Sie schwerlich anderswo frischeres Essen finden. Nichts wird gelagert, nichts eingefroren oder in Güterwagen über einen halben Erdteil geschleppt. Alles in kleinen Mengen hergestellt, verbrauchernah. Genau rechtzeitig fürs Essen wird das Gemüse geerntet, werden die Eier gelegt. Leider wird auch genau rechtzeitig fürs Essen geschlachtet. Ich würde allerdings grünen Salat nicht ungekocht essen, wenn ich nicht weiß, woher er kommt; bestimmt nicht in Mexiko-City, wo die Gärtnereien ihr Wasser aus der städtischen Kläranlage beziehen. In den Provinzen ist das anders. Dort ist alles anders.«

Alle seufzten, und wieder bemerkte ich den Ton des Abscheus, wenn die Sprache auf die Stadt kam.

»Es ist eine Unglücksstadt«, sagte Señora C.

»Was die Leute essen, ist durchaus gesund. *Frijoles* und *tortillas.* Schwarze Bohnen und Fladen aus handgemahlenem Mais; und Chili. Das haben schon die Azteken gegessen, und das isst man auch heute noch. Daran hat sich nie was geändert. Es ist nicht die kräftigste Nahrung, aber sie enthält alles Notwendige. Einschließlich sämtlicher Vitamine. Wir haben erst in den Laboratorien herausgefunden, was sie seit dreitausend Jahren instinktiv wissen. Sehen Sie, die Azteken hatten keine Rinder, und das bedeutete: keine Milch. Die Reichen haben Truthahn, Eier und Wild gegessen, und Frischgemüse, aber niemand hatte Butter oder Fleisch vom Metzger, nicht einmal Schweinefleisch. All dies kam, zusammen mit den Pferden, Ziegen und Packtieren, mit den Segnungen der spanischen Eroberung. Die Indianer haben sich mit der neuen Kost nie richtig befreundet. Sie sagen, Butter macht die Papageien stumm, und wollen kein Brot essen. Da es vier Stunden dauert, den Mais für die Tagesportion *tortillas* eines einzigen Menschen zu mahlen, können Sie sich denken, was das in einem Haushalt bedeutet. Wir brauchen zwei Leute, um unser Haus in Ordnung zu halten, zwei Leute, die für deren und ihre eigenen *tortillas* sorgen, und eine Person, die die Kohlenbecken zum Backen bedient. Sie hat keine Zähne, und darum füttern die ändern sie mit Bohnenpüree und Chili, ein Luxusessen zwar, aber es erspart uns, *pobres académicos*, eine sechste Hausangestellte.«

Ich war fasziniert und ganz ungeniert.

»Wenn Sie es *wirklich* wissen wollen, wir zahlen unserem Diener einen Peso pro Tag. Die Köchin bekommt ein bisschen mehr, weil sie aus Monterrey stammt, das einen Hauch von Yankeechic haben soll. Die Tortillamacher werden mit Kupfermünzen entlohnt. O ja, es ist alles ziemlich billig, gemessen an westlichen Maßstäben. In Mexiko ist alles billig und jeder unterbezahlt.

Nehmen Sie das elektrische Licht. Man bezahlt nicht für den Strom, den man verbraucht, man bezahlt nach der Anzahl der Anschlüsse, die man im Haus hat. Natürlich ist das ein völlig verrücktes System. Es kommt aufs gleiche hinaus, ob es sich jetzt um einen Kronleuchter für einen Ballsaal handelt, der die ganze Nacht hindurch brennt und Hunderte von Watt verbraucht, oder um die Glühbirne auf Ihrer Speichertreppe. So weit, so schlecht. Nun kommt der Mann mit der Lichtrechnung, der so mies bezahlt wird, dass er ohne Bestechungsgelder nicht existieren, buchstäblich nicht existieren könnte. Sie haben gerade ein Haus gemietet, er geht in Ihr Wohnzimmer und zählt die Anschlüsse – Deckenbeleuchtung, Stehlampe, Wandlampen, *unos, dos, tres, cuatros …*

›Unsinn‹, sagt er. ›Sie müssen einen einzigen Anschluss legen lassen und all Ihre Lampen mit Verlängerungskabeln anschließend Das spart einem vier Fünftel der Stromrechnung, und man teilt sich das, was man auf diese Weise spart. Und damit geht der Ärger los. Der eine Anschluss ist überbelastet, die Sicherungen brennen durch, man stolpert ständig über Kabel. Dann erscheint ein Kontrolleur und droht mit einer Anzeige wegen Betrugs, wie er es zu Recht nennt. Man besticht ihn erwartungsgemäß und wird am Jahresende vom Elektrizitätswerk trotzdem mit einer Strafgebühr belegt. Wenn man sich zuerst weigert mitzumachen – was wir alle taten dann bekommt man überhaupt keinen Strom mehr. Ihr Antrag wird einfach nicht zur Kenntnis genommen. Er verschwindet.

… Gesundheit: Lassen Sie sich lieber noch mal gegen Pocken impfen. Ja, es gibt wirklich viel Typhus und Ruhr. Tatsächlich stirbt ein Viertel der Bevölkerung an irgendeiner Art von Darminfektion. Der Rest stirbt an Malaria, Bronchitis, Keuchhusten und den Masern. Sie sterben alle jung und rasch. Herzkrankheiten gibt es nicht, die Menschen werden nicht alt genug dafür. O ja, sie haben eine gewisse drahtige Kraft – Sie haben sie gesehen, mit ganzen Klavieren auf dem Rücken –, aber sie ermüden rasch. Kein Standvermögen, sie schwinden einfach aus dem Leben. Es gibt keine große Scheidelinie. Sie bereiten sich auf den Tod nicht mehr vor als auf die nächste Trockenheit. Obwohl sie durchaus eine hohe Meinung vom Paradies haben.

Die Arzte sind im Großen und Ganzen nicht schlecht. Gute Chirurgen. Das Ärgerliche ist nur, dass sie außerhalb der größeren Städte keine Praxis aufmachen wollen. Die Regierung wollte sie dazu zwingen. Brachte ein Gesetz heraus, dass niemand sein Examen machen dürfe, wenn er sich nicht schriftlich verpflichtete, auf sieben Jahre in einem Indianerdorf zu arbeiten. Aber Sie wissen ja, was *Gesetze* hier bedeuten. Es gibt ohnehin schon zu viele. Sogar der alte Don Porfirio hat sich immer darüber beklagt.«

»Díaz?« sagte ich.

»Der alte Fuchs konnte manchmal ganz vernünftig sein.

Schauen Sie mich nicht so schockiert an. Ein katalanischer Anarchist muss zehn Jahre in Mexiko gelebt haben, um ein gutes Wort für Díaz einzulegen.

Die Indios gehen sowieso nicht oft zum Arzt. Nicht, dass sie die Quacksalberinnen bevorzugen, sie haben Angst, es sich mit ihnen zu verderben. Die Krankenpflege liegt auch im argen, so viele Klosterschwestern sind ja noch immer fort. Als vor ein paar Jahren die Klosterfrauen wieder ins Land durften, haben die Leute auf den Straßen gekniet und ihnen den Rocksaum geküsst. Weltliche Röcke natürlich. Nonnen und Priester dürfen noch immer nicht ihre Ordenstracht in der Öffentlichkeit tragen.«

»Wie denken Sie wirklich über die Ausweisung der Geistlichen?« fragte E.

Es trat eine müde Pause ein. »Man könnte sagen, wir sind nicht direkt proklerikal. Die mexikanische Kirche war fantastisch korrupt. Aber die Reformgesetze – hundert Jahre bestehen sie jetzt – haben bald so viel Bitterkeit und Elend gebracht ... Solche Barbarei, solche Brutalität, solche Exzesse auf allen Seiten. Sie haben das halbe Land und die halbe Welt gegen Juarez aufgebracht, sie haben dieses habsburgische Possenspiel möglich gemacht; sie sind schuld, dass die Revolutionen noch ein ganzes Jahrzehnt länger gedauert haben. Nach sechs oder sieben Jahren Krieg und achtzig Jahren Verfolgung denkt man nicht mehr so sehr daran, was ursprünglich Recht und Unrecht war. Man akzeptiert das Konkordat. So, wie es ist.

Manche Priester sind Schweine, andere gute Menschen. Man hat oft gesagt, dass die Kirche die Menschen in Unwissenheit hält. Nun ja, sie *sind* eben unwissend. Ich bin mir heute nicht so sicher, ob unsere universelle Erziehungsmethode nicht nur eine andere Art von Unwissenheit hinzufügen würde. Mexiko hat die modernste humanitäre Gesetzgebung, die sich vorstellen lässt, aber selbst wenn sie nicht nur auf dem Papier stünde, scheint sie sich auf das Leben keines einzigen Indios auszuwirken. Vielleicht könnten nur die Priester dem Tierhaften entgegenwirken ... Wir sind hier nicht in einem westlichen Land. Diese Menschen sind nicht die Erben der Französischen Revolution. Wenn man hier lebt, lernt man, wie nutzlos das Prinzip der Gleichheit ist.«

Wir bleiben zum Abendbrot, und unerwartet erbietet sich die Tochter des Hauses, uns zurückzufahren. Aus diesem anmutigen Haus stolpern wir auf die stockdunkle Gasse und tasten uns zu dem Ford, der am Ende wartet. Die Luft ist mild; der Weg fuhrt durch eine Tamarindenallee, Frösche quaken auf den Straßen von Coyacán, aber die Nacht ist ohne Schönheit.

Siebtes Kapitel

Mexiko-City: Vergangenheit und Gegenwart

Wer hat die Stadt gebaut? Was ist die Geschichte dieses Durcheinanders von Hauptstraße und intakten Restbeständen einer fast legendären Vergangenheit, dieses ziemlich schrecklichen Ortes, so schmutzig, so herrlich, der das Siegel des Größenwahns dreier Kulturen trägt?

Vor vielen hundert Jahren war das Tal von Mexiko, ein Oval, 2300 Meter über den Meeren gelegen, von Porphyr und riesigen vulkanischen Felsen umgeben und geschützt, ein Tal großer Seen und blühender Tropenwälder. Hier, auf fünfzig Inseln und am Ufer des Taxcuoco-Sees, erhob sich die Stadt. Wasserstraßen, gesäumt von Palästen aus hellrotem Stein und mit niedrigen Dächern, verankerte Plazas, schwimmende Gärten: Tenochtitlán, vom Wasser umgrenzt, von Kanälen durchzogen, durch Brücken verbunden, flammend in Blumenpracht … Und inmitten dieses sanften Zauberbildes ein riesiger Tempel, eine Pyramide, gedrungen, gewaltig, schwer, irgendeinem Kriegsgott geweiht, aufgetürmt ohne die Hilfe von Lasttieren oder metallenen Werkzeugen, Stein um Stein für alle Ewigkeit.

Drei Jahrhunderte lang schwappte das Wasser gegen die Hintereingänge; Kanus glitten durch die Lilienpracht der Kanäle, beschattet von Bäumen, die auf den Dächern wuchsen, zum Markt, und die königlichen Barken segelten auf dem See zwischen dem Gestade und dem Sommerpalast hin und her.

Dann kamen die Spanier und veränderten alles. Sie hätten nicht gründlicher verfahren können. Nach vier Jahren ist die Stadt zerstört und neu aufgebaut, die Seen sind drainiert, die Wasserstraßen aufgefüllt, die Kanäle trocken, die Wälder dezimiert. Die Landschaft nimmt das Aussehen des kargen Hügellands von Kastilien an. Natürlich verändert sich auch das Klima und desgleichen der Boden. Die neue *terra firma* versumpft. Es kommt zu Überschwemmungen, Erdrutsch ... Neuntausend Spanier sterben am Fieber. Die Todesfälle unter den Eingeborenen werden nicht registriert. Nur die Pyramide, jener kriegerische Tempel, entging der Vernichtung. Zu fest gebaut, widerstand sie den perfektioniertesten Zerstörungsversuchen der Alten Welt; dann sank sie durch ihre eigene Schwere in den morastigen Untergrund, bis sie nicht mehr zu sehen war. Da liegt nun die Pyramide unter dem Hauptplatz, unversehrt, und wartet auf die Archäologen oder einen Messias. Die Spanier errichteten über ihr eine Kathedrale und weihten sie der Himmelfahrt der Jungfrau Maria, an die vierhundert Jahre vor der Verkündigung dieses Dogmas. Gegenüber, an der Stelle, wo Montezumas Stadthaus stand (es wurde dem Erdboden gleichgemacht), ließen sie einen Renaissancebau erstehen, der zuerst Cortés als Residenz und später abwechselnd als Gouverneurs-, Vizekönigs-, National-, Kaiser- und Präsidentenpalast diente.

Die legendäre Vergangenheit ist vorüber. Von nun an ist die Geschichte der Stadt die Geschichte eines beliebigen Vorpostens im 16. Jahrhundert. Prachtentfaltung von Kirche und Verwaltung, Thronsaal und *audiencia*, Weiträumigkeit und Fassadenprunk, die Repräsentationsbauten, die das Reich und die Gegenreformation verlangten. Gute, ordentliche römische Maurerarbeit, wie sie zu jener Zeit auch in Segovia und Tarragona geleistet wurde, doch in *tezontle,* dem weichen vulkanischen Stein des Landes, und mexikanischem Leben ausgeführt. Kolonialbauten einer guten Stilepoche: Renaissance, Plateresk, Barock, Churriguerismus ...

Die Stadt wächst, die Bevölkerung nimmt zu – mehr Menschen leben, kochen, sterben auf engem Raum. Es gibt keine Kanalisation. Wie die Namen der Vizekönige immer länger werden, so wird auch die Verwaltungsmaschine zunehmend altersschwach:

von Garcia Guerra zu Diego Osorio de Escobar y Llamas zu Antonio Sebastián de Toledo Molina y Salazar, zu Diego Lopez Pacheco Cabrera y Bobadilla Duque de Escalona y Marqués de Villena. Im Jahre 1750 befindet sich Spaniens Macht in vollem Niedergang, und Mexiko ist eine Stadt von hunderttausend Einwohnern.

Dies sind die Jahre der Ratten, der offenen Senkgruben, des Kehrichts, der auf den ungepflasterten Straßen modert, der Beutelschneider und der Halsabschneider, der Cholera und der Feuersbrünste. Madrid gilt als die schmutzigste Stadt von Europa; Mexiko-City ist die tödliche Falle der Neuen Welt. Seit der Eroberung durch die Spanier hat es fünf große Überschwemmungen erlebt, jede von einer Epidemie gefolgt. Die Keller sind niemals trocken. Einmal stand die Stadt sechs Jahre unter Wasser und war den unteren Volksschichten überlassen. Zu Ende des 18. Jahrhunderts werden einige Reformen in die Wege geleitet. In Spanien regiert Karl III., hier der Vizekönig Conde de Revillagigedo. Es wird einiges getan; Revillagigedo veranlasst die Regulierung der Wasserversorgung, gründet eine Polizeitruppe und lässt eine Anzahl von Banditen aufknüpfen. Aber das spanische Reich ist alt geworden. Karl III. stirbt, Karl IV. dankt ab, Ferdinand VI. (der das Denken *una funesta mania* nannte) wird von Napoleon entthront. Dreißig Jahre nach Revillagigedo ist Neuspanien Vergangenheit. Viva Mexiko!

Während des folgenden halben Jahrhunderts ereignet sich viel, aber es kommt zu keinem natürlichen Wachstum. Unabhängigkeitskrieg; Sezession; Erstes Kaiserreich; Erste Republik; Bürgerkrieg; Krieg mit den Vereinigten Staaten; Reformkrieg; Quasikriegszustand mit England und Spanien, Krieg mit Frankreich; militärische Besetzung; Zweites Kaiserreich; Bürgerkrieg; wieder Republik … Belagerungen, triumphale Einzüge, zwei Krönungen und das letzte Autodafé auf der Plaza Mayor die Entwicklung der Stadt bleibt aufgeschoben wie die Erziehung eines jungen Mannes während eines langen Krieges. So kommt es, dass die Früchte der industriellen Revolution und das Zubehör städtischen Lebens im 19. Jahrhundert Mexiko-City spät und stückweise als exotische

Geschenke im Gepäck von Reisenden und Besatzern erreichen. Wie so manche anderen Geschenke für die Gastgeberin dienen sie vor allen Dingen der Behaglichkeit des Gastes. Madame Calderón de la Barca bringt eine transportable Badewanne mit, die Kaiserin Carlota eine von anderer Ausführung; Herren aus Bayern gründen eine Brauerei; die Amerikaner warten ab, bis die Zeit für ihr eigenes Land gekommen ist, und General Taylor erscheint, um den Frieden von Guadalupe-Hidalgo zu unterzeichnen, mit dem Mexiko fast die Hälfte seines Territoriums abtritt. Er bringt nichts mit.

In den Achtzigerjahren wird dieses Rinnsal der Annehmlichkeiten zu einem Strom: Sanitäre Anlagen, Straßenbahnen, französische Mode, Villenvorstädte, ein Rennplatz, Gasbeleuchtung – der *confort moderne* kommt mit Macht. Aber er hängt in der Luft. 1876 hatte General Porfirio Díaz die Stadt eingenommen, wurde zum interimistischen Präsidenten proklamiert und schwang sich zum Diktator für die folgenden vierzig Jahre auf Es gelang ihm – für einen gewissen Preis –, im Lande Frieden herzustellen, die etwas in Verfall geratenen auswärtigen Beziehungen wiederaufzunehmen, und er begann ausländisches Kapital ins Land zu ziehen. Es sind die goldenen Jahre des Satrapen, des Politico, des Gauleiters, des verhätschelten Kapitalanlegers, die Zeit, da Ausländer hier rasch ein Vermögen ansammeln konnten; es ist die Zeit summarischer Hinrichtungen in einer fernen Provinz, von denen nichts bekannt wurde, der lautlosen Verbannung, der großen Bestechungssummen, der schönen Fassade. Jeder hat seinen Preis und keiner seinen Wert. Der Zinsfuß steigt auf vierzig Prozent und wird nur noch von der Sterblichkeitsziffer übertroffen. Eisenbahnen werden über Sümpfe und Abgründe gebaut; Opernhäuser, Villen und Seebäder, und zu den Seebädern Straßen. Zum ersten Mal seit Montezumas Ermordung bietet die Stadt nach außen ein sauberes, sicheres und einladendes Bild. Für wen? Mexiko steht in dem schlechten Ruf politischer Instabilität. Ohne Vertrauen kein Kredit, ohne Kredit keine Expansion. Die gefällige »edwardianische« Decke, von einem geschäftstüchtigen ehemaligen Soldaten über ein halb barbarisches Land gezogen, ist Schaufensterdekoration, nicht für den Inlandsverbrauch bestimmt. *Es gibt keine Verbraucher im Lande.* Indianer, die sich von selbstgemahlenem Mais nähren, sich in selbstgesponnenes Baumwolltuch kleiden, in Behausungen aus Palmenblättern und Bambusstäben leben, auf Plantagen gegen freie Kost und Unterkunft in einer Hütte und in Gruben für weniger als das Lebensminimum arbeiten, stellen keine Verbraucherschicht dar. Wie in den guten alten Zeiten der spanischen Herrschaft werden die Produkte des Landes den Feldern und Bergwerken durch Menschen abgerungen, die mehr oder weniger Zwangsarbeit verrichten; und anschließend werden die Erzeugnisse über die Meere verschifft.

Als 1910 Díaz gestürzt wird, hat Mexiko-City 300 000 Einwohner und sämtliche Attribute einer Hauptstadt jener Zeit, vom Bahnhof bis zum Gaswerk. Nun folgen wieder einmal fünfundzwanzig Jahre Revolutionen und Bürgerkrieg und wiederum ein Ritardando: *Maderistas, Rurales, Encomenderos, Peninsulares, Iconoclastes* und *Christo Reyes;* Villa, Huerta, Obregón, Calles und Cárdenas. Anschließend wieder eine stabile Regierung und wirtschaftliche Lockungen, diesmal an die Adresse der USA gerichtet. Die letzte Runde wird in einem einzigen Sprung geschafft: Kinos, Autobusse, Tankstellen; Musikboxen, Coca-Cola-Automaten, eine Million Einwohner und hohe, schlechtgebaute Häuser mit lauter winzigen Zimmern. Aber noch immer sitzt der Indio auf dem Bordstein und verkauft seinen Strang Zwiebeln und einen Kohlkopf noch immer spürt man die Atmosphäre des Zufälligen, als wäre Mexiko-City keine Stadt, sondern ein Musterkoffer, eine Travestie modernen Stadtlebens, ein warnendes Exempel vielleicht: die Karikatur, die sich selbst verrät.

Achtes Kapitel

Cuernavaca

… aber das war in einem andern Land.

Am Ende unserer zweiten Woche überkommt mich Mutlosigkeit. Es ist die Ermüdung, wie sie das Reisen mit sich bringt. Eine geringe Verschiebung des Blickwinkels, und was als Verzauberung gedacht war, erscheint als das uns zugedachte mühevolle Kriechen über die Erde. Jede Bewegung wirkt so sinnlos wie schwierig, der ganze Aufwand, den das Reisen verlangt, nichtig. Ich fühle mich zermalmt von den aufreibenden, öden Vorbereitungen, von dem eitlen Verlangen, neue Orte sehen zu wollen, und den Zweifeln, ob man überhaupt jemals an ein Ziel kommen wird.

E., die es mir überlassen hat, die Dinge zu regeln, gibt vor, nicht zu bemerken, dass nichts dabei herauskommen will. Sie hält den Atem an wie ein Kind, das sich unbemerkt im falschen Zimmer aufhält. Es kümmert sie nicht viel, wo sie sich im Augenblick befindet – irgendwo muss man schließlich sein –, nur die Vergangenheit lässt sich zu Realität zusammenfugen; aber sie furchtet das Unbekannte und den Aufbruch dorthin.

Ost. Süd. West. Nordwest. Die Tropen, die Ruinen, die Seen? Ja, was? Die Straßen ins Landesinnere sind lang und laufen nie mehr zusammen; einmal unterwegs, gibt es nur ein Vorwärts oder ein Zurück.

Dann schlug E., nach dem Grundsatz: was getan ist, ist getan, einen Tagesausflug nach Cuernavaca vor.

»Ich würde gerne Kaiser Maximilians Sommerpalast sehen«, sagte sie; »den, welchen sein Leibdiener *das Lustschloss* nannte. Und vergiss nicht, wir sollten auf Anthony warten.«

Cuernavaca ist ein beliebtes Wochenendausflugsziel, etwa siebzig Meilen von der Stadt entfernt, unten in der *Tierra Templada.* Ich fahre nicht gerne für einen Tag irgendwohin – es ist immer zu lang und zu kurz, fuhrt nur dazu, dass man die Zeit totschlägt und zu unpassender Stunde ermattet zurückkehrt –, aber ich bin bereit, E.s Probeausflug mitzumachen. Sie eröffnete mir weiterhin, dass der nette junge Mann, der ihre ganze Post verloren hatte, die von seinem Reisebüro veranstaltete Gesellschaftsreise empfehle. Man bezahle einfach dreißig Pesos pro Kopf und darin seien Lunch, Fahrt (in Einzellimousinen) und Führung eingeschlossen. Mir missfällt diese Art zu reisen mehr als alle persönliche Plackerei, doch hätte ich wohl in meiner gegenwärtigen Gemütsverfassung eingewilligt, wäre ich nicht dahintergekommen, dass das Reisebüro den schlimmsten Teil der Plackerei uns selbst überließ. Diese »Einzellimousinen« waren öffentliche Verkehrsmittel, die stündlich zwischen Mexiko-City und Guernavaca verkehrten und jedem Bürger zur Verfügung standen, der den Weg zu dem weit entfernten Außenbezirk zu finden wusste, von dem dieser »Linienverkehr« zumeist abgeht. Das Reisebüro erwartete von einem, dass man sich in diesem Vorort ohne die Hilfe eines Führers um neun Uhr einfinde. Abholen werde man uns nicht. Den ganzen Tag lang würde man uns durchs Megafon sagen, wohin wir gucken müssten, aber den schwierigsten Schritt sollten wir allein tun. Nein.

Wir nahmen um halb elf ein Taxi, kauften unsere Fahrkarten, fanden zwei Sitzplätze in einem wartenden Wagen und waren einige Minuten nach elf schon aus der Stadt und keuchten eine Bergstraße hinauf Während wir uns durch Haarnadelkurven und Serpentinen schlängelten, wurde das saftige Grün des Tals von Mexiko von dürren Kiefern abgelöst; Bergspitzen erhoben sich, Abgründe gähnten vor unseren Vorderrädern, und die Aussicht wurde so imposant, wie es sich für solche Straßen gehört.

E. legte das Buch nieder. »Recht bemerkenswert«, sagte sie.

»Man wüsste gerne vorher, was einem bevorsteht«, sagte ich. »Ich war der Meinung, nach Cuernavaca fahrt man schnell mal zum Mittagessen. Wo soll das denn ein Ende nehmen?«

Ich wurde gegen meinen anderen Nebenmann geschleudert, einen Herrn mit Aktenköfferchen, in winterliches Braun gekleidet. Ich sprach ihn an: »Liegt Cuernavaca nicht tiefer als Mexiko-City?«

»Es liegt tief«

»Wieso dann das hier?« Wieder ragte hinter einer Kurve ein Gipfel empor.

»Die drei Marien, zu Ihren Diensten.«

»Was sind die drei Marien?«

»Die da.«

Später belehrte mich der *Terry,* dass die »Drei Marien« die drei Bergspitzen neben dem La-Cima-Pass waren, der tatsächlich einer der höchsten Pässe in der Republik ist; und noch später belehrte mich die Erfahrung, dass man in diesem Land zuerst einmal zwei- oder zweieinhalbtausend Meter bergauf fahren muss, wenn man an ein tiefer gelegenes Ziel gelangen will. Die Fahrt bergab ist viel aufregender als bergan. Wir rasten im Tempo und Neigungswinkel, wenn auch nicht mit der Präzision einer Achterbahn ungesicherte Steilstrecken hinab – Kakteen flogen wie Telegrafenmasten vorüber, die Sonne strahlte, die Luft war wie Lachgas, in der Tiefe lag ein bezauberndes Tal, und das Fehlen von Bremsen trug noch zu dem allgemeinen Allegro accelerando bei.

Das Städtchen ist nicht so lieblich wie die Landschaft; aber es ist klein, und überall spürt man das Ländliche. Die Plaza wirkt improvisiert. Ein paar Buden stehen da, die so aussehen, als würden sie eben auf- oder abgebaut; vielleicht stehen sie immer da. Für einen Kurort wirkt Cuernavaca wenig überzeugend, für eine Domstadt unordentlich. Wir sehen uns San Francisco an, gehen durch das lange, nüchterne Kirchenschiff und gelangen durch eine Seitentür unter die bröckelnden Arkaden eines seit Langem vernachlässigten Gartens, den im 18. Jahrhundert ein französischer Spekulant mit Gemeinsinn hatte anlegen lassen. Wir gehen in das Stadthaus und sehen uns Riveras Fresken in der Loggia an. Wir kaufen ein paar Ansichtskarten, und um halb drei lassen wir uns auf dem Hauptplatz unter dem Sonnendach eines Restaurants zum Mittagessen nieder. Überall begegnen wir den Mitgliedern der Reisegesellschaft, der wir uns nicht angeschlossen hatten.

Wir bestellen Gin – *Gordons*, in Lizenzherstellung – und frischen Limonensaft. Das Essen, als es endlich kommt, erweist sich als angenehm und eintönig, und vielleicht ist es nicht ganz so reichhaltig, wie es in einem weniger besuchten Lokal gewesen wäre. Die Reisegesellschaft bekommt – wie ich beobachte – dasselbe wie wir, bis auf einen Teller gebratener schwarzer Bohnen, die ich gesondert bestelle. Wir unterhalten uns beim Kaffee unter der schattenspendenden Markise. Es ist wärmer als in Mexiko-City, obwohl die Sonne nicht so sticht, und ich stelle fest, dass ich mich ungemein wohlfühle.

Um vier Uhr brach die Reisegesellschaft auf »Wollen wir doch mal zusammenrechnen«, sagte ich. »Wir haben alles besichtigt, was sie besichtigt haben, und die Rückfahrkarten haben wir auch schon.«

»Rechnen wir das Taxi mit?«

»Nein. Das hätten wir ohnehin bezahlen müssen. Genauso wie Trinkgelder und Getränke. Ich komme auf genau siebenundzwanzig Pesos für uns beide zusammen. Weniger als die Hälfte.«

»Dann sind wir ja noch reich«, sagte E. »Wir müssen unseren Sieg über dieses großartige Reiseunternehmen feiern.«

»Wir sollten uns auf den Weg zu Maximilians Sommerschloss machen.«

»Es war nur ein Jagdhaus«, sagte E. »Es wird nicht viel zu sehen geben.«

»Du sagtest doch, du wolltest hin«, sagte ich.

»Meine Liebe, derlei tut man am besten immer in der Fantasie.«

»Es ist nicht weit.«

»Geh nur. Du liebst doch Spaziergänge. Ich werde mich hier behaglich meinen Gedanken hingeben. Und darf ich dich um die große Güte bitten, in deinem ausgezeichneten Spanisch noch eine Tasse Kaffee für mich zu bestellen?«

Die Straße ist eine Landstraße. Der Mais steht hoch und grün. Überall sprudeln Quellen, und der Klang von klarem, fließendem Wasser ist magisch. Indios kommen des Weges und rufen mir *Adios* zu.

Ich wandere weiter, gedankenleer, zufrieden.

Das Jagdhaus des Kaisers ist ein nichtssagendes Gehäuse auf freiem Feld. Hier also brachte er, in jenem offiziellen Inkognito, wie es königlichen Personen so teuer ist, die Sturmpausen in der Tragödie hin. Er liebte Cuernavaca sehr. Jemand reitet auf einem Esel vorüber, und ich frage, um mich zu vergewissern.

»Si, si, es la casa de Masimiliano.«

Es ist Maximilians Haus. Heute? Gestern? Vor achtzig Jahren? Es ist in jedem Fall unwahrscheinlich.

»Und sind Sie auch von der ändern Seite des Meeres gekommen, *del otro lado del mar,* um nach Maximilian zu suchen?«

Vielleicht habe ich es dort gesehen. Auf der ändern Seite des Meeres, Manets Gemälde der Erschießung des Kaisers Maximilian. In Grau, weich und gedämpft, zwischen Ophelia im Schilf und der *Grande Jatte* Soldaten in düsterem Blau standen am äußersten Rand der Leinwand, die Gewehre waagrecht angewinkelt, die Kolben gegen die Schulter gepresst, starr, wartend. Man braucht nicht zu wissen, was da geschah oder wem; man erstarrte. Ich habe dieses Bild nie ohne einen Schauder betrachtet. *Al otro lado del mar.* Hier ist nichts, was man mit dieser schauerlichen Geschichte in Verbindung bringen könnte. Sommerlandschaften sind verschwiegen.

Von der Plaza ist die Sonne fast verschwunden. Ich finde E. erfrischt und ganz erfüllt von Maximilian und Carlota. Wir unterhalten uns. E.s Gedächtnis ist unerschöpflich. Es gibt wenig an der sensationserfüllten und komplizierten Geschichte der beiden, woran sie sich nicht erinnerte. Warum ist sie so faszinierend? Sind doch die Ingredienzien unerträglich romantisch 2013 die Spinne in den Tuilerien, kreolische Pracht, der Schicksalsfluch über dem Hause Habsburg; junge Prinzen, jäher Aufstieg, fabelhafte Rollen und eine exotische Krone; früher Tod, Erschießung, Wahnsinn. Es ist keine ehrenvolle Geschichte, und alle Schriftsteller von Rang haben die Finger davon gelassen. Historisch betrachtet, versackt sie in einem Labyrinth langgesponnener, kurzsichtiger Intrigen von unauflöslicher Verworrenheit. Die Fäden fuhren überallhin. Jeder war beteiligt. Kein Ereignis in den fünfziger und sechziger Jahren des 19. Jahrhunderts, das nicht sein Teil beigetragen hätte, das mexikanische Kaiserreich zu formen; keine Macht, keine Partei, keine Person in privilegierter Stellung, kein Interesse, ob überkommen oder eben sich bildend, das nicht mitgespielt hätte. Ehrgeizige Mütter, ein sauertöpfischer Bruder, ein zielstrebiger Schwiegervater und gleichgültige Vettern; politische Interessen Österreichs in Italien, politische Interessen Frankreichs in Österreich, der vakante griechische Thron, das gefährdete Regime Bonaparte, die Konsolidierung des Hauses Coburg, die Schulden Mexikos an England und die Schulden Mexikos an Spanien, die weitverbreitete Furcht vor Bismarck und der amerikanische Bürgerkrieg. Pius IX., Napoleon III., Kaiser Franz Joseph. Die Erzherzogin Sophie, die Kaiserin Eugenie, Louis-Philippes Witwe, Königin Marie Amelie, die auf ihrem Sterbebett aufschrie: *»Les pauvres enfants, ils sont assassines!«* Lincoln, Dom Pedro von Brasilien, weiße Mexikaner in Paris; Militaristen und Radikale in Frankreich; Leopold, König der Belgier; Victor Hugo und die Schatten des Aiglon.

Wenige dieser Beteiligten waren Dummköpfe. Etliche waren schlau, zumindest drei brillant. Die Männer verstanden ihr politisches Handwerk und kannten ihre Welt. Alle handelten aus Berechnung; einige in wohlmeinender Absicht. Keiner von ihnen hatte auch nur die geringste Ahnung von Mexiko.

Oberflächlich gesehen, müssen die Umstände ungefähr so ausgesehen haben: Wir schreiben etwa das Jahr 1860. In Mexiko hatten seit fünfzig Jahren chaotische Zustände geherrscht. Juarez war

Präsident, konnte sich aber nur durch den Einsatz von Waffen, zum Teil amerikanischer Herkunft, behaupten. Dennoch führte er seine nationalistischen und antiklerikalen Reformen weiter. Kirchlicher Grundbesitz wurde konfisziert, und Juarez weigerte sich, mexikanische Auslandsschulden anzuerkennen. England, Frankreich und Spanien beschlossen eine Strafexpedition, um wenigstens einen Teil der Schulden einzutreiben. Die Spanier hintergingen die Franzosen, sie erschienen als erste und landeten vor den anderen. Die Engländer landeten überhaupt nicht. Ihr Geschwader lag vor Vera Cruz und zog bald wieder ab. Diesem Beispiel folgten die Spanier nach einiger Zeit. Die Franzosen blieben und nahmen, nach einem ungemein harten Feldzug, der fast zwei Jahre dauerte, Puebla ein. Einerseits bedeutete dies soviel oder sowenig wie die Einnahme von Kiew. »*Un million d'hommes? Sire, chez nous cest l'affaire d'une nuit d'hiver.*« Auch in Mexiko zählen Verluste an Menschenleben nicht viel, und es gibt immer wieder eine neue Bergkette zu überwinden. Die Kämpfe dauerten noch weitere drei Jahre an und hätten noch ewig weitergehen können, wenn die Franzosen nicht schließlich ihre Truppen abgezogen hätten. Andererseits bedeutete die Beherrschung Pueblas den Zugang zur Hauptstadt, die dann auch einige Tage danach genommen wurde. In diesem Augenblick sah es nach einem Triumph für Frankreich aus; der Weg zu ehrgeizigeren Zielen schien frei. Mexiko galt damals noch als ein unermesslich reiches Land. Die Vereinigten Staaten waren zu sehr in den Bürgerkrieg verwickelt, um der Monroe-Doktrin Nachdruck zu verschaffen; das Europa des 19. Jahrhunderts fand nichts Abstoßendes an überseeischen Expeditionen. Ludwig XV. hatte Kanada verloren, Napoleon I. Louisiana verkauft, Louis-Napoleon und Eugenie verspürten die Neigung, Mexiko zu erobern. Der Gedanke einer katholischen Dynastie und einer stabilen Regierung in Mexiko und zufällig auch noch an der Südgrenze der Vereinigten Staaten, gestützt von einer kontinentalen Macht, erschien so manchen Personen und Institutionen vorteilhaft und rühmlich. Für den damals nicht unwahrscheinlichen Fall, dass die Südstaaten den Bürgerkrieg gewännen, hätte der Erfolg eines solchen Unternehmens den Ländern des amerikanischen Kontinents mit Sicherheit einen dauernden Zustand halbkolonialer Abhängigkeit gebracht.* Jedenfalls würde die Lombard Street ihr Geld, die Apostolische Kirche eine ungehorsame Tochter und, so hoffte man, ihren Grundbesitz wiederbekommen. Die mexikanischen Emigranten in Paris waren voller Vorfreude über etwas, was man nicht einmal als eine Restauration bezeichnen konnte. Die Wogen unrealistischer Verblendung gingen hoch. Die Kaiserin Eugenie sagte zum amerikanischen Botschafter: »*Je vous assure que si le Mexique n'était pas si loin et mon fils encore un enfant, je souhaiterais qu'il se mette à la tête de l'armée française, pour ecrire avec l'épée une des plus heiles pages de l'histoire de ce siècle!*« Die Seiten der Geschichte, mit dem Schwert geschrieben: welche extreme Verkennung von Werten, welche Vermessenheit, welch leeres Geschwätz! Und dabei nicht ein Wort über die französischen Rekruten, die in Vera Cruz am Fieber und in der Sierra Madre an ihren Wunden starben; nicht ein einziger Gedanke daran, was vielleicht das mexikanische Volk wollte, was gewiss auch schwierig festzustellen gewesen wäre.

Als nächstes galt es, einen verfügbaren katholischen Prinzen zu finden, der nicht auf zu viele Zehen treten würde. Ein spanischer Bourbone, das wäre kaum etwas anderes gewesen als der Versuch, das Haus Hannover in Washington zu etablieren; ein Orleans war für die Bonapartes unannehmbar, ein Wittelsbacher hatte soeben in Griechenland schlechte Figur gemacht. Erzherzog Maximilian war von Anfang an Favorit. Nach Solferino hatte Napoleon III. viel an Österreich gutzumachen. Maximilians Gattin, Charlotte,

* Ist die Mutmaßung zu weit hergeholt, dass in diesem Fall die Vereinigten Staaten tatsächlich nicht in der Lage gewesen wären, in die beiden Weltkriege einzugreifen, aber auch, dass es Bismarck – wäre das französische Eingreifen in Mexiko erfolgreich verlaufen und hätte Eugenie ihre ehrgeizigen Ziele erreicht – schwerer gefallen wäre, seinen »dritten notwendigen Krieg« herbeizufuhren, und dass es ohne den Krieg von 1870 möglicherweise nicht zu den beiden Weltkriegen gekommen wäre? Ein Fall von *La Guerre de Troie n'aurait pas eu lieu.*

war die Tochter Leopolds I., König der Belgier; ihre Erhebung auf einen Thron fügte sich vortrefflich in die Hausmachtpolitik der Dynastie Coburg, und man konnte darauf zählen, dass Leopold an Königin Viktoria schreiben werde. Außerdem ging seit Langem das Gerücht, Maximilian sei gar nicht der Sohn seines legitimen Vaters, des Erzherzogs Franz Karl, sondern ein illegitimer Spross des Herzogs von Reichstadt und mithin ein Enkel Napoleons I. Diese Vermutung war zwar keineswegs erwiesen, aber ganz nach dem Geschmack von Kaiserin Eugenie. So bot denn Napoleon III. dem Erzherzog Maximilian die Krone Mexikos an, eine Krone, die zu vergeben er kein Recht hatte und die es außer als vizekönigliches Juwel in der spanischen Krone auch niemals gegeben hatte, und versprach die militärische und finanzielle Unterstützung Frankreichs, um Maximilian zu seinem Thron zu verhelfen.

Die Presse sprach sogleich von der Krone Montezumas. Die französische Öffentlichkeit, so oft in Gelddingen als knickerig gescholten, zeichnete ihre Ersparnisse für das Unternehmen. Gutierrez de Estrada, einer der mexikanischen Unterhändler, sprach von der Stunde des Schicksals. »Gott, die Jungfrau und alle Heiligen«, schrieb er an Maximilian, »sind Zeugen, dass diese Stunde in der Weltgeschichte einmalig ist.«

Maximilian, der liebenswertere Bruder Kaiser Franz Josephs, war von einem Posten auf den anderen geschoben worden. Man hat den Eindruck, dass er auf eine weltfremde Weise liberal eingestellt war, hochgesinnt, ernst und romantisch. Er botanisierte gern; er zeichnete nach der Natur; er war in Brasilien gewesen und liebte die Tropen. Er hatte ein sanftes Wesen und war in seinen Kreisen beliebt. Er war von vorteilhafter Erscheinung, nicht sehr widerstandsfähig, ja, wahrscheinlich recht schwach. Das Gefühl für seine Stellung war nicht sehr ausgeprägt; er hatte wenig Urteilsvermögen und ließ sich oft von Verrätern und Scharlatanen blenden. Er war religiös, doch dabei nicht bigott; er las; er studierte; und doch wurde ihm nie bewusst, dass er in einer Zeit lebte, die auch das Zeitalter Darwins und des dialektischen Materialismus war. Er glaubte an eine gute Regierung und an die

Pflichten eines Monarchen; er verabscheute Despoten, war aber außerstande, in einer immerwährenden Vater-Sohn-Beziehung zwischen Fürst und Untertan etwas Anomales zu sehen. Unter anderen Umständen hätte er vielleicht einen ausgezeichneten Offizier in der Heilsarmee abgegeben. Er war wenig von seiner eigenen Bedeutung durchdrungen, kannte keinerlei Rachsucht und besaß großen persönlichen Mut. Er grübelte viel über Verbesserungen nach, und er glaubte an seine Bestimmung, Gutes zu wirken.

Solch einem Mann war es nicht gegeben, einer ruhelosen Frau standzuhalten oder mit Napoleon III. fertig zu werden. Es fand sich ja nicht einmal in der verknöcherten Bürokratie seines Bruders ein Platz für ihn. Zuerst versuchte er sich daran, die österreichische Marine, oder was sich so nannte, zu reformieren, dann bemühte er sich, sein Amt als Generalgouverneur der Lombardei mit Anstand zu verwalten. Die Verwaltungskanäle der habsburgischen Monarchie waren wie die Arterien eines hochbetagten Menschen. Jede Maßnahme Maximilians, die auch nur im geringsten als neuartig oder großzügig ausgelegt werden konnte, traf sogleich auf die Obstruktion der senilsten Kanzleien Europas. Maximilian gab sich redliche Mühe. Es ging ihm nicht auf, dass den Italienern nicht soviel daran lag, einen guten Generalgouverneur als vielmehr überhaupt keinen Generalgouverneur zu haben. Dieser Irrtum war bezeichnend für ihn.

Als die napoleonische Stunde schlug, lebte Maximilian zurückgezogen auf Schloss Miramar an der Adria, wo er sich seinen Liebhabereien widmete und wie Lord Byron mit dem Gedanken spielte, als Privatperson nach Südamerika auszuwandern. Es muss für einen Menschen von Maximilians Charakter und Erziehung unmöglich gewesen sein, das Angebot nicht als den Ruf des Schicksals und der Pflicht auszulegen. Immerhin, er erhob einige Einwände. War er in Mexiko wirklich erwünscht? Man sagte ihm, es sei ein Plebiszit über diese Frage abgehalten worden, und eine überwältigende Mehrheit habe sich für ihn erklärt. Ein Plebiszit unter Indianern, zumeist Analphabeten, in einem Land, zu der betreffenden Zeit von fremden Truppen besetzt, das bis auf den heutigen Tag noch nichts erlebt hat, was einer freien, allgemeinen und geheimen Abstimmung auch nur ähnlich sähe … Heute erscheint das alles fadenscheinig. Doch Maximilian nahm an. Die Frage der Begleitung und der Apanagen zögerte die Abreise erheblich hinaus. Franz Joseph nötigte seinen Bruder, auf seine österreichischen Erbfolgerechte zu verzichten. Der Papst zeigte sich kühl. Ein großes Bild von Maximilians und Charlottes künftiger Landung in Vera Cruz wurde gemalt, auf dem sie alle barhäuptig, in Uniformen und Winterhalter-Kleidern auf einer schön geschmückten Pier stehen und von einer Deputation in Abendkleidung mit Buketts und Fahnen willkommen geheißen werden. Charlotte änderte ihren Namen in Carlota, und 1864 schifften sie sich auf einer österreichischen Fregatte nach Mexiko ein. In Gibraltar grüßten Einheiten der britischen Kriegsmarine die mexikanischen Farben mit Salut, dieses aggressive Emblem einer Schlange, die, auf einem Kaktus zusammengerollt, von einem Adler verschlungen wird. Der Salut wurde als ein verheißungsvolles Anzeichen der Unterstützung durch England gewertet. Sie klammerten sich bereits an Strohhalme.

Was den Rest der Geschichte betrifft, so zogen sich die europäischen Beteiligten aus der Affäre und wuschen ihre Hände in Unschuld. Die Lombard Street bekam ihr Geld, die Kirche ihren Grundbesitz nicht wieder; in Mexiko wurde keine Dynastie begründet, und die Regierung wurde weder stabil noch geregelt.

Keiner dieser Begriffe hat in Mexiko dieselbe Bedeutung, und dort erst begann für Maximilian die Geschichte. Wenig aus der Gedankenwelt Europas im 19. Jahrhundert hätte ihm für seine Vorbereitung dienlich sein können. *Que diable allait-il chercher dans cette galère?* Er verstand nie, was vor sich ging. Mexiko verstand nie, was er vorhatte. Es war in einem anderen Land. Drei Jahre lang kämpfte er gegen den Treibsand und den Granit Mexikos an, dann schaffte man ihn auf derselben Fregatte übers Meer zurück, in einem armseligen Sarg. Wieder gab es Zank und Streit.

Die Geschichte *ist* faszinierend. Trotz allem Beiwerk ist es keine romantische Geschichte, sondern eine Tragödie der Missverständnisse, des Abgrunds zwischen Mensch und Mensch; traurig, oft erbärmlich, außergewöhnlich nur der barocken Details wegen und der nichtigen Wünsche *aller* Beteiligten.

Neuntes Kapitel

Morelia – Pazcuaro – Wegelagerer

... ceux-là seuls qui partent
pour partir; coeurs légers, semblables aux ballons ...

Wir haben eine Kostprobe vom ländlichen Mexiko genommen; wir brechen auf! Erst zwei Tage seit Cuernavaca, und wir sind in einem Autobus. Wir haben Vorderplätze; das Gepäck ist aufs Wagendach geworfen worden; unsere Mitreisenden sind würdevolle Indios mit kleinen Haustieren auf dem Schoß, die Karosserie klappert, und gegen das Armaturenbrett klirren Heiligenmedaillen und Votivamulette. Heute abend, *deo volente*, werden wir in einem Städtchen namens Morelia sein. Von dort werden wir zu einem See weiterfahren. Inzwischen schaukeln wir über Berg und Tal, durch üppige Felder, Mangogärten, Obsthaine, strotzend von Früchten, und durch plötzlich auftauchende Dörfer mit Lehmhütten und doppeltürmiger Kirche, wo Schweine sich quiekend in Sicherheit bringen und eine barocke Giebelschnecke im Sonnenschein vorüberblitzt – immer weiter, bergauf und bergab, bergab und bergauf! und die Düfte des Sommers strömen durch die Fenster herein – es ist ein unwahrscheinlich langer köstlicher Spaß.

Als es schließlich weder Hoffnung noch Anlass zum Anhalten zu geben scheint, da halten wir an. In einem namenlosen Dorf. Die Fahrgäste klettern hinaus und verschwinden in eine Lehmhütte mit einem Coca-Cola-Schild. Ich frage den Fahrer, wie lange wir bleiben werden.

»Zum Essen.«

»Wie viel Zeit nimmt das in Anspruch?«

»Die Zeit zum Essen.«

E. zupft mich am Ärmel. »Komm doch bitte mit und versuch herauszubekommen, was die Damen mit dem Pincenez wollen.«

Zwei ältliche Damen in dezentem Schwarz, mit reinlich geschrubbten, jugendlichen Gesichtern, sind auf ihren Plätzen sitzen geblieben. Sie versuchen E. um die Freundlichkeit zu bitten, ihnen etwas Brühe und ein paar Tortillas zu besorgen. Die eine der beiden nestelt bereits am Schnappverschluss eines Geldtäschchens, das sie aus ihren Röcken hervorgeholt hat. Ich nehme mich der Sache an und den Pesoschein entgegen.

»Selbstverständlich. Aber woher?«

»Nun, vom Büfett.«

Wir versuchen es mit der Lehmhütte. Dahinter entdecken wir einen Bauernhof mit rohgezimmerten Tischen, die hübsch für einen Imbiss gedeckt sind. Wir setzen uns unter eine Glyzinie. Von einem Holzkohlenfeuer aus wird jedermann recht geschickt, doch ohne Eile mit heißer Hühnerbrühe, Schmorfleisch, Gemüse und Obst bedient. Alles gutes, einfaches Essen, und wir verschlingen es mit Genuss. Zuerst allerdings bringe ich den beiden Frauen zwei Tassen Consomme und einen Stoß Tortillas in den Autobus. Sie wirken ganz rüstig, und deshalb kommt uns die Sache merkwürdig vor. Vielleicht können sie sich ein Essen nicht leisten. Wir finden keine Erklärung und genießen unsere Rast in der Sonne nicht ohne Gewissensbisse.

Als der Bus zur Abfahrt bereit ist, bringe ich die Tassen der beiden Frauen zurück und gebe ihnen ihr Wechselgeld. Sie haben die Brühe getrunken, aber die Tortillas aufgespart. Als sie sich bedanken, erklärt mir die eine, ihr Orden erlaube ihnen nicht, ein öffentliches Speiselokal zu betreten.

Nun verstehen wir. Es sind Nonnen, die nach den gesetzlichen Vorschriften in Zivilkleidung reisen. Nicht einmal eine Halskrause darf auf der Straße getragen werden. Zweifellos werden diese Frauen heute abend hinter irgendwelchen Klostermauern wieder ihre Ordenstracht anlegen. Wieder tun sie uns ein bisschen leid in ihrer schiefen Position, mit ihrer kärglichen Erfrischung.

Sobald wir fahren, zieht die kleinere der Nonnen unter einem Sitz einen geflochtenen Korb hervor, breitet eine schneeweiße Leinenserviette über ihren und der anderen Schoß und fördert eine Dose zutage, als deren Inhalt mein geschultes Auge Wildpastete erkennt. Sie öffnen sie, streichen etwas davon auf die Tortillas und beginnen sie langsam, sorgsam und manierlich zu verspeisen. Als die Dose geleert ist, kommt ein komplettes Brathuhn zum Vorschein, das sie gleichfalls bedachtsam verspeisen, wobei sie jeden Knochen fein säuberlich abnagen. Die Hügel der Sierra Madre steigen und senken sich, die Schluchten werden tiefer, der Mais wird von Kiefern abgelöst, die Kiefern von Kakteen, wir überqueren den Lerma, und wir überqueren den Tuxpán, bevor die Nonnen den Kuchen anschneiden und ein Glas mit eingemachten Pfirsichen aufmachen. Darauf folgen Bananen, Nüsse und Datteln. Die wohlerzogene Gesellschaft nimmt keine Notiz davon, nur E. und ich verfolgen wie Hunde im Esszimmer jedes Häppchen, das sie zum Munde fuhren. Sie essen alles auf Zwischendurch nehmen sie immer wieder einen langen Zug aus einer Flasche mit Orangeade. Anschließend gibt es Kaffee aus einer Thermosflasche und eine Dreingabe in Gestalt einer Schachtel Schokolade-Pfefferminz-Plätzchen, die nicht aus dem Proviantkorb, sondern aus den Röcken der größeren Nonne zum Vorschein kommt, die sie der kleineren Nonne artig anbietet. Die kleinere Nonne revanchiert sich mit einer Tüte süßer Kekse. Auch diese leeren sie bedächtig, wobei sie jedes Mal, wenn sie sich bedient haben, einander wiederum Schachtel oder Tüte anbieten. Sie sprechen kein einziges Wort. Als der letzte Krümel zierlich vom Finger geleckt ist, ziehen sie den Rosenkranz heraus, falten die Hände und schließen die Augen.

»Die Kirche kann schlafen und weiden zugleich«, sagt E., die allmählich unter der Fahrt zu leiden beginnt.

Es war schon vor einiger Zeit dunkel geworden, und wir hielten an, auch diesmal unerwartet. Es regnete, und wir befanden uns an einem Stadtrand. Ein verhängter großer Wagen fuhr heran, die Nonnen abzuholen, und trug sie in die Dunkelheit davon. Die Mitreisenden verschwanden einer nach dem anderen, der Fahrer war nicht zu sehen, und wir standen inmitten einer Menge, zwischen unbeirrbaren Händen und gestikulierenden Armen.

»Un quinto! Señora! Un quinto?«

»Quieren un cargador?«

»Señoras! Señoras …«

»Una Caridad por amor de la Madre de Dios!«

»Un quinto …«

»Cargador?«

»Señora!«

»El cargador say yo.«

»Una caridad … Señoras!«

»Para mí.«

»Para mí!«

»Para mí!«

Es hat aufgehört zu regnen. Die Luft ist herbstlich, beinahe schneidend. Es tropft von den Blättern, und man riecht Holzfeuerrauch. Von grauen, kolonnadengesäumten Straßen trete ich in eine erleuchtete Hotelhalle und frage: *»Tienen habitaciones? Quiero dos cuartos con una cama cada«*, und da überkommt mich ein Gefühl von *déjà-vu,* so mächtig, dass ich in Gedanken versunken und regungslos stehenbleibe, um ja nicht an die Bilder zu rühren, die nun vielleicht aus vergangenen Tagen aufsteigen werden. Dann hebt sich der letzte Schleier, und eine Erinnerung, unmotiviert und unversehrt, liegt klar vor mir.

Avila. Wir waren damals zu viert; ein Romanautor, angebetet von meiner Generation, die sich von ihm, der ihr mit Eleganz und Wissen einen Weg der Ernüchterung gebahnt hatte, hatte blenden und verfuhren lassen; seine Frau, die von ihren gemeinsamen Freunden angebetet wurde; und eine junge Frau, Amerikanerin, mit einem reizvollen etruskischen Gesicht, auf dem sich ein weltfernes Grübeln malte, während ihre Gedanken sehr auf reine Milch gerichtet waren. Wir lebten damals alle in der Provence und fuhren in jenem Herbst – es war das Jahr vor dem Ausbruch des Spanischen Bürgerkriegs – nach Madrid, weil wir uns die Bilder im Prado ansehen wollten und einige von uns Handwerker im Haus hatten. Es war eine Zeit, in der man sich schon unbehaglich fühlte, doch noch keine Furcht empfand. Politische Gesprächsthemen herrschten vor, aber man sprach freiwillig darüber, nicht so sehr von der Sorge um die eigene Existenz bewegt. Zumindest glaubten wir das. Auch war es eine Zeit, da man in Europa noch bequem reisen und an den Freuden des Lebens teilhaben konnte, ohne reich oder gleich ruiniert zu sein. Nicht die guten alten Zeiten vor dem anderen Krieg, von denen man aus Legenden hörte, da man sich in einem französischen Gasthaus für einen Schilling an Omelette, Bordeaux und gebratenem Geflügel delektieren konnte und eine Fahrt quer über den Kontinent mit Sovereigns aus der Tasche bezahlte und keinen Pass brauchte.

Aber doch eine Zeit, in der Hotels und Besuche in Restaurants und ein Billett zweiter Klasse nach Florenz für jedermann, der über bescheidene Mittel verfugte, erschwinglich waren; und ein junger Mann, der zu ein paar hundert Pfund gekommen war, konnte davon ein ganzes Jahr in Paris leben. Nun, wir verließen also unsere Häuser am Morgen, aßen im Marseiller Hafen in der Sonne zu Mittag, fuhren zum Flugplatz hinaus und bekamen fast einen Anfall, als wir an dem Flugzeug das Hakenkreuz sahen. Wir weigerten uns, mit der Lufthansa zu fliegen. Unsere Tickets waren auf die Air France ausgestellt, aber an diesem Tag ging keine Maschine der Air France nach Barcelona. So setzten wir uns also in ein spanisches Flugzeug. Irgendetwas ging schief Wir sackten bis auf ungefähr zehn Meter über dem Boden ab und hingen eine halbe Stunde lang über der Costa Brava, der felsigsten, zerklüftetsten Küste des Mittelmeers, während jeder von uns sich auf seine Weise mehr oder weniger erfolgreich auf den Tod gefasst machte. Dann landeten wir, und deutsches Flugpersonal mit Lufthansa-Mützen half uns ironisch lächelnd beim Aussteigen. An jenem Abend aßen wir im ersten Stock des Cafés an der Plaza de Cataluna. Kurz zuvor hatte jemand eine Bombe geworfen. Ein Straßenbahnwagen war umgestürzt, Menschen, auf die es gar nicht abgesehen war, waren verletzt worden, und die Polizei hatte die Stelle abgesperrt.

»Das menschliche Unvermögen, aus Erfahrung zu lernen, ist wirklich außerordentlich«, sagte der Schriftsteller mit klangvoller Stimme. »Jeder weiß doch ganz genau, dass mit selbst gebastelten Bomben noch nie etwas ausgerichtet worden ist. Und trotzdem werden sie immer wieder geworfen.«

»Es ist eine Geste.«

»Meine Liebe, Gesten sind ein Zeichen von Unreife.«

»Nun, jedenfalls versuchen sie hier erwachsen zu werden«, sagte die junge Amerikanerin. »Sie schicken ihre Kinder auf die Schule, und nächsten Monat gehen die Frauen zur Wahl.«

»Was mit Sicherheit mehr proklerikale Stimmen bedeutet.«

»Warum denn? Warum nimmst du an, dass spanische Frauen nicht erkennen, was gut für sie ist?«

»Ist es das? Erkennen sie es? Erkennt das überhaupt jemand?«

Und so unterhielten wir uns über die spanische Republik, über Deutschland, über die Aufrüstung. Wir sprachen lässig miteinander, wie das Menschen, die einander gut kennen, bei brennenden Themen zu tun pflegen, ohne tiefer in die Sache einzudringen. Dass wir alle Gewalt und Zwang verabscheuten, brauchte nicht gesagt zu werden, und wir sagten es auch nicht. Aber wie sollte man mit Gewalt und Zwang fertig werden? Die Amerikanerin hätte, auf Drängen, vielleicht eingeräumt, dass sie dafür sei, Gewalt und Zwang im Notfall anzuwenden, um erstrebenswerte Ziele zu erreichen. Ich hätte mich, wie ich es auch heute tun würde, eine Liberale genannt. Aber ein Liberaler ist von Natur antitotalitär eingestellt, was ihn sofort in ein schwieriges Dilemma bringt, und so war ich manchmal recht unliberal und oft verzweifelt. Der Schriftsteller blickte weiter als wir anderen, war aber weniger berührt, wie ein ungemein intelligenter Mensch, der viel über menschliche Narrheiten gelesen hat, und solch ein Mensch war er tatsächlich auch.

An jenem Abend war ein neuer Ton aufgekommen. Der wohlwollende Rationalismus schien ein wenig abgenutzt: Es gab Anzeichen, dass seine Zeit vorüber war, dass er sich jedenfalls in der Wirklichkeit als begrenzt erwiesen hatte, dass der Mensch wahrhaftig hilflos war und dass man deshalb ihm und er sich selbst helfen durfte. Dies wurde in keinem Satz deutlich ausgesprochen, und ich kann mich nicht mehr an unsere Worte erinnern; nur als die Amerikanerin irgendwann ziemlich aufgebracht sagte: »Schön, wenn das auch keinen Sinn hat, was würdest du dann tun?« und die Frau des Schriftstellers hinzusetzte: »Ja, Liebling, was? Sag es uns«, kam eine Antwort, die durch eine Unterströmung noch ungeformter Gedanken beunruhigte, so dass man gleichsam das Gefühl hatte, als ob Ranken sich dem unsichtbaren Ende des stützenden Stabs entgegenarbeiten, eine Antwort, die uns durch etwas verwirrte, was wir in unserer Bestürzung nicht als Hoffnung erkannten.

Denn sofort sträubte sich alles in uns dagegen, und wir saßen stumm und misstrauisch da, als hätten wir entdeckt, dass man uns zur Versammlung eines Erweckungspredigers gelockt hätte. Dann kam die *paella,* die wir bestellt hatten, und die Sache wurde nicht sofort weiterverfolgt. Wir aßen uns in den Berg von Safranreis hinein, tranken Manzanilla und sprachen über dies und jenes, aber immer wieder geschah es an diesem Abend, dass das Gespräch auf irgendeine beunruhigende Schwelle zusteuerte, schwankte und noch kurz davor verhielt. Ein oder zwei Male fiel, stets in diesem anmutigen, höflichen Ton, ein Wort aus dem beunruhigenden Vokabular der Traktatliteratur. Das Selbst, das Ganze, die Einheit … In einer guten *paella* ist der Reis ganz trocken und körnig; und jede einzelne der vielen Zutaten ist gebraten, gedämpft oder gegrillt, bis sie die richtige Beschaffenheit hat. Diese *paella* war vollendet. Fette Muscheln schimmerten aus kaum geöffneten glänzenden Schalen; den Streifen gelben und roten Piments haftete ein Hauch von Holzkohle an. Während man aß, stieß man auf Stücke mageren gebratenen Schweinefleischs, süß wie Haselnüsse, auf zarte Garnelen in knuspriger Schale, kleine, feste grüne Bohnen, fast roh noch, und dann plötzlich auf explosive Stückchen heißer *chorrizo*. Das meiste davon erkaltete auf den Platten. Ich widmete mich dem Essen, sosehr ich konnte, zuerst aus Vergnügen, dann aus Hartnäckigkeit. Auch dies, so wurde angedeutet, würde einen von dem ausschließen, worüber nicht gesprochen wurde, so sicher wie politische Leidenschaft.

»Du glaubst doch nicht wirklich an all das?« sagte die Amerikanerin, und wiederum war die Antwort eine geheimnisvolle Andeutung. Wir hielten ihm Voltaire entgegen. In unserer Verstimmung über die Aufgabe einer vertrauten intellektuellen Position hielten wir dem Schriftsteller Zitate aus seinen eigenen Werken vor. Wir waren verblüfft und auch ziemlich verärgert. Später schöpften wir auf einem Spaziergang auf den Ramblas frische Luft. Am folgenden Morgen flogen wir mit der Air France nach Madrid.

Dort gab es keine Trübungen mehr. Madrid war erfüllt von der lebhaften, überschaubaren Geschäftigkeit einer Hauptstadt von Provinzstadtgröße. Es gefiel uns, aber wir lebten abseits. Unser Hotel befand sich gegenüber dem Prado, und allmorgendlich in aller Frühe gingen wir hinüber in diese überwältigenden Säle. Am meisten beschäftigten mich die El Grecos, es war mein erster Besuch, und ich war sehr jung, so nahm ich den Meier-Graefe unter den Arm und war prompt hingerissen. Ich sah, dass die Bilder Velázquez' prächtig waren – dass sie subtil waren, sah ich noch nicht. Die anderen entdeckten inzwischen die erstaunliche Spannweite Goyas, der manchmal wie Reynolds, manchmal wie Watteau und manchmal wie Daumier malen konnte, der abwechselnd die Lebenslust, die Persönlichkeiten und die Schrecken des 18. Jahrhunderts dargestellt und bis ins 19. Jahrhundert gelebt hatte, lange genug, um Jane Austen um elf Jahre und Beethoven um eines zu überleben. Um drei Uhr kehrten wir dann in unser Hotel zurück, erregt, zum Gespräch bereit und ein bisschen von der Anstrengung für die Augen benommen – denn die Tage waren grau und das Licht im Prado schlecht und nahmen ein langes, gutes spanisches Mittagessen im Speisesaal zu uns, wo wir, im vierten Jahr der Republik, noch immer die einzigen seriösen unter den anwesenden Frauen waren; dann zogen wir uns zurück, um Briefe zu schreiben, Buckles bewundernswertes Kapitel über Spanien in einer Taschenbuchausgabe und in den Madrider Zeitungen die Massageannoncen – *gran reaction* garantiert – zu lesen. Später, wenn sich wieder alles belebte, wanderten wir durch die abendlichen Straßen. Um zehn Uhr gingen wir ins Theater. Die Stücke wirkten alle gleich, ein düsterer Salon, ausgezeichnetes Spiel, dürftig die Handlung, der man nie folgen konnte, und ungeheuer viel Dialog. Wir fuhren zum Escorial und picknickten in der Guadamarra, aber unsere Gedanken waren immer schon beim nächsten Morgen, und durch unseren Schlaf geisterten Don Baltazar, einsam in der Reitschule, girlandengeschmückte Mädchen, die den Harlekin in einer Hängematte schaukeln, und flammengleich schwebende Heilige in Schwefelgelb und Smaragdgrün, die an der Decke des Hotels Colon himmelwärts streben.

Drei Wochen waren davon erfüllt. Als es November wurde, verbrachten wir ein paar Tage in Toledo und Segovia, noch immer kastilische Städte voll Melancholie und Lebenskraft, wo wir unvergängliche Wunder und viel Plunder sahen; und an einem regnerischen Abend kamen wir in Avila an. Im Gasthof sah sich die Amerikanerin die Betten genauer an und entdeckte, dass die Wäsche schon benutzt war. Entsetzen. Die Frau des Schriftstellers nahm es ziemlich ernst und überredete ihren Mann, als alles Klingeln nichts half, nach unten zu gehen und zu reklamieren. Wir marschierten hinterdrein. Am Empfang drehte er sich zu uns um und sagte mit seiner klaren Stimme: »Meine Lieben, wie soll ich es sagen?« Und damit war die Sache abgetan. Die Amerikanerin war von dem entsetzlichen Anblick völlig erstarrt und zu nichts zu gebrauchen. So machte ich mich auf in der Stadt etwas Reinlicheres zu suchen. Es hatte zu regnen aufgehört und roch nach verbranntem Holz. Aus mauergesäumten, nonnengrauen Straßen trat ich in eine erleuchtete Hotelhalle und fragte: *»Tienen habitaciones? Quiero dos cuartos con dos camas cada.«*

Es gab keine Zimmer. Oder sechs, von denen eins ins andre führte, jedes mit einer Wiege und drei zusätzlichen Notbetten. Ich ging von Hotel zu Hotel, zögernd, die Straßen zu verlassen, des Gefühls bewusst, in einem weiten Land von eigener Art zu sein, das, den Bettlern, den starrenden und drängelnden Menschen zum Trotz, seine Zurückhaltung bewahrt hatte und nicht, wie Italien und Frankreich, mit einem feinen Kamm durchgekämmt worden war; ein verschlossenes Land, das einzige unter den romanischen Ländern, das Geheimnisse hat und wo die Schrauben der Logik bis zum Grotesken hinaufgedreht werden könnten. Als ich zurückkam, waren die Betttücher gewechselt, man hatte sich beruhigt, und wir kamen uns alle ein bisschen absurd vor in der Stadt der heiligen Theresa. Am nächsten Morgen gab es wieder einen Wirbel, weil ich glaubte, im Waschbecken einen Ring verloren zu haben. Das Maß war voll, und wir fuhren in einem gemieteten Auto nach Madrid und kehrten bald darauf nach Frankreich zurück, in das Land des gesunden Menschenverstands und der tüchtigen, lebenserfahrenen Witwe, wo die Türen entweder offen oder geschlossen zu sein haben und wo uns zuerst alles unerträglich vordergründig und flach vorkam, bis wir uns damit abfanden und vergaßen.

In der Sonne des nächsten Morgens sieht Morelia nicht wie Avila aus, hat es nichts vom herbstlichen Kastilien. Dennoch ist es sehr spanisch. Eine Stadt mit weniger als fünfzigtausend Einwohnern, architektonisch von geschlossener Wirkung, mit langen Reihen von Arkaden und Fassaden aus dem 17. Jahrhundert, kompakt, grau, hübsch, verliert es sich in Außenbezirke aus Lehmhütten und endet abrupt in unbebauter Landschaft. Nach Mexiko-City ist es ein stiller Ort, gelassen bei Tag und melancholisch in der Nacht. Es gibt nichts Besonderes zu sehen. Die Kathedrale ist im Innern bis auf das letzte Fleckchen im bunten Stil des Jahres 1890 ausgeschmückt. Christus trägt eine Perücke aus echtem Haar, die Tränen der Heiligen sind Glasperlen, das Blut der Märtyrer Bonbons aus scharlachrotem Wachs, und alle Statuen sind von den vielen Küssen der Frommen blank poliert. Vor der Unabhängigkeit hieß Morelia Valladolid, Valladolid de Michoacán. Ja, es ist sehr spanisch, aber es ist nicht Spanien. Wie die Puritaner Neuengland, so haben die Spanier Mexiko geprägt. Diese wie jene ließen sich in einem Teil des Kontinents nieder, dessen Klima und Landschaft ihnen vertraut waren und zusagten. Diese wie jene setzten ihre Sprache, ihre Religion und einen bestimmten Baustil durch. Jedoch merzten die Spanier, anders als die Puritaner, die Indianer nicht aus. Tatsächlich haben die Indianer umgekehrt die Spanier schon fast ausgemerzt. Es soll heute nur noch etwa vierzigtausend Weiße in einer Bevölkerung von drei Millionen reinblütiger Indianer und siebzehn Millionen Mestizen geben, und viele dieser Weißen gelten nur aus Höflichkeit oder durch die Verwendung von Gesichtspuder als weiß.

Ein Brief von Anthony, in dem er seine Ankunft in Mexiko-City meldet. Es sieht zu dumm aus, dass wir uns dort so lange und doch nicht länger aufgehalten haben, und er kommt den weiten Weg von Baltimore. Jetzt kann man nichts mehr ändern; er wird hier zu uns stoßen müssen.

»Sie kommen also aus Mexiko«, sagte der Kellner.

»Es scheint fast undenkbar«, sagte ich.

»Ja, ja, der Portier hat es mir erzählt. Mit dem Bus.« »Sind wir wirklich so weit gefahren? Es war ein weiter Weg«, sagte E.

»Es ist ein weiter Weg nach Mexiko«, sagte der Kellner.

»Immer noch?« sagte E. »Wie herrlich metaphysisch.« »Weit und teuer«, sagte der Kellner.

»Sehr wahr«, sagte E., »und jetzt gebe ich mich der Täuschung hin, dass ich es erreicht habe.«

»Es soll unvergesslich sein«, sagte der Kellner; »eines Tages werde ich nach Mexiko fahren.«

»Ich hab mir nie viel aus Kafka gemacht, S.«, sagte E., »sag doch diesem lästigen Menschen, er soll die Suppe bringen.«

»Wo haben Sie in Mexiko gewohnt?« fragte der Hoteldirektor.

»Wir glauben, wir sind noch immer da«, sagte ich. »Zweifellos haben Sie Ihre Zimmer weiter behalten«, sagte der Direktor.

»Sie waren also in Mexiko?« fragte das Mädchen im Café. »Das werden wir jedenfalls unseren Freunden zu Hause erzählen«, sagte ich.

»Aber Sie sind wirklich dort gewesen?«

»Ich bin jetzt fast davon überzeugt«, sagte E.

»Kennen Sie Mexiko?« fragte der Mann im Tabakladen.

»Immer weniger«, sagte ich.

»Aber Sie sind dort gewesen?«

»Wir glauben, wir sind da.«

»Sie sind in Morelia«, sagte der Mann und spuckte aus.

»Morelia ist in Mexiko.«

»Nein, nein«, sagte der Mann, »Morelia ist Morelia, und Mexiko ist Mexiko. Mexiko ist größer, aber Morelia ist hübscher.«

»Im finsteren Mittelalter, heißt es, sind in verschiedenen Teilen eines Gemeinwesens zur selben Zeit die gleichen Ketzereien ausgebrochen«, sagte E.

»Es sind Ausländerinnen«, sagte der Mann zu einem anderen Mann.

»Und vielleicht Protestanten«, sagte der andere. »Jedermann weiß, dass die Frauen von Protestanten nicht zur Schule gehen dürfen.«

»So ist es«, sagte eine Frau. »Sie wissen nicht viel.«

Es ist wahr. Wir haben so lange und noch länger gebraucht, um zu begreifen, dass »Mexiko« (wenn nicht »Viva« davorsteht) die Hauptstadt und nur die Hauptstadt bedeutet und dass das Land als Ganzes dem Volk kaum ein Begriff ist. Es hat einen offiziellen Namen, Estados Unidos Mexicanos, mehrere amtliche Abkürzungen und wird in politischen Ansprachen der »aufsteigende Adler«, das »blutende Lamm« oder einfach *ha Patria* genannt; in privaten Gesprächen heißt es »die Halbinsel« oder »die Republik« oder »Amerika«, doch nie und nimmer nennen die Mexikaner (wie sie sich doch selbst nennen) ihr Land Mexiko.

Wir hatten ein paar Sachen, die genäht werden mussten, und der Portier nannte mir eine Dame, die die Arbeit vielleicht besorgen würde. Ich bündelte die Sachen zusammen und wanderte zu der angegebenen Adresse am Ende der Stadt. Es war nicht weit. Über dem Eingang, einem Bambusvorhang, stand gedruckt zu lesen: TOD DEN PROTESTANTEN. Das Innere war ein einziger Raum mit Lehmfußboden, ungefähr drei mal eindreiviertel Meter groß. Er enthielt eine Hängematte, eine Strohpritsche, eine kleine Statue Unserer Lieben Frau von Guadalupe; einen Kalender, eine Aufmerksamkeit der El-Aguila-Zigarettenfabrik, auf dem ein Stierkämpfer in voller Tracht vor einem Schrein kniet; eine Singer-Nähmaschine, einen Blechkoffer, ein paar frische Blumen, etliche Kinder, eine in Schwarz gekleidete Indiofrau und zwei dreibeinige Hocker. Die Frau erhob sich, zog den anderen Hocker herbei und begann ein Gespräch. Ob mir Morelia gefalle? Es sei wirklich ein hübsches Städtchen. Zivilisiert. Nicht voll von Schwarzen, wie manche Dörfer. Unwissendes Volk. Man lege keinen Wert darauf, unter solchen Leuten zu leben.

Die Kinder sahen reizend aus, manche aufgeweckt, manche ernst, alle hübsch. Sie waren wohlerzogen, ohne im geringsten eingeschüchtert zu wirken. Ich sagte das zu ihrer Mutter.

»Oh, ja, die Braven. Komm und gib deiner *mamacita* einen Kuss, Paco. Und Sie sollten die anderen sehen, Señora.«

»Wie viele Kinder haben Sie, Señora?«

»Elf, Señora. Sechs hier daheim und fünf im Himmel.«

Später gelang es mir dann, die Sprache auf mein Kleiderbündel zu bringen. »Ich habe eine Liste gemacht, was ich genäht haben will«, sagte ich.

»Ich lese nichts Geschriebenes«, sagte die Dame. »Ich lese die Uhr.«

Bei Einbruch der Nacht zünden die Besitzer der Buden abseits der Plaza Kohlebecken an, holen Tontöpfe heraus und machen sich daran, das Abendessen für die Stadt zu kochen. Das Leben der ganz Armen spielt sich meist in der Öffentlichkeit ab, was in guten Klimazonen nicht einmal so unangenehm ist. Der Mittelstand findet es billiger, zu Hause zu essen, die Armen sind in großer Bedrängnis, wie sie daheim zu einem Essen kommen sollen. In Ländern, wo es keine Gasflamme gibt, müssen die Bewohner von Lehmhütten und Mietskasernen auf der Straße kochen, wollen sie nicht im Rauch ersticken. In römischen Arbeitervierteln sieht man oft eine Frau oder einen Jungen auf dem Straßenpflaster ein Holzkohlenfeuer entzünden. An Winterabenden sind die Wohngegenden der Armen voller kleiner Becken, auf denen Zweige und Kienspäne flammen, angefacht und bewacht, bis die Kohlen Feuer gefangen haben und die Glut für das eigentliche Kochen ins Haus getragen wird. Dann kommt das Essen wieder heraus – eine Pfanne Makkaroni, eine Schüssel Minestrone, in ein Tischtuch gehüllt, ein langes Brot und ein Kleinkind werden von einer Familie in ein Weinlokal getragen, wo sie um den Preis eines Quantums Wein bei Licht und bescheidener Wärme an einem eigenen Tisch sitzen und sich mit ihresgleichen unterhalten können. In Morelia wird stiller und einfacher zu Abend gegessen. Einzeln wandern die Indios zu jeder Stunde zu den Kochbuden, und sie tragen weder Teller noch Löffel bei sich. Sie kaufen ihr Mahl, lassen es in einen Pfannkuchen wickeln, gehen ein paar Schritte weiter, setzen sich dann auf den Randstein oder lehnen sich gegen einen Laternenpfahl und essen. Später drücken sie sich vielleicht durch die niedrigen Klapptüren in die Schenken oder hocken sich zusammen, über irgendein Glücksspiel gebeugt. Die nächtlichen Straßen sind voll von Menschen, doch hat die Betriebsamkeit etwas Düsteres, das Geschäft der Essenden und Verkäufer geht gedämpft vor sich. Es herrscht keine Fröhlichkeit.

Wie gewöhnlich ist die Stadt schlecht beleuchtet. Die gebündelten Kugellampen richten nichts aus gegen die Nacht, gegen das weiße Azetylen, das aus den Kochbuden zischt, und nichts gegen die sanftere Glut der Kohlen, und so ist die Szenerie zugleich schattig und scharf umrissen: kleine Lichtkreise und riesige verzerrte Schatten an den Mauern, Licht und Bewegung tatsächlich wie auf Goyas Bildern. Die Gestalten sind würdevoll und still; der Schmutz ist zum Fantastischen umgewandelt. Niemand singt, es gibt keine Musik, weder von Menschen noch von Automaten gespielt, es gibt nur Gerüche. Gestank von Ziegen und Knoblauch, Gerüche von Azetylen und Holzkohle und der Übelkeit erregende Geruch von *tequila* – Rohalkohol mit einem süßlich schwärenden Beigeruch wie von Chrysanthemen, in Gin vermodert.

Nach elf Uhr hört das Treiben auf Lichter und Feuer werden gelöscht, die Buden verschlossen; hier und dort sitzt auf dem Randstein ein bewaffneter Soldat oder ein Bettler, regungslos, ein Taschentuch um Nase und Mund gebunden, um die Nachtluft fernzuhalten. Unsere Schritte hallen laut auf dem Pflaster, und wieder ist mir, als hätte ich den Geist Spaniens gesehen.

Wir blieben vier Tage in Morelia, von der Atmosphäre deprimiert und gefesselt. E. sagte, Morelia gefalle ihr, wie Leute sagen, ein grauer Tag oder ein Friedhof gefalle ihnen. Dann telegrafierten wir Anthony, er solle uns am Pátzcuaro-See treffen, und begeben uns auf die Suche nach einem Sommerquartier, in einem so grotesken, überfüllten, schwerfälligen und derart stinkenden Gefährt, dass wir zu dem Schluss kommen, die C.s müssen nicht bei Trost gewesen sein, eine solche Fortbewegungsart zu empfehlen. Wie ist so etwas Fürchterliches nur möglich?

»Señora, das ist normal«, sagt der Fahrer.

»Aber doch nicht für einen Bus erster Klasse, oder?«

»Das ist kein Bus erster Klasse.«

»Aber auf den Fahrkarten steht es doch.«

»Es gibt keinen Bus erster Klasse nach Pátzcuaro«, sagt der Fahrer.

»Warum heißt es dann erster Klasse auf den Fahrkarten?«

»Weil es sonst keine Klasse gibt.«

»Sie sollten das nicht drauf schreiben, wenn es keine erste gibt.«

»Doch, doch, *erste.* Die erste Klasse ist das hier.«

Eine ausgewachsene Sau liegt schnaufend im Mittelgang. Die Frau neben mir hat eine lebende Truthenne auf dem Schoß, und das Tier kann einfach nicht anders, es muss auch noch ein Stück auf meinem Schoß sitzen. Das macht sehr heiß. Außerdem plustert es ständig seine überraschend harten Federn auf. Von Zeit zu Zeit steht die Truthenne auf, vermutlich, um sich die unbequeme Stellung zu erleichtern. Gestützt auf sechs spitze Krallen, die Hälfte davon auf meinem Knie, drückt sie sich mit ihrem Gewicht in uns hinein und schüttelt sich. Staub und Läuse fliegen auf.

Auf der anderen Seite, im Durchgang, steht ein kleiner Junge mit einer Angel, von der ein toter, wenn auch ohne Zweifel frisch gefangener Fisch baumelt. Bei jedem Ruck, den das Gefährt macht, und die Fahrt besteht aus nichts anderem, berührt der Fisch, feucht, doch nicht kühl, meinen Arm und manchmal auch meine abgewandte Wange. E. hat einen Sitzplatz am hinteren Ende gefunden, wo – denn sie ist gebaut wie Don Quijote – ihre Knie das Kinn berühren. Auf einem ihrer Füße sitzt ein kleiner alter Mann, offensichtlich sehr angeheitert. Er hat neben sich auf dem Boden einen Steinkrug stehen, den er von Zeit zu Zeit an die Lippen setzt, eine Operation, die das ganze Fahrzeug mit starken Alkoholschwaden überflutet. Manchmal knallt er den Krug wieder auf den Boden, manchmal auch auf E.s freien Fuß. Sie stöhnt und verrenkt sich, hat aber nicht genügend Platz, sich ihm zu entwinden. Der alte Mann wirkt freundlich. An den Haltestellen kriecht er ins Freie, und wenn er wiederkommt, rinnt schmutziges Wasser oben aus seinem Hut, den er herumträgt, damit die Kinder im Bus trinken können, und als E. einen kleinen Schmerzlaut ausstößt, weil der Krug wieder einmal auf ihren schutzlosen Fuß geschmettert wird, hebt der alte Mann ihn mit einem engelhaften Lächeln auf und drückt ihn ihr an die Lippen. Höflich nimmt sie einen Schluck. Es sei, sagte sie später, sehr stark und ziemlich süß gewesen. Dann rappelt sich der Alte hoch, stolpert über die Sau, umarmt den Fahrer und fängt an, eine Ansprache ins Blaue zu halten. Er fuhrt sich recht lästig auf Niemand schenkt ihm die geringste Aufmerksamkeit. Dann stehen zwei Männer auf packen ihn, öffnen die Tür des fahrenden Autobusses und stoßen, während der Fahrer Gas gibt, den alten Mann hinaus auf die Straße. Jemand wirft den Steinkrug hinterher; alles reckt sich den Hals aus, um einen Mann zu sehen, der zusammengekrümmt in einer

Blutlache liegt und rasch den Blicken entschwindet. Dann bricht der ganze Bus in schallendes Gelächter aus.

Am Ende dieser Fahrt wurden wir in einem dämmrigen indianischen Städtchen abgesetzt. Niedrige Dächer, tiefrot, getragen von reich geschnitzten Stützbalken, hingen über steilen Pflasterstraßen, und die einstöckigen Häuser sahen sehr alt aus. Sie müssen nach der Eroberung durch die Spanier gebaut worden sein, lassen sich aber am besten als mittelalterlich-indianisch beschreiben. Das Städtchen war staubig, armselig und still. Es gab keinen Verkehr auf Rädern, und kein Mensch trug Schuhe. Zum Gasthaus am Seeufer musste man eine Meile weit gehen, und wenn man zurückschaute, sah man die verwitterten roten Dächer von Pátzcuaro fächerartig über den Hügel gebreitet. Auf seine Art war es schön. Der See, der sich auf einer Fläche von Steinen und Büschen ausdehnte, war tonfarben; so verschilft und verlassen, dass man hätte weinen können. Das Gasthaus war ein Holzbungalow. Es gab eine Veranda, mit einem Moskitonetz überdeckt, einen Barkellner in einer fleckigen weißen Jacke, einen Pingpongtisch und keine Gäste.

Unser Zimmer war nicht gefegt, im Duschbad tropfte die rostige Brause, und auf der Kommode, die sich vor Feuchtigkeit verzogen hatte und deren Schubladen wir nicht inspizierten, hatte jemand seine Haarnadeln liegen lassen. Alles war feucht. Wir verbrachten den Abend auf der Veranda sitzend – der Barkellner hatte uns geraten, wegen der ungesunden Luft im Haus zu bleiben, und außerdem konnte man ohnehin nirgends im Freien sitzen – und tranken, wortlos und düster gestimmt, *tequila.* Das Essen schmeckte nach Sumpf Schließlich gingen wir zu Bett. Die Musselinnetze stanken und hatten Löcher, Insekten schwirrten umher, und unsere Gedanken kreisten um Malaria.

Am nächsten Morgen ging ich in die Stadt, um ein Telegramm für Anthony an den *American Express*, Mexiko-City, zu schicken, dass er uns nicht am Pátzcuaro-See treffen solle. Nun gibt es zweierlei Arten von Ländern: solche, in denen ein Telegramm im

Handumdrehen aufgegeben ist – man legt einen Schilling oder ein 25-Cent-Stück und ein Formular hin, und schon kann man wieder gehen –, und solche, in denen es eine Tortur ist. Die Formulare sind ausgegangen, die Tinte ist ausgegangen, die Feder kratzt, man hat am verkehrten Schalter gewartet, der Bestimmungsort existiert nicht, die Postmeisterin gibt vor, sie könne nicht lesen. Je schlechter der Postdienst, umso besser das Klima, der Wein und das Essen. Ohne jedoch solche Entschädigung bieten zu können, stellt Pátzcuaro jedes Telegrafenamt zwischen dem Bosporus und der Bucht von Mexiko in den Schatten.

Ich ging, um mich nach Fluchtmöglichkeiten zu erkundigen. Ein verlotterter Kerl sprach mich auf englisch an. »Wollen Führer, Miss?«

»Nein, danke.«

»Wollen Museum sehen, viele Tonscherben, echt taraskisch?«

»Ich will mich nach Zügen erkundigen.«

»Wollen echt taraskische Federarbeiten sehen, schöne Bilder, alle aus Kolibrifedern?«

»Hat Pátzcuaro Bahnanschluss?«

»Wollen machen Ausflug auf See? Wollen mit Indianerkanu nach Yuyuán fahren?«

»Ich will einen Zug.«

»Wollen fahren nach Tzintzuntzán? Nein? Wollen Wasserfall sehen? Nein? Wollen zum Strand nach Chupícuaro? Nein? Wollen Tanz der Fische und der Christen sehen? Sehr symbolistisch.«

Mit viel Mühe erlange ich folgende konkrete Auskünfte: Pátzcuaro ist das taraskische Wort für »Ort des Entzückens«, am Nachmittag geht ein Zug nach Uruapan und am folgenden Vormittag einer nach Morelia.

»Was ist Uruapan?« fragte E., als ich ihr diese Wahl unterbreitete.

»Du erinnerst dich doch, dort ist der Babyvulkan geboren worden.«

Tatsächlich hatte Uruapan vor einigen Jahren über Nacht eine gewisse Berühmtheit erlangt, wie ein Tierpark durch die Geburt eines Elefanten. 1943 hatte ein Bauer bei der Feldarbeit gesehen, wie sich vor seinem Pflug ein Maulwurfshügel aufwarf und binnen Minuten zu der Größe eines Heuschobers emporwuchs. Als der Bauer mit dem Priester zurückkam, war der Maulwurfshügel bereits so groß wie ein Haus und spie rot glühende Gesteinsbrocken aus. Innerhalb einer Woche wuchs dieses Ungetüm zu einer Höhe von 250 Metern, begrub Land und Behausungen von fünfzehntausend Menschen unter Feuer und Asche und wurde im Life-Magazin abgebildet. Es wuchs weiter, beobachtet von Geologen, die, ob Krieg oder nicht, aus der ganzen Welt an die grollende Stätte geeilt waren. Das Monstrum wurde auf den Namen Paracutín getauft und zum Gegenstand von Monografien und Broschüren in vielen Sprachen. Heute hat es, so nimmt man an, seine volle Höhe erreicht – etwa tausend Meter – und ist sehr aktiv. Die Umgebung ist verwüstet, wird aber von zahlreichen Touristen besucht. Ein Professor erklärte dem *National Geographie Magazine*: »... der Paracutín ist die größte Schau auf der ganzen Erde. Er ist, glaube ich, genauso eindrucksvoll, wie es der Vesuv einmal war, und in seinen heftigeren Phasen sogar noch mehr.«

»Ich habe nicht das geringste Verlangen, die Wunder der Natur zu sehen«, sagte E.

»Natürlich nicht, meine Liebe. Aber was können wir anderes tun?«

»Und wo schläft man eigentlich am Fuß dieses sogenannten Vulkans?«

»Ich weiß nicht. Vielleicht, dass im *Terry*... Lass mich mal nachlesen. ›... grandios, ehrfurchtgebietend ... unvergesslich ...‹«

»Ja?«

»›... Straßen bis zu einer Entfernung von zwanzig Meilen vom Eruptionsgebiet können mit vulkanischem Auswurfschutt bestreut sein oder hoch mit vulkanischer Asche ...‹«

»Ja?«

»›... am besten nähert man sich zur Abendzeit ... ein Umhang ... festes Schuhwerk anzuraten, wo Sand und Lavastaub heiß sind. Gummischuhe zum Überziehen können sich als nützlich erweisen. Es sollten dicht anliegende Kopftücher getragen werden, um den eindringenden vulkanischen Staub von Ohren und Haar fernzuhalten …‹«

»Ich fahre nicht zu diesem Vulkan«, verkündete E. mit einer Stimme wie Edmund Burke bei einer Rede im Unterhaus.

Der Zug zurück nach Morelia war keine glückliche Wahl. Selbst nach dem Fahrplan brauchte er zweimal so lange wie der Autobus. Er war zwar nicht überfüllt, aber in den Wagen war es schon brütend heiß, ehe er abfuhr, und er fuhr lange nicht ab, und auch dann war es noch sehr heiß. Die Wagen waren schmutzig. Wir hatten Plätze zweiter Klasse – erste Klasse gab es –, und jedes Mal, wenn wir uns rührten, stieg der Staub aus dem schmutzverkrusteten Plüsch. Die Waggontüren waren festgemacht, so dass sie offen blieben, eine vernünftige Vorkehrung, da die Fenster klemmten, und an jeder der siebenunddreißig Haltestellen sprangen Hunde auf den Zug und rasten durch die Wagen, um nach Resten vom Reiseproviant der Fahrgäste zu suchen. Dinge in verschiedenen Stadien der Unappetitlichkeit wurden von diesen gierigen Kötern unter den Sitzen hervorgezerrt. Wenn sich der Fund lohnte, verließ der Hund bei der Abfahrt gar nicht erst den Zug, sondern fuhr einfach bis zur nächsten Station mit.

»Lass uns diesmal ins beste Hotel gehen«, sagte E., *»falls* es eines gibt.«

»Doch, es gibt eines.«

Wir hatten unser Vertrauen zu den C.s so ziemlich verloren und waren bereit, uns auf den *Terry* zu verlassen. »Die Führung des Hotels Y ist bei Weltreisenden weithin bekannt und beliebt. Der Präsident und geschäftsführende Direktor, Lizenziat Eduardo Laris Rubio, angesehener Staatsmann, international bekannter Anwalt, Diplomat, einer der prominentesten Männer des Staates, der in direkter Linie von den spanischen gekrönten Häuptern abstammt, die Morelia gegründet haben … Lizenziat Rubio ist ein führender Vertreter der Jurisprudenz, Sprachenkenner von hohem Rang (er spricht glänzend Englisch, Spanisch, Französisch sowie andere Sprachen), Schriftsteller und hoch angesehener Geschäftsmann.« Für jemanden, der an die Zurückhaltung und die Sternchen des *Baedekers* und in den Führern des *Royal Automobile Club* gewöhnt ist, las sich dies wie eine Halluzination, und natürlich gingen wir hin.

»Sie kommen also aus Mexiko«, sagte der Portier.

»Nein. Aus Pátzcuaro«, sagten wir strahlend.

»Nicht so hübsch wie Mexiko, aber auch sehr hübsch«, sagte der Portier.

Das Hotel war ganz ordentlich. Vor jedem Essen gab es Cornflakes, und das Personal ging auf all unsere Wünsche ein. Der hochgebildete Lizenziat Laris Rubio freilich trat nicht in Erscheinung. »Ich glaube, wir sollten hier eigentlich auf Anthony warten«, sagte E.

»Natürlich sollten wir das.«

»Wie kommt man denn zu diesem See, von dem wir gesprochen haben?«

»Nach Chapala? Über Guadalajara.«

»Wie lange braucht man?«

»Oh, ungefähr acht Stunden.« Ich unterschlug ein paar.

»Acht Stunden *womit!*«

»Mit einem netten Bus.«

»Erster Klasse?«

»Erster Klasse.«

»Ich nehme an, du möchtest nicht gern den Rest deines Lebens in Morelia verbringen?«

»Nein.«

»Das habe ich befürchtet. Dann fahren wir, sagen wir: morgen? Und du wirst Anthony telegrafieren?«

Etwa dreißig Meilen südlich von Guadalajara hielten wir in der Abenddämmerung am Straßenrand an und stiegen aus dem Bus, um ein paar Erfrischungen zu uns zu nehmen, die in einem Patio für uns angerichtet waren. Als wir wieder herauskamen, fanden wir eine etwas opernhaft wirkende Bande vor, die sich an den

Stricken zu schaffen machte, mit denen unser Gepäck befestigt war: drei oder vier Männer mit schönen Hüten, ein Tuch vors Gesicht gebunden; sie saßen auf Maultieren, daneben stand ein Packesel.

Fahrer und Schaffner scheuchten uns in den Patio zurück. »Gentlemen, wir müssen einen kleinen Moment warten«, sprachen sie im beherrschten Ton von Schiffskapitänen zu uns, »die Banditen sind da.«

»Was für Banditen?« sagte E.

»Es ist ihre Stunde«, sagte einer der Fahrgäste.

»Warum unternimmt denn niemand etwas gegen sie?«

»Gentlemen: Sie sind bewaffnet. Mit Schusswaffen.«

»Sie nehmen nicht viel«, sagte ein anderer Mitreisender.

»Was soll das alles?« sagte E.

»Sie kommen in der Abenddämmerung von den Bergen herab«, wurde ihr freundlich erklärt. »Banditen zeigen sich nicht gern am helllichten Tag – es gibt gewisse Vorurteile –, und sie machen auch nicht gern den ganzen Weg in der Nacht, wenn es finster ist und weiß Gott was für Verbrecher und Halunken unterwegs sind.«

Man hörte Getrappel von Hufen, und der Schaffner sagte munter: *»Vamanos«;* wir gingen hinaus und sahen den Maultierzug davongaloppieren. Die Seile für das Gepäck waren wieder festgebunden worden; ziemlich nachlässig. Und weiter ging's.

»Keine Spur Defoe«, sagte E. »Trollope.«

In Guadalajara stellte sich heraus, dass ein paar Dinge fehlten. Von unseren Sachen eine große und eine kleine Reisetasche, beide nagelneu, in der einen befanden sich E.s sämtliche Kleider, in der anderen einige Notizbücher von mir, etliche Fotografien und ein Manuskript, von dem ich keine Abschrift besaß.

»Verdammter Mist«, sagte E. »Mochte noch nie neue Koffer; schon von Anfang an nicht.«

Zehntes Kapitel

Die Tarasken und das Geld

Gestern, am San-Andres-Tag, zogen die Indios alle in voller Tracht in der Prozession mit, und wir gingen in die alte Kirche, um sie anzusehen. Sie trugen den sehr prächtig gewandeten Heiligen. Die Frauen hielten bunte Fähnchen und brennende Wachskerzen, und die Männer spielten auf Geigen, Flöten und Trommeln.

Madame Calderón de la Barca

Die Tarasken von Pátzcuaro sind arm. Die Näherin und die Leute an den Kochbuden in Morelia sind arm; die Büroangestellten in New York, die nicht vor der Sommerhitze fliehen können, und die alten Leute in Cheltenham, deren angelegtes Geld zusammengeschmolzen ist, sind arm; der Generalmajor, der außer seinem Gehalt nichts hat, könnte sich einen armen Soldaten nennen; die Banditen an der Straße nach Guadalajara jedoch sind der Ansicht, dass sie ein gutes Einkommen haben. Die Nachkommen der Azteken, die in Mexiko-City auf den Trottoirs schlafen, sind bettelarm. Wir sprechen von bitterer, tiefer, schrecklicher, verschämter Armut; von lähmender, maßloser, relativer. Armut kann all dies sein, aber relativ ist sie immer. Wenn wir sagen, jemand ist relativ arm, dann meinen wir, dass er eigentlich ziemlich reich ist; relativ reich. Aller Reichtum ist relativ; und dasselbe gilt für das Gegenteil. Armut ist einer der relativsten Begriffe, die wir haben.

Absolute Armut ist etwas anderes: Sie ist entweder bitterste Not oder freiwilliger Verzicht auf allen materiellen Besitz. Jene kann nur ein kurzer, extremer Zustand, keine ständige Existenzform sein, da sie bald zu Linderung – relativer Armut oder relativem Reichtum – oder zum Tod führen muss; dieser fehlen die drei negativsten Begleiterscheinungen der Armut: Angst, Bedrohung der Lebensentfaltung und Mangel an Bewegungsfreiheit.

Armut ist als Mangel an Mitteln definiert worden. Was für Mittel? Existenzmittel. Für was für eine Existenz? Eine wünschenswerte. Wem wünschenswert? Erwünscht von wem, von welchem Gesichtspunkt aus, für wen? Für ein Kind? Einen Mann? Alle Menschen? Heute? Nächstes Jahr? In fünf Jahren? Später? In einer Stadt? Auf dem Lande? In einem bestimmten Land? In der Welt? In welcher Welt?

Ein Achselzucken und noch eines, dazwischen liegt wohl die Antwort.

Nur etwa ein Viertel der Menschen in Mexiko lebt von Geld. Ladenbesitzer in den Städten, Offiziere, Lehrer, Busfahrer, Ärzte, Grubenarbeiter, Post- und Bahnbedienstete, Büroangestellte, Künstler und Notare, Kellner, Hausangestellte, niedere Regierungsbeamte und Bettler. Eine viel geringere Anzahl von Menschen hat Geld, macht Geld, lässt Geld arbeiten. Konzessionäre, Direktoren öffentlicher Versorgungsbetriebe, Zwischenhändler, Leute, die neue Bedürfnisse, Industrien und Importe ankurbeln, erfolgreiche Anwälte, die paar ehemaligen Grundbesitzer, die Barabfindung erhielten, und Beamte der höheren Gehaltsklassen. Die andere Hälfte, drei Viertel in diesem Fall, lebt von den Erträgen des Bodens. Mithin ist Mexiko ein Agrarland ohne nennenswerten Produktionsüberschuss und mit einer dünnen Humusschicht von Handeltreibenden. Die Tarasken leben wie die übrige Landbevölkerung mehr oder weniger auch in einer Wirtschaftsstruktur, die heute im Westen veraltet und im Osten schon verdünnt ist und, *mutatis mutandis*, die Struktur von Agrarkulturen schon vor dem babylonischen Reich war. Diese Struktur wird primitiv genannt, aber die Menschen, die in ihr leben, sind keineswegs »wilder« als die Bewohner von Yorkshire oder der Normandie. Die Unterschiede bestehen in der Einstellung und im Hausrat. Die Tarasken leben von der Hand in den Mund, besitzen aber, nach vierhundert Jahren, wieder die Produktionsmittel: Boden und Rohstoffe. Sie sind nicht Bauern oder Fischer, Schiffbauer *oder* Maurer. Sie bauen selbst an, was sie essen und womit sie sich kleiden, und manchmal auch ein bisschen darüber hinaus. Wo es Wasser gibt, fischen sie; sie verstehen ihr eigenes oder ihres Nachbarn Haus und Boot zu bauen und sogar eine ordentliche kleine Kuppel zu formen, die sie Orangenhälfte nennen; sie weben, flechten Stroh, knüpfen Hängematten, gerben Häute, fertigen Netze, Zuggeschirr und Kochtöpfe. Ziegelsteine werden aus tonhaltigem Lehm gemacht, den sie aus ihrem Grund graben; das Dachstroh stammt von den Palmen, Matten werden aus den Kokosnüssen, Flechtarbeiten aus Schilfrohr gefertigt. Auf den Feldern wächst Zuckerrohr, im Küchengarten Tabak und Kaffee in der Gartenhecke. In gesegneten Landstrichen gibt es sogar eine Kaktusart, der man eine schwach alkoholhaltige Flüssigkeit abzapfen kann, die wie trübes Bier aussieht und wie Buttermilch schmeckt. Sie haben keine Betriebsausgaben für Saatgut, Vorratshaltung und Kunstdünger. Was sie nicht anbauen oder selber machen können, darauf verzichten sie. Ihr Hausvieh besteht aus zähen, sich rasch vermehrenden Tieren – Eseln, Schweinen, Ziegen und einer widerstandsfähigen Hühnerrasse. Was dem einen fehlt oder was er nicht so gut kann, das kann ein anderer in der Gemeinde liefern oder machen, im Austausch für Waren oder Dienstleistungen. Größere Anschaffungen – Messer, Schusswaffen, Reitkleidung, Musikinstrumente, Silberschmuck oder eine Kuh – sind ebenfalls im Tauschhandel zu bekommen. Es ist alles ein einziges großes Karussell – wenn man auch nicht gerade die Wäsche des anderen wäscht, so produziert man doch füreinander Nahrung und Spielzeug. Schulen, soweit es sie gibt, sind kostenlos, und der Medizinmann ist stets mit einem Huhn zufrieden. Geld ist unentbehrlich nur für Salz, Zündhölzer und solche persönlichen Ausgaben wie Getränke (für diejenigen, die nicht ihre eigenen bereiten können), Lotterielose,

Kindstaufen, Trauungsgottesdienst, Beerdigung und Steuern. Wenn es zu solchen Ausgaben kommt, setzt sich der Betreffende hin und verwendet ein, zwei Tage darauf, eine Decke zu weben oder einen Satz Suppentöpfe herzustellen, dann ergreift er ein Ferkel und eine Staude Bananen, bündelt das Ganze zusammen, lädt es seiner Frau auf den Rücken und zieht auf den Markt. Eine Verkaufslizenz oder eine Bude ist nicht nötig, aber es kann sein, dass der Markt meilenweit entfernt ist, und manchmal müssen sie dann die ganze Nacht durch pilgern. Wenn ihr Ziel halbwegs in der Nähe einer Straße liegt, nehmen sie einen Bus dritter oder zweiter Klasse, so weit sie eben damit kommen. Diese Fahrtkosten sind die einzigen Barausgaben in ihrem Budget, die man als Unkosten rechnen könnte. Jedes Mal, wenn sie auf dem Markt etwas verkaufen, schaut ihnen ein staatlicher Steuereinnehmer über die Schulter und kassiert sogleich die fälligen Kupfermünzen, bisweilen auch mehr. Diese ungezwungene Methode lässt den Staat als räuberisch und zugleich kleinlich und oft als hartherzig erscheinen, doch unter den gegebenen Umständen – wenn man davon ausgeht, dass diese Menschen überhaupt Steuer zahlen sollen – ist es vermutlich die schmerzloseste und wirkungsvollste Art, Abgaben einzuziehen.

Salz und Zündhölzer sind teuer; aber es ist leicht, ohne sie auszukommen, indem man ein bisschen mehr Chili verwendet oder einen Funken schlägt oder sich eine glühende Kohle borgt. Getränke sind billig. Ein halber Liter *tequila,* neunzigprozentig, ordentlich, wenn auch keineswegs abgelagert, ist für einen Schilling zu bekommen; und sicherlich gibt es Mixturen weniger empfehlenswerter Qualität zu niedrigerem Preis. Lotterielose und die Leistungen der Kirche müssen bar bezahlt werden. So kommt es, dass viele auf die kirchliche Trauung verzichten oder sich Schulden aufhalsen, um das Leichenbegängnis eines Verwandten bezahlen zu können.

Der Kirche wird oft vorgeworfen, dass sie für bestimmte Sakramente Geld verlangt und dass sie es so unparteiisch von Reich und Arm verlangt. In Frankreich leiden Dorfpfarrer lieber Hunger, als dass sie ihren Pfarrkindern Gebühren abverlangten. Nicht so in Mexiko. Die Priester sind arm, und sie müssen leben, aber die Kirche, die nicht arm ist, könnte in irgendeiner Weise für ihre Versorgung aufkommen, wenn sie wollte. Dieser Aspekt des katholischen Klerus schockiert besonders diejenigen, die gewohnt sind, die Armenfürsorge als einen wesentlichen Teil der Pflichten des Seelsorgers und seiner Frau zu betrachten. Doch werden dieselben Leute einem unverfroren sagen, dass Psychoanalytiker – selbstredend äußerst widerstrebend – hohe Honorare fordern müssen, weil ihre Patienten sonst kein Vertrauen zu ihnen hätten; und habe nicht Aimee Semple McPherson selbst gesagt, dass den Leuten die Rettung ihrer Seele nicht halb soviel gälte, wenn sie glaubten, sie sei kostenlos?

Die Tarasken haben also keine schlaflosen Nächte wegen der Miete und des Arbeitsplatzes, der nächsten Ratenzahlung und der möglichen Gehaltszulage. Sie machen sich keine Gedanken über die Zukunft ihrer Kinder. All dies ist vorgezeichnet. Was sie essen, hängt nicht von der Konjunktur, den Lebenshaltungskosten oder der Situation an der Börse ab. Was sie produzieren, konsumieren sie selbst, oder ihre Nachbarn konsumieren es und bezahlen mit Naturalleistungen dafür. Aber sie müssen produzieren oder verhungern. Somit hängt die Ernährung von der Gesundheit und der Kraft eines Mannes, von der Beschaffenheit des ihm, beziehungsweise seinem Dorf zugeteilten Bodens und von dem ab, was er bereitwillig Gottes Walten nennen würde – Regen oder Dürre, Hagelsturm, Erdrutsch, ein neuer Vulkan. Die Feldarbeit wird nicht nach wissenschaftlichen Erkenntnissen betrieben und ist bestimmt mühselig. Das Klima und die Täler sind fruchtbar, doch gibt es mehr Berge als Täler, und manche Felder sind unglaublich klein, fast senkrecht aus einer Felswand herausgekratzt und mit nichts anderem als einem Handpflug zu bearbeiten. Ein tüchtiger Platzregen oder ein Felsrutsch, und das Ackerchen ist dahin. Sieben oder acht Monate im Jahr regnet es überhaupt nicht, und dann mag es sein, dass die Regenzeit völlig ausbleibt, oder es strömt gleich in Sturzfluten die Hänge herab. Fruchtwechsel wird kaum praktiziert; etwa zwei Drittel des Bodens werden mit Mais bestellt, der im besten Fall den Boden auszehrt, so dass selbst in katastrophenfreien Jahren die Erträge nach jedem Maßstab gering sind. Die Tarasken hätten also sehr wohl Grund für schlaflose Nächte. Und doch schlafen sie gut. Sie haben eine orientalische Ader; allerdings ist es nicht so sehr Schicksalsergebenheit, sondern es widerstrebt ihnen, sich über irgendetwas zwischen dem Heute und der Ewigkeit Sorgen zu machen. Sie sind katholische Fatalisten.

Ist solch ein Leben erträglich? Materiell ist es unsicher, aber auch nicht mehr als das Leben im allgemeinen, und das Schlimmste an der Unsicherheit kann ja sehr wohl die Angst sein (obwohl es Außenstehenden nicht zusteht, sie deswegen abzutun), doch es lässt sich darüber streiten, ob es für einen Menschen besser sei, um Regen beten als sich um das berufliche Fortkommen abrackern zu müssen. Ein langes Leben ist es gewöhnlich nicht. In der gegenwärtigen

Geschichtsperiode mag es freilich sicherer sein als das unsrige, aber Krankheit bedeutet noch immer den wahrscheinlichen Tod. Doch mag es wiederum vorzuziehen sein, rasch einer tödlichen Krankheit zu erliegen, als monatelang unter dem Sauerstoffzelt und mit Medikamenten am Leben erhalten zu werden. Wenn es allerdings bedeutet, dass die Menschen mit zweiunddreißig Jahren an Blinddarmentzündung oder mit zehn an den Masern sterben, dass man schon durch einen verkehrt eingerichteten Knochenbruch für immer gelähmt ist oder neun Kinder auf diese Welt bringen muss, damit zwei am Leben bleiben … Die Arbeit ist schwer, aber weder eintönig noch mechanisch, und man ist weitgehend sein eigener Herr. Freie Zeit gibt es reichlich. Natürlich ist es unendlich mühsam, aus lehmigem Boden Steine auszugraben und mit einer Zentnerlast Mangofrüchte auf den Schultern zwölf Meilen weit zu gehen; aber es ist bestimmt weder körperlich noch geistig so erschöpfend, wie wenn man zweimal täglich auf dem Weg ins Büro vierzig Minuten in einer überfüllten Untergrundbahn aushalten muss. Neben Stunden, da sie hacken und schleppen, gibt es die Stunden, in denen sie gemächlich Gegenstände – oft ziemlich hässlich – formen, angeln oder den Pflanzen beim Wachsen Zusehen. Es ist eine Arbeit, die den Körper und die kleinen schöpferischen Impulse des Menschen zu befriedigen, die dem einfachen Gemüt einen Halt und einem komplexeren, älteren Gemüt Gelegenheit zu keineswegs fruchtloser Besinnlichkeit zu geben vermag. Sie würde einen modern denkenden Menschen verrückt machen vor Langweile und Unruhe. Sie spendet dem Ehrgeiz keine Nahrung. Es ist, nach westlichen Begriffen, kein angenehmes Leben, und kein amerikanischer Arbeiter, kein englisches Dienstmädchen würde sich mit einem Kohlenherd mit nur einer Kochstelle zufriedengeben, ohne einen Radioapparat auskommen wollen. Ja, ein solches Leben wäre für einen westlichen Menschen von heute ganz und gar unerträglich. Für jedes Kind aus westlichen Ländern wäre es freilich noch immer paradiesisch.

Ist es ein glückliches Leben? So viel kann man sagen, dass es kein sinnloses ist. Es steht einem nicht zu, solche Fragen für andere zu beantworten. In dieser klein gewordenen und ineinander verzahnten Welt muss man Fragen stellen, vielleicht ohne die Antworten abzuwarten. Was weiß ich denn schon von den Tarasken? Was wissen sie über sich selbst? Wie würden sie solches Wissen anderen mitteilen? Würden sie mit einer Beschreibung der wirtschaftlichen Struktur ihres Lebens und der Art ihrer Arbeit beginnen? Würden sie von Tanz und Festtagen, von Riten und Traditionen, den Gegenständen ihrer Ängste, ihres Glaubens sprechen? Würden sie den fröhlichen Grashüpfer und die Eselin erwähnen, die bei Neumond nicht gemolken werden darf, von dem bösen Heiligen sprechen, der sie im Stich ließ, und der Eidechse, die der Großvater eines der Ihren war? Würden sie den Rhythmus von Einerlei und Überschwang schildern, die Gelage und Messerstechereien, die regelmäßig jeden Feiertag verschönern? Die Liebe zu ihren Kindern? Das reiche und vielfältige religiöse Leben, diese glückliche Mischung der mehr polytheistischen Aspekte des Katholizismus mit persönlichen Eingebungen und den Fetischen eines älteren Glaubens, das ihre Tage erfüllt wie das Blut die Adern?

Ist es also ein gutes Leben? Wenn ein gutes Leben bedeutet, in einem bestimmten Rahmen im Frieden zu leben und zugleich das Bewusstsein zu weiten und die Welt zu erweitern, indem man die Trennwände zwischen Mensch und Mensch, zwischen dem Sichtbaren und dem Unsichtbaren beseitigt, dann bietet ihr Leben zumindest manche Möglichkeiten. Sie kennen kein Besitzstreben; ihr Interesse an der Macht ist sporadisch und auch dann nur gering, ihr Sinn für Identität unterentwickelt; sie hängen an nichts, nicht einmal sehr am eigenen Leben. Sie sind empfänglich für das Rituelle, für die Form, und ihr Umgang mit den Gottheiten scheint ungezwungen und lebhaft. Sie haben nicht den Drang, selbst die kleinste Zeitspanne mit Tätigkeit oder Zerstreuung auszufüllen, und sie legen eine schon fast zu große Bereitwilligkeit an den Tag, einmal gefasste Meinungen aufzugeben und einzusehen, dass zwei mal zwei vier ergibt. So haben sie Muße, sind unbelastet von Besitzgütern und frei von jenem Stachel des westlichen Menschen: der Sorge; sie haben einen Rahmen und einen Mythos. Doch scheint es, dass sie wenig gefühlsmäßige Bindung kennen. Sie sind wohl zärtlich zu Tieren, aber es käme ihnen nicht in den Sinn, einen Hund zu füttern. Sie können lieben, doch mangelt es ihnen an Mitgefühl, und sie scheinen sich ihrer Mitmenschen so wenig bewusst zu sein wie ihrer selbst. Freundlichkeit und gesittetes Betragen werden periodisch von Wutausbrüchen und Übellaunigkeit gesprengt. Jede Laune, jeder Demagogentrick kann Lebhaftigkeit in Mordlust Umschlagen lassen. Wenn sie auch nicht absichtlich grausam sind, ihre Fühllosigkeit ist haarsträubend und das Ergebnis dann doch Grausamkeit. Ihrer Lebensweise scheint etwas Verschlossenes anzuhaften, eine Haltung des *les jeux sont faits:* Sie kultivieren die gusseiserne, nicht-hören-und-nicht-reden-wollende Verstocktheit des Unwissenden – schon von Kindesbeinen an kennen sie das Opium. Unsere Vorstellung von ihrer Kultur ist grob; ihre von der unsrigen hanebüchen. Sie können sich nicht verständlich machen, nicht durch Bücher erreicht werden, und die Prozesse und Errungenschaften westlichen Denkens sind ihnen gleichermaßen verschlossen. Die Inquisition dispensierte die Ureinwohner Amerikas von der Beachtung der Dogmen, und so wurden sie niemals mit den Fortbildungen der aristotelischen Methode vertraut, die andernfalls durch die Theologen zu ihnen gedrungen wären. Für einen Gebildeten aus den Ländern des Westens ist dieses offensichtliche Fehlen jeder bekannten Form geistigen Lebens immer verwirrend. *»La bêtise n'est pas mon fort.«* Doch stehen den Tarasken vielleicht andere Quellen zu Gebote. Wer weiß? Ist diese in allem spürbare tägliche Vertrautheit mit einer anderen Wirklichkeit nur eine naive Erweiterung des Lebens, das sie kennen? Die Meditationen, das Grübeln über Ehrvergehen oder Unbill? Die hingerissenen Tagträumereien von Bohnen und Frauen, die kontemplative Somnolenz? Oder ist noch etwas anderes da? Wenn sie nur über ihre Stunden der Trägheit und der Einsamkeit sprechen und enthüllen könnten, ob in ihrem starren Blick Leere oder Vision ist.

Ist es das beste Leben, das sie führen könnten? Es ist das Leben, das sie kennen. Seit Jahrhunderten formt es sie, seit Jahrhunderten tragen sie dazu bei, es zu formen. Einzelne können hie und da sich freimachen, Gemeinschaften können ihre Lebensweise nur von innen heraus umwandeln, sie können sie nicht einfach ablegen. Die Tarasken erwartet kein anderes, kein bezugsfertiges Leben. Natürlich bietet ihr gegenwärtiges Raum für Verbesserungen. Bewässerung, Speicherung von Regenwasser, vorsorgliche Einlagerung von Getreide in guten Jahren, schmerzstillende Mittel und Geburtenkontrolle fallen einem sogleich ein. Wie aber sollen sie in den Besitz dieser nützlichen Dinge kommen, sich an sie gewöhnen, da doch Vorsorge, technische Unterweisung und Kapitalausstattung dafür unerlässliche Voraussetzungen sind? So etwas kann schwerlich – ob nun als Geschenkpaket oder Leihgabe – in ihre gewohnte Lebensweise »abgeworfen« werden, ohne ihr Gleichgewicht, ja vielleicht ihr stützendes Gerüst ins Wanken zu bringen und alles ins Chaos zu stürzen. Die Tarasken sind keine unmündigen Kinder. Kein Mensch ist eines anderen Mündel. Es ist einfach, einen Ansporn zu geben und ein Stück Käse hinzuwerfen, aber der Ameisenhügel lässt sich eben nicht von außen anbauen. Die

Produkte einer Kultur sind ihre eigenen Früchte; sie aufzupropfen, wie wir es tun und wie Berechnung oder Philanthropie es uns einflüstern, heißt den Pudding in die Suppe kippen, damit die Suppe weniger salzig werde. Das Resultat ist weder Pudding noch Suppe, sondern ein Durcheinander. In Evelyn Waughs Roman *Black Mischief* ließen die Zoukouyous der Azanischen Garde ihre zugeteilten Stiefel schmoren und aßen sie auf. Wenige Kulturen haben eine so gesunde Verdauung.

Elftes Kapitel

Guadalajara

In Guadalajara erwartete uns Anthony. Er trug einen grünen Leinenanzug und einen breitrandigen mexikanischen Hut.

»Ich hab ein Auto für euch besorgt«, sagte er.

Später, als wir in einem Studebaker durch lange, schöne Straßen rollten, sagte er: »Ich drücke mich seit Mittag an diesem Omnibusbahnhof rum.«

»Wann sind Sie denn angekommen?« sagte ich.

»Elf Uhr vormittags. Mit dieser Maschine von Mexiko-City.«

»Wie lange hast du gebraucht?« fragte E.

»Paar Stunden.«

»Tatsächlich«, sagte E.

»Hat es Ihnen gefallen?« fragte ich.

»Doch. Allerdings gab's kein Frühstück. Armselige kleine Kiste.«

»Ich meine, in Mexiko-City.«

»Oh, dort war's prima.«

Anthony ist ein Vetter zweiten Grades von E. und einer der bestaussehenden jungen Männer, die mir je vor Augen gekommen sind. Wir mögen ihn alle sehr gern.

Später sagte er: »Ihr habt mich ganz schön hinter euch herhetzen lassen. Ich müsste euch eigentlich böse sein. Ich hätte viel Zeit sparen können, wenn ich von Baltimore direkt hierher geflogen wäre.«

Er lächelte gewinnend. Anthony ist einer jener jungen Männer, dessen strahlendes Aussehen ihn mehr mit der Welt, die ihn so herzlich empfangt, aussöhnt als mit sich selbst.

Wir fuhren vor einem großen, schönen Palast aus dem 16. Jahrhundert vor. »Hotel Guzman«, sagte Anthony. »Keine Sorge, innen ist es ganz neu hergerichtet. Badezimmer, so was habt ihr noch nicht gesehen. Alles echter schwarzer Marmor.«

Wir sausten alle drei in einem kleinen, geschwinden Aufzug nach oben. Der Hoteldirektor riss eine Tür auf und komplimentierte uns in ein prachtvolles Appartement voll von Diwanbetten und Kleidern, die irgend jemandem gehörten.

»Das ist ja mein Zimmer«, sagte Anthony.

»Ja, Sir. Ich habe in Ihrer Abwesenheit Betten für die Damen hereinstellen lassen.«

»Na, hören Sie mal ...«

E. übernahm die Verhandlung. »Wir möchten nicht zu dritt ein einziges Zimmer bewohnen«, sagte sie sanft.

»Kein Zimmer für drei? Aber der Herr hat doch gesagt, er erwarte zwei Damen.«

»Ja, und da wären wir. Aber verstehen Sie, wir wollen nicht alle drei in einem einzigen Zimmer wohnen.«

»Das macht gar nichts, Señora. Das Zimmer ist ja groß. In der Karwoche, wenn viele Fremde kommen, würden wir in solch einem Zimmer eine ganze Familie von sieben oder neun Personen unterbringen. Und das Personal im Badezimmer.«

»Aber jetzt ist doch nicht die Karwoche.«

»Nein, Señora. In der Karwoche wäre in jedem Zimmer eine Familie samt Personal, jetzt sind es nur ein Herr und zwei Damen. Und in der Karwoche kostet es auch mehr.«

»Sehen Sie«, sagte ich, »wir haben komische Angewohnheiten, und wir möchten noch zwei weitere Zimmer oder wenigstens eines. Haben Sie so viele?«

»Ja, ja, viele Zimmer. Wir sind das neueste Hotel in Guadalajara.«

»Und – können wir sie sehen?«

»Sie sind ganz neu, Señora. Neuer als dieses Zimmer. So neu, dass wir noch dran arbeiten.«

Nachdem es noch eine Zeit lang so weitergegangen war, wurde

für Anthony ein Bett in ein Nebenkämmerchen gerückt, das zu unserem Zimmer gehörte. Das Kämmerchen hatte ein Fenster, das aber auf einen Flur ging. Aus unserem Zimmer sah man ins Freie, über rote Ziegelfirste und auf einen strahlenden Nachthimmel. Die Nacht war wärmer als in Morelia. Wir waren sehr hungrig.

Ein Notschrei von E. aus dem Badezimmer. »Meine Liebe, ich bringe das Wasser nicht zum Laufen. Versuch du es mal.«

Tatsächlich: Warmwasserhahn, Kaltwasserhahn, Wanne und Becken – aber kein Tropfen Wasser. An der Wand war ein Telefon. Ich nahm den Hörer ab.

»In unserem Badezimmer scheint kein Wasser zu laufen.«

»Natürlich nicht, Señora. Es ist noch nicht angeschlossen. Eins nach dem ändern. Vielleicht nächstes Jahr? Ja, gewiss nächstes Jahr. Wenn das Geschäft gut geht. Werden Sie uns weiterempfehlen?«

Da ich als erste fertig war, machte ich mich auf den Weg nach unten. Ich ging den Flur entlang, der nicht eben übermäßig gut beleuchtet war, sah, bremste und taumelte mit wackligen Knien einen Schritt zurück, sank an einer Wand zusammen und brüllte nach Anthony.

Er kam herbeigerannt. »Was ist denn los?«

»ES GIBT KEINE TREPPE.«

»Wozu brauchen Sie denn eine Treppe?«

»Ich wollte gerade nach unten.«

»Warum nicht den Aufzug nehmen?«

»O Gott, Anthony, fallen Sie doch einmal aus der Rolle. Und bitte keine Unterhaltung auf mexikanisch. Gehen Sie, sehen Sie sich das an … Nein, gehen Sie nicht! Geben Sie acht!«

Anthony ging ein paar Schritte weiter den Flur entlang. »Großer Gott!« sagte er. Der Flur endete im Leeren. Zwanzig Meter unter uns, in der Tiefe des Kraters, den eine kürzlich herausgerissene Marmortreppe hinterlassen hatte, standen unsichtbar in einem trüben Lichtkreis Rezeption, Ledersessel und Spucknäpfe der Hotelhalle. Dazwischen das blanke Nichts. Man hatte mit der Erneuerung in der obersten Etage angefangen. Anthony und ich holten E. aus dem Zimmer, und wir fuhren alle mit dem Lift nach unten.

Anthony war bereits mit einem Lokal vertraut, das den paradoxen Namen »Das Glas Milch« trug. Es war mit verchromter Bar, nagelneuen Wandmalereien in einem kubistischen Stil und Cafeteria-Mobiliar ausgestattet. In dieser gemütlichen Umgebung tranken wir zuerst Sherry, dann spanischen Rotwein, dann Kaffee und darauf weißen Rum. Dazwischen – es dauerte lange Zeit, bis es kam – aßen wir Mixed Grill, getoastete Tortillas, mit Käse und grünem Salat gefüllt, und einige Avocados. Das Lokal war sehr voll. Es gab Tische mit dünnen amerikanischen Damen in Baumwollkleidern und Tische mit beleibten amerikanischen Damen in gemusterten Kleidern und Tische um Tische mit älteren Männern vom einnehmenderen spanischen Gesichtstyp in herrlich geschnittenen Seidenanzügen.

Anthony sagte: »Ein paar Freunde von euch haben mich in Mexiko-City in einem fort angerufen. Sie wollten wissen, wohin ihr gefahren seid und ob sie eure Adresse haben könnten, und sie wollten, dass ich sie ausführte.«

»Wer war denn das?«

»Die Namen weiß ich nicht mehr. Ich war auch nicht sehr neugierig auf sie. Ich glaub, es sind Homos.«

»Aber, Anthony, wie altmodisch sich das anhört«, sagte E.

»Sie haben mich jedenfalls in so ein Lokal geführt, und wir haben dort Cocktails getrunken und ein großes, dickes Steak gegessen.«

»Sie haben nicht zufällig Rosenkranz und Güldenstem geheißen?«

»Mag sein«, sagte Anthony. »Ja, stimmt.« Dann sagte er, plötzlich misstrauisch. »Kann das sein?«

»Wer hat das Steak und die Cocktails bezahlt?«

»Nun, ich«, sagte Anthony.

Dann erzählten wir ihm von den Banditen.

Er sagte: »Stellt euch die Gesichter der armen Teufel vor, als sie euren ganzen Papierkram gesehen haben.«

»So kann man es natürlich auch sehen«, sagte E. »Wenigstens können sie sich mit meinen Kleidern trösten.«

Es war ein Uhr vorbei, als wir »Das Glas Milch« verließen, und die Straßen, wenn auch recht ruhig, hatten nichts von der bedrückenden, übertriebenen Stille wie in Morelia und Mexiko-City zu ähnlicher Stunde. Zum ersten Mal spürte man die Nacht, wie sie war: eine späte Sommernacht in einer Provinzstadt. Vielleicht war es Anthonys Gegenwart, vielleicht war es der Rum – Goya war sehr fern, und Lawrence hatte sich getäuscht. Wir machten einen langen Spaziergang.

Guadalajara ist eine Universitätsstadt; eine Station der South-Pacific Railway; die Hauptstadt von Jalisco, dem reichsten der ehemaligen Hacienda-Staaten; das Zentrum eines Agrargebiets, der Mittelpunkt der Ginerzeugung des Landes, das letzte Bollwerk der kreolischen Aristokratie und die zweitgrößte Stadt in Mexiko. Es wurde fast unmittelbar nach der Eroberung durch die Spanier gegründet und ist reich an prachtvollen, dekorativen Bauwerken jener Epoche aus rotem, mit Patina bedecktem *tezontle.* Die Stadt hat Würde und Assimilationskraft, scheint weder im Verfall begriffen noch angestrengt über Maß und Ziel hinauswachsen zu wollen und bis jetzt, abgesehen von solch kleinen Kratzern wie dem »Glas Milch«, der Bastardisierung von Mexiko-City entgangen zu sein.

Am nächsten Morgen weckte uns Anthony, der mit gesträubten Haaren und verstörtem Blick ins Zimmer stürzte.

»In meinem Zimmer ist ein Mann.«

»Ein Mann?« E. setzte sich auf »Anthony, ist aus dir eine viktorianische Lady geworden? Hast du etwa unter deinem Bett nachgeguckt?«

»Er sitzt auf meinem Fensterbrett.«

»Was will er denn?«

»Das versuch ich ja seit einer halben Stunde rauszubekommen«, sagte Anthony. »Er lächelt ganz grauenhaft, und jetzt hat er mich mit einem Instrument bedroht. Nein, ich geh nicht wieder hinein. Auf gar keinen Fall.«

E. und ich zogen unsere Morgenröcke an und drangen in das

Kämmerchen ein. Ein winziger Mann in einem Alpakaanzug beugte sich ins Zimmer. Er hielt eine schwarze Ledertasche hoch, und sein Lächeln war allerdings etwas starr. Als er uns sah, begann er wieder zu hoffen und ließ einen Redeschwall los.

»Dentista«, sagte er und schüttelte seine Tasche. *»Dentista,* verstehen Sie?«

»Ich muss sagen, nein«, sagte E.

»Bitte rufen Sie den Señorito zurück. Der Señorito hat Angst bekommen. Er hat nicht verstanden. Sagen Sie dem Señorito, ich bin der Zahnarzt. Und vielleicht sind Ihre Exzellenzen« – er machte seine Tasche auf – »auch Amerikaner?«

»Und wer«, fragte E., »hat Sie herbestellt?«

»Ich bin von selbst gekommen. Ich bin der amerikanische Zahnarzt.«

»Großer Gott«, sagte E. und ging aus dem Zimmer.

»Es ist alles klar, meine Lieben«, sagte ich, als ich wieder bei ihnen war, »jedes Mal, wenn Amerikaner in diesem Hotel ankommen, gibt ihm die Direktion Bescheid. Amerikaner verlangen immer einen amerikanischen Zahnarzt. Er ist der amerikanische Zahnarzt, der Zahnarzt für die Amerikaner.«

Unsere Konsulate nahmen sich der Sache an.

»Ich vermute, Sie sind versichert«, sagte der amerikanische Vizekonsul, ein freundlicher junger Mann in einem großen Büro in einer schönen Renaissancevilla.

»Bin ich nicht«, sagte E.

»Das ist aber zu dumm.«

»Sollen wir zur Polizei gehen?«

»Ich würde meine Zeit nicht damit vergeuden.«

»Verstehen Sie, es ist uns sehr daran gelegen, diese Papiere wiederzubekommen.«

»Wir sind gerne bereit, einen Anruf für Sie zu vermitteln, Mrs. A.«, sagte der Vizekonsul.

»Und wohin?«

»Das liegt bei Ihnen.«

Auf dem britischen Konsulat, das weniger prächtig untergebracht war, hieß es: »Leider kommen solche Dinge hier vor. Man nimmt an, dass das Buspersonal mit unter der Decke steckt. Ich würde allerdings an Ihrer Stelle nicht zu großen Lärm schlagen.«

»Polizei?«

»Kann nicht schaden.«

»Verstehen Sie mich, ich möchte wirklich diese Papiere zurückbekommen.«

»Nun, es bleibt ja noch der Diebesmarkt in Mexiko-City.«

»Der Diebesmarkt?«

»Ja, dort bieten Diebe auf begrenzte Zeit Sachen zum Kauf an, um den Eigentümern eine Chance zu geben. Das heißt, Dinge, die hauptsächlich persönlichen Wert haben und anderswo einen geringeren Preis erzielen würden.«

»Na, hören Sie mal«, sagte ich. »Sie wollen mir doch nicht zumuten, dass ich bis nach Mexiko-City zurückfahre, nur auf den Verdacht hin, meine Manuskripte und Fotografien vielleicht auf dem Diebesmarkt wiederzufinden?«

»Ich mute Ihnen gar nichts Derartiges zu. Die Entscheidung ist Ihre eigene Sache.«

E. und ich trafen uns sehr niedergeschlagen im »Glas Milch«, wo Anthony gerade bei Rühreiern, gegrilltem Schinken, heißen Waffeln und Avocados saß.

»Ihr habt ein Pech«, meinte er.

»Kurz und bündig wie immer, mein lieber Anthony«, sagte E.

»Wisst ihr, was ich tun würde? Wie wär's denn mit euren Freunden in Mexiko-City? Ich würde sie anrufen und bitten, sich nach euren Sachen umzusehen.«

»Ach, Unsinn, Anthony.«

»Lasst die das doch machen.«

»Nein, nein. Überhaupt, wie kämen sie denn dazu?«

»Sie scheinen sich lieb Kind bei euch machen zu wollen. Ich würde mir *ihretwegen* keine Gedanken machen. Ich werde sie gleich mal anrufen.«

»Und wie gedenkst du nach Mexiko-City zu telefonieren?«

»Vom Konsulat aus natürlich. *Und* auf Konsulatskosten.«

»Na schön«, sagte E. entzückt, »als amerikanischer Steuerzahler hab ich wohl Anspruch darauf, würde ich meinen.«

»Gleich jetzt«, sagte Anthony. »Und dann können wir heute abend aus diesem Kaff verschwinden und irgendwohin zum Schwimmen fahren.«

Und so wurden Günther von der Wildenau-Schlichtleben und Karl Heinz Horst von Rautenburg abermals auf unsere Spur gesetzt.

Wir verließen jedoch Guadalajara nicht so rasch, wie Anthony gehofft hatte. Der Anruf nach Mexiko-City kam an diesem Nachmittag nicht mehr zustande, auch nicht am folgenden Tag. Inzwischen war E. ebenso eifrig bei der Sache wie Anthony selbst und erging sich, sehr ärgerlich, in großen Worten über *unseren* diplomatischem Dienst. Dann stellte sich heraus, dass die Freiherren die Pension Herandez mit Krach verlassen hatten, und E. und Anthony bestanden darauf, dass der diplomatische Dienst ihre neue Adresse ausfindig mache. Sie verbrachten die meiste Zeit auf dem Konsulat und im »Glas Milch«, wo sie bei Bacardi-Cocktails Lagebesprechungen abhielten. Dann musste E. sich etwas zum Anziehen besorgen. In Guadalajara gibt es ein paar gute Geschäfte und ein Kaufhaus, das von einer französischen Familie geführt wird. Inzwischen schloss Anthony Freundschaften. Er lernte den amerikanischen Generalkonsul und dessen Frau kennen, ein reizendes und gastfreundliches Paar, und nicht lange, und er trank ihren Bourbon und fuhr ihre Autos. Ich begann unregelmäßige spanische Verben zu lernen.

tuve
tuvimos
tuviste
tuvisteis
tuvo
tuvieron

puedo
puedes
puede ...

Ich hätte von der Frau, die gegenüber dem »Glas Milch« auf dem Trottoir war, Geduld lernen sollen. Sie saß jeden Morgen dort und verschwand irgendwann in der Nacht. Sie bettelte nicht, sie hatte nichts zu verkaufen, und ihre Kleider waren anständig. Sie saß stets ganz ruhig da, und ihr Gesichtsausdruck verriet einem nichts. Es gibt viele solche Menschen auf den Straßen.

»Was denken die eigentlich, was sie da tun?« sagte Anthony.

»Sie denken nichts, sie tun nichts«, sagte E.

»Was?« sagte Anthony.

»Sie warten auf eine Offenbarung«, sagte ich.

»Auf eine apokryphe«, sagte E.

»Aha«, sagte Anthony, »Mystiker.«

Er hatte außerdem, beim Friseur und in Bars und ohne viel grammatikalische Kenntnisse, einige junge Leute aus Guadalajara, Mitglieder der *jeunesse dorée*, kennengelernt, die Söhne der Herren in den seidenen Anzügen aus dem »Glas Milch«. Sie nahmen ihn in den Französischen Club und zu einem Rodeo mit, brachten ihn dazu, sich an einer Abart von Gin-Rommé mit hohen Einsätzen zu beteiligen, und er trug auch seinen mexikanischen Hut nicht mehr.

E. und ich waren voller Neugier. »Worüber unterhaltet ihr euch denn? Und wie sind sie eigentlich?« fragten wir.

»Sie sind in Ordnung.«

Später sagte er: »Sie reden den ganzen Tag über Sex, kennen aber anscheinend überhaupt keine Mädchen.«

Eines Morgens sagte er: »Wir haben Krach gehabt. Ich hab euch doch von diesem Nachtklub erzählt. Es war an sich schon nicht viel dran. Und dann all diese Huren dort. Es war überhaupt nicht lustig. Wer will denn schon mit lauter Huren tanzen? Manche sind noch richtige Kinder. Was soll das denn? Darum hab ich zu Don Orazio und Don Joaquím gesagt, es wäre doch schön, wenn wir ein paar Mädchen zum Ausfuhren hätten, und habt ihr Knaben denn keine Schwestern, mit denen ihr einen bekannt machen könntet? Da sind die vielleicht böse geworden. Sie haben gesagt, ihre Schwestern sind im ›True Cross‹ in England und im ›Heiligen Herzen‹ in Sevilla, und mein Vorschlag wäre empörend, und ich wüsste es eben nicht besser. Sie seien überzeugt, meine Absichten wären nicht unehrenhaft, aber ich hätte begreifen müssen, dass ich als Protestant keine Partie wäre, und wo ich denn meine Erziehung bezogen hätte. Darauf hab ich zu Don Orazio und Don Joaquím gesagt, zunächst mal bin ich Episkopalianer, und sie sollen sich nicht so haben, und in Princeton laden alle die Schwestern der Kollegen zum Tanzen ein; und dann haben sie gesagt, sie würden eher sterben, und ich wäre sicher auch für die Scheidung und hätte nur Glück, dass ich ihr Gast sei. Und dann haben sie alle untereinander auf spanisch losgequasselt.«

»Sie Ärmster.«

»Ich hatte doch recht, oder? Was hättet ihr an meiner Stelle getan?«

»Niemals nach einem Familienmitglied fragen, das einem nicht aufgetischt wird«, sagte E.

»Wie ist es dann ausgegangen?« fragte ich.

»Nun, der Vater von Don Joaquím ist reingekommen. Und er hat gesagt, es wäre der beste Witz, den er seit Langem gehört hätte, und ich wäre eben ein Yankee, aber ein braver Junge, und sie haben sich alle beruhigt. Ich hab dann gesagt, Schwamm drüber, und wie wär's, wenn ich eine Runde ausgebe. Da sind sie wieder böse geworden und haben sich aufgeführt, als ob ich sie beleidigt hätte. Herrgott, war das ein Abend!«

»Sie Ärmster.«

Trotz alledem schienen ihn seine empfindlichen Freunde recht ins Herz geschlossen zu haben. Und als schließlich das Interesse an Rosenkranz und Güldenstern nachgelassen hatte, ein Brief an ihre mutmaßliche Adresse aufgegeben worden war und wir zur Abreise zum Chapalasee bereit waren, fuhren wir sogar in einem schönen Wagen los, der Anthony zu diesem Zweck überlassen worden war, und hielten ein Blatt mit der Adresse eines Onkels von Don Joaquím in Händen. Dieser Onkel war der Sohn eines früheren Gouverneurs des Staates, der nach allem, was man uns gesagt hatte, vor freudiger Erwartung, uns auf seiner Hazienda an einem der entlegeneren Ufer des Sees zu empfangen, ganz außer sich war.

Zweiter Teil

Don Otavio

The 'potamus can never reach
The mango on the mango tree …

Erstes Kapitel

San Pedro Tlayacán

Die breiten Flügelfenster des gewölbten, weiß getünchten Raumes öffneten sich auf eine sonnenbesprenkelte Loggia über einem Garten, weiß und rot von Kamelien-, Jasmin- und Oleanderblüten und Granatäpfeln, die sich von einer wohlgestalteten Fülle dichten, dunklen, wächsernen Blattwerks abhoben; und unterhalb des Gartens lag der See, zu dieser Stunde von mattem Silber. Am Ende einer Balustrade hob die extravagante Steinfigur des heiligen Petrus, mit Moos bewachsen, einen halb abgebrochenen Arm zu den Wassern. Eine andere Statue lag, von Ranken umschlungen, auf der Erde, wohin sie vor einem oder zwei Jahrzehnten gestürzt war, und aus einer Majolika-Urne wuchs eine karmesinrote Blume wie ein Banner empor. Am Ufer schwankten drei turmhohe, nach oben immer schlanker werdende Palmen leicht im Wind. Die Luft duftete süß nach Tuberosen und Limonen und tanzte wie ein pointillistisches Gemälde, belebt von gleißenden Stäubchen, Bienen und Faltern, Kolibris und Libellen. Überall Vögel: schlanke Vögel mit spitzem, scharlachrotem Schwanz, runde Vögel mit gelblicher Brust und korallenfarbenem Schnabel, glattfiedrige Vögel mit blauen, gleichsam eingeölten Flügeln; vorüberschießende Vögel und sanfte Vögel und andere Vögel, die über und über mit Federbüschen, -kielen und -schmuck besteckt waren; Vögel mit eng anliegendem Federkleid und Vögel, die ihr Gefieder wie eine Lully-Fanfare trugen, und gestreifte Vögel, fantastisch aufgeputzt wie Gondolieri des Cinquecento; Ibisse und Fischreiher, Tauben und Wachteln, weiße Reiher und Wildenten, Schwalben und Kardinale, auf dem Wasser, in den Bäumen, auf dem Rasen, tauchend und durch ein Dutzend offene Fenster hinein- und hinaus-, hinaus- und hineinfliegend. Ein weißer Kakadu schrie grässlich aus einem Busch, und der Hauspapagei antwortete ihm auf spanisch. Von der Küche her hörte man das Klimpern von Perlenschnurvorhängen; und unten, im Schatten eines Papayabaums, sah ich Anthony, auf eine Bambuschaiselongue hingestreckt, mit der Lektüre eines Buches von Somerset Maugham beschäftigt.

Das Zimmer hinter mir war ganz Raum und Ordnung und von jener luftigen und freien, harten, weißen Sauberkeit des Südens, die die Qualität substanzgewordener Helligkeit hat und das klare Element bildet, in dem Geist und Körper sich frei und leicht bewegen. Ein fast abstrakter Raum, der sich der Unordnung des Persönlichen verweigert – eine gewölbte Decke, gebaut von einem Indio, dessen Vater bei einem Spanier gelernt hatte, der wiederum sein Handwerk von einem Mauren gelernt hatte; Wände, die Wände, und Fenster, die Fenster waren; der Boden mit roten Fliesen belegt; zwei, drei Stücke mexikanisches Louis-Seize, wunderbar gewachst, ein Bett, in einem anderen Jahrhundert entworfen, doch in diesem gefertigt, ein Vorleger aus schamponiertem Angoraziegenfell und ein paar Lehnstühle, dauerhafte Landesprodukte aus Schweinsleder und Bambus.

Das Haus wurde im 18. Jahrhundert für eine Familie gebaut, die hier drei Monate im Jahr zu verbringen pflegte, und später ohne einen sichtbaren Stilbruch erweitert. Es ist eine zweistöckige Hazienda, in Aprikosenfarbe getüncht, mit Seitenflügeln, die viereckige Höfe umschließen, und einer langen Front zum See, nach Südwesten. Der Grundriss ist mexikanisch, die Statuen stammen aus Italien; der Garten gilt als englisch. Zeiten von Wohlstand und Pflege im Wechsel mit Zeiten, da das Haus leerstand und vernachlässigt wurde, haben alles angenehm temperiert.

Gleich werden wir baden. E. wird mich rufen, oder ich werde Anthony rufen; wir werden ans Ende des Gartens gehen und ohne einen Schauder in den See gleiten und mit einem einzigen schwungvollen Schlag aus der kühlenden Tiefe an die Oberfläche stoßen und im milden Wasser dahinplätschern. Der See ist riesig groß, ein Binnenmeer mit Buchten, die tief in drei verschiedene Provinzen hineinreichen, und vielen Flüssen, die ihm ständig frisches Wasser Zufuhren. Hundert Meilen zieht sich das windungsreiche Ufer, weder von Schienen noch von Beton entstellt, ostwärts auf Michoacán zu; und unserer kleinen Bucht gegenüber sieht man die Kammlinie grüner Hügel über einem anderen Gestade. Bäume tauchen ihre Zweige in das ruhige Uferwasser, steifbeinig trinkt ein Esel, und zwei Indianerinnen stehen bis zur Taille im See und waschen einander die Haare, während wir unter den Palmen auf grobkörnigem Sand und knisterndem, birkenweiß gebleichtem Unkraut liegen, Anthony flach hingestreckt wie ein Tier, das vom Laufen ermattet ist; E. und ich, ruheloser, ärgern einen selbstgefälligen Vogel mit kleinen Steinen.

»Die Fischer sind hereingekommen.« Ohne den Kopf von den Armen zu heben, hat Anthony das Boot gewittert. Nun wird die *comida* im Haus fertig sein; wir werden im dichten Schatten einer Pergola auf der Westseite essen, mit dem jähen, herzhaften, unbekümmerten Appetit, der sich in dieser Höhe so rasch einstellt: Reis, mit Gemüse gedünstet, Spiegeleier, *blanco*, eine Art kleiner, fetter Seezunge mit sehr festem Fleisch, in der kalten Seemitte gefangen, Avocados und Obst; aufgetragen von Laufburschen, zwei stämmigen Indianern, Andreas und Domingo, dunkelhäutig, eifrig, unermüdlich und eigensinnig wie ein paar junge Maultiere.

Der Haushalt und Anthony, der es hier einem Pflanzer unter seinen Vorfahren nachtut, werden den Nachmittag mit Schlafen hinbringen. Ich, durch diese friedvollen Tage eher belebt, kann unter vielen schattigen Plätzen wählen, um mein Buch zu lesen. E. wird auf der Loggia auf und ab schreiten und dabei ein Stückchen schwingen, die einzige aufrechte Gestalt während der Stunden der Ruhe, Ost-West, West-Ost, und Schritt um Schritt, Satz um Satz die Perioden der Exegese einer der komplizierten Persönlichkeiten aus dem Frankreich des 17. Jahrhunderts zusammenlugen.

All dies verdanken wir Anthony. Er hatte sich nicht lange daran freuen können, sein Auto zu fahren. Dreißig Meilen außerhalb von Guadalajara, bei Chapala, begann der See und war die Straße zu Ende. Er versuchte noch auf dem ausgefahrenen Karrenweg weiterzufahren, musste aber aufgeben. Ein paar Indios, die sich unter ihren Decken nicht regten, schauten wortlos herüber. Wir studierten die Adresse, die auf Anthonys Zettel stand.

»Ich kann es kaum aussprechen«, sagte E.

»Frag einfach, wo Don Otavio wohnt«, sagte Anthony.

Sie sagten: »Es wird ein Boot kommen.«

»Wirklich? Ein Boot. Aber wann?«

»In der nahen Zukunft.«

Ein Kind wurde ans Ufer geschickt, um Ausschau zu halten, Anthony starrte auf seinen Motor, ich auf meine Armbanduhr, E. blätterte Seite um Seite ihres Kriminalromans um. Die Indios saßen zufrieden da.

Aber das Boot erschien nicht.

Dann kam ein Maultierkarren des Weges. Die Indios hielten ihn an, brachten den alten Mann, der ihn lenkte, dazu, zu wenden, seine Ladung herunterzuwerfen und statt dessen unser Gepäck aufzuladen. Anthony und mir wurde auf einen Koffer geholfen, und auf dem Brett, auf dem der Fahrer saß, wurde für E. Platz gemacht. Irgendjemand steckte dem Maultier eine Blume an den Hut. E. hütete noch immer den Cadillac und ließ ihr Buch nicht aus der Hand. »Frag erst, wie weit es ist«, sagte sie.

»Es un poquito retirado.«

»Sie sagen, es liegt ein bisschen entfernt.«

Dann ging es plötzlich los. Die Indios trieben den Fuhrmann und die Maultiere an und riefen: *»Tlayacán! que les vaya bien!«* E. beugte sich von ihrem Brett herab und sagte freundlich: »Buäinas di-as, mutschas grazias, *viva Mexico.*« Das Maultier stellte sich eine Sekunde lang, als wolle es in Trab verfallen, und alles begann auf die konzentrierteste Weise zu wackeln, zu schwanken und zu klappern.

Der Weg bestand aus zwei nicht immer parallelen Furchen von

wechselnder Tiefe und Spurbreite, steinhart verkrustet, mit Steinen übersät, von Löchern aufgerissen und von Querrinnen durchzogen. Der Karren hatte solide Holzräder und keine Federn.

Zuerst kamen wir an einigen Stuckvillen vorbei, die hinter hohen Mauern verfielen. Sechzig Jahre zuvor, während der Blütezeit der Diktatur, war Chapala ein modischer Kurort gewesen. Der Fuhrmann zeigte auf ein Haus. *»La casa de la hija de Don Porfirio Díaz.«*

»Schau«, sagten wir, »diese Villa gehört Díaz' Tochter.«

»Ich werde mich nicht durch historisches Interesse ablenken lassen«, sagte E. Das Brett, auf dem sie sich zu halten mühte, war sowohl schmal als auch wackelig.

»Doña Carmen kommt im Winter hierher«, sagte der Fuhrmann, »aber der *ferrocarril* den ihr Vater für sie hat bauen lassen, ist kaputt.«

»Eine Eisenbahn?« sagte E. »Eine Eisenbahn, wo denn?«

»Von Guadalajara.«

»Und wo ist sie jetzt?«

»Kaputt. Jetzt haben wir die Straße.«

»Welche Straße?«

»Die Straße von Guadalajara.«

»Aber sie führt ja nicht weiter.«

»Doch, nach Guadalajara.«

»Wovon spricht er eigentlich?«

»Die Señora möchte wissen, ob es eine Straße oder eine Eisenbahn von Chapala aus gab.«

»Ja, Don Porfirios Eisenbahn. Jetzt die Straße.«

»Wir meinten, um den See.«

»Um den See fahrt man mit dem Boot.«

»Den Teufel tut man«, sagte Anthony.

»Wie sind Don Porfirio und Doña Carmen gefahren?« fragte ich.

»Don Porfirio und Doña Carmen und die Exzellenzen sind nicht über Chapala hinaus gefahren.«

»Sehr vernünftig von ihnen«, sagte E.

Bald waren wir auf freiem Land. Zu unserer Linken lag der See, nahezu farblos unter der noch immer im Zenit stehenden Sonne; zu unserer Rechten, hinter Feldern, die den Weg säumten, eine Reihe buckliger Hügel, bedeckt mit üppigem grünem Strauchwerk. Nichts Gutes verheißende Schwärme schwarzer Aaskrähen schwebten wachsam am Himmel. Der Weg, konservativ im Rhythmus seiner Launen, änderte sich nicht: kleines Loch, großes Loch, Feldstein, Rinne; kleines Loch, großes Loch, Feldstein, tiefer Graben. Abwechselnd gingen wir zu Fuß, fuhren wir, schoben wir, stützten wir das Gepäck, machten wir die Wagengabel fest, hoben wir E.s Buch auf und halfen dem Maultier. Wir saßen entmutigt neben den tiefen Gräben. Nach einiger Zeit erschienen Schweine und kleine Esel, dann ein Bananenhain, und plötzlich erreichten wir ein subtropisches Dorf. Aus Laubhütten lugten Frauen mit Kindern an den Brüsten.

»Anthony, haust hier dein Bekannter?« fragte E.

»Wie heißt dieses Dorf?« fragte ich.

»Hier wohnt der *gringocito d'Inglaterra,* sagte der alte Mann.

»Was ist das?«

»Ein lieber kleiner, dreckiger Amerikaner aus England«, sagte ich.

»Nach der Karte muss es San Antonio Soundso sein«, sagte Anthony.

»Nach der Karte!« sagte E. »Kommt mir nicht *damit.«*

»Was ist mit dem Amerikaner?« sagte Anthony. *»Dónde? Dónde?«*

»Kein Amerikaner«, sagte ich. »Sie müssen sich ihn etwa so denken wie *un cher petit boche d'Autriche.«*

»Oh«, sagte E., »ein netter junger Engländer.«

»Besuchen wir ihn doch«, sagte Anthony.

»Was für eine grässliche Idee«, sagte ich.

»Mein lieber Anthony«, sagte E., »du musst noch viel lernen. Wenn diese hypothetische Persönlichkeit, zweifelsohne aus irgendeinem guten Grund, sich entschließt, in einem solchen Ort zu leben, dann gewiss nicht, um von unsresgleichen besucht zu werden.«

»Vielleicht ist er einsam«, sagte Anthony.

»Engländer in subtropischen Dörfern sind das nie.«

Nach einer weiteren Stunde kamen wir in ein anderes, viel größeres Dorf mit ordentlichen Lehmhäusern und einem Marktplatz. Auf dreihundert Meter waren die Schlaglöcher angenehm durch Kopfsteinpflaster ersetzt.

»Und was ist das für ein Dorf?«

»Ajijíc«, sagte der Fuhrmann.

»Ich sag's ja«, sagte E.

Dann kehrte der Weg mit Energie zu seiner vorigen Beschaffenheit zurück. Die Landschaft wurde wilder, von Westen her trafen die Strahlen der Sonne auf den See, und das Wasser glänzte in milchigen Regenbogenfarben. Vögel tauchten auf Und weiter schleppte sich unser Gefährt, wackelnd und rumpelnd, ohne dass ein Ende abzusehen gewesen wäre. Dann kam ein Zug Maultiere in Sicht, ging in einen Galopp über, raste uns in einer Staubwolke entgegen, wurde gezügelt und kam zitternd zum Stehen. Ein Mann sprang aus dem Sattel. Er verbeugte sich vor E. und überreichte ihr einen großen fliederfarbenen Umschlag.

Auf einem wappenverziertem Bogen, über einer Unterschrift, die aus einem dreiteiligen Namen bestand, lasen wir:

Villa El Dorado
San Pedro Tlayacán

Verehrte Damen,
Euer Hochwohlgeboren,
Ihr ergebener Diener, zu seiner tiefsten Bestürzung in Kenntnis gesetzt von Ihrer unzumutbaren Anreise zu seinem schlichten Heim, nachdem die schändlichen Schelme zufolge halsstarriger Lässigkeit das unzureichende Boot zu seinem ewigen Bedauern ohne Ihre unvergleichlich huldvolle Gegenwart zurückgebracht haben, sendet Ihnen drei unwürdige Maultiere, ein geringes Schutzdach und bescheidene Wegzehrung, Ihnen die entwürdigende Reise zu erleichtern, die gütigst vergeben zu wollen Sie anfleht

Q. B. S. P.
Otavio de … y … y …

»Dein Bekannter scheint ein sehr höflicher Mann zu sein«, sagte E.

Die Maultiere, schöne, gepflegte Tiere, wurden nach Art einer Troika vor unsere Equipage gespannt; das dritte sollte Anthony als Reittier dienen. Das Schutzdach waren zwei Sonnenschirme, und die Wegzehrung ein großer edwardianischer Teekorb, dem es an nichts mangelte. Er wurde auf die Erde gestellt.

Unsere neuen Betreuer zogen sich in einige Entfernung zurück und setzten sich erwartungsvoll nieder. E. und Anthony waren mit dem Mechanismus eines präplastischen Zeitalters ebenso wenig vertraut wie Don Otavios Gefolgsleute; so setzte ich mich denn an den Wegrand, zündete den Spirituskocher an und machte mich daran, Tee zu bereiten. Die Teebüchse war frisch gefüllt; es gab dünne Butterbrotscheiben, Gurkensandwichs, Ingwerplätzchen und Kekse. Der Korb enthielt auch ein Glas Anchovispaste. So setzten wir unsere Reise erfrischt fort. Dank dem verstärkten Gespann kamen wir die letzten Stunden viel rascher voran, was für E. und mich qualvoller war, denn die Sonnenschirme trugen noch mehr zu unserer Unsicherheit bei, und zu Fuß zu gehen wäre nunmehr allzu würdelos und undenkbar gewesen. So atmeten wir erleichtert auf, als wir bei Sonnenuntergang mit einem letzten, martervollen Kurzgalopp unversehens in die Einfahrt der Villa El Dorado einbogen.

Ein noch jugendlicher Mann stand auf der Terrasse eines ungemein hässlichen Hauses. Er lief herbei, um uns zu begrüßen. Er trug weiße Flanellhosen und ein reizendes Hemd

mit Seepferdchenmuster. Eine Traube frommer Medaillen klirrte leise in seinem offenen Kragenausschnitt. Hände und Gesichtshaut waren weiß wie Eselsmilch; sein Gesicht, ein langes Oval mit leicht gemilderten Konturen, gekrönt von einem Schopf silbernen Haars, war klassisch: eines jener schönen Antlitze aus alten Familien, wie Goyas kleine Höflinge sie haben, in denen Scharfsinn, Stolz und Willenskraft älterer Formung zu einer gewissen Einfalt und Glätte reduziert sind; ein unbewegliches Gesicht, schmal, steif und traurig. Er erwies sich als einer der liebenswürdigsten Männer, denen ich je begegnet bin.

»Guten Tag«, sagte er, »guten Tag. Ich bin Otavio XXX. Ich freue mich so sehr, dass Sie doch noch hergefunden haben. Seit dreißig Jahren ist niemand auf der Straße von Chapala hierhergekommen. Sie müssen sehr müde sein. Dieser schreckliche Karren, der reinste Müllwagen.« Hier folgte ein Schwall von Befehlen auf spanisch. »Es tut mir wirklich leid, dass das Boot zu spät gekommen ist.« Er küsste E. die Hand und gab Anthony zwei leichte Klapse auf jede Schulter, die Andeutung einer Umarmung. »Don Antonio! Joaquím und Orazio waren vom letzten Samstag bis Montag hier, sie sprechen von Ihnen wie von einem Bruder.«

Wir dankten ihm für den Tee und die Maultiere, die er uns geschickt hatte.

»Das Körbchen war Ihnen von Nutzen? Ich bin so glücklich. Es hat meiner Mutter gehört.« Er gab sich einfach, und einfach war schließlich auch sein Englisch. »Jetzt müssen Sie etwas trinken. Oder würden Sie gerne zuerst auf Ihre Zimmer gehen? Nein, nicht hier. Drüben auf der Hazienda. Das ist hinter diesen Bäumen.« Er gab wieder Anweisungen. »Hier wohne ich jetzt. Das Haus ist die Nachbildung einer Villa in Monte Carlo, in der meine Mutter ihre Mädchenzeit verbracht hat. Mein Vater ließ es als Hochzeitsgeschenk für sie bauen. Sie hat es mir vererbt. Die Hazienda gehört hauptsächlich meinen Brüdern. Ich kümmere mich für sie darum. Sie wohnen nicht hier. Seit den Revolutionen wohnt niemand mehr auf der Hazienda, aber mein Bruder Enriquez und seine Frau kommen immer übers Wochenende heraus. Würden Sie sie gern jetzt anschauen, ehe es dunkel wird? Wir haben leider kein elektrisches Licht. Wir hatten unser eigenes Kraftwerk, als ich noch ein Junge war, und einen Italiener, der es bediente. Er ist von Villas Banditen versehentlich erschossen worden.

Ja, das sind Limonenbäume. Mein Urgroßvater hat sie gepflanzt. Er hatte sie aus England kommen lassen. Jetzt, da uns unser Grundbesitz genommen ist, wollen meine Brüder und ich ein Hotel auf der Hazienda einrichten. Meinen Sie nicht, das ist eine gute Idee? Wir hoffen, wir bekommen ein paar sympathische Reisende aus dem Ausland zu Gast. Das ist ein *guanábano.* Die

Früchte sind sehr gut. Sie werden sie zu Weihnachten genießen können.

Natürlich, Sie müssen. Sie müssen sehr lange bleiben. Und das ist die Hazienda San Pedro. Ich hoffe so sehr, dass sie Ihnen gefallt.«

Und so sahen wir, im Zwielicht, die aprikosenfarbene Fassade, die offene Loggia, den Garten und den See, die gestürzte und die aufrecht stehende Statue.

»Aber sie ist entzückend«, sagten wir. »Entzückend, entzückend.«

»Sie gehört Ihnen«, sagte Don Otavio.

Zweites Kapitel

Ein gutgeführtes Haus

Par ici! vous qui voulez manger
Le Lotus parfume! c'est ici qu'on vendange
Les fruits miraculeux dont votre cœur a faim;
Venez vous enivrer de la douceur étrange
De cette après-midi qui n'a jamais de fin.

Wir leben nicht in einem Zeitalter des Luxus, auch nicht in einem des häuslichen Komforts. Ordnung und genügend Raum, die unerlässlichen Voraussetzungen täglicher Freiheit, sind selten und teuer, verlangen exorbitante Anstrengungen, exorbitant viel Geld. Ohne genügend Raum ist Ordnung schwer zu bewahren; und große Räume sind schwer warm und gepflegt zu halten. Niemals zuvor ist die Hausarbeit von so vielen und so schlecht besorgt worden. Widerwillig hasten Amateure und Halbprofessionals mit surrenden Staubsaugern hin und her, doch ohne die ewige Auferstehung des tadellosen Schlafzimmers, des wohlgedeckten Esstischs und der aufgeräumten Küche aus dem stündlichen Schutt der Existenz zuwege zu bringen. Die Männer kommen in ein Heim ohne Ruhe, die Frauen zu keiner Entspannung, und über die unbeschwerte Gastlichkeit fallt der Schatten dessen, was hinterher droht.

Menschen aus romanischen Ländern scheinen diese Mühseligkeiten nicht zu kennen. Die Frauen und Mütter fuhren ein untadeliges Haus und kochen nebenher noch ihre Marmelade ein, ohne den Eindruck zu erwecken, dass sie am letzten und aussichtslosen Gefecht der Nachhut teilnehmen; Frauen aus den bürgerlichen Schichten der angelsächsischen Länder besitzen jedoch selten die klösterliche Einstellung und die Willenskraft, die einem ordentlichen Haushalt forderlich ist. Ihre Schubladen quellen von einzelnen Strümpfen und ihre Spülsteine von Teeblättern über; sie haben das Gefühl, ihre Zeit zu vergeuden, was ja auch zutrifft, und strecken entweder vor dem Chaos die Waffen oder rackern sich weiter ab, Morgen um Morgen, bis ihnen die ganze Welt vorkommt wie ihr eigenes Heim, das ihnen über den Kopf wächst, und ihr einziges *memento vivere* das fettige Geschirr, die Krümel und die Aschenreste sind, dort, wo man noch so kurz zuvor so angenehm beisammensaß, und ihre Familien werden vom eigenen Haus in eine Mietwohnung und von der Wohnung in die Enge eines Hotelzimmers getrieben.

Don Otavio de XyXyXy ist seit dreißig Jahren ein ruinierter Mann. Er hat siebzehn Hausangestellte, die sich um ihn kümmern. Mexiko ist ein Land eigener Art und lebt in seinem eigenen Zeitalter beziehungsweise einem Kompositum von Zeitaltern, und das ist, was es auch sein mag, jedenfalls nicht die Nachkriegszeit in England; und in Mexiko ist wiederum San Pedro Tlayacán hinter der Zeit zurück. Alle schmutzige Arbeit wird von vielen für wenige getan. Und zwar von so vielen für so wenige, dass die Arbeit wohl auch gar nicht mehr so schmutzig sein kann. Einer sitzt auf einem Schemel im Schatten und fächelt ein Holzkohlenfeuer mit einem bemalten Fächer an; ein anderer spaziert durch den Garten und trägt Don Otavios Konfektdose in der Hand; im Küchengarten sitzen vier Leute mit Gemüse im Schoß und halten ein Schwätzchen, ein Kind streift umher, um in den Nestern nach einem Ei zu suchen, wieder ein anderer fahrt mit einem Strohwisch über die Patiofliesen und fegt ein paar Geranienblätter auf – und so wird hier auch der Zauber der Geruhsamkeit den vielen zuteil.

Don Otavio kümmert sich den ganzen Tag um das Haus. Er erscheint auf der Terrasse der Villa und klatscht in die Hände.

Ninos, die Papayas müssen gepflückt werden. *Nino,* im Wasserbehälter sind wieder Rosen. Ist das Boot fort, um die Butter zu holen? Hat Jesús sich mit seiner Frau wieder ausgesöhnt? Hat Carinelita etwas gegen den Zauber auf den Tomaten tun können? Möchte sie den Priester zuziehen? Dem weißen Truthahn geht es nicht gut: *Nina,* die Kognakflasche und einen Teelöffel. Ist die Köchin heute wieder bei Sinnen? *Ninas,* dort sitzt dieser Ibis auf der Wäsche. Er möchte die eingekochte Marmelade sehen; er braucht eine größere Vase; die Lampe in der Halle raucht; er hätte gerne seine Geldbörse; und bitte ein bisschen Zimt in seine Schokolade. Was, das Bienenwachs ausgegangen? Im Billardtisch ist wieder ein Loch; sein Bruder kommt morgen aus der Stadt, vielleicht sollte man ein Spanferkel braten. Er wird sein Abendessen auf der östlichen Terrasse einnehmen, im Mondschein. Nein, es ist zu kühl; sie möchten ihm einen Schal bringen. Das Abendessen soll im hinteren Wohnzimmer serviert werden. Vier Gedecke. Nein, vielleicht neun.

Alles hüpft eilfertig umher und spitzt die Ohren. Endlose Gespräche, hin und her, über alles und jedes. Und währenddessen geht der Haushalt seinen Gang – angetrieben und wieder langsamer werdend, angespornt und aufgehalten durch regelmäßige und durch ungewöhnliche Anfalle von Trunksucht, durch Temperamentsausbrüche, Heimsuchungen und Fiestas –, wie ein Esel durch seinen Arbeitstag trottet. In der Frühe Obst und Kaffee, in den Bäumen der Lärm der Vögel, das Wasser, das vom See heraufgepumpt wird, die *tortillas* der Dienstboten und die *frijoles* der Dienstboten, Beefsteak und Schokolade in der Villa, Tee und Eier auf der Hazienda, die Patios mit Wasser besprengt und die weiße Wäsche auf dem Rasen ausgebreitet, das Maultier mit Vorräten aus Jocotepec zurück, das lange Mittagsmahl und die noch längere Nachmittagsruhe, Zitronenlimonade und geeister Tee, die Netze, die vor Sonnenuntergang auf dem See ausgeworfen werden, das Federwild, das in die Binsen einfällt, die Lampen, die hereingebracht werden, und Tabletts mit Manzanilla und gebratenen *charales,* Don Otavios Kartentisch, der aufgestellt wird, die *tortillas* der Dienstboten, die *frijoles* der Dienstboten und jemand, der ein Lied singt, Abendessen um zehn, und die Jalousien, die zur Nacht herabgelassen werden.

Man tut alles für uns. *Aqui nada nos falta.* Wir sind heilige Tiere – Gäste im Haus eines mexikanischen Gentleman oder vielmehr an den Toren eines mexikanischen Gentleman, denn Don Otavio bewohnt El Dorado, und man könnte sagen, wir können auf der Hazienda schalten und walten, wenn man von diesem halkyonisch schönen Leben mit einem so herzhaften Ausdruck sprechen dürfte. Don Otavio kann nicht ahnen, wie glücklich er uns gemacht hat, sonst wäre er nicht so sehr bemüht, unser Wohlbehagen noch zu vermehren: Boten erscheinen aus der Villa, gesattelte Pferde und Kanus anzubieten; mit einer Kamelie – diesen Morgen aufgeblüht; mit Parfüm aus gewürzten Rosenblättern – »meine Tante in Guanajuato macht es selbst«; mit einer Schüssel Schweinefleisch in Graupen – das ist die Spezialität des Festtags dieser betreffenden Heiligen: »Sie werden es vielleicht nicht ganz ungenießbar finden«; mit besorgten Erkundigungen: ob wir überhaupt geschlafen hätten, ob zum Frühstück etwas Essbares da gewesen sei, ob wir einigermaßen gut aufgelegt seien. Dann, nach der Messe und der Morgentoilette, kommt Don Otavio selbst zu einer kleinen Unterhaltung herübergeschlendert. Er wählt stets den rechten Augenblick. Er gleitet auf eine Chaiselongue neben einem nieder.

»Ja, ja, die Kaiserin Carlota, die Arme. Der Lieblingsonkel meiner Mutter war einer ihrer Adjutanten. Er ist in Querétaro umgekommen.«

»Nein, die Familie meines Vaters war damals juaristisch. Der arme Don Masimiliano.«

Dann, wieder im rechten Augenblick, oder vielmehr ein bisschen früher, erhebt sich Don Otavio – *»con supermiso?«* – und zieht sich ebenso plötzlich wie elegant zurück.

Wir essen gemeinsam zu Mittag und zu Abend, und wenn es dunkel wird, spielen Don Otavio und ich vier Partien Pikett im Wohnzimmer von El Dorado, einem sehr geräumigen, zugleich leeren und vollgestopften Raum, dessen Mobiliar außer geradlehnigen Stühlen und Fußschemeln aus lauter veritablen viktorianischen Sideboards besteht und in dem allein das Kruzifix Industrieprodukt und modern ist. Wir spielen fünf Centavos pro Punkt und schreiben den Stand auf eine kleine Tafel. Bislang stehe ich gottlob ein bisschen besser. Anthony hat mir ans Herz gelegt, darauf zu achten, dass es so bleibt.

»Verlieren Sie bloß nicht, sonst gibt's wieder so ein schreckliches Theater«, sagte er. »Ich kenne mich aus. Sie haben ja nicht erlebt, was ich in Guadalajara mitgemacht hab. Ehrensache, verstehen Sie?«

Es scheint, Don Otavio kann von einer Dame, die bei ihm zu Gast ist, kein Geld annehmen, aber er darf auch keine Spielschulden ignorieren.

»Sehen Sie zu, dass Sie ein bisschen schwindeln«, sagte Anthony.

»Wissen Sie, ich glaube, dass Don Otavio das tut. Ich trau mich nicht hinzusehen.«

Die siebzehn Dienstboten schlafen in einem eigenen Haus: das heißt, diejenigen, die nicht in der Villa, und die zwei oder drei, die offensichtlich lieber auf Türschwellen schlafen, Marschall Bazaines unhandliche Flinten von Anno 1860 zur Seite, und so sind wir des Nachts auf der Hazienda in unserer Zimmerflucht allein. Anthony fühlt sich in dem großen Raum sehr wohl, der früher als Schlafzimmer für Don Otavios Vater, den Gouverneur, gedient hatte – einen Mann, wie wir aus allem schließen, der seinen großen Ehrgeiz zu befriedigen verstand, sich Porfirio Díaz unentbehrlich machte, durch seine politische Betätigung ein riesiges Vermögen zusammenraffte und ein zweites durch die Heirat mit Don Otavios Mutter erwarb, die neben zehntausend Morgen Grundbesitz in Jalisco und einem Rattenschwanz von Titeln den größeren Teil der Provinz Colima mit in die Ehe brachte. Er starb gerade zur rechten Zeit, zwei Monate vor dem Ausbruch der Revolution. Don Otavio hat uns zu verstehen gegeben, dass er selbst mehr seiner Mutter nachgeraten sei.

»Mein Vater war eine schwierige Natur.«

»Haben Sie ihn denn damals oft zu sehen bekommen? Sie müssen doch noch ein ganz kleiner Junge gewesen sein, Don Otavio?«

»Wir haben ihn immer begleitet.« Von der Hazienda zum Gouverneurspalast in Guadalajara, in die Hauptstadt, nach Chapultepec zu einer nachmittäglichen Kabinettssitzung, das Pazifikgebirge hinab zu den Gütern in Colima, auf Inspektionsreisen in die Südprovinzen, über die Sierra Madre in die Bergwerkstädte von Durango, nach Vera Cruz, im Gefolge von Díaz nach Paris, zur Karwoche nach Sevilla, nach Bad Homburg, nach Karlsbad und Monte Carlo, mit dem Dampfer, im privaten Eisenbahnwagen, zu Pferde, auf dem Maultier, mit dem Daimler waren Familie und Haushalt gefolgt. Don Otavios Mutter, Don Otavios unverheiratete Tante, seine drei Brüder, ein Vetter, der als seines Vaters Privatsekretär fungierte, der Leibwächter, der englische Hauslehrer seiner Brüder, der Beichtvater seiner Mutter, den sein Vater, um das antiklerikale Gesicht des Regimes zu wahren, als Bibliothekar ausgab, Don Otavios Erzieherin und zwanzig Bedienstete.

»Doña Maria Carmen, eine so liebenswerte Frau, Sie hätten Sie angebetet.«

»Sie können sich aber wohl nicht mehr an Díaz' Frau erinnern?«

»Sie war die liebste Freundin meiner Mutter und meiner Tante und Patin meines zweiten Bruders.«

»Díaz ist 1915 gestorben, nicht? Er muss an die Achtzig gewesen sein.«

»Er war vierundachtzig. Doña Maria Carmen ist zwanzig Jahre später aus Paris zurückgekommen. Sie war um vieles jünger. Sie durfte in ihrem Haus in der Hauptstadt wohnen. Ich habe sie und meine Tante immer zur Messe begleitet, wenn ich dort war. Sie ist erst vorletzten Winter gestorben. Eine so liebenswerte Frau.«

»Don Otavio«, sagte E., »Sie müssen große Veränderungen miterlebt haben. Wie jemand, der im Frankreich von 1770 geboren wurde.«

»Wir waren ruiniert, als ich ein Junge war, und wir hatten große Schwierigkeiten. Als es in Guadalajara zum Aufstand kam – mein Vater war gerade gestorben –, mussten wir die Fenster verrammeln.

Der Lehrer meiner Brüder hat die britische Flagge hinausgehängt, und so sind sie an unserer Tür vorbeigezogen. So viele unserer Freunde wurden an jenem Tag in ihren Häusern ermordet.«

»Und wie sehen Sie das alles jetzt?«

»Vielleicht bekommen wir noch eine Entschädigung für unseren Grundbesitz. Manchen Leuten ist es geglückt. Meine Brüder bemühen sich darum.«

»Wie denken Sie über die derzeitige Regierung?«

»Meine Brüder sagen, der Präsident sei ein sehr vernünftiger Mann.«

»Don Otavio, ich wollte Sie schon immer fragen, wo haben Sie eigentlich Ihr Englisch gelernt?«

»Nun ja, ich konnte nicht nach Downside ins Internat gehen wie meine Brüder, und Mr. Beasely hat uns bald nach dem Ausbruch der Revolution verlassen, und somit war nur die spanische Erzieherin da. Aber meine Mutter hat darauf geachtet, dass ich in Übung blieb. Sie hat immer einen Teil des Tages englisch mit mir gesprochen.«

»E. meint Ihr geschriebenes Englisch, Otavio«, sagte Anthony.

»Ich kann es nicht schreiben. Es war niemand da, der es mir beigebracht hätte.«

»Aber Sie haben uns doch einen Brief geschickt.«

»Ach, den. Das war ein *lettre de politesse.«*

»Das kann man wohl sagen. Aber wer hat ihn geschrieben?«

»Nun, ich selber, sozusagen. Wissen Sie, meine Erzieherin sprach nur Kastilianisch und Französisch, aber sie war der Ansicht, ich sollte imstande sein, gesellschaftliche Korrespondenz auf englisch zu fuhren. Für Beileidsbriefe und Einladungen und dergleichen. Sie hat mir ein Dutzend Vorlagen auf spanisch geschrieben, die ich ins Englische übersetzen musste, wobei ich ein Wörterbuch für die Orthografie benutzt habe. Die hab ich aufbewahrt.«

»Hat Ihre Erzieherin denn unser Eintreffen auf einem Maultierkarren voraussehen können?«

»Es sind Leute mit dem Boot gekommen, die lesen konnten.

Ich schreibe die Vorlagen nicht ab, ich sehe sie mir nur wegen des Tones an. Es ist nicht schwer. Schließlich sind ja formelle Briefe in allen Sprachen weitgehend gleich.«

»Ich habe nie einen zu sehen bekommen«, sagte Anthony.

»Wenn wir das Hotel einrichten, werde ich Geschäftsbriefe schreiben müssen.«

»Anthony wird Ihnen helfen. Er wird Ihnen ein paar Vorlagen schreiben. Sie werden sich freilich von denen Ihrer Erzieherin ziemlich unterscheiden.«

»Danke sehr. Das ist sehr freundlich. Ja, ich denke wohl, ihre sind nicht ganz geeignet. Sie sind mehr für unseresgleichen gedacht.«

»Don Otavio, haben Sie viele moderne englische Romane gelesen?«

»Unsere Mutter hat uns den *David Copperfield* vorgelesen.«

»Und seither?«

»Ich lese nicht sehr oft. Meine Schwägerin in Guadalajara hat die *Forsyte Saga.* Die hab ich angefangen. *Con su permiso?«* Don Otavio erhob sich und entschwand.

»Wie würde sich Otavio wohl in den USA durchschlagen?« sagte Anthony.

»Don Otavio hat so viele Veränderungen erlebt, dass er sie gar nicht bemerkt hat«, sagte E. »Das ist der Unterschied zwischen erlebter und geschriebener Geschichte.«

Drittes Kapitel

Tee bei Mr. Middleton

Der Chapalasee hat Gezeiten und ist jähen und beunruhigenden Böen ausgesetzt, aber am späten Nachmittag ist er glatt wie Gelatine und mit unerwarteten Farbspiegelungen gesprenkelt, Rubinrot und Amethystblau, Karneol und Reseda. Ich rudere E. nach Jocotepec. Wir hatten Don Otavio nichts gesagt, aus Furcht, er würde uns hilfreiche Begleitung mitgeben wollen. Anthony war träge wie ein Faultier geworden und weigerte sich, seine Chaiselongue auf der westlichen Loggia des Gouverneurs zu verlassen.

»Weshalb wollt ihr euch denn ein Indiodorf ansehen?« fragte er.

»Ich habe das starke Bedürfnis, mir selbst mal Briefmarken und Zündhölzer zu kaufen«, sagte E.

»Wenn man sie hier ohne jede Mühe bekommt?«

»Das ist vielleicht der Grund.«

»Na, dann viel Spaß. Ihr könntet mir ein paar Zigarren mitbringen, wenn es welche gibt. Ich kann ja nicht immer die von Otavio rauchen.«

An der Anlegestelle in Jocotepec stand eine aufrechte Gestalt im Tweedanzug, einen Pflanzerhut auf dem Kopf und ein Fernrohr in der Hand. »Freut mich, Sie zu sehen«, sagte der Mann. »Kommen Sie, schauen Sie sich meinen Garten an«, und schon marschierte er vor uns her.

Am Seeufer stand ein Bungalow mit Veranda, und vor der Veranda lag ein Garten, ein englischer Garten, frisch und maßvoll, eine Rasenfläche und ein Lilienteich, Wicken und Narzissen, Lavendel, Primeln und Lobelien, alles blühte fein zierlich nebeneinander, ohne Rücksicht auf die Jahreszeit.

»Das Schlimmste in dieser Gegend sind die Bienen«, sagte unser Gastgeber; »kreuzen alles miteinander. Und natürlich das Klima. Wenn man nicht aufpasst, wächst einem der Rittersporn drei Meter hoch.« Er klatschte in die Hände. Ein Indio erschien. »*Mozo, te.* Und *llamar* Missis.«

Nicht lange, und eine jugendlich wirkende Frau kam heraus. »Richard. Sie kommen anscheinend mit dem Teekessel nicht zurecht, Richard«, sagte sie.

»Was?« sagte unser Gastgeber. »Was? Schon wieder?« und schritt ins Haus.

»Ich kann das Kauderwelsch nicht sprechen«, sagte seine Frau. »Richard schon. Jetzt setzen Sie sich; Sie haben genug von Richards Blumen gesehen. Es ist nett, in diesem schrecklichen, wilden Land eine menschliche Stimme zu hören. Richard gefallt's hier, er ist an so was gewöhnt. Ich habe London gern, aber ich würde gern in Nizza leben, Sie nicht auch? Nett und ruhig. Und billig dazu. Richard hat es mir versprochen, wenn einer von uns stirbt. Ich bin seine zweite Frau, müssen Sie wissen; wir haben im Krieg geheiratet …«

»Blanche«, ließ sich die Stimme ihres Gatten von der Tür her vernehmen. »Bring uns doch den Tee. Sie wohnen also bei den X?«

»Wir finden es herrlich.«

»Hat keinen Sinn für Ordnung, dieser Otavio. Faul. Wie sie ihr Land haben herunterkommen lassen, schockierend. Und er will keinen Rat annehmen … Haben Sie gesehen, was sein Gärtner mit den Limonenbäumen angestellt hat? Wenn ich Otavio nur einmal gesagt hätte, er soll die Limonen in Ruhe lassen, ein dutzendmal hab ich's ihm gesagt. Sie werden nie was Ordentliches aus ihrem Besitz machen.«

»Ihre Ländereien sind enteignet worden, nicht wahr?«

»Und das war gut so, wenn Sie mich fragen. Sie verstehen nicht, sich um ihren Grundbesitz zu kümmern. Habens nie verstanden. Geld, Geld, Geld, und den ganzen Tag im Klub sitzen und darauf warten, dass es hereinrollt. Díaz hat getan, was er konnte, aber mit diesen Kreolen war nicht viel anzufangen. Und am Ende hat er noch gemeinsame Sache mit ihnen gemacht, dank seinem priesterbesessenen Eheweib.«

»Hier sind alle römisch-katholisch«, sagte unsere Gastgeberin.

Ihr Mann warf ihr einen Blick zu. »Nicht, dass die derzeitigen sogenannten Eigentümer um ein Haar besser wären. Die Eingeborenen bauen auf ein paar Morgen an, was sie für nötig halten, und lassen das übrige brachliegen. Wenn wieder ein Kind entwöhnt ist, heißt das, dass sie noch ein paar Morgen mit Mais anbauen, das ist ihr Begriff von Nahrungsmittelproduktion. Die Regierung muss Getreide für die Stadtbevölkerung einführen.«

»Wie denken Sie über die gegenwärtige mexikanische Regierung?« fragte E. und schaute auf wie Pawlowsche Hunde.

»Eine Bande von Dieben. Aber auch nicht ärger als der vorige Verein. Man kann ihnen lediglich zugute halten, dass sie sich um ihren eigenen Kram kümmern. Stecken ihre blöde Nase nicht in alles hinein; man kann sich noch immer ein Gewächshaus bauen, ohne dass man von irgendeinem idiotischen Ministerium eine Erlaubnis braucht.«

»Zu Hause wählt Richard konservativ«, sagte seine Frau.

»Misch dich nicht ein, Blanche«, sagte ihr Mann.

»Aber es ist doch so, Richard, oder nicht?«

»Von einer Regierung kann keine Rede sein. Eine zentralisierte Verwaltung in so einem Land – ich bitte Sie. Allgemeines Wahlrecht. Das ist nicht zu machen. Die Eingeborenen wollen es nicht, verstehen es nicht und haben es auch nicht. Egal, was ihnen die Quasselköpfe in Mexiko-City einreden wollen. Traurig, dass es diesem Land überhaupt erlaubt worden ist, sich auf eigene Beine zu stellen – nicht, dass die Spanier gewusst hätten, wie sie ihre Leute zu behandeln haben –, was hier fehlt, das ist eine ordentliche Kommunalverwaltung: Beamte, die was von der Sache verstehen, ärztliches Personal, anständige Polizeirichter. Aber woher nehmen?«

»Aus einer Kronkolonie«, murmelte E.

»Trink deinen Tee, Richard«, sagte seine Frau.

»Seitdem sie Díaz rausgeworfen haben, gibt es niemand, der imstande wäre, einen Dorfpolizeiposten zu übernehmen. Ich war 1909 hier, und ich kann Ihnen verraten, dass das Land damals viel besser dran war als heute. Díaz war ein tüchtiger Mann. Schade, dass er sich nicht halten konnte. Dumm nur, dass er schwach war. Das sind diese Diktatoren immer. Hat sich nicht gegen die Burschen von der Armee, nicht richtig gegen die Radikalen, gegen seine Frau und ihren vornehmen, nichtsnutzigen Klüngel durchgesetzt. Der alte Knabe war ein bisschen versnobt, hat sich nie darüber beruhigen können, dass er in diese Clique eingeheiratet hat, aber trotzdem war er ganz vernünftig. Nehmen Sie mal Otavios Papa, das war ein zäher alter Fuchs, obwohl man das nicht denken würde, wenn man Otavio anschaut. Ich will nicht sagen, dass er nicht ganz nach oben wollte oder dass er genau das gewesen wäre, was man sich unter einem idealen Staatsdiener vorstellt, aber er hat dafür gesorgt, dass der Laden lief. Hat die Hälfte der Banditen in der Provinz aufknüpfen lassen und den Rest in die Miliz gesteckt. Nicht neu, diese Idee, aber sie hat gewirkt. Er hat eine Bahnlinie zwischen Guadalajara und Chapala bauen lassen, die immerhin so gut funktionierte, wie hierzulande selten was funktioniert.«

»Wozu brauchten sie denn in dieser abgelegenen Gegend eine Bahn?« fragte ich.

»Nun, damals hatten alle möglichen Leute einen Besitz am See. Da war schon mal diese Villa von Díaz' Tochter in Chapala. Oh, ich möchte nicht behaupten, es hätte sich rentiert, aber der Alte wusste, was er tat. Mehr jedenfalls, als sich von seinen Söhnen erwarten lässt, die nur dasitzen und Daumen drehen und auf die Entschädigung warten; Enriquez und Jaime schachern in Guadalajara mit den Juristen herum, Luís versucht in Mexiko-City Bauplätze zu verkaufen, die noch niemand zu Gesicht bekommen hat, jeder mit einem großen Haus, einer kostspieligen Frau und Riesenfamilie, und Otavio rennt in San Pedro wie ein Huhn ohne Kopf herum und schwätzt den ganzen Tag mit seiner Dienstbotenschar. Er wird nicht einen Pfennig von dieser Entschädigung zu sehen bekommen – falls sie jemals kommt –, dafür werden schon seine Brüder sorgen. Sie haben ihn sowieso schon beinahe um alles gebracht. Seine Mutter wollte, dass er San Pedro bekommt, weil er anscheinend der einzige ist, der sich was draus macht, und die anderen alle einen Beruf haben, soweit man es so nennen kann. Nun, sie haben ihm diesen Witz von einer Villa angedreht und selber die Hazienda behalten und es ihm überlassen, sie auch noch für sie in Ordnung zu halten, während sie sich mit dem Bargeld davongemacht haben. Enriquez, das ist der Älteste – Sie werden sehen, ein ziemlich eindrucksvoller Bursche –, hat sich sogar das Motorboot genommen. Oh, Otavio ist der Anständigste aus dem ganzen Verein, wenn man es genau betrachtet, obwohl er nicht versteht, sich zur Wehr zu setzen. Und jetzt wollen sie also ein Hotel draus machen. Einen Rummelplatz für Touristen am See. Enriquez ist auf diese Idee gekommen. Typisch. Ich bin mir sicher, es kommt nie dazu. Höchstens, wenn sie durch Schiebung die Straße von Chapala bekommen.«

»Ach ja«, sagte ich, »diese Straße.«

»Der Bau ist schon vor siebzig Jahren beschlossen worden. Dreiundzwanzigmal hat man das Geld bereitgestellt.«

»Richard!«

»Und jedes Mal ist es auf irgendeine Weise verschwunden. Nicht einmal Otavios Papa konnte etwas dagegen machen.«

»Richard!«

»Was ist denn?«

»Am Tor ist jemand.«

»Ja, ja.« Unser Gastgeber erhob die Stimme. *»Adelante, adelante, vengo.«*

Ein Junge kam herbei.

»Vengo. Vengo. Qué quiero?«

»Telegramma, Señor«, sagte der Junge.

»Ach so, ja.« Unser Gastgeber streckte die Hand aus. »Blanche, meine Brille.« Er schaute sie über den Brillenrand an. »Mrs. Jacksons Mutter hat ihr Schiff in San Francisco verpasst.«

»Die arme Mrs. Jackson wird sich ja so aufregen.«

»Ich hab dem alten Mädchen gesagt, sie soll nicht mit der South-Pacific fahren. Wenn ich's ihnen nur *einmal* gesagt hätte … Oh. *Tengo.«* Er fischte in seiner Westentasche herum, zog eine Kupfermünze heraus und gab sie dem Jungen zusammen mit dem Telegramm. *»Tengo, tengo, esto por Señor Jackson, traer esto pronto casa Jackson.«*

»Si, si, Señor«, sagte der Junge, *»regulár«*, und ging davon.

»Hat keinen Sinn für Ordnung, der Jackson«, sagte unser Gastgeber.

»Aber, Richard, es war nicht seine Schuld, dass das Dach nicht fertig war, als seine Schwiegermutter ankam. Du hast ihm doch den Maurer für das Loch in deinem Lilienteich weggenommen.«

»Leben viele Leute hier in der Umgebung?« sagte ich.

»Elf«, sagte unser Gastgeber. »Davon sieben Amerikaner. Und dann gibt es ein paar Deutsche und einen Franzosen. Er ist gestorben. Hat nicht richtig auf sich aufgepasst.«

»Richard liest all ihre Telegramme. Sie kommen zuerst zu ihm; er hat es der Postmeisterin gesagt. Es kommen nicht sehr viele …«

»Wir sind eine kleine Kolonie hier«, sagte ihr Mann, »und man muss füreinander tun, was man kann.«

»Die Postkarten liest er auch. Jeden Morgen, auf dem Postamt. Aber wir besuchen nie jemanden. Alle wohnen meilenweit entfernt.«

»Meine Frau geht nicht gern aus dem Haus; sie hat Angst vor den Eingeborenen. Sehr albern von ihr.«

»Ich würde gerne am Strand sitzen, wenn ich jemanden hätte, der mir Gesellschaft leistete. Die Eingeborenen starren einen so an.«

»Jetzt werde ich Ihnen sagen, was Sie tun müssen«, sagte unser Gastgeber, »Sie wollen doch nicht noch länger bei Otavio bleiben. Erstens ist es ja noch kein Hotel, und dann, möchte ich sagen, dann wollen Sie doch nicht ewig bei dem Burschen zu Gast sein, und so, wie ich diese Kreolen kenne, sind Sie seine Gäste. Typisch für sie, arm wie die Kirchenmäuse, obwohl die X sicher auch irgendwas auf die Seite geschafft haben.«

»Don Otavio ist äußerst liebenswürdig zu uns gewesen«, sagte E. mit lauter werdender Stimme. »Anthony, mein junger Vetter, Vetter zweiten Grades, genauer gesagt« – irgendetwas schien sie zu treiben, volle Klarheit zu schaffen »hat sich mit zwei Neffen von Don Otavio sehr angefreundet, und ihr Onkel war so gütig, uns alle aufzufordern, bei ihm zu wohnen. Die jungen Männer werden dafür nächsten Sommer Anthony zu Hause in Baltimore besuchen.«

»Gewiss. Ja, ja, gewiss. Nun gibt es hier in Jocotepec ein möbliertes Häuschen, genau das Richtige. Sie sind zu dritt, sagten Sie? Genau das Richtige. Sie werden sehen, es ist nicht sehr groß; immerhin hat es einen kleinen Patio, nicht gerade die schönste Aussicht, aber zum See hin liegt nur die Straße davor. Die Möbel sind nicht toll, aber das erwartet man in dieser gottverlassenen Gegend ja auch nicht; früher oder später werden Sie ohnedies bauen müssen. Die X haben immer zu wohnen verstanden, der alte Herr hat von einer Firma aus Liverpool die sanitären Installationen machen lassen. Anno 95 muss das gewesen sein. Vermutlich funktionieren diese riesigen Bäder noch immer, oder?«

»O ja. Ausgezeichnet.«

»Dachte ich mir. Nun, in Jocotepec werden Sie einen Jungen zum Wasserholen brauchen. Und aufpassen, dass er für den Esel nicht extra was verlangt. Ihre Vermieterin wohnt auf der anderen Seite des Patio, Elvira, eine nette Frau, wenn man sie zum Schweigen bringen kann. Ich werde morgen vormittag mit ihr reden.«

»Richard!« Die Frau unseres Gastgebers zeigte wieder die Unruhe, die ein Eingeborener am Tor bei ihr hervorrief.

»Was ist denn? Was will er?«

»Ach, das ist Andreas«, sagten wir, *»adios, Andreas.«*

»Con permiso de Ustedes«, sagte Andreas und kam auf uns zu.

»Adios, Señora. Adios, Señora. Adios, Señor. Adios, Señora.« Es gilt als äußerst unhöflich, nicht jeden der Anwesenden einzeln zu begrüßen. »Don Otavio lässt die Señoras grüßen, und ich soll Sie nach Hause rudern. Der See ist ein bisschen unruhig. Ich habe die Decken der Señoras mitgebracht.« Er hielt uns unsere Mäntel entgegen.

»Das sieht dem Burschen ähnlich«, sagte unser derzeitiger Gastgeber, »Sie zu bemuttern; mischt sich doch in alles ein. Und dabei fallt mir ein, Sie brauchen einen ordentlichen Diener für Ihr Haus und dürfen ihn nicht aus den Augen lassen. Einer reicht. Was man Ihnen auch erzählt. Wenn Sie mehr haben, fangen sie nur an, sich gegenseitig zu bedienen. Nun, wie wär's, wollen Sie sich das Haus morgen mal ansehen? Kommen Sie am besten zum Mittagessen. Und bringen Sie Ihren Vetter mit. Wir essen um ein Uhr fünfzehn.«

Viertes Kapitel

Le dîner en musique

Au pays parfumé que le soleil caresse,
J'ai connu, sous un dais d'arbres tout empourprés
Et de palmiers d'où pleut sur les yeux la paresse,
Une dame créole aux charmes ignorés.

In San Pedro fanden wir im Garten eine Musikkapelle vor, die ihr Bestes gab.

»Das ist Doña Annas Kapelle«, sagte Andreas. »Doña Anna ist bei unserm Herrn zu Besuch.«

»Ist die Dame Kapellmeisterin?«

»Nein, Señora. Doña Anna ist eine Dame, die auf der ändern Seite des Wassers wohnt. Eine steinreiche Dame, sie lässt sich den ganzen Tag Musik Vorspielen. Es ist die Kapelle aus Ajijíc, die beste Kapelle in ganz Jalisco. Sie gehört jetzt Doña Anna. Die *mariachis* kommen jeden Morgen zu ihr. Auch an Feiertagen.«

»Und folgen sie ihr auch, wenn sie ausgeht?«

»Ja, ja. Wo Doña Anna hingeht, da gehen auch die *mariachis* hin.«

»Habt ihr mir Zigarren mitgebracht?« fragte Anthony.

»Nein.«

»Habt ihr euer Indiodorf gesehen?«

»Nein.«

»Wir werden vielleicht mehr davon sehen, als uns lieb ist, wenn wir uns nicht vorsehen«, sagte ich.

»Du hast nicht sehr viel Charakter bewiesen«, sagte E.

»Nein«, sagte ich.

»Otavio hat gegluckt wie eine alte Henne«, sagte Anthony. »Warum habt ihr ihm denn nicht gesagt, dass ihr nach Jocotepec fahren wollt? Es scheint, dort wohnt ein Original, ein Mr. Middleton oder Middleman oder so ähnlich, bei dem ihr vorbeischauen und den Garten ansehen sollt.«

»Den Garten haben wir gesehen.«

»Ach so? Gut. Der arme Otavio hat sich so aufgeregt, er hat gesagt, Mr. Middlemans oder Middletons Gefühle würden verletzt werden.«

»Und du wirst ihn auch zu sehen bekommen, mein Lieber. Wir sind alle morgen zum Mittagessen dort.«

»Was, mitten am Tag herumhetzen? Ohne mich.«

»Kein Mark in den Knochen, Anthony«, sagte E.

»Und außerdem werden Sie in Jocotepec in einem Häuschen mit Patio und Hauswirtin und einem Diener wohnen, auf den Sie gut aufpassen müssen, und Ihr Badewasser wird von einem Esel gebracht werden. Nein, nicht von einem Esel, von einem Jungen. Jedenfalls bezahlen Sie den.«

»Ihr macht wohl Witze«, sagte Anthony.

»Es ist keine leere Drohung«, sagte ich.

»Eine drohende Wolke, so groß wie Mr. Middletons Hand«, sagte E.

»Es geht *ihn* doch nichts an«, sagte Anthony.

»Ich bin Amerikanerin«, sagte E. unsicher, als übte sie den richtigen Tonfall; »ich bin eine Amerikanerin. Ich lasse mich nicht herumkommandieren.«

Drunten schmetterte die Kapelle noch immer die *Mañanitas.* »Anthony, was soll denn dieses Getöse bedeuten?«

»Oh, ich weiß nicht. Sie sind vor ungefähr einer Stunde mit dieser Witwe in einer Menge von Booten gekommen. Sie ist eine tolle Nummer. Und wartet erst, bis ihr ihre Perlen seht. Die sind nämlich grau. Ich hab noch nie graue Perlen gesehn. Das Abendessen hat eine Stunde Verspätung, und es gibt Spanferkel.«

Alsbald kam Don Otavio herüber, sein Sprüchlein aufzusagen.

»Ich hoffe, Doña Anna wird Ihnen gefallen. Sie ist eine liebe Freundin. Die Arme hat ein trauriges Leben hinter sich. Man muss nett zu ihr sein. Sie war *à l'espagnole* verheiratet, immer eingesperrt. Ihr Mann hat sie niemals aus dem Haus gehen lassen. So etwas ist bei uns nicht Sitte. Vor zwei Jahren ist er gestorben, und nun hat sie die Trauerzeit hinter sich und kann tun, was ihr gefallt. Sie versucht sich ein bisschen zu zerstreuen, was nur natürlich ist. Aus diesem Grund hat sie die *mariachis* den ganzen Tag um sich. Sie braucht Fröhlichkeit nach all diesen traurigen Jahren, und sie ist sehr musikalisch. Den Leuten in Guadalajara gefällt das nicht. Es ist wahr, Doña Anna ist eine originelle Frau. Sie war früher sehr schön. Jetzt ist sie natürlich alt.«

»Und nun erzählen Sie uns alles über den Autokraten mit seinem Garten. Lebt er schon immer in Jocotepec?«

»Mr. Middleton ist hierhergekommen, als er in Pension ging. Er war Ingenieur. Ich glaube, er hat den größten Teil seines Lebens in Afrika verbracht. Er hat seinen Garten ganz allein angelegt. Es ist ein ganz wunderbarer Garten, nicht?«

»Ein ganz wunderbarer Garten.«

»Er pflanzt alles im Frühjahr. Das ist die heiße, trockene Jahreszeit, in der alles abstirbt. Mr. Middleton sagt, es sei nur Faulheit. Er überlässt mir manchmal freundlicherweise Ableger, aber Jesús sagt, diese Dinge gedeihen hier nicht. Mr. Middleton missfallt das. Er sagt, Jesús' Blumen sind viel zu groß.«

»Mögen Sie Mr. Middleton, Don Otavio?«

»Mr. Middleton ist ein sehr vornehmer englischer Gentleman. Und sehr klug.«

»Er hat uns für morgen zum Mittagessen eingeladen.«

»Ich werde dafür sorgen, dass das Boot bereit ist. Mr. Middleton liebt es nicht, wenn man ihn warten lässt.«

»Er hat etwas von ein Uhr fünfzehn gesagt, aber das kann wohl nicht ernst gemeint sein. Um welche Zeit essen sie denn wirklich zu Mittag?«

»Um ein Uhr fünfzehn. Und zu Abend um Viertel vor acht. Mr. Middleton hält sich an seine eigenen Essenszeiten.«

»Das kann hier nicht so einfach sein.«

»Es ist unpraktisch. Der Metzger schlachtet nicht vor Mittag, und die Fische kommen erst um drei an Land. Das Personal ist unglücklich darüber.«

»Was ist, wenn sie irgendwo zum Essen gebeten sind?«

»Mr. Middleton isst nicht gerne bei anderen Leuten, und Mrs. Middleton geht nicht aus. Die Arme fürchtet sich vor den Indios. Sie führt ein trauriges Leben. Wenn die Straße ausgebessert wäre, könnte sie wenigstens spazieren fahren. Aber ich darf Doña Anna nicht allein lassen, *con su permiso!*«

Als wir unten ankamen, fanden wir den Abendtisch auf der Terrasse vor dem großen Salon gedeckt, und die *mariachis* saßen auf der Balustrade und bliesen auf ihrem sämtlichen Blech. Mexikanische Häuser haben, wie die Häuser im zaristischen Russland, keinen Raum, der ausschließlich dem Essen Vorbehalten ist. Tisch und Zubehör werden dorthin getragen und das Essen serviert *où la coeur vous en dise,* je nach Jahreszeit, Speisenfolge, Gesellschaft und Stimmung: den Lunch heute im Ostzimmer, Buttermere, das Geißblatt, blüht nämlich am Fenster. Es ist ein hübscher Brauch, der – vorausgesetzt, es mangelt einem weder an Platz noch an Personal – dem Essen und Trinken viel Spielraum gewährt – zu Mittag Omelette, Schinken und Melone an einem schattigen Platz im Freien; Erdbeeren auf dem Rasen; Beefsteak in der Küche; Madrilene und Lachs auf einer nächtlichen Terrasse; Lammrücken und Walnüsse im Wohnzimmer; Weißwein unter den Sternen, Portwein im Nordzimmer, Bordeaux in der Bibliothek, die Zweiliterflasche am Kamin im Eis …

Wir fanden in Doña Anna eine Frau etwa Ende der Vierzig, in voller Schönheit und mit erlesenen Perlen. Sie trug einen Crêpe-de-Chine-Anzug von einem Schnitt, wie ihn vor etlichen Jahrzehnten in Südfrankreich die ersten Frauen trugen, die sich in Hosen kleideten. Ihr zur Seite saß ein verdrossener Jüngling; auch er schmuck, aber gewöhnlich und so wenig höflich, wie es die Sitten seines Standes und Landes zuließen. Doña Anna begrüßte uns mit jener Vitalität, die genauso prompt belebt wie das erste Glas puren Wodkas und die später, wenn sie anhält, schal wird, abstumpft und bedrückt. Ihre Stimme war lieblich, ihr Spanisch von taschenspielerhafter Geläufigkeit. Anekdoten und Kommentare strömten wie, leider, auch der süße Sauternes – eine große Schwäche von Don Otavios Tafel. Der See, die Leute am See. Die Oberhexe von Sahuayo, und wie sie allmählich Doña Annas Personal unter ihre Herrschaft bekam. Wie Doña Anna die Hexe entlarvte. Der Mordsonntag von San Juan Cosalá, die neuen Mittel für die Straße, die Stierkampfsaison im letzten Winter – nicht einer von den Neuen kann den großen Matadoren das Wasser reichen, erinnern Sie sich an Lallanda? An Carnicerito? Die alten Zeiten. Doña Annas Hochzeitsreise nach Granada – nie etwas gesehen. Der Hof von Madrid – sehr langweilig. Die Königin, die Arme … Otavios Mama – wie sie Sie verzogen hat, *nino!* Bälle in der Hauptstadt – *seguro,* vor meiner Hochzeit … Doña Anna nahm kein Blatt vor den Mund. Sie war geistreich auf eine robuste Art, gutmütig und zugleich mit einem Hauch weltgewandter Brutalität. Sie aß mit gesegnetem Appetit.

Domingo, Andreas und selbst Don Otavios Diener Juan trabten um den Tisch, zischend vor Aufregung und Anstrengung. Die Aufeinanderfolge vieler verschiedener Gänge verwirrte sie immer wieder. Als das Spanferkel abgeräumt war, kamen sie mit dem Fisch gelaufen. *»Ninos!«* sagte Don Otavio händeringend, *»por caridad.«* Doña Anna schenkte ihnen ein Lächeln und nahm sich ein kleines Stück. Ihre Manieren waren sehr gepflegt und ohne den Schuss latinisierter englischer Beschaulichkeit, der für Don Otavio typisch war. Die Geschichte ihres Haremslebens schien kaum glaubhaft; von den beiden wirkte sie als die Frau von Welt und Don Otavio als der einsiedlerische Provinzler. Der junge Bursche saß neben ihr wie ein Klotz, gähnte und starrte finster auf seinen Teller.

»Er hat einen anstrengenden Tag hinter sich, der arme Junge«, sagte Doña Anna, »seit dem Frühstück mit dem Motorboot draußen.«

Die Kapelle hatte uns von der Suppe an in die Ohren geschmettert. Mexikanische Volksmusik muss man erduldet haben, um sie für möglich zu halten. Sie versucht männlich und melancholisch zugleich zu sein, und der Erfolg ist, dass sie kriegerisch und schmachtend klingt. Die Tamburine beben, das Blech dröhnt, die Streicher schluchzen; der Rhythmus ist medianisch und aufdringlich, und immer wird sehr laut gespielt.

»Doña Anna, haben Sie die *mariachis* den ganzen Tag?« fragte E.

»Gewöhnlich kommen sie um neun zu mir. Natürlich fangen sie erst an, wenn ich erwacht bin.«

Als die Musikanten zum siebten Mal ein Stück darboten, das, glaube ich, *Siempre Jalisco* hieß, schienen sie, für empfindlichere Ohren als die unsrigen, etwas nachzulassen.

»Spielt lauter, *ninos«,* sagte Doña Anna.

Sie schienen sich danach zu richten. Nach einer Weile aber ließ die Lautstärke kaum wahrnehmbar wieder nach. Doña Anna sprang von ihrem Stuhl hoch, riss einem Indio die Trompete aus der Hand und schlug ihm ins Gesicht.

»Wenn du nicht spielen kannst, geh nach Hause und nimm deinen Pflug«, sagte sie und setzte sich wieder. Musik und Unterhaltung nahmen ihren Fortgang.

Bald darauf wurden die Dienstboten hereingerufen und führten einige Tänze vor. Der Tanz, der den größten Beifall fand, bestand darin, dass ein Hut auf den Boden geworfen und vorsichtig umtanzt wurde. Die Männer wirkten dabei sehr anmutig und ernst; die Frauen standen im Kreis und schauten zu. Später spielte die Kapelle Stücke, die entfernt an Tango und Walzer erinnerten, und wir tanzten. Anthony mit Doña Anna. Der Bursche saß da und durchbohrte die beiden mit Blicken.

»Anthony sollte sich vorsehen, dass er kein Messer in den Rücken kriegt«, sagte ich zu Don Otavio.

»O nein, nein. Don Fernando hat nichts Böses im Sinn, der arme Junge. Natürlich sieht er es nicht gern, dass sie tanzt. Junge

Leute sind ja so streng. Er ist nicht damit einverstanden, dass sie jetzt so viel ausgeht. Selbstverständlich besteht Doña Anna darauf dass er sie begleitet.«

»Sie hätte sich vielleicht einen liebenswürdigeren Begleiter aussuchen können.«

»Ihre Brüder leben nicht mehr. Doña Anna ist eine unkonventionelle Frau, und Fernando ist empört, dass sie Hosen trägt.«

»Er scheint wenig Recht zu haben, sich darüber aufzuregen.«

»Man kann es verstehen. Don Fernando ist immer ein guter Sohn gewesen.«

»Doña Anna ist seine Mutter?« sagte ich.

»Natürlich. Nun, gewiss, Don Fernando hätte ein Neffe sein können.«

Beim nächsten Walzer sagte ich zu Anthony: »Ich hab mich auf dünnem Eis bewegt.«

»Ich dachte es mir schon. E. auch.«

»Wir denken doch sehr konventionell und kommen sofort auf schlechte Gedanken.«

»Ich hab meine Erfahrungen gesammelt.«

»Allmählich beginne ich Ihr Training in Guadalajara zu schätzen.«

Um Mitternacht verabschiedete sich Doña Anna von uns allen. Dann brach sie, *en cortège,* zum Ufer auf Voraus gingen zwei Indios mit Laternen, ihnen folgten sechs Männer, die die Ruder trugen, sodann Doña Anna am Arm ihres Sohnes, Don Otavio zur Seite, danach weitere Burschen mit Laternen; hinter ihnen der Schweif ihres Gefolges mit Mänteln und Kissen; und zu guter Letzt die Kapelle, die aus vollen Lungen blies. Sie zogen durch die Limonenallee, in den Garten, in die Nacht. Langsam verschwanden sie: die Lichter, die Musikanten und Doña Annas weißer Crêpe de Chine. Den ganzen Abend hatten wir gelacht, mit ihnen und für uns allein, und nun war uns traurig zumute.

»Da zieht es hin«, sagte E., »das letzte Relikt des mexikanischen Feudalismus.«

Fünftes Kapitel

Mrs. Rawlston tritt auf

J'ai quelque jour dans l'océan,
Mais je ne sais plus sous quels cieux,
J'été comme offrande au néant
Tout un peu de vin précieux.

Vor den Toren der Hazienda, ein Feldbreit jenseits der Straße, erhebt sich ein wuchtiger, runder, dunkelgrüner Hügel, bewachsen mit moosähnlichem Gestrüpp, der uns gegen den Wind abschirmt, die Sonne fernhält und die Aussicht auf alles versperrt, was dahinter liegt. Der Hügel gehört zu einer Kette, die das Nordufer des Sees begleitet, und das ebene Land zwischen dem Gestade und dieser niedrigen Bergkette ist nur ein paar Morgen breit; an manchen Stellen verbreitert es sich und bietet einem Dorf oder einem Gut Platz, an anderen verengt es sich zu einem schmalen Uferstreifen neben der Straße. Auf halber Höhe unseres Hügels steht eine Votivkapelle, die über einen Pfad zu erreichen ist, der für Pferde und Damen gebaut ist; von dort aus könnte man die Spitze ohne viel Mühe erklimmen. Hinaufzusteigen, den Kamm entlangzugehen und zu sehen, was in der Tiefe liegt, und zwar bei Tagesanbruch, hatten Anthony und ich uns schon seit einiger Zeit vorgenommen – einer von den Plänen, die man immerfort bespricht, aber niemals ausführt. In dieser Nacht wurde ich durch den Regen aufgeweckt. Es war noch immer Regenzeit, und am Chapalasee setzt der Regen eine Stunde vor Dämmerungsanbruch ein und hört mit Sonnenaufgang wieder auf Idealer könnte es nicht sein. Ich stand auf und weckte Anthony. Wir stiegen in der Diele über Jesús und seine Flinte und traten in einen jungen, glitzernden Morgen hinaus. Wasserperlen, nicht so sehr Tau, lagen auf allem wie die großen Juwelen dieser Hemisphäre. Wir gingen viel zu rasch zu der Kapelle hinauf und als wir dort ankamen, war es schon Tag und warm geworden. In der Kapelle lagerten zwei Ziegen neben dem Altar. Der Anstieg begann – es war, als wären Quellen in der Luft, Wasser verwandelte sich in Lichtblasen; die Sonne, erst fünfundzwanzig Minuten alt, brannte unnachsichtig auf uns herab.

»Wenn Otavio wüsste, würde er uns Hüte schicken«, murmelte Anthony.

Wir erreichten die Höhe. Ich streckte mich vorsichtig, da ich nicht schwindelfrei bin, schaute um mich, und da lag eine funkelnde Welt: auf einer Seite Hügel, auf denen die Früchte glänzten, und dahinter golden, frisch und üppig die Ebene von Guadalajara; auf der anderen Seite der See mit seinen neun Inseln und geschwungenen Ufern, still und dunkel.

»Was für ein Ort. Was für ein Land. Wenn man nur hierbleiben könnte. Wenn man nur hier leben könnte.«

»Yeah«, sagte Anthony.

»Sie fahren in drei Wochen zurück«, sagte ich. »Wie können Sie's nur aushalten? Zellophan, Fernsehen, das Tiefkühlfach, Geld verdienen und ausgeben. Der ganze alte Leerlauf.«

»Ich verstehe, was Sie meinen«, sagte Anthony.

»Und grau wird's sein. Fünf sechs, sieben Monate im Jahr. Und kalt. Und dann ganz heiß. Niemals so wie hier. Niemals dieser Juni das ganze Jahr lang, die leichte, klare Helligkeit. Wie uns das fehlen wird.«

»Sie reden ja, als müssten Sie auch schon abreisen.«

»Nein. Aber nicht mehr ganz ein Jahr, und ich werde auch fort sein. Und damit ist Mexiko für mich zu Ende. Wir fliegen nicht so einfach über die Ozeane, wie ihr das tut. Ich werde in Italien leben, wenn es den Göttern gefällt; und ich hoffe, dass ich dort sehr glücklich sein werde; und ich werde mich immer mit Sehnsucht an dieses Land erinnern.«

»Sie möchten nicht hier leben?«

»Ich habe Ihnen nicht erzählt, dass wir gesehen haben, wie sie einen Mann aus dem fahrenden Bus geworfen haben. Das werde ich auch nicht vergessen. Ein paar von den Geschichten, die wir gestern abend gehört haben, waren so ähnlich. Nicht, dass der Westen nicht furchtbar genug wäre, wie wir wissen. Nur, dass wir hier nicht dazugehören.«

»Ich würde gerne hier leben«, sagte Anthony. »Sehr gerne. Wenn man könnte, aber man kann eben nicht. Es liegt an unseren Freunden, sie denken zu hoch und – wenn Sie verstehen, was ich meine – auch wieder nicht hoch genug von einem. Ich möchte sagen, sie haben eine riesige Achtung vor einem und dann wieder gar keine. Ich möchte nicht immer als ein seltsames Tier betrachtet werden. Es würde ihnen nichts ausmachen, wenn man Unrecht täte. Sie würden es nicht einmal begreifen. Und das Gegenteil auch nicht. Es könnte einem passieren, dass man irgendwie den Maßstab verliert.«

»Don Otavio, Doña Anna, Andreas und Domingo kümmern uns innerlich nicht sehr, und umgekehrt ist es ebenso. Das ist es, was man leben nennt ohne den Druck allgemeingültiger sozialer Maßstäbe. Vermutlich braucht wohl jeder seinesgleichen und Bessere. Aber, mein Lieber, heißt das denn nicht, die Welt in sehr kleine Stücke hacken? Es gibt andere Maßstäbe, andere Werte, die wir gemeinsam haben. Sehen Sie, wie freundlich wir alle miteinander sprechen – daran ist uns gleichermaßen gelegen. Und dass die Menschen im Grunde Brüder sind, was ist damit? Wir sind hier alle Christen. Nein, natürlich nicht. Es gibt nichts Gemeinsames, und Sie haben recht, und es ist wahr, dass wir dies Land nur in uns aufnehmen können. Wir haben nichts, was sie brauchen, es sei denn, wir geben ihnen, was Mr. Middleton ihnen gibt – er hat uns erzählt, dass er die Menschen hier ärztlich betreut. Das würde man einen Dienst nennen, aber es ist auch Dienst an einem selbst. Somit haben Sie wiederum recht. Und jetzt müssen Sie mir helfen, dass ich von diesem Berg herunterkomme.«

»Was höre ich da, die unverfälschten Töne von Old Virginia?« sagte E. »Das hab ich seit Nancy Astor nicht mehr gehört, und ich hatte nicht gehofft, es noch einmal zu hören.«

Drunten im Garten sprach eine überaus alte Frau, die Fetzen anhatte, wie sie nur ganz wenige zu tragen wagen, mit Don Otavio. »Kommen Sie mir nur nicht damit an, Tavio. Sagen Sie Ihren *mozos,* sie sollen meine Ziegen in Ruhe lassen. Wenn sie in Ihrer Kapelle liegen wollen, damit sie aus der Sonne sind, die armen Tiere, das ist doch nur menschlich und geht Sie nichts an. Sie richten schon keinen Schaden in dieser Kapelle an. Jedenfalls weniger als diese dreckigen Kinder, die auf den Knien drin rumrutschen. Reden Sie mir nicht von Entweihung. Diese Ziegen haben schon auf diesem Berg gegrast, als Sie noch im Kinderkittelchen rumgelaufen sind, Tavio, und Ihre Mutter Ihnen das Haar zu Locken aufgedreht hat. Ja, das hat sie, Sie wissen es noch genau. Und damals hatte kein Mensch eine Kapelle mitten in der Landschaft. Hab nie verstanden, wozu Ihre Tante diese Kapelle hat hinstellen lassen. Dachte immer, Ihr Katholiken braucht erst ein Wunder, bevor Ihr so was tun dürft. Haben Sie etwa nicht Ihre eigene Kapelle auf der Hazienda? Jedenfalls sehe ich Sie nie diesen Berg hinaufsteigen. Sie sagen jetzt diesen *mozos,* dass sie meine Ziegen in Ruhe zu lassen haben. Ach, da sind sie ja. Kommt her, meine Kleinen. Wir gehen jetzt nach Hause.«

Gedankenlos, doch energisch ergriff sie den Strick, an dessen Enden zwei langhaarige Ziegen zerrten. Die Tiere wie die alte Dame schienen unbeeindruckt von dem Gezerre. »Und dabei fällt mir ein: Ist unter Ihren neuen Freunden einer, der Bridge spielt? Sie wissen das nicht? Dann erkundigen Sie sich mal. Schicken Sie einen heute nachmittag zu mir rüber. Die Saunders kommen nämlich; wir brauchen einen vierten Mann.«

»Schön«, sagte ich, »das erspart mir Mr. Middleton.«

»Wieso Ihnen?« fragte Anthony.

»Weil E. nicht spielt und unsere Interessen in Jocotepec verteidigen muss und Don Otavio meint, dass sie einen Begleiter braucht. Und weil es nicht stimmt, dass wir lieber ein bekanntes Übel auf uns nehmen als ein neues Risiko eingehen. Ich werde diesen Nachmittag genießen.«

»Sind wir denn für jeden Sonderling an diesem mexikanischen See Freiwild?« sagte E.

»Mrs. Rawlston ist eine ganz wunderbare alte Dame.«

»Wir bezweifeln es nicht. Hat sie auch einen wunderbaren Garten?«

»Sie hat einen überaus *prachtvollen* Garten. Er ist in der ganzen Republik berühmt. Mrs. Rawlston ist in jungen Jahren hierhergekommen. Sie kam, um als Erzieherin hier tätig zu sein. Ihre Familie hat in einem Krieg das Vermögen verloren. Ich glaube, es war der Krieg wegen der Neger. Sie hat einen Landsmann hier geheiratet. Er war Bergwerksbesitzer, aber sie hat mit den Kindern immer am See gelebt. Sie bauten ein Haus auf halbem Weg zwischen Tlayacán und Juan Cosalá. Das muss jetzt fünfundsechzig Jahre her sein. Der Mann von Mrs. Rawlston wurde beim Zapata-Aufstand erschossen. Die Dienstboten sind weggelaufen und haben sich Banden angeschlossen, die Kinder gingen im Ausland zur Schule, und Mrs. Rawlston ist während der ganzen Revolutionen allein in ihrem großen Haus geblieben. Sie hat mit einem Gewehr im Garten geschlafen, sie wollte nicht im Bett ermordet werden, hat sie gesagt. Natürlich waren sie völlig ruiniert. Heute sind beide Kinder verheiratet, das eine in Mexiko, das andere in Monterrey. Mrs. Rawlston mag ihren Schwiegersohn und ihre Schwiegertochter nicht. Sie ist sehr einsam, die Arme, aber sie ist eine sehr bedeutende Persönlichkeit am See.«

»So bedeutend wie Mr. Middleton?«

Don Otavio erkannte, dass er es hier mit dem Ungewohnten, einem Scherz, zu tun hatte. Er nahm ihn mit einem Lächeln auf »Bedeutender. Aber Mr. Middleton weiß es nicht.«

»Vertragen sie sich denn?«

»Sie wohnen nicht im selben Ort. Sie haben Respekt voreinander. Vielleicht müssen wir Mr. Middleton gar nicht sagen, dass Sie heute Mrs. Rawlston besuchen.«

»Wir werden ihm sagen, dass ich droben auf dem Hügel ein bisschen zu viel Sonne abbekommen habe.«

»Nein, keine Sonne. Das wäre nicht klug. Es ist eines von den drei Dingen, die Mr. Middleton kuriert. Sonnenstich, Durchfall und Malaria.«

»Kuriert Mrs. Rawlston auch?«

»Nein. Mrs. Rawlston geht vor die Gerichte. Sie veranlasst die Indios, die Regierung zu verklagen, wenn sie meint, dass sie es tun sollten. Sie geht selbst zu den Verhandlungen, plädiert und besorgt alles. Sie mag keine Anwälte.«

»Ihr Spanisch ist wohl sehr gut?«

»Man versteht alles, was sie sagt, und sie sagt nicht wenig.«

Sechstes Kapitel

Bridge mit Mrs. Rawlston

Mrs. Rawlston wohnte in einem großen, düsteren, hässlichen, unaufgeräumten Haus, überall Bastvorhänge und in der Diele Töpfe mit eingekochter Marmelade, ein trostloses und zugleich gemütliches Heim.

»Kommen Sie rein, Mrs. B.«, sagte sie, »wir warten alle schon auf unsere Bridgepartie auf der Veranda.«

Don Otavio hatte mir kaum Zeit zum Essen gelassen, dann war ich auf einem Maultier losgeschickt worden, eine Dreiviertelstunde durch den subtropischen Nachmittag.

Ich fand ein englisches Paar auf der Veranda, das von irgendwoher aufgetaucht sein musste.

»Sehr erfreut«, sagten die beiden.

»Sehr erfreut«, sagte ich.

Wir nahmen an einem wackeligen Kartentisch Platz. Mrs. Rawlston winkte mich auf den Platz ihr gegenüber. »Sie spielen gut, Mrs. B.?«

»Ich furchte, sehr schlecht.«

»Dann ziehen wir lieber, wer zusammen spielt«, sagte Mrs. Rawlston. Das taten wir, und sie zog mich.

»Blackwood, Peter?« fragte die Engländerin.

»Blackwood«, sagte der Engländer.

Mrs. Rawlston nahm ihr Kartenpaket und teilte aus.

»Ich glaube, ich muss geben, Mrs. Rawlston«, sagte die Engländerin.

»Wie bitte?«

»Ich glaube, *ich* muss geben«, sagte die Engländerin mit Betonung.

»Ach was, lassen wir's dabei«, sagte Mrs. Rawlston. »Es kommt ja am Schluss doch alles auf das gleiche heraus.«

»Nichts«, sagte Mrs. Rawlston.

»Ich passe«, sagte die Engländerin.

»Ich passe.«

»Ich passe.«

»Zwei, kein Trumpf«, sagte Mrs. Rawlston.

»Ich passe«, sagte die Engländerin.

Ich zögerte.

»Ich habe gesagt, zwei, kein Trumpf«, sagte Mrs. Rawlston. »Zwei, denken Sie dran.«

»Nun, nun, Mrs. Rawlston«, sagte der Engländer, »das geht aber nicht.«

»Sie müssen vergessen, dass Sie's gehört haben«, sagte die Engländerin.

»Ich bin mir sowieso nicht sicher, was ich tun soll«, sagte ich.

»Denken Sie dran, dass ich in der ersten Runde gepasst habe«, sagte Mrs. Rawlston.

»Jetzt aber wirklich, Mrs. Rawlston ...«

»Drei Pik«, sagte ich.

»Pik?« sagte Mrs. Rawlston. »Haben Sie denn welche?«

Wir machten den ersten Robber in zwei Partien. Es schien das Gefühl zu herrschen, dass er unverdient war. Ich wechselte auf den Platz gegenüber der Engländerin.

»Blackwood, Partner?«

»Ich weiß nicht«, sagte ich, »es kommt mir so riskant vor. Ich trau mich nie, Fünfen und Sechsen zu bieten. Ja, wenn man auf einen Schlemm aus ist ... Was meinen Sie denn?«

Darauf herrschte Schweigen.

»Mrs. Rawlston kann Ihre Karten sehen«, sagte die Engländerin.

»Entschuldigung«, sagte ich.

»Schieben Sie ein Stück Papier unter dieses Tischbein, Peter«, sagte Mrs. Rawlston; »der Boden ist uneben. So, jetzt ist's besser.«

»Kein Treff Partner«, sagte die Engländerin.

»Nein. Oh, Entschuldigung, doch«, sagte ich.

»Renonce«, sagte Mrs. Rawlston. »Drei Tricks für uns. Aufschreiben, Peter; mein Zettel ist weggeflogen. Dieser Wind aus Vera Cruz weht schon wieder.«

»Aber doch nur zwei, Mrs. Rawlston.«

»Drei Tricks für eine Renonce. Kriegt man heutzutage nicht oft, weil die Leute alle Culbertson lesen und die Spiele auf ihre Art zusammenzählen.«

»Es tut mir schrecklich leid«, sagte ich; »zu dumm von mir.«

»Ein Karo«, sagte Mrs. Rawlston. »Nein, sagen wir lieber ein Herz. Zwei Herzen; haben Sie gehört, Peter? Wo haben Sie das Maultier gelassen, Mrs. B.?«

»Der *mozo* von San Pedro hat es nach Hause gebracht. Ich werde mit dem Boot abgeholt.«

»Nun, ich gehe auf vier Herzen«, sagte Mrs. Rawlston. »Ich sehe nicht ein, warum nicht. Diese Freunde von Ihnen in San Pedro sind Yankees, was?«

»Nur Mrs. A. Ihr Vetter ist aus dem Süden. Maryland.«

»Ich nenne so was einen Grenzstaat«, sagte Mrs. Rawlston.

»Mrs. Rawlston, ich habe gerade fünf Treff angesagt.«

»So, haben Sie. Was sollen wir jetzt tun, Peter, sollen wir's riskieren?«

»Ihre Karten!«

»Entschuldigung«, sagte ich.

»Sechs Herzen«, sagte Mrs. Rawlston.

»Ich verdopple«, sagte die Engländerin.

»Das klingt immer so mutig«, sagte ich.

»Sie müssen ausspielen, Partner«, sagte die Engländerin.

Völlig entnervt spielte ich ein hohes Herz aus.

»Die Farbe unsrer Gegner.«

»Verzeihung! Was hab ich jetzt getan? Und Sie haben *verdoppelt* Wie können Sie mir das verzeihen? Ich bin wirklich ganz unmöglich.«

»Es macht gar nichts.«

»Spiel und Robber gewonnen«, sagte Mrs. Rawlston. »Jetzt trinken wir Tee. Ich hab für Sie alle Eierbiskuits gebacken.«

»Nein, wirklich, Eierbiskuits! Mrs. Rawlston«, sagte die Engländerin.

Der Tee war köstlich. King-George-Silber, hübsches Porzellan, Platten voll Backwerk mit anheimelnden exotischen Namen, leicht wie Schaum, noch ofenwarm, das auf der Zunge zerging, noch ehe die frische, kalte, süße Butter geschmolzen war.

»Mrs. Rawlston macht sogar ihre Butter selbst. Nicht wahr, Mrs. Rawlston?« sagte die Engländerin.

»Buttre immer selber«, sagte Mrs. Rawlston. »Milch ist ein trauriges Kapitel hierzulande. Keiner versteht was von Kühen, nicht die Spur. Als die Jungen von San Pedro noch klein waren, hat ihr Vater eine schwarze Anguskuh für sie aufziehen lassen. Eine schwarze Angus für die Milch! Ein alberner Alter war er. Immer hinter irgendwas her, und doch hat er's nur zu Geld gebracht. Eine Todesangst hatten die Jungen vor ihm, bis auf Enriquez. Konnte nicht mal seiner Frau ihre papistischen Winkelzüge austreiben. Das Wohnzimmer immer voll mit duckmäuserischen Hauslehrern; Jesuiten höchstwahrscheinlich. Mrs. B. wohnt in San Pedro.«

»Ach, ja?« sagte die Engländerin.

»Schlauer Junge, der Tavio. Hat immer seinen Willen durchgesetzt. Die großen Brüder mussten fort ins Internat, der kleine Tavio ist bei Mama zu Hause geblieben. Als sie starb, mussten Enriquez, Jaime und Luís mit ihren Familien ihr Heim verlassen und sich ihren Lebensunterhalt verdienen. Und wer ist wieder zu Hause geblieben? Tavio. Dann hat seine Tante, die Klosterschwester, gesagt, sie würde ihm alles, was sie besitzt, vermachen, wenn er nur in den Dienst der Kirche tritt. Sie hat immer noch eine ganze Menge, wenn sie dafür sorgt, dass ihre Priester die Pfoten davon lassen. Tavio hat nicht ja gesagt und hat auch nicht nein gesagt. Er ist nur einfach ledig geblieben, für alle Fälle. ›Nun, Tavio‹, sag ich zu ihm, ›wo ist denn Ihre schwarze Kutte? Sind Sie noch nicht ordiniert oder wie man das bei euch Katholiken nennt, wenn ihr Pfaffen werdet? Sie überlegen sich's aber jetzt schon lange, was?

Zwanzig Jahre, stimmt's? Und eine Frau zu ernähren, damit pressiert's Ihnen wohl auch nicht. Nun ja, Sie haben sich's ja auch wirklich nett eingerichtet, Tavio, niemand redet Ihnen drein, alles wird für Sie getan – wie die Made im Speck und von keiner Sorge beschwert. Und außerdem Ihre hübsche Junggesellenwohnung in Mexiko-City. Nun ja, das muss man Ihnen lassen, Sie waren ein guter Sohn und haben anständige Manieren.‹ Und, könnte ich hinzufügen, er hält auf ein gutes Essen und gibt den Armen.«

»Danke sehr, ich nehme mir wirklich noch einen von diesen köstlichen Kuchen, Mrs. Rawlston.«

»Wie machen Sie es denn mit der Milch und der Butter, Peter?«

»Wir schicken Josefina zweimal die Woche nach Chapala.«

»Stadtzeug. Na, mein Schwiegersohn isst Schmalz. Genau, was man von ihm erwartet, sag ich ihm immer.« Mrs. Rawlston wandte sich mir zu. »Mein Schwiegersohn ist Deutscher. Ich kann die Deutschen nicht ausstehen.«

»Man trifft dieses Vorurteil öfter.«

»Schmalz«, hab ich zu ihm gesagt, »das ist alles, was es bei euch daheim gegeben hat, was? Warum isst du dann keine anständige Butter aufs Brot wie jeder Christenmensch, wenn du sie haben kannst? Deswegen bist du doch hergekommen, oder? Kennst du vielleicht keinen Unterschied zwischen guten und schlechten Sachen? Kommt ihr Deutschen denn nicht deshalb immer in andere Länder gelaufen, weil's euch daheim nicht gefällt? Und dann freßt ihr euch so voll, dass ihr Mühe habt, euch wieder davonzuheben. Merkt ihr es nicht, wenn man euch nicht haben will, ihr Deutschen?«

»Werden Sie Ihre Tochter und die Enkel diesen Sommer bei sich haben, Mrs. Rawlston?« sagte die Engländerin.

»Sie fahren alle nach Córdoba, in *seinen* Urlaub. Ich seh nicht ein, warum ich mein Haus voll von Deutschen haben soll, nur weil meine Tochter so verrückt war, einen davon zu heiraten. Das hab ich ihnen auch gesagt. Wozu hat Diana eigentlich diesen Deutschen heiraten müssen? Und ihre Kriege verlieren sie auch noch alle.«

»Ich bitte Sie, Mrs. Rawlston, Sie wissen doch, dass Diana sehr glücklich mit ihm ist.«

»Kann sein. Ich jedenfalls war's nicht, als sie nach Pearl Harbor alle zu mir gezogen sind, weil er aus seiner Stellung rausgeflogen ist. Er konnte nirgends anders hin, hat Diana gesagt. ›Warum gehst du nicht und kämpfst für dein Land, Karl?‹ hab ich zu ihm gesagt. Aber nein, er nicht. In meinem Haus rumsitzen und Trübsal blasen, meine Zeitung lesen, Monat um Monat – obwohl ich nach Stalingrad nicht halb soviel gegen seine Zeitungsleserei hatte –, bis er sich diesen fetten Job in Mexiko-City beschafft hat, mit dem er jetzt sein Geld verdient. Ich hab zu ihm gesagt: ›Einen Job, Karl? Warum sperren sie dich nicht ein? Fällt denen nichts Besseres ein?‹«

»Jetzt machen Sie aber einen Punkt, Mrs. Rawlston, Karl Waldheim war doch kein Nazi, der arme Kerl.«

»Er ist ein Deutscher, oder nicht? Das reicht mir schon. Seid ihr jetzt alle fertig? Trinken Sie Ihren Tee aus, Peter. Kommt mit, spielen wir weiter.«

»Mrs. Rawlston, dürfen wir uns noch mal Ihren hübschen Garten ansehen?«

»Da gibt's nichts Neues seit Mittag, meine Liebe; und Mrs. B. kann vormittags herkommen und ihn sich anschauen, wenn sie will. Kommt schon, es wird bald dunkel. Ich komme nicht jeden Tag zu einem Bridgespiel.«

Es wurde dunkel. Man brachte eine Öllampe, die in dem Wind aus Vera Cruz, der jetzt kräftig blies, flackerte, und auch die Karten waren nicht zu halten. Immer wieder wurde ein ganzes Spiel durch einen Windstoß vom Tisch gefegt.

»Hebt sie auf hebt sie auf Es kommt ja am Ende doch alles auf das gleiche heraus«, sagte Mrs. Rawlston.

In den Binsen kreischten Vögel; sie suchten sich ihre Plätze zum Schlafen. Sterne zogen auf Das Boot kam von San Pedro. Frösche quakten. Mrs. Rawlston hatte dreimal Renonce gemacht.

»Macht nichts, zählt nicht, die Lampe ist so schwach, man kann Pik von Herz nicht unterscheiden.«

Unsere Notizzettel waren längst davongeweht worden.

»Macht euch der Wind was aus?« sagte Mrs. Rawlston. »Will einer von euch hineingehen? Das Licht ist auch nicht besser, und ich für mein Teil seh nicht ein, warum ich an einem schönen Sommerabend drinnen hocken soll. Schlafe immer im Freien. Hab mir das während der Revolutionen so angewöhnt. Blieb mir gar nichts andres übrig damals. Sonst hätten diese Indiosoldaten mein Obst gestohlen. Bei Mondschein sind sie immer gekommen oder in den frühen Morgenstunden – sie haben eine Todesangst vorm Dunkel und dann bin ich auf sie los wie der Teufel. ›Was fällt euch denn ein‹, hab ich zu ihnen gesagt, ›rumzuvagabundieren und den Leuten die Gärten auszuplündern und sie im Schlaf umzubringen? Wisst ihr denn nicht, wo ihr hingehört? So macht man keine Revolutionen, das ist Diebstahl, weiter nichts. Schämt ihr euch nicht, ausgewachsene Mannsbilder wie ihr, wie viel seid ihr denn? Dreißig – könnt ihr nicht zählen – mit euren albernen Messern und euren großen Schießprügeln, was glaubt ihr denn, wie ihr ausschaut? Und ich, eine alte Frau, ganz allein. Wozu wollt ihr mich denn umbringen, ihr Lümmel? Reicht euch denn das Gemetzel an euren Fiestatagen nicht?‹ Das hat sie dann zur Raison gebracht. Haben nie mein Obst angerührt, die armen Teufel. Sind keine schlechten Kerle, diese Indios. Die Revolutionen sind ihnen ein bisschen zu Kopf gestiegen, jeden Tag Mord, und keiner, der ihnen den Kopf zurechtgestutzt hat. Die ersten Jahre war's nicht schlimm; manche von Villas Banden waren hart gesotten. Später hatten wir die El-Cristo-Rey-Banditen. Das waren die allerschlimmsten. So 'ne Art Sektierer. Haben jeden um die Ecke gebracht, der nicht für die Kirche war. Die waren auf Blut aus und haben nicht lange gefackelt. Tausende und Abertausende davon im ganzen Land. Zu Pferde sind sie in die Dörfer geprescht, mit ihren riesigen Bannern und dem Schlachtruf, den sie hatten: CHRISTUS IST KÖNIG. Gott, hatten die Leute eine Angst! Hinter mir waren sie auch her. ›Was denkt ihr euch denn?‹ hab ich zu ihnen gesagt, ›dass ich ein Heide bin? Ich glaub genauso an unsern Herrn wie ihr, mehr sogar, ohne euren papistischen Firlefanz.‹ Damals hatte ich ein eignes Gewehr, sinnlos, mit den *Christeros* vernünftig reden zu wollen. Musste sogar davon Gebrauch machen und, das Allerschönste, Deckung nehmen. Sie haben eine Salve in den Garten gefeuert und mich für tot gehalten und liegenlassen. Die hatten's immer eilig. Nun, und so schlaf ich im Freien, bei Regen wie bei Mondschein. Mein Gewehr hab ich auch noch. Ich glaube, es wäre mein Tod, wenn ich heute in einem Haus schliefe. Mit neunundachtzig ändert man seine Gewohnheiten nicht mehr. Jawohl, neunundachtzig jetzt im November; und zweiundsiebzig davon in Mexiko. Geboren im Jahr vor dem Bürgerkrieg zwischen den Staaten. Strohmann? Ich? Schon wieder? Will einer von euch von meinem Pflaumenschnaps? Hab ihn letzten Herbst gemacht. Diana sagt, er ist nicht mal so schlecht, selber rühr ich ihn nicht an. Ich trinke lieber ausländische Sachen.«

»Nein, danke, Mrs. Rawlston«, sagte Peter.

»Nein, danke«, sagte ich.

Nach dem siebten Robber stand die Engländerin auf »Mrs. Rawlston, es war ein reizender Abend. Sehr herzlichen Dank.«

»Sie wollen doch nicht schon gehen? Bleiben Sie nicht zum Abendbrot, dass wir danach noch ein paar Runden machen?«

»Ich fürchte, wir müssen gehen«, sagte die Engländerin, »die Hunde warten auf uns.«

»Das ist aber schade. Mrs. B., Sie bleiben noch einen Moment, ich muss Ihnen was für Otavio geben.«

Der Stand des Spiels wurde aus dem Gedächtnis rekonstruiert. Ich hatte vier Robber mit Mrs. Rawlston gespielt, und man befand, dass ich sieben Pesos gewonnen hatte. Wenn jemals Geld in einer Tasche gebrannt hat, dann waren es diese sieben Pesos.

»Also, auf Wiedersehen, liebe Mrs. Rawlston, und noch einmal herzlichen Dank.«

»Kommen Sie bald wieder, Peter.«

»Sie müssen nach San Antonio kommen, Mrs. Rawlston.«

»Auf Wiedersehen«, sagte ich.

»Auf Wiedersehen«, sagte die Engländerin.
»Auf Wiedersehen«, sagte der Engländer.

»Mr. Middleton bellt *und* beißt«, sagte E.

»Es war alles vorbereitet«, sagte Anthony, »die Vermieterin auf der Schwelle, Mietvertrag schon ausgeschrieben.«

»Mr. Middleton hat uns am Tor erwartet, mit der Uhr in der Hand«, sagte E.

»Ich bin auch angebellt worden«, sagte ich. »Gedämpft allerdings.«

»Hatten Sie keine Freude an den Saunders?« sagte Don Otavio.

»Sie hatten keine Freude mit mir.«

»Ach, du«, sagte E. »Sich mit Eierbiskuits vollstopfen. Ich würde viel um echte Eierbiskuits geben.«

»Ich hab zu viel gegeben. Nun, und was ist passiert? Sind wir gerettet?«

»Keine Sorge. Aus dem Häuschen wird nichts. Ich habe die Sache geregelt.«

»Du Engel. Und wie hast du es ihm beigebracht?«

»Ich bin ausgewichen.«

»E. hat gesagt, ohne Sie könnten wir nichts entscheiden«, sagte Anthony.

»Also ist gar nichts geregelt?«

»Und Sie würden ihm morgen Bescheid geben.«

»Oh, E., das hast du doch nicht gesagt?«

»Nun, wie du siehst, Mr. Middletons Gebell war *nicht* gedämpft.«

»Ach was«, sagte Anthony, »schreiben wir ihm ein paar Zeilen und vergessen die Sache.«

Siebtes Kapitel

Don Enriquez enthüllt einen Plan

Don Otavio fahrt für einen Tag nach Guadalajara. Don Otavios Abfahrten sind sehenswert. Die Maschine des Motorboots seines Bruders, das am Abend zuvor aus Chapala geholt worden ist, läuft seit Morgengrauen auf Hochtouren. Die Frühmesse findet eine Stunde früher statt, und der Padre wird von San Juan Cosalá herübergerudert. Für seine Bemühung bekommt der Padre ein Frühstück auf der Hazienda. Während der Padre isst, bleibt der Papagei in die Wäschekammer gesperrt, weil auf seine Zunge kein Verlass und Don Jose ein alter Mann ist. Der Friseur kommt gleichfalls eine Stunde früher als sonst. Soledad und Carmelita werden in die Villa beordert, um bei der Toilette zu helfen. Die Leute tragen verschiedene Gegenstände über den Rasen hin und her: den sperrigen Einsatz des Wasserfilters, der in Guadalajara repariert werden soll, Kanister mit Benzin für Don Otavios Wagen, der in Chapala steht, Kisten mit Obst und große Blumengebinde für Don Otavios Verwandtschaft; Proviant, Kissen. All dies wird im Boot untergebracht, wieder herausgenommen, beguckt und anders verstaut. Um neun Uhr füllt sich der Garten mit Zuschauern, Dienstboten und Bittstellern. Um zehn Uhr erscheint Don Otavios Chauffeur auf dem Rasen, bekleidet mit weißen Segeltuchhosen und Strandhemd, eine kleine Decke tragend; eine Viertelstunde später Don Otavios Leibdiener, in den Armen Don Otavios Malteserhündin, die sich an ihn kuschelt und mit einer großen Seidenschleife geschmückt ist. Sie wird den Tag mit Don Otavios Lieblingsschwägerin verbringen. Um halb elf tritt Don Otavio aus dem Haus, gleißend wie der Mond, ganz in weiße Seide gekleidet, das silbrige Haar nach oben gebürstet, eine Krawatte von Charvet über den geweihten Medaillen; er trägt nichts in der Hand. Eine Flut guter Ratschläge entströmt seinem Mund. Sein Gang zum Ufer wird immer wieder von allerlei Bitten unterbrochen: Die Köchin hätte gerne einen Trichter, Carmelita ein paar Meter Seidenband, Juan etwas parfümiertes Öl. Don Otavio sagt alles zu. Er steigt in das Motorboot. Zwei lebende Hühner mit zusammengebundenen Füßen werden zu seinen Füßen niedergelegt. Der Motor heult auf, wird leise, tuckert wieder weiter. Man hilft Pietra ins Boot, der Frau des Chauffeurs, der in diesem Augenblick einfällt, ihren Mann zu begleiten. Domingo kommt mit einem kleinen Mädchen gelaufen, das einen schlimm aussehenden Verband hat, der von den Nonnen gewechselt werden soll. Don Otavio zieht das Kind auf seinen Schoß. Ein *mozo* aus Jocotepec, der mitgenommen werden will, springt auf den Bug. Don Otavio hebt die Hand und winkt huldvoll zum Abschied, und das Boot gleitet hinaus.

Das Mädchen, das uns versorgt, das morgens den Tee bringt und die Läden verschließt, das mit Hemd und Leinenanzug, kaum getragen, davoneilt und sie, duftend nach Sonne und Wiesengras, am Abend schon wieder ausbreitet, heißt Soledad. Sie ist das erlesenste Geschöpf. Die Beschaffenheit ihrer Haut – rosiger Milchkaffee, mattglühend –, das mandelförmige Oval ihres Gesichts, der Mund, der aussieht, als hätte er sich an diesem Tag erst geöffnet, die zarten Hände und Gelenke, die vollendet geformten Füße, die anmutigen und harmonischen Bewegungen: alles an ihr ist aus besserem Stoff Es ist jene blumenhafte Erlesenheit, die Unschuld, Schönheit und Jugend vereint und die sich bei scheuen Tieren findet, einem Schmaltier, einem Jungreh, seltener bei einem Menschen und kaum jemals bei einem Angehörigen der weißen Rasse. Soledads Gesichtsausdruck ist offen, gelassen, von einer eigenen Gelöstheit. Sie hat ein reizendes Lächeln, nicht abwesend, doch auch nicht ganz da; eine Wärme, die nicht erst die rechte Umgebung braucht, um zu strahlen; und den ganzen Tag hört man ihre leichte, singende Stimme. Wir betrachten sie mit ehrfürchtiger Scheu. Solche Geschöpfe scheinen fast keine Menschen zu sein; dass sie es dennoch sind, muss tragisch für sie sein. Was kann unter unsresgleichen aus ihr werden? Geistiges rührt nicht an sie, auch Gewöhnlichkeit nicht, aber die Männer werden es tun und die Zeit. Doppelt sterblich, sollte ihr das Geschick der milchweißen Stute beschieden sein: Entrückung in einer Wolke. Doch sie wird mit einem Bauernlümmel oder einem reichen Mann verheiratet werden.

Meine eigene Urgroßmutter war Spanierin, und obwohl ihre Schönheit kaum von gleicher Art wie die Soledads gewesen sein kann, soll sie ein wirklich ungemein hübsches Mädchen gewesen sein, als sie verheiratet, in ein nördliches Land gebracht und in einen fremden Glauben aufgenommen wurde. Ich habe sie noch als eine sehr kleine, sehr runzlige alte Frau in Erinnerung – tatsächlich Soledads Mutter ein wenig ähnlich –, die niemals das Haus verließ, in dem die Autorität ihrer Kinder galt, und deren liebenswerte Natur als harmlos angesehen wurde. Sie humpelte spitzenklöppelnd durch die Flure und trug eine Schüssel Pudding in ihr Wohnzimmer im ersten Stock. Obwohl mir alte Leute nicht geheuer waren – ich war damals fünf –, tranken wir Schokolade, knabberten wir Süßigkeiten zusammen, ganz wie zwei Gleichaltrige.

Heute morgen richtet Soledad mir eine Bitte von Guadalupe aus. Guadalupe ist die alte Amme der X.-y-X.-Brüder und kümmert sich jetzt um das Federvieh. Es ist ruchbar geworden – Domingo und Andreas haben es bei Tisch mitgehört, dass ich in Rom gewesen bin, und Guadalupe bitte nun um die Gunst meiner Gesellschaft, um sich mit mir über das Thema zu unterhalten. Guadalupe, mit der die Beziehungen bislang überaus spärlich gewesen waren, bedaure, nicht früher erfahren zu haben, dass sich jemand, der in Rom war, im Hause aufhält. Im Augenblick habe sie junge Gänse auf dem Schoß, so dass sie unabkömmlich sei, aber ob ich mich bitte in den Geflügelpatio bemühen wolle?

Ich liebe Rom vielleicht mehr als jede andere Stadt der Welt. Schon der Name, so leichthin, so unwissend, wie er von Soledads ahnungslosen Lippen kommt, ruft Erinnerung und Sehnsucht herauf.

»Buenos dias, Señora.«

»Buenos dias, Guadalupe.«

»Sie sind in Rom gewesen, Señora?«

»Schon oft.«

»Schon oft! Rom ist eine sehr fromme Stadt.«

Meine Antwort darauf ist vorsichtig. Ich war mir bewusst, dass die Ewige Stadt von jeher allen Menschen alles mögliche bedeutet hat. Goethe lebte anderthalb Jahre in ihren Mauern und brachte es zuwege, kein einziges Denkmal christlicher Kunst zu sehen. Den umgekehrten Weg schlagen die Pilger von heute ein, die sich, den Staub der siebten Basilika kaum von den Knien geschüttelt, ins Forum drängen. Das Kolosseum wird sowohl von den Anhängern der Apostel wie den Anhängern Gibbons reklamiert; andere betrachten einen Besuch in der Wiege der Christenheit und am Urquell des Rechts als eine Jagd nach Barockschätzen und wollen zuallererst nur Bernini sehen. Ich glaube, Guadalupes Anliegen zu erraten.

»Und haben Sie die Jungfrau jedes Mal gesehen?«

Ich hatte es nicht erraten. »Ich habe den Papst gesehen«, sagte ich vorsichtig.

»Ja, ja, der Papst. Ein sehr guter Mann, kein Zweifel. Er sorgt für die Heilige Jungfrau. Haben Sie sie gesehen?«

Ein Frühjahr und einen Sommer lang hatte ich eine Wohnung in Rom, gegenüber und auf gleicher Höhe mit der dreißig Meter hohen Marmorsäule der Unbefleckten Empfängnis. Vom Sonnenaufgang bis zur gestirnten Mitternacht hatten die Statue der Maria Immaculata und der riesige geflügelte Bronzestier des heiligen Lukas, fast mit dem Arm zu greifen, in meine Fenster und auf meine Terrasse geblickt. »Rom hat vieles von der Heiligen Jungfrau«, sagte ich.

»Natürlich. Muss es ja auch. Geht's ihr gut? Hat sie alles, was sie braucht? Was trug sie denn?«

»Rom ist groß«, sagte ich.

»Sehr groß und sehr prächtig. Der Jungfrau wegen. Sie haben doch die Jungfrau gesehen, *nina?*«

»Ich glaube nicht, dass die Jungfrau in Rom wirklich zu sehen ist. Sie meinen nicht Lourdes, Guadalupe, wo man sie gesehen hat?«

»Ja, in Lourdes ist die Jungfrau auch zu sehen. Aber die Jungfrau wohnt in Rom, wie jeder weiß. In einem Palast, der El Vatican heißt. Sie hat jetzt Ihre eigene Eisenbahn. Eine prachtvolle Bahn. Erzählen Sie mir doch alles darüber.«

»Nun, Guadalupe«, sagte ich, da ich spürte, dass Ausflüchte nun nicht weiterhelfen würden, »Sie wissen doch, dass die Jungfrau im Paradies ist, nicht in Rom. Selbst Rom ist das nicht. Und die Eisenbahn ist für den Papst gebaut worden. Wissen Sie denn nicht von Mariä Himmelfahrt? Aber Sie wissen doch, dass die Heilige Jungfrau zum Himmel aufgefahren ist?«

»Die Jungfrau ist aus Rom fort? Gerade, als sie die neue Eisenbahn bekommen hat? Sie ist doch eigens für sie gebaut worden. Ich hab dem Padre zwei Pesos für die Eisenbahn der Jungfrau gegeben. Sie bringen alles durcheinander, *nina,* was Sie da erzählen von Lourdes und dem Paradies und dass der Papst die Eisenbahn der Jungfrau selbst benutzt. Sobald meine Gänschen eingeschlafen sind, werde ich drei Rosenkränze für Sie beten. Damit's in Ihrem Kopf klar wird.«

Alle drei Brüder von Don Otavio samt ihren Frauen haben sich für morgen angesagt, und Don Otavio ist von den Vorbereitungen ganz aus dem Häuschen. Die Köchin hat wieder getrunken und ist noch nicht zu sich gekommen. Auch Jesús' Frau gibt Anlass zur Besorgnis, es heißt, dass sie auf Don Otavios Diener Juan ein Auge geworfen hat. Juan hat schreckliche Angst, da Jesús schon drei verschiedene junge Männer aus Ajijíc mit dem Messer angefallen hat. Die anderen zeigen Neigung, die Arbeit niederzulegen und zu beobachten, zu welchem Ende diese Entwicklung gelangen wird.

»Nur keinen Arger, *ninos«,* flehte Don Otavio sie an, »solange meine Schwägerinnen hier sind.«

»Ich bin überrascht, dass Jesús noch nicht auf Mr. Middleton losgegangen ist«, sagte ich, »so wie Mr. Middleton sich immer über Jesús' Garten auslässt.«

»Das ist undenkbar«, sagte Don Otavio.

»Arger kommt ganz von selber«, sagte Domingo.

»Die Pferde haben das Gemüse gemaust«, sagte Andreas.

»Ninos!« sagte Don Otavio. *»Con su permiso?«*

»Ich bin drüben in der Villa gewesen«, sagte Anthony, »ihr solltet die Alkoholika sehn, die Otavio zutage fördert. Scotch; französischen Kognak; ganze Kisten. Es gehört an sich alles Don Enriquez, er bewahrt es hier auf. Und die halbe Seite von einem Rind ist aus Chapala gebracht worden. Ich hab's gesehen.«

»Wie gut Sie schnüffeln können.«

»Ich hab der Köchin dein Alka-Seltzer gegeben, E. Sie machen Eis in der verrücktesten Maschine, die man je gesehen hat. Eine Art Kübel mit einer Kurbel. Es wäre mir wirklich recht, wenn Joaquím und Orazio kämen.«

»Kommen sie denn nicht?«

»Verdammt noch mal, nein. Überhaupt keine jungen Leute. Das ist eine ernste Sache. Wusstet ihr das nicht? Don Enriquez bringt den Vertrag für das geplante Hotel mit, und sie werden sich den vornehmen. Deswegen kommt ja Luís eigens aus Mex-City her.«

»Anthony, Sie wissen zu viel.«

»Wir sollten in Jocotepec sein«, sagte E.

»Con permiso de Ustedes«, sagte Juan. »Don Otavio möchte gerne wissen, ob die Señoras so gütig wären, den Papagei für eine kleine Weile zu sich zu nehmen? Don Otavio arrangiert die Blumen.«

»Wir sind doch zu was nütze hier«, sagte ich.

Don Otavio, gefolgt von Soledad, die Bettwäsche trug, und von Jesús' Kindern, die Vasen trugen, kam durch die Loggia.

»Immer mit einem Buch«, sagte er zu E. »Sie scheinen wirklich sehr viele zu haben.«

Ich blickte von meinem Buch auf und hörte zu.

»Dieses liest man immer wieder gern«, sagte E.

»Das freut mich sehr«, sagte Don Otavio.

»Sie müssten eigentlich Mr. Collins begegnet sein, Don Otavio. Er hat den Maßstab für das Verfassen höflicher Briefe gesetzt.«

»Wer war der Herr?«

»Ein Geistlicher der Church of England.«

Don Otavio überdeckte ein leichtes Erstarren mit einem artigen Lächeln.

»Und eine Figur bei Jane Austen.«

»Ach so; er wohnte auf dem Besitztum der Dame«, sagte Don Otavio mit der Erleichterung vollen Verstehens. *»Con su permiso?«*

Sie kamen eine Stunde vor dem Mittagessen mit Don Enriquez' Motorboot an. Ein Sonnenzelt war aufgestellt und ein Tisch mit Erfrischungen angerichtet worden. Don Otavio, frisch gepudert, im Charvet-Hemd, eine pflaumenfarbene Schärpe mit Quaste um die Taille geschlungen; E., Anthony und ich standen wartend auf dem Rasen.

Don Enriquez, im weißen Anzug, ein Mann in der Blüte seiner Jahre, war eine glänzende, mächtige, weltgewandte Erscheinung – maskulin, ungezwungen, vermittelte er das Gefühl von Energie. Don Jaime sah aus wie ein mattes, geistliches Abbild seines älteren Bruders; spindelförmig von Gestalt, abgezehrt, mit einem strengen Gesicht und gequälten Ausdruck, der hätte asketisch sein können, vor allem aber Hunger verriet. Don Luís wirkte recht schmierig und hatte mehr als einen Anflug von Autoverkäufer an sich. Don Jaime trug einen dunklen Straßenanzug, Don Luís einen von hellerer Farbe. Alle drei Brüder waren stark gepudert.

Ihre Frauen waren dünn, elegant und Schönheiten. Doña Victoria hatte edle, harte Züge und Doña Concepción ein bezauberndes Gesicht. Sie trugen einfache weiße Pikeekleider, fast wie ein

Tennisdress, von, wie man es früher nannte, schlichtem, gutem Geschmack, aber Doña Concepción hatte Rubinringe an den Ohren und Doña Victoria Diamanten. Sie trugen, bis auf Augen und Mund, kein Make-up.

Don Luís' Frau war in Mexiko geblieben, weil sie wieder ein Kind erwartete.

Sie brachten eine Anzahl von Dienstboten mit. Don Enriquez brachte Don Otavio ein paar Schnepfen und Doña Concepción die letzte Nummer der *Vogue.*

Wir standen mit dem Glas in der Hand auf dem Rasen umher, plauderten und verspeisten eine gehörige Portion *tacos,* bis es an der Zeit war, zum Essen ins Haus zu gehen. Don Otavio kümmerte sich um jedermann, doch offensichtlich fungierte Doña Victoria als Dame des Hauses. Don Enriquez schien zu sehr hier zu Hause, um sich Gedanken zu machen.

Don Enriquez behandelt Don Otavio mit liebevoller Herablassung. Don Jaime behandelt ihn fast mit heimlicher Verachtung, und Don Luís eifert ihm offen nach. Doña Victoria ist ziemlich bissig zu ihrem Schwager und Doña Concepción liebenswürdig.

Als wir Don Otavio inmitten seiner Familie sahen, fiel uns mit einem Mal die völlige Anomalie seiner Stellung als Junggeselle auf.

Er begegnete seinen Brüdern mit Zuneigung und Respekt. Mit dem größten Respekt vielleicht für Don Jaime und mit der größten Zuneigung und nicht weniger Respekt für Don Luís, und er schien Doña Concepción als seinesgleichen und Doña Victoria mit Ehrfurcht zu betrachten.

Aus irgendeinem Grund haben Don Enriquez und Doña Victoria Anthony ganz mit Beschlag belegt.

»Tavio hat Ihnen noch nicht die Insel gezeigt? *Qué tal, chiquito,* woran denkst du eigentlich?«

»*Querido,* seit Papas Tod war niemand auf der Insel.«

»Ja, und gerade darum würde sie Don Antonio gefallen. Sie ist ganz verwildert. Wir sind so gern dort gewesen, als wir noch Jungen waren. Die Bewohner kommen nie aufs Festland. Sie haben bestimmt kein weißes Gesicht gesehen, seitdem wir erwachsen sind.«

»Enriquez, Don Antonio ist erwachsen«, sagte Doña Victoria. »Er ist in Joaquíms Alter.«

»Und da warst du schon verheiratet und hattest einen Sohn.«

»Und sie haben keinen«, sagte Don Enriquez behaglich.

»Ich wünschte, Joaquím hätte noch nicht soviel für den *Cercle des Jeux* übrig«, sagte Doña Victoria, »wir sollten *ihn* veranlassen, Don Antonio die Insel zu zeigen.«

»Wie geht's Joaquím und Orazio, Sir?« fragte Anthony.

»Sie sind wohlauf und kostspielig«, sagte ihr Vater.

»Don Enriquez«, sagte E., »was halten Sie als Jurist von der gegenwärtigen Regierungsform in Mexiko?«

»Nicht schlimmer als die meisten anderen Formen.«

»Sofern es eine hat«, sagte Don Jaime.

»Oh, die *politicos* haben ihr Geschäft. Ihr Ziel, sollte ich besser sagen.«

»Ihre Ziele«, sagte Don Luís.

»Sie werden feststellen, wir sind noch immer ein Land großer Möglichkeiten«, sagte Don Enriquez.

E. wandte sich wieder ihrem Teller zu.

»Otavio, müssen wir das Rindfleisch auch mit Tomatensoße übergossen essen«, fragte Doña Victoria, »wenn schon der Fisch *à la veracruzana* zubereitet war? War es denn nicht frisch?«

»Angelita ist nicht bei sich. Jesus' Frau kocht zur Zeit. Sie versteht es nicht anders.«

»Sie hat sich nach der Alka-Seltzer wohlgefühlt«, sagte Anthony. »Sie hat gesagt, so schnell ist's noch nie vorbeigegangen.«

»Ja, sie hat sich einigermaßen erholt, die Arme. Und darum ist sie weggegangen und hat noch einmal einen *tequilita* getrunken.«

»Oje«, sagte Doña Victoria.

»Sie brauchen alle eine kleine Abwechslung, die Ärmsten, sie warten auf den *Diez y Seis de Septiembre*«, sagte Don

Otavio. »Mit dem Feuerwerk haben sie schon diese Woche angefangen. Ich hab es heute morgen gehört.«

»Was für ein Fest ist das denn?« fragte Anthony.
»Der Unabhängigkeitstag«, sagte E.
»Ihrer?«
»Unserer«, sagte Don Jaime.
»Doña E. ist sehr mit unserer Geschichte vertraut«, sagte Don Otavio.
»Wir leben ziemlich isoliert in der letzten Zeit«, sagte Don Enriquez, »kein Mensch kann sich's leisten zu reisen.«
»Meine Söhne waren nicht mal in Paris«, sagte Don Jaime.
»Du vergisst aber, *querido*, es war ja auch Krieg in Europa.«
»Ich weiß«, sagte Don Jaime. »Wir mussten unsre Mädchen nach Kanada ins Sacré-Cœur schicken.«
E. legte die Gabel hin. »Welche Auswirkungen, würden Sie sagen, hatte der Krieg auf Mexiko?« fragte sie.
»Wir haben geschäftlich ein bisschen profitiert«, sagte Don Enriquez.
»Gar nicht so wenig«, sagte Don Luís.
»Viele Ladenbesitzer, die nie zuvor Brot gegessen hatten, haben einen Haufen Geld verdient«, sagte Don Jaime. »Und jetzt sieht man sie überall in Schuhen herumlaufen.«
»Die Bars sind voll von solchen Leuten«, sagte Don Luís. »Man kann wirklich nicht mehr ausgehen.«
»Sie machen sich keinen Begriff, wie es sich auf die Garderobe ausgewirkt hat«, sagte Doña Victoria.
»Und wie wir alle ausgesehen haben«, sagte Doña Concepción.
»In Buenos Aires und Rio war's natürlich das gleiche Lied. Manche von uns haben es eine Saison mit New York versucht.«
»Nun, die Farben waren fröhlicher«, sagte Don Otavio.
»Ja, das auch.«
»Frankreich kann nicht auf dem absteigenden Ast sein, wenn Paris noch immer die Frauen des romanischen und orientalischen Typus in Schwarz stecken kann«, sagte E.
»Por favor?« sagte Doña Concepción.
»Ich bewundere Ihr Land«, sagte Don Luís zu E., »wie viele hübsche Sachen es von dorther einzuführen gibt. Nur leider zu

wenige Leute hier, die sie kaufen können. Coca-Cola gibt's natürlich, ein ganz wunderbares Geschäft, aber die Konzessionen sind in den Händen der Präsidentenfamilie.«

»Unsere Präsidenten haben zu viele Brüder«, sagte Don Enriquez.

»Don Jaime, wie denken Sie wirklich über die gegenwärtige Regierung Mexikos?« fragte E.

»De quel point de vue, Madame?«

»Ich nehme an, Sie stimmen mit ihren Methoden und Idealen nicht überein?«

»Ihre Methoden machen ihre Ideale völlig nebensächlich.«

»Ich hab ein neues Armband, Tavio«, sagte Doña Concepción.

»Zeigst du es mir nach der Siesta? Ich hab auch was Hübsches, das du dir ansehen musst, *chiquita*.«

»Würden Sie sagen, es ist eine *stabile* Regierung?« fragte E.

»Unsere *politicos* sind zäh«, sagte Don Luís. »Die neue Garnitur würde eher die Macht teilen als abtreten.«

»Stabiler als alles, wovon der arme alte Don Porfirio je geträumt hat«, sagte Don Enriquez. »Wir sind ausgeschaltet, wie man glaubt, und die Indios machen nicht mit.«

»Ich nehme an, es gibt wohl keine organisierte und informierte öffentliche Meinung in den Mittelschichten oder öffentlichen Druck?« fragte E.

»Druck, um an die Hebel zu kommen«, sagte Don Luís.

»Unser Land wurde von spanischen Herren und ihren Dienern gegründet«, sagte Don Jaime.

»*Und* Galeerensklaven«, sagte Don Enriquez.

»Früher haben die Indios mitgemacht«, sagte ich, »denken Sie nur an all die Aufstände.«

»Sie würden jederzeit einem General mit einer bewaffneten Bande folgen«, sagte Don Enriquez. »Aber diese Zeiten sind vorbei. Unsere Politiker haben Geschmack am bequemen Leben gefunden. Keiner wird mehr über die Berge reiten. Außerdem, die USA würden es uns schon nicht erlauben. Mit den Revolutionen ist es vorbei.«

»Mit den Ursachen auch?« fragte E.

»Haben diese Politiker denn keine Lust zum Schießen?« sagte Anthony.

»Man kann privat genauso schießen wie öffentlich, junger Mann«, sagte Don Enriquez.

»Wie können die USA irgendetwas abstellen?« fragte E. »Mit wirtschaftlichen Sanktionen? Das würde sich wohl kaum auf das Leben der Leute auswirken, so wie die Dinge stehen.«

»Aber die Pläne der *politicos* durchkreuzen – es gäbe nichts, wofür sie ihr Geld ausgeben könnten«, sagte Don Enriquez.

»Heutzutage würde bestimmt niemand mehr in Mexiko einmarschieren wollen«, sagte E.

»Die Deutschen hatten vor, Fallschirmjäger über diesem See abzusetzen«, sagte Don Jaime.

»Ach, die Deutschen«, sagte Don Enriquez.

»Und hat Ihr Vater auch einen Cadillac, Don Antonio?« fragte Don Luís.

»Niemand könnte Mexiko wirklich einnehmen«, sagte E., »gleichgültig, mit welchen Waffen.«

»Ihr habt unser halbes Land weggenommen«, sagte Don Jaime in einem jähen Ausbruch vollkommenen Ernstes.

»Eine höchst beklagenswerte Geschichte«, sagte E. »Lincoln hat, was ihm zu ewiger Ehre gereicht, im Kongress dagegen gestimmt. Aber der Frieden von Guadalupe-Hidalgo wurde vor hundert Jahren geschlossen. Es war ein sehr schlechter Friedensschluss, aber es war ein Friede. Und er hat ja lange gehalten.«

»Es ist eine lange Zeit, die man uns jetzt schon unser halbes Land vorenthält«, sagte Don Jaime.

»Sie können kaum erwarten, dass wir Texas und Arizona und Kalifornien jetzt noch zurückgeben.«

»Es wäre gegen die Vernunft«, sagte Don Enriquez.

»Weil sie es zu solchem Reichtum gebracht haben?«

»Weil man die Uhr nicht zurückdrehen kann«, sagte E.

»Warum sollte sie nur in einer Richtung gehen?«

»Wenn sie sich in der anderen bewegen könnte, würden Texas

und Kalifornien, so gut wie das übrige Mexiko, sich vielleicht wieder unter der Herrschaft der spanischen Krone finden.«

»Wir stammen alle aus Spanien«, sagte Don Jaime.

»Nicht *alle* deine Großmütter, Jaime«, sagte Don Enriquez grob, »bei Weitem nicht.«

»Chicos!« sagte Don Otavio.

»Doña Sibilla, was halten Sie eigentlich von Monsieur Christian Dior?« fragte Doña Concepción.

»Ist er nicht ein bedeutender Mann?« sagte Doña Victoria.

»Vielleicht etwas avantgardistisch?«

»Nicht ganz klassisch?« sagte Doña Victoria.

»Mama ist immer zu Worth gegangen«, sagte Don Otavio.

»Con su permiso«, sagte Doña Victoria, und wir standen alle auf.

Alle gingen sogleich auf ihre Zimmer. Die beiden Ehepaare waren auf der Hazienda und Don Luís in der Villa untergebracht worden. Don Otavio kam zurückgelaufen. »Möchten Sie meine neue *Vogue* anschauen?« fragte er E. »Ich weiß, Sie halten keine Siesta.«

»Danke. Sehr freundlich. Danke.«

»Es ist leider keine sehr aufregende Nummer«, meinte Concepción.

»Anthony, passen Sie auf, dass sie nicht verloren geht«, sagte ich.

Doña Victoria und Don Jaime legten sich auch nicht zur Ruhe. Sie setzten sich im Schatten eines Papayabaums nieder und begannen eine Partie Bézique.

Zwei Stunden später erschienen Doña Concepción und Don Luís wieder, gesellten sich zu den anderen, und rasch gruppierten sich die vier um einen Bridgetisch. Bald danach kam Anthony, suchte sich einen Stuhl und setzte sich zu ihnen.

E. überquerte den Rasen. In einer Hand trug sie Professor Brogans Werk über die französische Republik, in der anderen einen Band von *Phineas Finn.*

»Was hast du mit der *Vogue* angestellt?« rief ich ihr entgegen.

»O mein Gott!« sagte E. »Wo ist die jetzt?«

Wieder eine Weile später schlenderte Don Enriquez, frisch geschniegelt, heraus und bestieg sein Motorrad. Er fuhr, Mrs. Rawlston seine Aufwartung zu machen.

Ich ging Don Otavio suchen.

»Angelita geht's schlechter«, sagte er.

»Das habe ich befürchtet. Don Otavio, wollen Sie mich nicht das Abendessen kochen lassen?«

»Daran ist gar nicht zu denken.«

»Ich koche nicht zum ersten Mal, wissen Sie.«

»Ich glaube, es wird in manchen modernen Klosterschulen unterrichtet. Zumindest in Kanada. Im Sacre Coeur in Montreal erteilt man Kochunterricht. Meine Nichten nehmen natürlich nicht daran teil.«

»Stellen Sie sich vor, was Jesús' Frau mit der Schnepfe anrichten wird.«

»Jesús' Frau wird heute Abend nicht kochen. Jesús hat sie verprügelt. Sie hatten einen *disgusto.*«

»Wer soll also kochen? Gibt's denn überhaupt jemanden, der nicht vor Alkohol und Hauszank arbeitsunfähig ist?«

»Guadalupe, die Arme.«

»Ob Doña Victoria Guadalupes Kochkunst Zusagen wird?«

»Sie wird niemandem Zusagen.«

»Also?«

»Es wäre ungehörig.«

»Ach, Unsinn, Don Otavio. Ich werde alles vorbereiten, damit Guadalupe es nur warmhalten muss, und Sie brauchen ja niemandem etwas davon zu sagen.«

»Wir können es Concepción sagen.«

»Das könnten wir natürlich. Und Anthony. Damit ist es also erledigt. Domingo und Andreas werden mir helfen, und Soledads Mutter kann sich um das Feuer kümmern. Sie sehen, ich bin bereits mit der Arbeitsweise Ihrer Küche vertraut.«

»Nein, nein, ich kann es nicht zulassen. Was würde Doña E. dazu sagen?«

»Dass sie stolz sei, im Land geborene Bürgerin eines demokratischen Staates zu sein. Falls sie den Unterschied bemerkte, was sie aber nicht tun wird. Ich hoffe, Sie werden ihn bemerken. Weil ich nämlich sehr gut koche.«

»Es ist eine sehr große Liebenswürdigkeit, Doña Sibilla. Und jetzt muss ich in den Keller gehen. *Con supermiso?*«

»Was werden Sie uns heute abend zu trinken geben?« sagte ich und behielt einen leichten Ton bei.

»Ich dachte mir, ich hole ein Dutzend Flaschen von diesem angenehmen Sauternes herauf. Er ist gar nicht übel. Und ein paar Flaschen von dem Burgunder-Perlwein zum Geflügel. Luís trinkt ihn so gern. Und ein bisschen Champagner zum Pudding. Es ist nur argentinischer, leider, aber sehr süß.«

»Don Otavio«, sagte ich. »Anthony erzählte mir, Sie hätten noch ganz ausgezeichneten Bordeaux. Ein paar Flaschen 1900er Margaux und Lafite, wenn mich meine Ohren nicht trügen. Und der, wissen Sie, wird sich nicht mehr lange halten.«

»Ja, ja, diese alten Rotweine. Sie sind sehr bitter. Der französische Botschafter, Monsieur de Clerveaux, hat sie meinem Vater geschenkt. Niemand hat sich viel daraus gemacht.«

Hier verließ mich der Mut, und der Schrei aus dem Herzen blieb in meiner Brust.

»Guadalupe, jetzt ist keine Zeit zum Beten«, sagte ich. »Machen Sie Schluss mit dem Ave Maria, und schneiden Sie mir ein paar Zwiebeln auf.«

»*... Santa Maria Madre de Dios ... llena ares de gracia ...*«

»Schon gut, schon gut. Aber müssen Sie denn unbedingt auch den Rosenkranz halten?« Ich musste an einen *curé* aus der Touraine denken, den wir kannten und der seiner frommen Haushälterin, die, wie er es schilderte, *courrait à la messe à toutes les heures*, zu sagen pflegte: »*Si vous voulez servir le Seigneur, allez vous faire Bonne Sœur; mais si vous voulez me servir, faites votre cuisine*«, und allzu gerne hätte ich Guadalupe davon erzählt.

»*... y en la hora de nuestra morte Amen.* Fertig, *nina,* hier sind die Eier, halbweich gekocht, wie Sie gesagt haben. Zwölf Ave. Ich hab nicht gebetet.«

»Und sagen Sie immer das Ave Maria auf, wenn Sie kochen?«

»Das Ave Maria für Eier. Das Vaterunser für Koteletts, das Credo für Gebratenes. Weil es länger ist.«

»Wie praktisch unsere Religion doch ist. Die Protestanten haben ja keine Ahnung.«

Anthony spähte herein und hielt mich auf dem laufenden. Don Enriquez sei bei Einbruch der Nacht zurückgekommen und habe Doña Concepcións Platz eingenommen. Doña Concepción sei mit Don Otavio nach oben gegangen. Die übrigen säßen noch immer beim Bridge. Doña Victoria, Don Jaime und Doña Concepción seien Spieler von internationalem Turnierniveau. Don Luís und Don Enriquez – in dieser Reihenfolge – erstklassig, doch nicht in der Klasse der anderen. Don Otavio sei nicht schlecht, und er, Anthony, verstehe gerade so viel, dass er mitkomme.

»Und wie schnell es bei ihnen geht«, sagte er. »Eine Minute für ein Spiel. Und sie gehen nur nach den besten Karten. Ein Peso pro Punkt. Das ist kein Bridge, das ist Hasard im großen Stil. Und sie sagen, sie spielen nicht Poker, wenn sie nur unter sich sind. Seien Sie unbesorgt. Sie spielen schon nicht mit uns. Sie und ich und Otavio sollen nach dem Abendessen brav Rommé spielen.«

»Es sieht nicht sehr nach einem geschäftlichen Besuch aus«, sagte ich.

»Sie lassen sich Zeit. Warten Sie ab – in ein, zwei Tagen werden sie sich schön in die Wolle kommen. Insgeheim sprechen sich schon alle mit irgendjemand ab. Don Enriquez ist zu Mrs. Rawlston gefahren, um herauszubekommen, wie in diesem Jahr die Aussichten für die Straße stehen. Sie weiß angeblich über alles Bescheid, was in der Gegend hier vor sich geht. Und Otavio schwant, dass sie ihm sagen werden, er müsse heiraten, darum hat Luís ihm angeboten, dass seine Frau ihm das Haus führt, aber Otavio ist auch darauf nicht versessen. Er hat einen Boten zu der bewussten Tante in Guadalajara geschickt, bei der er einen großen Stein im Brett haben soll. Don Jaime hat ebenfalls eine Nachricht hingesandt und glaubt, Otavio weiß nichts davon, aber er weiß es doch.«

»Und woher wissen Sie es, Anthony?«

»Von Juan. Juan ist mit Don Enriquez' Diener befreundet, und Otavio spricht vor Juan über alles.«

»Und haben Sie Ihrerseits Juans Selbstgespräche mit angehört?«

»Herrje, nein. Ich frag einfach.«

Man spielte Bridge – rasch und mit hohem Einsatz –, nur vom Abendessen unterbrochen, bis halb zwei Uhr morgens. Aber heute vormittag wird ein Konklave abgehalten, im Wohnzimmer der Villa und in Gegenwart der Frauen.

»Sie wollen sich nur über die Präliminarien einigen«, sagte Anthony. »Die Geldfrage kommt heute nicht zur Sprache.«

Wir badeten. Wieder waren Erfrischungen auf dem Rasen angerichtet worden, aber es war längst zwei Uhr vorbei, und niemand nahm etwas zu sich. Während wir im Wasser waren, hatte Mr. Middleton angerufen und Nachricht hinterlassen, er wolle mit uns über die Vorbereitungen für unsere Särge sprechen, und wir möchten zum Tee kommen. Schließlich tauchte Doña Concepción aus der Villa auf. Sie bat Domingo um einen Wermut und ließ sich in einen Sessel fallen.

»Ich freue mich so für Tavio über dieses Hotel«, sagte sie zu mir. »Ich hoffe, es wird etwas daraus. Es wird ihm solche Freude machen. Er kümmert sich gern um Menschen. Wir haben ihn früher immer geneckt, er sollte in einen Krankenpflegeorden eintreten. Er fuhrt solch ein einsames Leben, der arme Kerl. Wussten Sie, dass er eine Berufung hatte? Seine Mutter hat sich so darüber gefreut. Dann sind die Revolutionen gekommen. Mein Mann hat gesagt, es sei ohnehin schon schwierig für unsereinen, auch wenn man keinen Priester in der Familie hat. Mein Schwiegervater war nicht sehr beliebt. Darum wurde alles hinausgeschoben. Er ist eine Zeit lang nach Mexiko gegangen. Ich furchte, dort ist er in sehr schlechte Gesellschaft geraten. Als er zurückkam, hatte sich alles wieder beruhigt, und damals hätte er in den Dienst der

Kirche treten können. Mein Mann sagt, es könnte uns jetzt vielleicht nützen. Aber Tavio war sich nicht mehr sicher. Vielleicht war es keine echte Berufung, und es ist jetzt alles am besten so. Wer weiß?

Ja, ich hätte gerne noch einen Wermut. Tavio war nie glücklich draußen in der Welt«, fuhr Doña Concepción mit der Gesprächigkeit fort, die aus Ermüdung kommt, »aber wenn es doch eine echte Berufung war und er ihr nicht gefolgt ist, dann wäre das ganz furchtbar, nicht? Unsere Tante Isabella-Marfa – sie heißt eigentlich Schwester Madalena in Christo, aber sie ist nur eine Laienschwester; der Heilige Vater hat sie zur Gräfin gemacht, als wir alle unsere Titel verloren, mein Mann sagt, wir haben sie eigentlich gar nicht verloren, aber da wir sie nicht mehr fuhren dürfen, kommt es doch auf dasselbe hinaus, nicht? Männer sind doch eigen in diesen Dingen, finden Sie nicht? Es war sehr gütig vom Heiligen Vater, und er hat es auch nur getan, weil Tante Isabella-Marfa so sehr wichtig für die Kirche ist, aber natürlich, päpstliche Titel sind päpstliche Titel, man kann sie ja unmöglich fuhren, nur Südamerikaner tun das nun, Tante Isabella-Maria sagt, wir müssen Geduld haben, und wir kennen Gottes Wege nicht. Ich bete sehr viel für Tavio. Er hat ja keine Mutter, die für ihn betet, das macht immer so viel aus, nicht? Nicht, dass sie nicht einwirkt, von dorther, wo sie nun weilt. Jetzt sieht es so aus, als ob Tavio vielleicht schließlich doch noch Geistlicher würde. Aber es müsste ein Orden sein. Er hat ja nie studiert. Mein Mann und meine Schwäger sagen, sie hätten es viel lieber, wenn er *abbe* wäre. Tante Isabella-Maria war immer sehr gut zu Tavio. Sie sieht es gern, dass er in San Pedro wohnt. Er liebt es so sehr. Mein Mann nicht. Luís würde gerne hier wohnen, aber er und Doña Asuncion sind sehr arm. Sie haben neun Kinder. Neun sind am Leben geblieben, meine ich. Enriquez und Victoria halten sich natürlich hier auf, sooft es ihnen gefallt. Deswegen gab es ja auch die Scherereien heute morgen. Ach, wenn sie doch herauskämen; es muss längst Mittag sein. Doña Sibilla, braucht man viele Zimmer, um ein Hotel einzurichten?«

»Zimmer sind ziemlich wesentlich.«

»Wie viele?«

»Das kommt darauf an. Wenn Sie an San Pedro denken, würde ich sagen, es wären gerade genug für die Größe des Ortes. Etwa zwanzig Schlafzimmer, es sind doch so viele?«

»Acht würden *nicht* reichen?«

»Es scheint kaum rentabel, mit acht ein Hotel aufzumachen.«

»Das ist es ja, was Tavio und Luís immerzu sagen. Mein Mann ist sehr zornig auf Luís geworden. Luís sagt, es betrifft ihn nicht, da er in der Hauptstadt wohnt, schließlich kämen wir und die Enriquez von Samstag bis Montag hier heraus. Enriquez sagt, für ihn und seine Familie müssten neun Zimmer reserviert werden. Mein Mann meint, wir sollten Opfer bringen, schließlich müssten wir nicht jedes Mal die Erzieherin mitbringen, aber auch dann reichen fünf Zimmer kaum für uns. Victoria sagt, Tavio solle ihnen das ganze Erdgeschoß der Villa überlassen und uns im ersten Stock unterbringen. Tavio hat das nicht gefallen. Er hat gesagt, ein Hotel sei schön und gut, aber es sei unangebracht, dass er auch noch sein Zuhause aufgebe. Victoria hat gesagt, es sei lächerlich für einen Junggesellen, in einem so großen Haus zu wohnen, und sie könnte mit den Dienstboten viel besser umgehen. Enriquez hat gesagt, die Hazienda sei sein Zuhause, und es sei nur ein natürlicher Wunsch, wenn er ein paar Schlafzimmer behalten wolle. Luís hat gesagt, es sei absurd, Geld verdienen und zugleich wie Kardinäle wohnen zu wollen, und Enriquez hat gesagt, er missgönne niemals einem Menschen seine Bequemlichkeit, und Luís solle sich um seine eigenen Angelegenheiten kümmern. Es war alles so entsetzlich schwierig. Was werden sie alle nur tun? Ich bin weggegangen. Ich glaube, sie haben es gar nicht bemerkt.«

Beim Mittagessen war jedermann eine Nuance höflicher zu uns als am Vortag. Don Enriquez war wie immer, Don Otavio war still und Don Luís nachdenklich. Nur Don Jaime wirkte bedrückt und Doña Victoria verärgert. Während dieses Essens geschah es, dass Jesús Juan mit dem Messer anfiel.

Aus der Richtung der Küche ertönte ein wilder Schrei, und hätten wir nicht Jesús einen zweiten ausstoßen hören und ihn mit hochgeworfenen Armen an der Loggia vorbeirennen sehen, niemals hätten wir erfahren, was geschehen war. Keiner der Zeugen äußerte sich jemals.

Als wir die Küche erreichten, lag Juan mit geschlossenen Augen in einer ziemlich großen Blutlache auf dem Boden. Angelita, Guadalupe, Soledad, Soledads Mutter, Pedro und Domingo standen um ihn herum, die Augen abgewandt, die

Gesichter düster und nichtssagend. Carmelita, Jesús' Frau und Andreas hatten sich verdrückt, als wir hereinkamen.

Wir beugten uns über Juan.

»Ist er ernstlich verletzt?« fragte Don Otavio. Er war totenbleich und zitterte am ganzen Körper.

»Was ist hier los?« sagte Don Enriquez.

Keiner sprach ein Wort.

Zum Glück stöhnte Juan auf, und zwar theatralisch. Don Enriquez zuckte die Achseln und ging mit Don Jaime aus der Küche.

»Gebt mir Wasser, rasch, *ninos*«, sagte Don Otavio.

»Und eine Schere«, sagte Doña Concepción.

»Lauft und holt den Kasten mit den Arzneien aus meinem Badezimmer«, sagte Don Otavio.

Niemand rührte sich vom Fleck.

Anthony rannte hinaus. Don Otavio, Doña Concepción und ich taten, was nötig war. Es zeigte sich sofort, dass es nur eine tiefe Fleischwunde, also überhaupt nichts weiter war. Das Messer war Juan in den Rücken gedrungen und an der Seite wieder herausgetreten, ohne in den Brustkorb einzudringen. Wir redeten Juan beruhigend zu. Er hielt die Augen geschlossen und lag ganz still.

»Nein, nein«, sagte ich zu Anthony, der einen einigermaßen wunderlichen Arzneivorrat dahergebracht hatte, »wir wollen nicht mit Streptomycin herumpfuschen. Das ist eine klare Sache: Jod, saubere Mullbinden und ein paar Tage Bettruhe.«

»Sie wollen *keinen* Arzt holen?« sagte Anthony.

»Sie sehen ja, es ist nichts weiter.«

»Der Arzt wohnt zwölf Meilen von hier«, sagte Don Otavio.

»Und bechert um diese Zeit des Monats«, sagte Don Luís.

»Juanito, möchtest du, dass die freundliche Hexe aus Ajijíc kommt?« fragte Don Otavio.

Juan nickte matt.

»Wir werden sie sofort holen lassen. Welche möchtest du? Consuela oder die Dame aus Deutschland?«

»Die Dame aus Übersee«, sagte Juan und schlug, betroffen, weil er zu sprechen fähig war, die Augen auf.

»Ihr seht, *ninos,* Juan ist nicht tot. Er wird wieder gesund werden. Ganz wie zuvor. Pedro, Juan ist doch dein Freund, nicht? Komm und hilf uns jetzt.«

Keine Reaktion.

»Hebt das Messer auf und bringt es weg«, sagte Don Luís.

Das Messer lag auf dem Boden. Ein langes Messer mit hölzernem Griff, das eher einem Schlächtermesser als einer Stichwaffe glich.

»Hebt das Messer auf, sag ich euch«, sagte Don Luís. »Hört ihr mich nicht?«

Sie rührten sich nicht.

»Ach, was macht's schon«, sagte Anthony und hob das Messer auf.

»Sie haben Angst«, sagte Don Otavio.

»Sie sind alle so«, sagte Don Luís. »Nach unserem Gesetz werden die Zeugen eines Vorfalls festgenommen, genau wie jeder, der hinterher was damit zu tun hat. Und da es bei dergleichen nie zu einer Verhandlung kommt, sitzen die Leute meistens jahrelang im Gefängnis. Es ist ein uraltes Gesetz. Natürlich gilt es nur für Dinge, die in der Öffentlichkeit vorfallen, sie haben keinen Grund, sich hier so aufzuführen. Aber es hilft nichts, vermutlich haben sie nicht einmal von dem Gesetz gehört, sie sind einfach voller Angst. Es ist zum Brauch bei den Indios geworden. Unvernünftig wie das Vieh.«

Da Juan noch immer überzeugt war, er könne sich nicht bewegen, und die anderen sich weigerten, auch nur die geringste Notiz von ihm zu nehmen, mussten Don Luís, Anthony und Don Otavio ihn ins Bett tragen.

»Wo schläft er denn?« fragte Anthony.

»Auf meiner Schwelle«, sagte Don Otavio.

»Wohl kaum der richtige Ort, die hexende Dame aus Deutschland zu empfangen«, sagte ich.

»Wir können seine Decke in das Zimmer bringen, wo Domingo und Andreas schlafen.«

»Nun, Anthony«, sagte ich später am Nachmittag, »damit ist jedenfalls Ihre Informationsquelle versiegt.« Das Konklave hielt nach der Siesta wieder eine Sitzung ab. »Zum Glück habe ich meine eigene. Ich weiß jetzt, worin diese Präliminarien bestanden; und sie sind nicht geregelt. Doña Concepción war müde und hat sich ausgesprochen. Ich glaube nicht, dass sie es noch mal tun wird.«

»Das ist okay. Juan geht's schon viel besser. Dieses Fräulein Sauer hat ihn besucht. Der arme Wicht sitzt schon im Bett, isst *frijoles* und quasselt davon, wie knapp er dem Tod entronnen ist. Aber hören Sie, diese Deutsche ist keine Zauberin. Ich hab sie gefragt, und sie hat mir einen Vortrag gehalten, dass Kranke einander am besten kurieren und dass die Natur sich selber heilt, als wär's direkt aus dem *Reader's Digest,* Otavio wollte sie mit dem Boot heimbringen lassen, aber sie hat gesagt, was er sich denke, wozu sie denn ihre zwei gesunden deutschen Beine habe. Deutsche Stiefel, hätte sie sagen sollen.«

An diesem Abend kochte ich wieder. In der Küche herrschte eine Atmosphäre starker Zurückhaltung. Guadalupe und Soledads Mutter führten, mir zuliebe, eine höfliche Unterhaltung. Jesús' Frau saß auf einem Hocker und vergoss Tränen. Niemand sprach ein Wort mit ihr. Im Gegensatz dazu ging es im Wohnzimmer lebhaft zu. Das Konklave hatte schon bald seine Sitzung beendet. Don Otavio kam heraus, er sah undurchdringlich und gepflegt aus. Man spielte Bridge und Rommé, und später gab es süßen Champagner.

»Was wird mit Jesús passieren?« fragte ich.

»Er wird sich ein Weilchen im Bergland versteckt halten«, sagte Don Otavio. »Er schämt sich bestimmt in Grund und Boden. Dann wird er eine Zeit lang trinken und, wenn er sich davon erholt hat, nach Hause kommen. Dann wird er sich mit seiner Frau versöhnen müssen. Das wird auch noch ein paar Tage dauern.«

»Und bis dahin sind wir ohne Gärtner«, sagte Doña Victoria.

»Es wird diesmal nicht so lange dauern. Es wird ihnen sehr daran liegen, dass alles vor dem 17. regulär ist. Sie wollen das Fest genießen.«

»Ist das ein Trost?« fragte ich. »Was werden sie erst alle am 17. anstellen?«

»Ja, es ist ein anstrengender Feiertag«, sagte Don Otavio.

»Vor den Revolutionen sind wir immer ins Ausland gefahren, um ihm zu entgehen«, sagte Doña Victoria.

»In der Karwoche ist es schlimmer«, sagte ihr Mann.

»Und am 5. Mai«, sagte Don Jaime.

»Die Karwoche dauert länger«, sagte Doña Victoria.

»Wir haben zweiundfünfzig Sonn- und neunundsiebzig Feiertage«, sagte Don Jaime.

»Die werden alle gehalten?« fragte ich.

»Alle. Manche natürlich nur einen Tag lang.«

»Welche sind die wichtigsten?«

»La Purísima«, sagte Doña Victoria.

»Nuestra Señora de Guadalupe«, sagte Don Otavio.

»Viemes Santo«, sagte Doña Concepción.

»Corpus Domini«, sagte Don Luís.

»Die Regierung legt mehr Wert auf die militärischen Feiertage«, sagte Don Enriquez, »die Schlacht von Puebla, die Vertreibung der Franzosen aus Mexiko, die Amtseinführung zu Querétaro.«

»Die Indios haben die Nationalen Trauertage gern«, sagte Don Jaime.

»Was sind das für welche?« fragte ich.

»Die Jahrestage der Ermordung von Francisco Madero im Februar, der Hinrichtung Hidalgos im Juli, der Hinrichtung Moreles' im Dezember, der Todestag von Juarez im Juli …«

»Ist die Erschießung von Kaiser Maximilian ein Feiertag?« fragte E.

»Er ist derzeit nicht *persona grata«,* sagte Don Enriquez.

»War er das denn je?« fragte ich.

»Er *war* eine Enttäuschung«, sagte Don Enriquez.

»Der *größte* Feiertag ist der Tag der Toten«, sagte Don Luís.

»El Día de los Muertes, natürlich«, sagte Doña Victoria.

»Natürlich«, sagte Don Enriquez.

»Was wäre geschehen, wenn Jesús Juan umgebracht hätte?« fragte ich.

»Dasselbe. Er müsste sich ein bisschen länger fernhalten.«

»Es gäbe nicht die üblichen Formalitäten nach einem Mordfall?« sagte E.

»Eine Messerstecherei«, sagte Don Enriquez. »Unsere Polizei interessiert sich nicht sehr für so etwas.«

»Sonst würde die Hälfte unserer Bevölkerung im Gefängnis sitzen und Daumen drehen«, sagte Don Jaime.

»Dienstboten sind ohnehin schon schwer genug zu bekommen«, sagte Doña Victoria.

Später an diesem Abend kam Anthony in mein Zimmer und berichtete. »Es ist alles geregelt«, sagte er. »Es scheint, Don Enriquez und seine Frau bekommen auf der Hazienda drei Zimmer reserviert und für ihre Bootsleute, den Diener und die Zofe Platz zum Schlafen auf dem Boden, wodurch noch immer ausreichend Schlafzimmer für das Hotel bleiben. Ihre Söhne und die Tochter und die Jaimes mit ihren Kindern werden von Otavio in der Villa untergebracht werden, wann immer es ihnen beliebt. Sie werden seine Gäste sein, und er wird sein Haus für sich haben. Don Jaime soll die Einnahmen aus den Zimmern auf der Hazienda bekommen, auf deren Nutzung er verzichtet. Sie scheinen alle mit dem Arrangement zufrieden: Jeder glaubt bekommen zu haben, was er wollte. Don Otavio freut sich, Doña Concepción bei sich und das Haus voll von Neffen und Nichten zu haben, und Don Jaime kommt nicht sehr oft.«

»Es ist wirklich brillant«, sagte ich. »Ich frage mich, wer darauf gekommen ist.«

»Ich«, sagte Anthony.

»Sie?«

»Ja, ich. Für Joaquím und Orazio ist's auch viel netter so. Doña Victoria hält sie ja so unter Aufsicht, wenn sie die Möglichkeit hat. Ich hab alles durchdacht und Juan erzählt, und Juan hat es Otavio erzählt, und Otavio hat Luís veranlasst, das Ganze als seinen unparteiischen Vorschlag vorzubringen.«

»Eine seltene Rolle. Und das mit Don Jaimes Nebeneinnahmen?«

»Stammt auch von mir.«

»Anthony, Sie sollten wirklich in Mexiko leben.«

Achtes Kapitel

Doppelspiele

Nous avons au grenier un nombre suffisant,
Ce me semble, de vieilles planches?

Mr. Middleton stand auf seiner Veranda, die Uhr in der Hand. »Dreiundzwanzig Minuten vor fünf«, sagte er. »Ich höre, Sie hatten gestern ein ziemliches Spektakel. Gärtner hat seine Frau und zwei *mozos* umgebracht und ein paar von den Hausmädchen verletzt. An Otavios Stelle würde ich's zum Anlass nehmen, den Mann rauszuschmeißen. Schockierend, dieser Gärtner. Der Kerl hatte noch nicht mal von Dungabdeckung gehört.«

»Guten Tag«, sagte Blanche Middleton, »guten Tag. Ich hab heute nacht kein Auge zugetan, weil ich immer an Sie denken musste.«

»Nur ein einziger *mozo* ist verletzt worden – nichts weiter als eine kleine Fleischwunde. Und – ich bin dankbar, das zu sagen – umgebracht worden ist niemand«, sagte E.

»Die Eingeborenen übertreiben ja so«, sagte Mr. Middleton. »Ein Ding der Unmöglichkeit, über irgendwas präzise Informationen zu bekommen. Sehr ärgerlich. Grundsätzlich gehe ich den Dingen ja selber nach. In San Pedro ist keiner auf die vernünftige Idee gekommen, mich holen zu lassen.«

»Sie haben eine Deutsche aus Ajijíc holen lassen«, sagte Anthony.

»Ach, die Homöopathin, die Kurpfuscherin. Die Frau ist nicht bei Trost, aber auf die Eingeborenen macht sie Eindruck. Meine Krokusse sind da. Kommen Sie, Sie müssen sie sich ansehen.«

»Richard, der Tee ist fertig. Du hast doch gesagt, es ist schon sieben Minuten über deine Teezeit.«

»Zwölf inzwischen. Schön, gieß ihn ein, Blanche, gieß ihn ein. Sie haben also jetzt sämtliche X auf der Hazienda? Wie finden Sie sie denn? Enriquez spielt sich wahrhaftig auf als wäre er der Allmächtige. Dabei kann er nicht mal seine Frau im Zaum halten. Sag mir nichts, Blanche, seit Jahren geht's in allen Klubs herum über Doña Victoria und Doña Concepcións Bruder. Niemand scheint was dabei zu finden. Sie sind ein verkommener Verein, alle miteinander. Doña Concepción hat auch ihre Romanzen gehabt, aber sie ist wenigstens diskreter. Felipe, der andere Bursche, schwänzelt immer um sie herum. Ich bin ganz erstaunt, dass er diesmal nicht mitgekommen ist. O ja, natürlich, sie bereden diese Hotelsache.«

»E. nennt es das Konklave«, sagte Anthony.

»Wie geht's denn damit?«

»Wir wissen gar nichts«, sagte Anthony mit seinem liebenswürdigen Lächeln.

»Nun, ich war in Guadalupe, und *ich* kann Ihnen ein paar Dinge erzählen. Enriquez wollte das Kapital beschaffen, und er wollte den Profit einstreichen. Falls es was abwirft. Ich bin bereit, ihnen ein paar Ratschläge zu geben, hoffentlich sind sie vernünftig genug, darauf zu hören. Die ändern sollten ganz einfach entsprechend ihrem Anteil an dem Besitz was bekommen. Wie viel Otavio davon gehört, weiß anscheinend kein Mensch. Die einen sagen, es ist weniger, weil ihm die Villa gehört, die ändern glauben, es ist mehr, weil er ursprünglich alles hätte bekommen sollen. Jedenfalls, er sollte extra was kriegen, weil er das Hotel leiten soll. Aber nicht wirklich leiten; er wird einen Direktor haben und einen Burschen, der die Bücher falschen und weiß Gott was noch soll, diese Leute denken einfach nicht daran, selbst einen Finger zu rühren, wenn sich's vermeiden lässt. Aber er wird ein bisschen aufpassen und den Hausherrn spielen. Otavio wird bestimmt sein

Geld sauer genug verdienen mit den Touristen. Jetzt aber sieht's so aus, als ob Enriquez das Kapital nicht zusammengebracht hätte, wie er wollte – Sie haben ja keine Ahnung, wie schwer es hierzulande ist, ein bisschen Bargeld aufzutreiben –, und nun steuert diese katholische Tante aus heiterem Himmel eine hübsche runde Summe bei, und zwar ausgerechnet für Otavio. Otavio soll die gleiche Beteiligung bekommen wie Enriquez und obendrein noch das Direktorengehalt. Damit wird Otavio Sieger der Veranstaltung. Sie sind alle letzte Woche damit überrumpelt worden. Enriquez ist es – nach dem ersten Schrecken – ziemlich egal, je mehr Kapital, umso besser, und bei Otavio erreicht er immer, was er will. Der Bursche lässt ja alles mit sich geschehen. Aber die ändern zwei müssen jetzt ziemlich kalte Füße bekommen haben. Enriquez allein, das ginge ja noch. Sie haben Geld gerochen und müssen zufriedengestellt werden. Schließlich müssen den beiden zusammen ungefähr fünfzig Prozent gehören. Die Sache hat aber noch einen Haken, weil alle möglichen Hypotheken und Familiendarlehen drauf sind, und es heißt, dass Luís schon Vorjahren seinen Anteil unter der Hand an Enriquez verkauft hat. Ich würde sagen, es stimmt nicht oder Enriquez hat nicht bezahlt. Jedenfalls, keiner weiß so recht, wie er dran ist. Vielleicht Jaime. Er soll ja über alles Bescheid wissen. Er hat das Köpfchen und Enriquez die Ellbogen in dieser Familie. Aalglatt, dieser Jaime. Man kann nie sagen, worauf er's abgesehen hat. Manchmal ist's Geld, und dann wieder nicht. Seine Älteste hätte den Regierungsbonzen heiraten können, der das ganze Öl kassiert hat. Jaime hat nichts davon wissen wollen. Bis dato hat er bei einem Familienkrach immer zu Enriquez gehalten. Luís zählt nicht. Er macht schon so lange krumme Touren, dass er ein ehrliches Geschäft gar nicht erkennen würde, wenn's drauf ankäme. So, jetzt wissen Sie, was vor sich geht.«

»Danke«, sagte Anthony mit ernster Miene.

»Mr. Middleton«, sagte E., »Sie haben gestern eine so eigenartige Nachricht für uns hinterlassen. Zumindest in der unzuverlässigen Eingeborenenversion.«

»Ganz recht«, sagte Mr. Middleton. »Ich wollte Sie fragen, ob Sie schon Ihre Särge bestellt haben. Vermutlich ja wohl nicht. Schön, dann rate ich Ihnen, das sofort zu tun. Gleich außerhalb von Jocotepec gibt's einen recht geschickten kleinen Tischler, der obendrein noch billig ist und auch nicht gleich eine ganze Woche braucht, wenn man ein bisschen Dampf dahinter macht.«

»Darf ich fragen«, sagte E., »was Sie veranlasst, unsre Lebenserwartung so ungünstig einzuschätzen? Unser armer Anthony hier ist ja kaum zwanzig.«

»Ich sage grundsätzlich jedem, der hier neu ankommt, er soll sich seinen Sarg machen lassen. Kürzlich hatten wir zwei Herren vom Botanischen Institut in Bombay zum Tee. Interessante Burschen. Der eine hat ein Buch über Mimosen geschrieben, pure Theorie natürlich. Sogar denen musste ich das sagen. Kein Mensch scheint sich klarzumachen, dass man nach mexikanischem Gesetz innerhalb von vierundzwanzig Stunden begraben sein muss, mit oder ohne Sarg. Nun, Sie würden sich schwertun, in der kurzen Zeit einen machen zu lassen, so wie die einheimischen Handwerker arbeiten. Das ist eines von den wenigen Gesetzen hierzulande, um die man nicht herumkommt. Ich habe natürlich meinen eigenen und einen für meine Frau, und ich habe darauf bestanden, dass wir einen anständigen Sarg für unseren Diener machen lassen. Natürlich bleibt der Sarg mein Eigentum, falls er geht.«

»Und all diese großen, breiten Särge bewahrt Richard im Keller auf«, sagte Blanche; »wie es mir graut.«

»Man muss sie von Zeit zu Zeit lüften«, sagte ihr Mann; »das Holz wirft sich so rasch. Die Leute haben keine Gedanken im Kopf Als dieser Amerikaner letztes Frühjahr an Grippe starb – Delirium tremens war's, wenn Sie mich fragen –, kam seine Frau angelaufen und wollte meinen haben. Als ob ich's ihnen nicht gesagt hätte. Blanche hat so lange auf mich eingeredet, bis ich ihn hergegeben hab – das letzte Mal, Blanche –, und soll man es glauben, ich habe fünf Wochen gebraucht, bis ich diese Frau so weit hatte, dass sie *meinen* Sarg ersetzt hat. Natürlich trinkt sie auch.

Sagen Sie also nicht, Sie seien nicht gewarnt worden, und kommen Sie mir bloß nicht an und bitten um meinen.«

»Hat denn jeder in dieser Gegend seinen Sarg, Sir?« fragte Anthony.

»Nun, Waldheim hat zwei. Einen hier und einen in Mexiko. Ich hab mit ihm geredet. Vernünftiger Bursche, der Waldheim. Auf die Deutschen kann man immer zählen. Zuverlässige Leute. Ein Jammer, dass seine Schwiegermutter so auf ihm herumhackt. Lässt nicht zu, dass seine Jungen auf die deutsche Schule in Guadalajara gehen. Hat sie Anfang des Jahres rausgenommen und dafür in die amerikanische Schule gesteckt. Ein schlampiger Laden. Nach der Niederlage Frankreichs hat sich Waldheim, der alte Waschlappen, zusammengerissen und die Jungens wieder auf die deutsche Schule gesteckt. Nach der Schlacht um England hat Mrs. Rawlston sie wieder rausgenommen; nach Tobruk hat Waldheim sie wieder zurückgetan; Mrs. Rawlston hat sie nach dem Leih- und Pachtabkommen rausgeholt, und Waldheim hat sie nach Singapur wieder zurückgeschickt. Die Jungen haben bis zur Invasion zwölfmal die Schule gewechselt. Danach hat Mrs. Rawlston sie einfach in der amerikanischen Schule gelassen. Jetzt ist sie mit ihren Manieren unzufrieden. Nun ja, sie kann nicht erwarten, dass alles nach ihrem Kopf geht, wie ich ihr immer wieder sage.«

»Ich habe nie gehört, dass du *das* zu Mrs. Rawlston gesagt hättest, Richard«, sagte Blanche Middleton.

»Das Häuschen hätte der erste ›Nagel zum Sarg‹ sein sollen«, sagte Anthony im Boot.

»Mr. Middleton ist das, was meine Mutter einen impertinenten Menschen zu nennen pflegte«, sagte E.

»Ich bin ihm dankbar«, sagte Anthony. »Bedenkt, wie schlecht Juan Zahlen behält. Wie er diese Hypotheken durcheinandergebracht hätte.«

Es war sofort klar, dass etwas schiefgegangen war. Don Enriquez schritt allein über den Rasen hin und her, und Jupiters Stirne war umwölkt.

Wir suchten nach Don Otavio und erfuhren, dass er eine halbe Stunde zuvor mit dem Motorboot seines Bruders nach Guadalajara gefahren sei. Und weiter erfuhren wir einstweilen nichts. Doña Victoria hatte mit Don Jaime eine Unterredung unter vier Augen. Doña Concepción war ins Haus gegangen, um sich hinzulegen. Don Luís spazierte mit leichtem Schritt allein umher.

Kurz darauf wurde ihm ausgerichtet, er solle zu Doña Victoria kommen, und er machte sich rasch, wie ein schuldbewusster Schuljunge, auf den Weg.

»Die Geldfrage *ist* zur Sprache gekommen«, sagte Anthony.

Man sagte uns, Don Otavio werde die Nacht im Hause seiner Tante verbringen und erst irgendwann am nächsten Nachmittag zurück sein.

Später erschien Doña Victoria wie Phädra auf der Terrasse. Die Stimmung beim Abendessen war gezwungen und das Haus ohne Don Otavio nicht das alte. Die Gänge wurden in der falschen Reihenfolge aufgetragen, danach spielten Doña Victoria und Don Jaime Bézique.

Don Enriquez saß allein bei seiner Zigarre. »Woher hat er es nur?« sagte er plötzlich mit lauter Stimme, ohne damit jemand Bestimmten zu fragen.

»Ich weiß nicht«, sagte Anthony später am Abend, »Juan sagt, Otavio ist so überstürzt weggefahren, dass er sich nicht einmal von ihm verabschiedet hat. Er sagt, Pedro hat seinen Herrn sagen hören, Don Luís hätte eine Bombe auf den Tisch gelegt. Juan ist ganz perplex.«

Am nächsten Vormittag tagte das Konklave nicht. Man sonderte sich voneinander ab, bildete vorübergehend Gruppen und trennte sich wieder, und nichts schien zu geschehen. Als die Stunden vergingen, wurde deutlich, dass alle, mehr oder weniger offen, auf Don Otavios Rückkehr warteten.

»Ich hab dem Kleinen gesagt, er soll mit meinem Wagen nach

Chapala fahren«, sagte Don Enriquez, »damit müsste es doch schneller gehen.«

Nach dem Frühstück sprach Doña Victoria mit mir. Sie war äußerst nervös, man hätte fast sagen können, verängstigt, doch ganz Doña Victoria. »Ich furchte, wir müssen Ihnen gestern abend höchst ungastlich vorgekommen sein«, sagte sie. »Mein Mann hat sich solche Mühe gegeben, dass San Pedro bleibt, was es ist, und jetzt müssen wir feststellen, dass seine Pläne aufs Skrupelloseste durchkreuzt worden sind. Mein Mann hat sich so sehr eingesetzt, und er ist das Familienoberhaupt. Es ist höchst unkorrekt, ein Verrat.«

Doña Concepción suchte auf dem Rasen nach Anthony. »Don Antonio, würden Sie mir einen großen Gefallen tun? Würden Sie diesen Brief für mich zur Post bringen und aufgeben? Ich weiß, eine ungewöhnliche Bitte, aber es ist alles in Ordnung. Wie Sie sehen, ist er an meinen Bruder adressiert. Würden Sie ihn selbst hinbringen? Auf die Dienstboten ist ja kein Verlass. Würden Sie darauf achten, dass die Postmeisterin ihn vor Ihren Augen stempelt? Das muss man immer tun, weil sie sonst die Marken stehlen und die Briefe wegwerfen. Es ist ein Eilbrief mit teuren Marken. Trotzdem, es wird Tage dauern. *Santisima Maria.* Aber telegrafieren sollten wir, glaube ich, nicht. Und, Don Antonio, würden Sie bitte niemandem etwas davon sagen?«

Doña Concepción ging sofort dorthin, wo Doña Victoria saß; sie sah auf und ihr Blick folgte Anthony.

»Glauben Sie, dass sie Bescheid wissen über Mr. Middleton und die Telegramme in Jocotepec?« sagte Anthony zu E. »Sollte ich nicht diesen Brief zuerst zu ihm bringen? Wir Angelsachsen sind eine kleine Kolonie in dieser Wildnis, und man muss füreinander tun, was man kann.«

Um die Mittagszeit brachte Don Luís E. einen Gin-Fizz. »Komischer Verein, meine Familie«, sagte er, »man sollte meinen, man tut ihnen einen Gefallen, wenn man ihnen ein bisschen beispringt, und sie behandeln einen wie einen Verbrecher. Echten Geschäftssinn gibt's in unserem Land nicht.«

Beim Umkleiden zum Mittagessen explodierte Don Enriquez vor seinem Diener, und infolgedessen erwies sich Juan als erleuchtender, wenn auch noch immer etwas verdutzt, was die Art von Don Luís' Bombe betraf *Centavos* habe Don Luís auf den Tisch gelegt, sagte Juan zu Anthony.

»*Centavos* war auch nicht der richtige Ausdruck«, sagte Anthony. »25 000 *Pesos* hat der Bastard bar hingeblättert. Ihre Gesichter hätte ich gern gesehen. Aber was ärgert sie eigentlich so? So viel Grund gibt's doch nicht, die Fassung zu verlieren, oder? Natürlich war es eine Frechheit von Luís.«

»Man versteht allmählich den Sinn des Erstgeburtsrechts«, sagte E.

»Damit ist Don Luís an den Erträgen beteiligt«, sagte ich. »Das Hotel würde nicht genug abwerfen für so viele Teilhaber, und sie wollten vor allem Luís nicht haben. Vermutlich könnte er seine Zustimmung zu dem Hotelprojekt verweigern, wenn sie sein Geld nicht annähmen.«

»Yeah«, sagte Anthony. »Aber 25 000 Pesos sind kein Pappenstiel.«

»Woher hat er sie nur?« fragte E.

Um die Teestunde teilte Don Jaime sich E. in gewundenen Worten mit.

»Wenn Sie im Begriff wären, ein Geschäft aufzuziehen«, sagte er, »und jemand, von dem Sie *wissen*, er hat kein Geld, würde darauf bestehen, eine erhebliche Summe zu investieren, welchen Schluss würden Sie daraus ziehen?«

»Dass den Betreffenden jemand anders vorschiebt«, sagte E.

»Ja. Das befürchte ich auch. Und was könnte das Motiv sein?«

»Sich in Ihr Projekt einzuschleichen, natürlich.«

»Entweder das oder Rache«, sagte Don Jaime. »Woher hat er es nur?«

Es ging schon auf den Abend zu, und noch immer war nichts von Don Otavio zu sehen. Doña Victoria stand am Seeufer, nun geradezu verhärmt vor Sorge. Dann war Motorengeräusch zu hören. Das Boot kam in Sicht, legte an; Don Otavio stieg aus, und Doña Victoria klammerte sich an ihn. Die beiden kamen den Garten herauf Don Otavio ernst, Doña Victoria sichtlich erleichtert. Don Enriquez ging ihnen mit eiligen Schritten entgegen. Wir übrigen standen auf der Terrasse und schauten zu. Doña Concepción bekreuzigte sich. Sie wandte sich mir zu. »Sie wissen, wir sind in einer schwierigen Lage«, sagte sie. »Luís hat eine große Geldsumme, und das macht uns schweren Kummer. Tavio bringt Tante Isabella-Marias Rat. Oh, *woher* hat er es nur?«

Drunten im Garten schüttelte Don Enriquez sich plötzlich vor Lachen: Er schlug sich auf die Schenkel und versetzte Don Otavio einen Knuff Er blickte zu uns herauf »Von unserer frommen Tante!« rief er.

Neuntes Kapitel

Eine Familie und ein Vermögen

Die übrigen Familienmitglieder hatten das Spaßige daran nicht so rasch verstanden, und beim Abendessen war man noch immer verdrießlich gestimmt.

»Soll ich es so verstehen«, fragte E., als wir unter uns waren, »dass diese ungewöhnliche Laienschwester ein Doppelspiel treibt?«

»Nein, nein, nein«, sagte Anthony; »es ist jetzt alles aufgekommen. Luís hat der frommen Tante die Piepen vor zwei Monaten für irgendeine Schnapsidee abgeknöpft. Das Projekt hat sich aber zerschlagen, noch ehe er einsteigen konnte.«

»Ein vermutlich einmaliges Ereignis in seiner Karriere«, sagte E.

»Und Luís hat das Geld einfach behalten. Die alte Dame ist ziemlich wütend. Sie hat ihrem Beichtvater eine Szene gemacht. Der Trottel hatte ihr nämlich zugeredet, Luís seinen neun Kindern zuliebe auf die Beine zu helfen.«

»Was wollen sie jetzt unternehmen?«

»Die fromme Tante will ihr Geld wiederhaben. Otavio hat einen Brief für Luís mitgebracht, in dem es steht. Der Brief hat es in sich. Die ändern tun so, als wüssten sie nichts davon. Sie wollen Luís 1000 Pesos anbieten, damit er draußen bleibt. Sie sind ja so erleichtert, dass es nicht irgendein Tycoon war, der ihnen den ganzen Besitz abjagen will, so dass sie es auf die sanfte Tour machen wollen. Nur ist mir schleierhaft, weswegen Doña Victoria solche Angst hatte. Luís verlangt 5000. Er hat den Brief noch nicht gesehen. Sie glauben, sie können es mit zwei Mille erledigen. Otavio hat sie zur Hand. Von der frommen Tante.«

»Flüssiges Geld kann in Mexiko doch nicht so knapp sein, wie Mr. Middleton uns glauben machen möchte«, sagte E.

Die Sache wurde, dank Don Otavios Festigkeit, für 1500 erledigt.

»Wer bekommt jetzt die übrigen 500?« fragten E. und ich sofort.

»Otavio gibt sie der frommen Tante zurück. Er bekommt immer eine Belohnung von ihr.«

Jedermann schien guter Laune, und die Abmachungen wurden an jenem Vormittag mit Schwung unterschrieben. Don Jaime landete einen eigenen kleinen Coup. Er hatte beabsichtigt, gegen eine Einlage von 5000 Pesos einen bescheidenen Anteil an den Gewinnen zu verlangen, aber angesichts der Aufnahme, die Don Luís' Angebot gefunden hatte, davon Abstand zu nehmen beschlossen. Er machte sich nun den Stimmungsumschwung zunutze und ersuchte um diesen Gewinnanteil, ohne selbst Kapital anzubieten, und machte mit seiner loyalen Haltung, ihnen nicht mit einer Barsumme zu Leibe zu rücken, solchen Eindruck auf Don Enriquez und Otavio, dass sie sich sofort einverstanden erklärten.

Mrs. Rawlston kam zum Lunch. Sie schien über irgendetwas empört.

»Wollt ihr jetzt alle unbedingt einander und die Öffentlichkeit übers Ohr hauen?« sprach sie die Tischgesellschaft an.

»Mrs. Rawlston bleibt sich immer treu«, sagte Doña Victoria.

»Ist das nicht ein hübsches Kleid?« fragte Don Otavio.

»Ganz recht, Victoria«, sagte Mrs. Rawlston; »nur jeden Cent, den man hat, in Kleidern anlegen.«

»Mrs. A., sind Sie Demokratin?« fragte sie E. beim Reis.

»Wir haben Doña E. alle so ins Herz geschlossen«, sagte Don Otavio.

»Ja, das bin ich«, sagte E. »Mein Vater hat zweimal Woodrow Wilson gewählt; ich habe, als ich zum ersten Mal wählen durfte, für James Cox gegen den unglücklichen Harding gestimmt; ich hab für John W. Davis gegen Coolidge gestimmt …«

»Gegen einen Präsidenten, der es wurde?« sagte Don Luís.

»Das ist aber wohl eine republikanische Familie, in die Sie eingeheiratet haben«, sagte Mrs. Rawlston.

»Persönlich, Mrs. Rawlston, bin ich entschieden für Roosevelt.«

»Wir haben schon bessere gehabt, und wir haben auch schon schlechtere gehabt. Ich bin, seit Arthur Präsident war, nicht mehr zu Hause gewesen. 1884. Übrigens, haben Sie schon das Neueste gehört? Mr. Middleton hatte zwei Schwarze bei sich zu Besuch. Hätte Mr. Middleton für gescheiter gehalten. Richard Middleton ein Niggerfreund! Hätte ich nicht gedacht. Ich hab mich auf der Stelle hingesetzt und ihm geschrieben, was ich von ihm halte. Schwarze in seinem Haus! Sich zum Tee mit ihnen an einen Tisch zu setzen, und die arme Blanche muss ihn eingießen.«

»Sie meinen doch nicht die beiden Herren aus Bombay, Mrs. Rawlston? Es sind angesehene Pflanzenpsychologen und, soviel ich weiß, aus einer hohen Hindu-Kaste.«

»Trotzdem, es sind Schwarze, oder nicht? Ich hab sie gesehen. Dachte, ich hätte Sie sagen hören, Sie seien Demokratin, Mrs. A.?«

»Nun, und was feiert ihr eigentlich alle?« Sie wandte sich Don Enriquez zu. »Macht ihr schon bald dieses Hotel auf?«

»Sehr bald. Es ist alles geregelt.«

»Habt ihr das mit der Straße geregelt? Habt ihr einen Geschäftsführer? Eine Köchin, die zwei Sonntage hintereinander nüchtern bleiben kann? Und Hotelgäste, wie steht's damit?«

»Ein paar Details sind noch offen. Wir haben nur das Wichtigste geregelt.«

»Habt ihr überhaupt Wäsche? Wie steht's mit Messern und Gabeln? Und Porzellan? Hat überhaupt einer von euch daran gedacht? An irgendwas anderes gedacht als an sich selber? Luís hat euch allen einen schönen Schrecken eingejagt, was, Luís? Woher, dachtet ihr denn, war das Geld?«

»Von irgendeinem Konzern aus Nordamerika«, sagte Don Jaime.

»Ihr habt doch bestimmt alle gedacht, es stammt von Felipe. Ich seh's euch doch an. *Sie* etwa nicht, Concepción? Ihr Bruder hat schon immer nicht gewusst, was er mit seinem Geld anfangen soll, und es heißt, er hat einen richtigen Pik auf Sie, Enriquez.«

Darauf folgte keineswegs Schweigen: Prompt setzte von allen Seiten ein Redestrom ein, kaum dass Mrs. Rawlston richtig zu Ende gesprochen hatte, und ich gab Anthony keine Gelegenheit, mir einen Blick zuzuwerfen.

Etliche von Mrs. Rawlstons Bemerkungen kamen an diesem Abend zur Sprache, und zwar in unserer Gegenwart.

»Wir werden die Straße dieses Jahr nicht mehr bekommen«, sagte Don Enriquez. »Aber das macht nichts: Ihr könnt über mein Boot verfugen. Ich werde es auf die Firma überschreiben.«

»Wir werden neue Sachen kaufen müssen«, sagte Don Otavio. »Juan und ich werden eine Liste machen.«

»Das wird Geld kosten«, sagte Don Enriquez.

»Victoria, was ist mit Mamas Silber? Und dem großen Sèvres?« sagte Don Otavio.

»Welches Silber?« fragte Don Enriquez.

»Das Silber und das Geschirr, das nach Guadalajara gebracht wurde, als die *Carrancistas* den See unsicher machten«, sagte Don Otavio.

»*Madre de Dios,* haben wir denn das ganze Zeug noch im Haus, Victoria?«

»Du musst doch gesehen haben, dass wir es benutzen, *querido.*«

»Du hast doch wohl nicht im Sinn, das Familiensilber in einem Hotel zu verwenden?« sagte Don Jaime.

»Ich bin völlig einer Meinung mit Jaime«, sagte Doña Victoria.

»Ich auch«, sagte Don Luís. »Ich kenne eine nordamerikanische Firma, die Hotelausstattungen verkauft. Hübsche, billige Sachen. Sie wollen mir sehr günstige Preise machen. Ich hab den Katalog mitgebracht.«

»Wir nehmen das von Mama«, sagte Don Enriquez sofort. »Schau mich nicht so an, Victoria; es ist das Silber *meiner* Mutter. Es gibt Schlimmeres. Weiß Gott, wer jetzt von deinem isst, das während der Revolution gestohlen worden ist. Auch von euren eigenen Dienstboten – das hat mir jedenfalls dein Vater erzählt.«

»Wie du meinst, Enriquez. An deine Tochter denkst du wohl nie, oder?«

»Ach, meine Tochter, meine Tochter. Sie ist ein hübsches Mädchen. Wer weiß? Vielleicht werde ich sie mit einem Ausländer verheiraten, der nicht zwölf von diesem und ein Dutzend von jenem erwartet. Warum sollte ich meiner Tochter das gute Silber nachwerfen?«

»Jetzt aber wirklich, Enriquez«, sagte Doña Victoria.

»Heute sind alle Ausländer, die keine Ketzer sind, entweder arm oder Südamerikaner«, sagte Don Jaime.

»Bei uns waren so nette irische Mädchen auf der Schule«, sagte Doña Concepción.

»Die Iren hatten noch nie was, was der Rede wert gewesen wäre«, sagte Don Enriquez.

»Ein bigotter Verein«, sagte Don Jaime.

»Natürlich bleiben immer noch die Franzosen«, sagte Doña Victoria.

»Die wirklich guten Vermögen sind alle noch intakt«, sagte Don Jaime.

»Alle Franzosen sind Atheisten«, sagte Doña Concepción.

»Atheisten sind keine Ketzer«, sagte Don Jaime.

»Man merkt's ihnen nicht an«, sagte Don Luís.

»Atheisten sind nichts anderes als gefallene Katholiken«, sagte Doña Victoria.

»Wiederbekehrung ist eine ganz wunderbare Aufgabe, eine ganz große Gnade für eine Ehefrau«, sagte Doña Concepción.

»Das ist wahr«, sagte Don Luís.

»Wir haben allzu lange nach Europa geblickt«, sagte Don Enriquez; »es gibt viele reiche katholische Familien in den Vereinigten Staaten, nicht wahr, Doña E.?«

Zehntes Kapitel

Eine Gesellschaft

Nous avons joué de la flûte, et personne a voulu danser.
Et quand nous avons voulu danser plus personne ne jouait de la flûte …

Die Zeit ging zur Neige.

Am Sonntag gab es eine Gesellschaft. Joaquim und Orazio trafen am Abend zuvor mit ihrer Schwester ein; außerdem vier von den fast erwachsenen Kindern der Jaimes und Doña Concepcións Bruder, Don Felipe, ein hagerer, überzüchteter, verlebt wirkender Mann in den Vierzigern. Am Tag der Einladung selbst entlud sich um die Mittagszeit Bootsladung um Bootsladung von Männern, die wie Figuren von Goya, und Frauen, die wie Doña Concepción aussahen. Im Garten waren vergleichsweise bescheidene Erfrischungen angerichtet; im Hintergrund gingen die Vorbereitungen vor sich, und die Kapelle aus Ajijíc, von Doña Anna ausgeliehen, hielt sich schweigend im Gebüsch versteckt. Wir waren der Meinung gewesen, es würde sich um eine Abendgesellschaft handeln. Don Otavio und Doña Concepción aber klärten uns auf, dass in Mexiko Gesellschaften immer am Vormittag beginnen und in einem offensichtlich recht legeren Stil. Es wird nicht von einem erwartet, dass man von seinen Gästen erwarte, sie würden Gefallen daran finden und länger bleiben. Wenn sie aber bleiben, so erscheinen die Mahlzeiten offenbar ganz spontan zu ihrer üblichen Zeit. Es muss ein genügender Getränkevorrat für jede

Zeitdauer und Gästezahl zur Hand, jedoch darf fürs erste nur ein Bruchteil davon, für einen kurzen Besuch angemessen, zu sehen sein. Zur entsprechenden Zeit wird dann ein Abendessen für vierzig Personen serviert, und mit der gleichen gespielten Improvisation gelingt es den Gästen, ihre Garderobe anzupassen.

»Was ist, wenn die Party nicht in Schwung kommt?« sagte Anthony.

»Das ist sehr traurig«, sagte Don Otavio. »Dann gibt es keine Musik. Man sagt den Leuten, sie sollen nicht spielen.«

»Kommt es oft vor?«

»Es kommt vor.«

»Gehen dann alle nach Hause?«

»O nein. Das wäre nicht höflich.«

»Dann bleiben sie also trotzdem zum Mittagessen und zum Tee und zum Abendessen?«

»Man bleibt. Aber es ist nicht dasselbe.«

»Es ist längst nicht dasselbe«, sagte Doña Concepción.

Die Männer saßen im Schatten und rauchten; die Frauen plauderten überall, im Haus und auf dem Rasen. Sie sprachen mit E. und mir über ihre Schulen; Roehampton und die verschiedenen Institute von Sacre Coeur. E. hatte eines davon besucht und im Geschichtsunterricht große Verlegenheit hervorgerufen; ich war bei den Ursulinen gewesen, und so konnten wir uns behaupten.

»Doña E., wie ist es nur möglich, dass der arme Anthony Ketzer ist, wenn Sie es nicht sind?« sagte Doña Concepción.

»Nun, sein Großvater stammte aus den Südstaaten und der meine aus Irland«, sagte E.

»Ja, ja. Aber es muss doch schrecklich für Sie sein, einen Protestanten in der Familie zu haben. Versuchen Sie denn nicht, ihn zu bekehren?«

»Nein«, sagte E.

»Ach, *wie* schade«, sagte Doña Victoria.

Riesige Mengen Essen und Kiste um Kiste mit geistigen Getränken wurden konsumiert, aber niemandem war auch nur die geringste Wirkung des Alkohols anzumerken. Um vier Uhr begann die Kapelle zu spielen und hörte bis Mitternacht nicht mehr auf. Die verheirateten Frauen tanzten, nicht aber die jungen Mädchen. Anthony erhielt von Don Enriquez' Tochter zartfühlend einen Korb. »Sie müssen warten, bis ich *casada* bin, Don Antonio – behaust.«

Die Gäste schieden, nachdem sie die Spanne ihres Besuchs so weit ausgedehnt hatten, wie es noch schicklich war, und am folgenden Vormittag verließen die drei Brüder San Pedro. Ihre Frauen blieben und begaben sich in eine fünftägige Klausur, die einem besonderen Zweck diente: dem Erfolg des Hotelprojekts. Der 16. September wurde am See mit viel Alkohol, Blutvergießen und Feuerwerk bei hellem Sonnenschein gefeiert. In Wellen trafen Indios, neue Angehörige des Angestelltenstandes, mit Autobussen in Chapala ein. Nationalismus und ungezügelter Fremdenhass griffen um sich. Die Gassen hallten wider vom Grölen der Betrunkenen und *Viva-Mexico-Schreien.* Eine Woche lang tanzten allnächtlich Kinder um Mr. Middletons Bungalow und riefen GRINGO, das Schmähwort für Amerikaner. Injocotepec, auf dem Höhepunkt des Festes, stimmten einige Maultiere aus dem Ort in die *Grita de Dolores* ein, den Schrei, in den nach altem Brauch die Volksmenge inmitten eines höllischen Spektakels von Glockengebimmel und abgefeuerten Schüssen beim Schlag der Mitternacht ausbricht; die unglücklichen Tiere wurden wegen Verächtlichmachung des Vaterlands festgenommen und ins Gefängnis abgeführt, wo sie tagelang schmachteten, bis die betrunkenen Besitzer ihre Abwesenheit bemerkten und sich entschlossen, sie auszulösen. Jesús war nicht wiedergekommen.

»Er hat die Kuh seiner Mutter verkauft«, sagte Don Otavio, »und wird also ins nördliche Nordamerika gehen, nach Texas, um sein Glück zu versuchen. Er will von allem nichts mehr wissen.«

»Und was wird aus seiner Frau?«

»Sie kann Juan heiraten.«

»Eine Scheidung?«

»Nein, nein. Sie und Jesús waren nicht ganz verheiratet. Die

Kirche sieht es nicht gern, wenn die Indios richtig heiraten. Es gäbe zu viel Ehebruch. Das wäre eine sehr schwere Sünde.«

Am Ende der Woche fuhr Anthony ab, von Motorboot und Wagen nach Guadalajara gebracht und von dort mit dem Flugzeug in die USA, und ein paar Tage darauf schlug unsere Stunde. Don Otavio umarmte E.; ich wurde von Guadalupe und Soledad umarmt, und wir gelobten beide feierlich, an Weihnachten zurückzukommen.

»Warum müssen Sie denn auf Reisen gehen, *ntnal*« fragte Guadalupe. »Es ist teuer und unklug. Ist es eines Gelübdes wegen?«

»Niemand macht hier Reisen außer nach Guadalajara und Mexiko«, sagte Don Otavio, »und nach San Jose Purúa, der Gicht wegen. Ausländer fahren nach Acapulco zum Baden, aber es ist sehr heiß und unschön. Wenn das Hotel floriert, werden Luís und ich nach Juan-les-Pins fahren. Es soll jetzt sehr nett dort sein. Warum müssen Sie nur aus San Pedro fort?«

»Nein. Sie täuschen sich sehr. Es gibt nichts zu sehen in der Republik. Nichts. Sie werden es sehr unbequem haben und gar nicht glücklich sein.«

Elftes Kapitel

Mazatlán: Eine Tortur

Non, je ne suis pas heureuse ici.

Pelleas et Melisande

Unser erstes Ziel war Mazatlán, ein tropischer Hafen am Pazifik, im Staate Sinaloa, ein Umschlagplatz für Zucker, Gold und Obst, heute eine vergessene Stadt, lagunenumschlossen, idyllisch. Die Beschreibung in einem alten Reisebuch hatte uns bezaubert, und obwohl der Ort an die sechshundert Kilometer abseits unserer geplanten Route lag – eine gemächliche Reise durch die Zentralprovinzen zu den Ruinen im Süden –, beschlossen wir, hinzufahren und einen Monat in Mazatlán zu verbringen.

Nach Sinaloa fuhrt keine Straße, von nirgendwoher. Nur wenige und kleine Flugzeuge landen dort, aber es gibt eine Bahnverbindung, nämlich die South-Pacific Railway. Zweimal wöchentlich startet ein Zug von Guadalajara, klettert die Sierra zur Westküste hinab und fährt dann die pazifische Küste entlang bis hinauf nach San Francisco. Und diesen Zug nahmen wir.

Um ein Haar hätten wir ihn versäumt. Ich stand in einer Schlange, um einen Koffer aufzugeben. Alle Vorzeichen waren günstig. Vor mir am Gepäckschalter wartete nur ein halbes Dutzend Leute, jeder nur wenig beladen, und vier Beamte flitzten diensteifrig umher. Selbst bis zur amtlichen Abfahrtszeit war es noch eine volle Stunde. Mit der Bahn zu fahren ist für mich immer eine nervenaufreibende Sache: Ich saß auf der einen Seite des Koffers und versuchte eine Zeitung zu lesen; der Träger, ein junger Mann, halb so groß wie ich, saß auf der anderen. E. war auf den Bahnsteig gegangen, um unsere Sitzplätze zu suchen. Der Bahnhof starrte vor Schmutz. Zu Hunderten kauerten die Leute auf dem Boden, eingehüllt in Decken oder Strohmatten, schlafend, kochend, Babys säugend.

»*Viajeros*«, sagte der Träger.

»Warum gehen sie nicht zum Zug?« sagte ich. »Es muss doch ungewöhnlich sein, sein Lager aufzuschlagen, bevor man abfährt; in Friedenszeiten zumindest.«

»Die Reisenden warten auf die Züge«, sagte der Träger.

»Haben denn die Züge so viel Verspätung?«

»Die Züge nicht. Die Reisenden.«

»Verspätung? Sie sehen doch aus, als ob sie sehr früh gekommen wären.«

»Ja, früh. Zu spät und zu früh. Die Reisenden kommen zu jeder Zeit.«

»Kommen sie eigentlich jemals pünktlich zu den Abfahrtszeiten?«

»Wer kann das schon wissen?« sagte der Träger.

»Sie erkundigen sich nicht?«

»Warum sich solche Umstände machen? Das ist ein hübscher Bahnhof Ganz im Schatten.«

Vierzig Minuten vergingen, und die vier Beamten beschäftigten sich noch immer mit der ersten Person in der Schlange. Ich rutschte von dem Koffer herunter, drängte mich nach vorne und guckte, was los war. Die Beamten versuchten, ein etwas aufgelöstes Bündel mit Stahlbändern zusammenzubinden. Die Vorrichtung zum Festklemmen der Stahlbänder funktionierte anscheinend nicht. Einer der Beamten hielt das Bündel in den Armen, zwei hielten die Stahlbänder fest, mit denen es umschnürt war, der dritte rückte mit dem Apparat heran, anzusehen wie ein Affe, einen Zahnarzt imitierend, der sich dem Stuhl des Patienten nähert. Er machte einen Satz nach vorne: Irgendetwas ging entzwei, Stahlbänder ringelten sich in der Luft, das Bündel barst auseinander; dann ließen sie alles fallen, tauschten ihre Ansichten aus und erholten sich von ihrem anstrengenden Geschäft. Hernach trat wieder einer auf das Bündel zu, und besagte Prozedur wiederholte sich von vorne. Ich drückte mich wieder nach hinten durch, unfähig, das Ganze noch länger mit anzusehen.

Abermals zwanzig Minuten, und die Ausdauer musste ihre Früchte getragen haben, denn der Besitzer des Bündels schritt mit leeren Händen davon und blickte stirnrunzelnd auf einen Zettel. Der nächste in der Reihe hatte seine Formulare nicht ausgefüllt. Hatte gar keine Formulare. Man sagte ihm, wo er sie bekommen werde. Er ging weg. Die Beamten machten es sich gemütlich.

»Warum fertigten sie nicht den nächsten ab?« fragte ich und schaute auf meine Uhr.

»Er ist nicht dran. Der Mann ohne Formulare ist dran«, sagte der Träger. »Es wäre unhöflich. Auf diesem Bahnhof geht es sehr korrekt und modern zu.«

Der Mann ohne Formulare kam zurück. »Du musst sie ausfüllen«, sagten die Beamten zu ihm.

»Ich kann keine Formulare ausfüllen«, sagte der Mann.

»Du musst zu einem Schreiber gehen«, sagten die Beamten.

Es entstand eine Pause.

»Heute ist Sonntag«, sagte der Mann.

»Du hättest gestern gehen sollen«, sagten die Beamten.

»Gestern hab ich keine Formulare gehabt«, sagte der Mann.

»Das ist wahr«, sagten die Beamten.

Wieder entstand eine Pause.

»Der Schalterbeamte kann Formulare ausfüllen«, sagten die Beamten. »Wir werden ihn bitten, dass er es tut.«

»Ich kann ja den Zug an einem ändern Tag nehmen«, sagte der Mann.

»Wir werden den Schalterbeamten bitten. Er ist sehr zuvorkommend.«

»Nein, nein. Ich werde den Zug an einem ändern Tag nehmen;

es ist nicht so wichtig.« Der Mann bat um seine Kiste, die Beamten hoben sie hoch und setzten sie ihm auf den Kopf.

Der Mann ging davon.

Der nächste hatte Formulare und einen Strohkoffer, ordentlich verschnürt und mit einem Schloss gesichert. Die Beamten griffen zu der Stahlbandrolle.

»Doch nicht wieder die Stahlbänder?« sagte ich.

»Stahlbänder für alles«, sagte der Träger.

»Dieser Koffer ist doch verschlossen.«

»Stahlbänder für sämtliche Gepäckstücke. Das ist Vorschrift.«

»Man kann verstehen, warum die Diebe lieber gleich das ganze Stück mitnehmen. Was ist eigentlich mit dem Zug los? Die Abfahrtszeit ist schon eine Stunde vorbei.«

»Machen Sie sich keine Gedanken wegen des Zuges, Señora. Der Zug wird noch ein langes Weilchen warten. Er fährt nie ab, wenn nicht alle drin sind. Es ist ein sehr korrekter Zug.«

Die Beamten hatten eine Spiritusflamme entzündet und ließen geschmolzenes Blei auf die widerspenstigen Stahlbänder tropfen. Das Blei brannte ein kleines Loch in den Strohkoffer. Die Beamten schütteten aus einer Karaffe etwas Wasser in das Loch. Der Besitzer des Koffers kicherte aufgeregt.

Ich werde mir Miltons *Lycidas* vorsagen; vom ersten bis zum letzten Wort, sehr langsam diesmal, bevor ich wieder hinsehe, nahm ich mir vor. Der Träger packte mich an der Hand. »Kommen Sie«, rief er und riss den Koffer hoch.

»Kommen Sie! Der Zug!« Wir rannten durch die Sperre. Der Zug war schon im Anfahren. Ich wurde aufs Trittbrett gestoßen. Zwei Wagen weiter vorne half man E. runter. Unser Handgepäck lag auf dem Bahnsteig verstreut. Ich versuchte abzuspringen. Der Träger brüllte, E. sah mich und wurde wieder hinaufgestoßen. Zwei Fremde packten den Koffer um die Mitte und schoben ihn rennend in eine offene Tür. Umstehende hoben geschwind Taschen und Schreibmaschinen auf und schleuderten sie durch vorübergleitende Fenster. Pesoscheine flatterten im Wind der schneller werdenden Fahrt.

E. und ich fanden einander, wir setzten uns hin.

»Du hattest die Pässe.«

»*Du* hattest die Fahrkarten.«

»*Du* hattest das Geld.«

»Ich sollte«, sagte E., »auf der nächsten Station aussteigen und an das amerikanische Konsulat und Don Otavio telegrafieren.«

»Unsere nächste Station, Tepic, meine Liebe, ist neun Stunden von hier, in der *Terra Caliente.* Tepic, hab ich eben erfahren, ist ein Nahoa-Wort und bedeutet ›harter Stein‹.«

»Don Otavio war gar nicht begeistert von der Idee mit Mazatlán«, sagte E.; »ehrlich gesagt, S., ich glaube, dass kein vergessener tropischer Hafen diese Aufregung wert ist.«

»Essen wir erst mal«, sagte ich.

Der Pullman war voll von Menschen, wie wir sie weder auf Märkten und in Autobussen noch in San Pedro Tlayacá gesehen hatten. Leute, von denen Don Jaime gesagt hatte, dass sie noch nicht lange Schuhe trügen: kleinbürgerliche Mexikaner, sämtlich Mestizen, wie sie die Städte in den letzten Jahren hervorgebracht hatten. Die Männer waren breithüftig, schlaff und schwitzten; die jungen Mädchen waren hübsch; die Frauen über siebzehn neigten zum Dickwerden.

Jede Familie hatte Obst, einen Vorrat von Süßigkeiten und eine Flasche Tequila dabei. Man war höflich, selbstzufrieden, reserviert. Kein Fahrgast ging im Korridor an einem anderen vorbei, ohne eine der Tageszeit angemessene Grußfloskel auszutauschen. Jedes Mal wenn jemand gegen unseren Reisekoffer stieß (der jetzt unvermeidlich den Durchgang behinderte), entschuldigte er sich, weil er unser Eigentum berührt hatte. Der ganze Zug hallte wider von *dispenseme, con permiso, si Vd. lo permite, a sus órdenes, servidor di Usted.* Auf den Bänken gegenüber saß eine ungemein beleibte Mestizendame mit einem Kinn wie ein purpurroter fleischiger Faltenwurf zusammen mit ihren beiden Töchtern, die sehr schlechten Teint hatten und ihre Zeit damit zubrachten, sich das Gesicht mit Puder zu bedecken. E., die der *Bibliotheque Rose* verfallen war, nannte sie *Madame Crapaude et ses deux filles laides.* Draußen zog in der Septembersonne Tal um Tal vorüber: Tabak, Tequilapflanzungen, Mais, Mangohaine und wieder Mais. Langsam verging der Nachmittag. E. las *Persuasion.* Madame Crapaude verwickelte mich in eine mühsame und langweilige Unterhaltung; die Töchter machten sich schön. Wir fuhren durch eine Vulkanregion, unbebaut und menschenleer, durchfurcht von Erdwällen und Spalten, die Farbe und Konsistenz von Bimsstein hatten. Dann weitete sich die Landschaft, war schließlich nur noch Panorama, ohne jeden Vordergrund; dicht an dicht hochragende Gipfel und neben den Schienen ein gähnender Abgrund, wohl dreihundert Meter tief. Der Zug setzte die Geschwindigkeit herab, neigte sich vornüber und begann, sämtliche Bremsen gezogen, die ungemein steile Talfahrt. Wir krochen die Flanke der westlichen Sierra Madre hinab.

Madame Crapaudes *deux filles laides* kreischten angstvoll auf

»Ich finde, das ist eine technische Glanzleistung«, sagte E. »In den Rocky Mountains standen wir vor dem gleichen Problem. Kein Unterbau kann auf die Dauer einer solchen Belastung standhalten. Erinnerst du dich an die Eisenbahnkatastrophe am Coloradopass, 1939?«

Auf der Karte sieht Mexiko aus wie ein großer Fisch ohne Kopf der Mittelteil zerhackt. Nach Gestalt und Lage lässt es sich in etwa mit Italien vergleichen, nur dass Mexiko ungefähr siebenmal so groß ist. Wie die italienische Halbinsel schließt es sich im Norden an eine kontinentale Landmasse an und erstreckt sich südwärts ins Meer. Wie Italien ist es im Norden breit und verjüngt sich nach Süden; wie Italien ist es begrenzt von zwei langen, einander gegenüberliegenden Küsten. Doch anders als der »Stiefel« ist es nicht gestreckt, vielmehr schwingt es sich wie ein Delfinrücken um den Golf Und die Halbinsel ist keine Halbinsel: Der Schwanz des Fisches wird nicht vom Meer umspült, sondern ist durch eine kurze, gegabelte Landgrenze mit Guatemala und Britisch-Honduras an Zentralamerika angeschlossen.

Wenn auch nicht in der Wirklichkeit, so doch eine Halbinsel in Gestalt und Eindruck. Man sieht in Mexiko häufig die Brücke zwischen dem nordamerikanischen Kontinent und Zentralamerika; diese Vorstellung ist, abgesehen von der Überzeugung der Landesbewohner, zu Nordamerika zu gehören, irreführend, denn die Idee einer Brücke impliziert Ebenheit und Gleichmaß, was der Landmasse Mexikos in einem geradezu fantastischen Maße fehlt. Zwei Drittel seiner Längenausdehnung werden vom »Plateau« eingenommen (abermals eine irreführende Bezeichnung), das vom Norden her ohne große Schwierigkeiten zugänglich ist. Früher sagte man, man könne von Texas nach Mexiko in einem Vierspänner reisen: die Einfahrt ins Land ist Hunderte von Meilen breit, der Anstieg von Meereshöhe gemächlich. Der Ausgang im Süden ist eine andere Sache. Er ist enger, sehr steil und von Canyons durchfurcht. Es gibt – erst neuerdings – eine einzige Straße. Und natürlich ist das Plateau selbst keineswegs eben, sondern eine zerklüftete Basis weiterer Berge. Die Oberfläche dieses einzigartigen Hochlands ist von Schluchten durchschnitten, von tiefen Rinnen gespalten, von Klüften zerrissen, von Vulkanen beherrscht und von ausgedehnten querlaufenden Bergketten, eine hinter der anderen, überzogen. Ist der Weg von Norden nach Süden schon dadurch behindert, so ist ein Zugang von Westen oder Osten überhaupt kaum möglich, da die Längsseiten des Plateaus von den zwei ungeheuren *Sierras* gebildet werden, die senkrecht zum Meer abstürzen und über die man nur an einigen schwindelerregenden Stellen zur Küste hinabgelangen kann.

Bald hüllte die Dunkelheit die Geheimnisse dieser Talfahrt gnädig in ihren Schleier. Nichts Ähnliches wollte sich einstellen, um die Klarheit zu trüben, mit der die Erinnerung an ein Jahrhundert von Eisenbahnkatastrophen aus E.s Gedächtnis aufstieg.

In dieser Nacht lag ich hellwach in meiner Koje und fühlte mich einsam; gegenüber hatten sich die Töchter von Madame Crapaude in eine obere Schlafstelle gezwängt, wo sie unruhig schlummerten. Der Zug fuhr rüttelnd, stampfend und stockend dahin, langsam überwanden wir einen der verlassensten Bergpässe der Welt. *Que diable allais-je chercher dans cette galère?*

Wir sollten um fünf Uhr morgens in Mazatlán eintreffen; an sich schon eine Aussicht, die wenig zu einer erholsamen Nachtruhe beizutragen vermochte. Die Aufenthalte wurden länger. Schließlich kam ich zu der Überzeugung, dass wir mit Verspätung eintreffen würden, und schlief ein. Stimmen weckten mich wieder. Wir kommen nicht durch, hörte ich. Die Bahnlinie ist weggespült; wir werden zurückfahren müssen. Und wirklich, nach einem weiteren Aufenthalt begann der Zug rückwärts zu fahren. In den Schlafkojen war die Luft unerträglich stickig geworden, und so war um sechs Uhr jedermann aufgestanden und angekleidet, klebrig und schmutzig – denn in der stinkenden Toilette gab es nur ein lauwarmes Rinnsal zum Waschen – und bereit, der Situation ins Auge zu blicken. Welcher Situation, das wusste freilich niemand. Maschinenschaden, sagten manche. Eine Brücke sei eingestürzt. Es habe Überschwemmungen gegeben, obwohl die Regenzeit doch eigentlich zu Ende sei, und die Strecke stehe unter Wasser. Ein eisenbahnfeindlicher Stamm aus der Gegend habe die Schwellen aufgerissen. Inzwischen waren wir ein Stück zurückgefahren und hatten, wie sich beim ersten Tageslicht zeigte, mitten in einem Sumpf angehalten; auf einem sogenannten Bahnhof, was sich bei zunehmender Helligkeit herausstellte.

In abblätternden Buchstaben stand der Name RUIZ auf einem Brett, das an eine baufällige Hütte genagelt war, die zweifelsohne einige Signalgeräte und die Familie des Bahnhofsvorstehers beherbergte. Diese Hütte stellte die ganzen Bahnhofsgebäude dar. Es gab keine weiteren Hütten, keine Bahnsteige, überhaupt keine Bahnhofseinrichtungen; kein Dorf weit und breit. Keinerlei Unterschlupf für die Reisenden. Wir hatten nun die Sierra Madre hinter uns, und Ruiz musste mithin in Nayarft liegen, dem Gebiet der Nayarftos, der einzigen Ureinwohner, denen es gelungen war, sich von der spanischen Eroberung bis weit in die Mitte des 18. Jahrhunderts der Bekehrung zum katholischen Glauben zu entziehen, und Nayarft liegt in der Küstenebene und damit in der heißen Zone. Selbst zu dieser frühen Stunde bedurfte es keiner solchen geografischen Fachkenntnisse, um Vorhersagen zu können, dass dies ein so heißer Tag werden würde, wie ihn zu erleben unsereins sich immer gefürchtet hatte. Auch die Moskitos waren schon unterwegs. Um den Zug versammelte sich nun eine Anzahl von Schweinen. Plötzlich bestiegen sie ihn, suchten und bettelten um Futter. Gelber Schlamm tropfte von ihnen herunter. Die Auskünfte über die Dauer unseres Aufenthalts in Ruiz waren nicht einheitlich. Manche sagten, sechs Stunden, manche zehn; manche sagten, wir würden am Mittag abfahren, manche, bei Einbruch der Nacht. Manche sagten, am nächsten Morgen, andere wieder, in drei Tagen. Der letzte Zug aus dem Norden habe vier Tage Verspätung gehabt. Es wurde auch die Hypothese vertreten, wir würden nach Guadalajara zurückgefahren werden. Nichts von alledem war unwahrscheinlich.

Der Morgen schritt voran. Wir saßen alle da. E. und ich hellwach. Es fällt einem Menschen aus dem Westen schwer, in einem Zug zu sitzen, der nicht fahrt. Mag er auch ein Buch, Gesprächsstoff, mag er es bequem haben – was bei uns nicht der Fall war –, es wird ihm gleichwohl ständig bewusst sein, dass etwas fehlt, dass etwas nicht in Ordnung ist. Der Zustand nagt und zerrt an seinen Nerven, zerstört seine Konzentration, bringt sein Gleichgewicht durcheinander. Wenn das verdammte Ding nur fahren wollte: Die Hitze, der Dreck, die Langeweile, alles wäre zu ertragen. *Ach, wenn es doch nur fahren wollte!*

»Geschieht denn *gar* nichts?« fragte E. und stand auf.

Die Mexikaner kauten und tranken und schwatzten – *seguro,* es war heiß. Madame Crapaude schwenkte verzweifelt den Facher. Man diskutierte die weitere Entwicklung, recht unbeteiligt. Wir stünden mit Guymas in telegrafischer Verbindung, mit Tepic, mit Guadalajara. Jemand sei unterwegs, die notwendigen Reparaturen auszuführen. Die Reparaturen seien fast schon im Gange.

»Kann denn niemand *nachschauen* gehen?« sagte E.

Aber der schwere Regen hatte die Erde aufgeweicht, und sobald man von den Trittbrettern stieg, versank man auf der Stelle knöcheltief in einen zähen, saugenden Lehmbrei.

Um zehn Uhr hatte jedermann seine Zuflucht zu nassen Taschentüchern genommen, die an die Stirn gedrückt wurden; noch hoffte man durch Veränderung der Sitzposition, der Fenstereinstellung Linderung zu finden, noch äußerte sich E. beredt über die verschiedenen Erscheinungsformen des Hitzschlags.

Als es elf Uhr wurde, sprach niemand mehr. Der Schlamm auf dem Rücken der Schweine war zu einer knochentrockenen Kruste geworden. Wäre ich noch eines Funkens menschlichen Mitgefühls fähig gewesen, hätte er Madame Crapaudes wogenden Formen gegolten. Die Betäubung schläferte einen nicht ein, sie vereinte sich mit der Hitze, der Wartezeit und der Enge, in die man eingepfercht, mit dem dicken, grauen, dampfenden Watteballen, in den man eingeschlossen war: Jeder Herzschlag war gleich, und jeder Herzschlag war mühsamer; das Ende war nicht abzusehen und jetzt auch nicht mehr vorstellbar.

Nach dieser Leidenszeit fuhr der Zug mit einem Mal sanft aus dem Bahnhof hinaus, ohne jede Ankündigung. Einer der Schaffner musste rennen, um noch mitzukommen, ein anderer wurde zurückgelassen. Nach einer kurzen Strecke hielten wir wieder an, auf einer Station von ähnlichem Aussehen. Eisblöcke wurden auf die Wagendächer getürmt, und wieder fuhren wir los, in Richtung Küste. Es war jetzt drei Uhr nachmittags. Wir hatten neun Stunden in Ruiz gestanden.

Madame Crapaudes Töchter schüttelten ihre Puderdosen aus. E. und ich missbrauchten unsere erfrischten Geisteskräfte dazu, auszurechnen, wie viel von der Verzögerung wir wohl aufholen würden.

»Wir hatten schon etliche Stunden Verspätung, als wir heute vormittag zurückfuhren«, sagte ich.

»*Und* sind mit Verspätung abgefahren.«

»Nun ja, ab jetzt ist die Strecke immer gerade und eben. Wir müssten es nach Mazatlán eigentlich in zwei, drei Stunden schaffen. Vier im äußersten Fall.«

Es musste heftig geregnet haben. Streckenweise stand das Gleis noch unter Wasser. Vorsichtig kroch der Zug durch Dampf und Hitze, grünes Moor und eine amorphe Vegetation. Unmöglich, Baum von Busch und Busch von Schlingpflanze zu unterscheiden. Alles war Schlinggewächs, rückgratlos, schon eher wuchernd als üppig. Ich hatte noch nie zuvor tropische Flora gesehen und war von der Farbenarmut überrascht. Meile um Meile um Meile: weder Menschen noch Häuser, obwohl hin und wieder ein paar Stück Vieh geduldig bis zum Bauch im Wasser standen. Man konnte ihre Gesichter sehen und ihre Hörner zählen. Wir holten nichts von der Verspätung ein.

»Wir werden nie erfahren, woher dieses Eis gekommen ist«, sagte E.

Um sieben Uhr brach unvermittelt die Nacht herein. Die Waggonlampen verbreiteten ein opakblaues Licht, wir saßen, müde und düster gestimmt, zwischen den zum Schlafen hergerichteten Liegestellen: Andere Unglückswürmer fuhren mit diesem Zug noch weiter. Endlich blinkten die Lichter von Mazatlán durch die finstere Nacht. Ziemlich viele Lichter für eine vergessene Hafenstadt. Der Zug hielt an, stieß zurück, fuhr auf ein anderes Gleis, und um zehn Uhr abends, mit siebzehnstündiger Verspätung, waren wir glücklich angekommen.

Madame Crapaude schloss E. und mich an ihren feuchten Busen, ihre Töchter streckten uns die schlaffe Hand hin, Männer klopften uns auf die Schulter: *que Dios las proteja, que las vaya bien.*

Ein Bahnhof von Fackeln beleuchtet. Gierige Hände und teilnahmslose Gesichter. Ein Taxichauffeur, der in Texas gewesen war und nicht losfahren wollte, ehe er von geheimnisvollen Agenten ein Handgeld erhalten hatte. Eine lange Fahrt durchs Dunkel, zuerst auf freier Landstraße, dann durch lange Straßenzüge. Der Kai tauchte auf: eine riesige, eisengraue, betonierte Esplanade, in ihrer nackten Hässlichkeit wie ein Schlag ins Gesicht; dahinter der Pazifik mit seinem Getöse. Das Hotel. Ein viktorianisch-maurisches Bauwerk, riesig, mit vielen Balkonen. In der Halle Herren mit Hut, die in einer Reihe in Schaukelstühlen saßen, Spucknäpfe neben sich. Der dumpfe Geruch einer ausgestorbenen Stadt, von verblichener Pracht und bankrotter Gegenwart. Ein gleichgültiger Portier, der einem einen Schlüssel zuschob, ein Gästeregister aufschlug.

»Wenn Sie was essen wollen, dann müssen Sie sich beeilen.«

Der trostlose Speisesaal, pilastergeschmückt, vergoldet. Ein Podium für eine Tanzkapelle, leer. Ein hölzerner Ventilator, der über unseren Köpfen an der Stuckdecke wie eine Windmühle wirbelte.

»Was soll das darstellen? Für wen ist es gebaut worden?« sagte E. »Vergessen? Das kann man wohl sagen. Ausgelöscht aus dem Gedächtnis aller zivilisierten Menschen. Aber irgendwann einmal muss sich tatsächlich jemand damit beschäftigt haben: Diese Kronleuchter, dieses Mahagoni und dieser Pier sind nicht aus reinem Zufall hierhergekommen.«

Der Fisch ist verdorben. Das Fleisch sieht dunkelrot aus und ist auch verdorben. Das Eis ist gleichfalls dunkelrot, aber künstlich aromatisiert. Es schmeckt wie Gips, mit Pomade angerührt.

»In San Pedro …«, sagte ich.

»Sprich nicht von San Pedro«, sagte E., »sonst kommen mir die Tränen.«

Ein Blick auf den baumlosen Platz vor dem Hotel, so ganz wie ein englischer Kai, der, seiner Vergnügungsstätten, seines Lebens beraubt, in eine tropische Umgebung versetzt worden ist.

Morgen werden wir die Lagunen ansehen. Morgen werden wir etwas finden, wo wir wohnen können. Ich blicke E. nicht an, während ich es sage. Jetzt erst schlafen. Und dann war es so weit: Wir erblickten das unglaublichste Zimmer.

Eine Doppeltür führte in einen großen Raum von angenehmen Proportionen. Zwei riesige, nackte, von Fliegen beschmutzte Fenster gingen auf den Pazifik, ohne Läden oder Vorhänge, abgesehen von einem zerschlissenen Fetzen Samt, der zur Hälfte abgerissen war. Gips und Tünche blätterten von Wänden und Decke. Drei gewaltige Himmelbetten standen willkürlich umher, auf dem Eichenholz wimmelte es von Käfern. Schaben in den Federn und Spinnen auf dem Fußboden. Ein Toilettentisch aus Mahagoni, ein Küchenstuhl mit gesprungener Sitzfläche. Kein Trinkwasser. Das Badezimmer eine feucht-dumpfe Höhle. Einer der Wasserhähne fehlte, aus dem anderen kam nur ein klägliches Rinnsal. Die Toilette war abmontiert, einer zweifellos dringenden Reparatur wegen.

Nirgends schien seit sehr langer Zeit Staub gewischt worden zu sein, und alles war verrottet in wahrhaft großem Stil.

»Sehen Sie auch, was ich sehe? Oder seh ich's nur, weil ich so müde bin?«

»Im besten Zimmer des ersten Hauses am Platze«, sagte E. »Das muss zu Díaz' Zeiten das prächtigste Hotel gewesen sein.«

»S.«, sagte E. bei Tagesanbruch, »wovon kommt nur dieses erbarmungslose Getöse? Gibt es hier eine U-Bahn?«

»Es ist der Pazifik.« Er sieht grau aus. Und ziemlich glatt, bis auf diese Brecher. Genauso wie in Santa Monica in Kalifornien.«

»Und dafür reist man«, sagte E.

Das grelle Sonnenlicht wurde unerträglich. Ich ging, um Abhilfe zu schaffen. »Einfach irgendwas«, bat ich, »irgendeinen Stoffrest, den man vor diese großen Fenster hängen kann.«

»Vorhänge?« sagte der Direktor. »Über Vorhänge soll ich mir Gedanken machen? Wenn unsre Decken herunterkommen?«

Wir sahen ein bescheidenes – und wohnlicheres – Hotel im Zentrum. Wir sahen am Kai saubere Zimmer ohne Komfort, zu dreieinhalb Schilling Wochenmiete. Wir fanden einigermaßen genießbare Eier, Bohnen und Kaffee sehr preiswert in einer Imbissstube. Wir fanden es heiß, doch nicht unerträglich. Wir sahen die reizlose Stadt, in einer Zeit der Konjunktur und eines schlechten Baustils erbaut und in einer anderen heruntergewirtschaftet. Allein eine Kathedrale in schreiendem Jugendstil und einige städtische Gebäude waren bemerkenswert. Alles Leben schien gedämpft, und nichts deutete auf Hafenbetrieb hin. Die Lagunen sahen wir nie.

Man konnte sie nur per Taxi erreichen. Der Taxifahrer vom Abend zuvor lag schon auf der Lauer, nannte einen unmöglichen Preis, bereit zum Feilschen. Wir gaben es auf

So badete ich denn, im Badewagen sitzend, im schäumenden, lauwarmen Brackwasser hinter einem betonierten Wellenbrecher vor dem Hotel.

Wir waren sehr, sehr niedergeschlagen.

»Wo sind wir denn?« sagte E. »Du kennst dich doch so gut auf der Karte aus. Wo sind wir, von *anderen* Orten aus gesehen? Müssen wir eine Landreise auf uns nehmen, um von hier wegzukommen?«

Ich machte mich auf die Suche nach der Agentur der Fluggesellschaft. Die nächste Maschine von Mazatlán ging in drei Tagen. Sie war ausgebucht. Es gab einen zweiten Flug in der folgenden Woche. Auch dieser war ausgebucht. Ich setzte mich zu E. an die Bar, der einzige Teil des Hotels, der in seinem Verfall einen Abglanz der Edward-Zeit bewahrt hatte. Das Mahagoni, wenn auch wurmzerfressen, glänzte noch stellenweise; das Messing war blank geputzt. Der Barkeeper war weder ein mexikanischer noch ein amerikanischer Barkeeper, sondern eben ein Barkeeper. Er mixte uns Absinthcocktails.

»Sie möchten nicht vielleicht einen Armagnac?« sagte er, »oder einen Benedictine? Nein, wohl nicht um diese Tageszeit. Seit zehn Jahren schon hat niemand mehr Armagnac von mir verlangt. Heutzutage will man nur Rum und Gin. Man muss schon froh sein, wenn es nicht Tequila ist.«

»Es gibt nicht zufällig ein Schiff, das heute von Mazatlán irgendwohin abgeht?« fragte E.

»Ein Schiff? Von Mazatlán? Es gibt keine Schiffe in Mazatlán. Der Hafen ist verlandet. Wussten Sie das nicht?«

»Das hat uns niemand gesagt.«

»Man spricht nicht viel von Mazatlán heutzutage. Schon seit zwanzig Jahren verlandet.«

E. schaute mich an. »Die Bahn?«

»Die Bahn.«

»Heute noch?«

»Heute noch.«

Aber der Southern Pacific ging erst am nächsten Samstag. Es war Mittwoch.

»Dann können wir ja noch leicht zwei von diesen ausgezeichneten Drinks nehmen, Barkeeper«, sagte E., »wenn Sie so freundlich wären, sie uns zu mixen.«

»Warum nehmen Sie nicht den Zug von vorgestern?« sagte der Barkeeper.

»Kann man das?« sagte E.

»Der Zug von vorgestern hat Verspätung. Er ist Montag nicht durchgekommen. Vermutlich wird er heute nacht durchkommen. Wenn Sie am Abend zum Bahnhof gehen, können Sie ihn gar nicht verpassen.«

»Jetzt können wir Don Otavio ein Telegramm schicken«, sagte E.

Der Zug von vorgestern war mit ermatteten Amerikanern beladen. Sie hatten die Reise voller Begeisterung angetreten; jetzt waren sie völlig erschöpft von ihrer dreitägigen Einkerkerung.

»Die Strecke stand unter Wasser, und wir sind von Nogales bis hierher im Schneckentempo gefahren, wirklich, im Schneckentempo. Haben Sie so was schon mal gehört? Nein, Ma'm! Ein zweites Mal würden Sie eine solche Fahrt nicht freiwillig machen.«

»Nicht unter normalen Umständen«, sagte E.

Wir erreichten Guadalajara am folgenden Abend, mit nur fünfstündiger Verspätung. Don Otavio, Andreas und Juan sowie Don Enriquez' Pedro standen auf dem Bahnsteig.

»Ich bin so glücklich. Ihre Zimmer sind für Sie bereit. Sie müssen todmüde sein. Sie werden sofort zu Bett gehen. Soledad wird Ihnen etwas zu essen bringen.«

Wir fuhren auf einen Drink ins Zentrum von Guadalajara, das einem wie Paris vorkam. Dann brachen wir in Don Otavios Wagen nach Chapala auf. Die Luft war frisch und duftete nach Heu. Wir fuhren vorsichtig, da auf der Straße Kühe mit ihren Kälbern schliefen. Sie hatten die Felder verlassen, um sich auf die Steine zu legen, die noch immer von der Sonne warm waren. Sie schlugen die Augen auf erhoben sich aber nicht. In Chapala bestiegen wir Don Enriquez' Motorboot. Der nächtliche Himmel über dem See war ganz klar und voller Sternschnuppen. Das milde Wasser funkelte phosphoreszierend um den Bug des Bootes. Fische sprangen, schimmerten auf und fielen wieder ins Wasser. Das Ufer lag still, friedvoll, nur erahnt. Ich war in jenem gleichsam tertiären Stadium der Müdigkeit, da Nerven und Sinne entblößt dem unmittelbaren Kontakt mit der Welt ausgesetzt sind und zwischen Schauen und Aufnehmen weder Distanz noch Materie liegen, da der Geist frei schweift, alles klar, doch leer aufnimmt und die Schönheit durch Osmose unser wird. Wir landeten und sahen im Licht des Mondes die Fassade von San Pedro.

Dritter Teil

Reisen

Dites, qu'avez-vous vu?

Erstes Kapitel

Guanajuato oder Sic transit

Ah, Madame, soyez tranquille. Vous voilà dans la Bonne Province Française.

Hier gibt es immer wieder einen Anlass, sich staunend die Augen zu reiben. Man hatte sich daran gewöhnt, ungewöhnliche Dinge in ungewöhnlicher Umgebung zu erwarten, aztekische Tempel in einer hybriden Metropole, Nachklänge des mittelalterlichen Spanien mitten im Sumpf und zwischen armseligen Hütten, vergessene Badeorte, verfallend in Südseeumgebung, byzantinische Idyllen, zwölf Flugstunden von den USA entfernt, Don Quijote in einer Bank und die Marx Brothers im Postamt. Man erwartete, entweder wie ein Maskottchen gehätschelt, in Luxus gebettet zu werden oder unbeachtet, wie Gewürm, riesige Entfernungen dahinzukriechen, jeglichen Unbilden ausgesetzt. Aber eines erwartete man nicht, konnte man nicht erwarten: sich in einer stillen Kleinstadt zu finden, *une brave petite ville, bien calme, bien propre*, wo man in der *Posada del Progreso* in Gesellschaft von Notar und Stadtsekretär die Table d'hôte einnahm, *en pension,* die Serviette zierlich im Ring steckend.

Mexiko ist noch immer ein Land ohne Mittelstand. Es gibt Revolutionäre, aber keine vermittelnde Bürgerklasse. Es gibt kollektives Empfinden, zuzeiten grässliche Ausbrüche von Nationalismus. Eine öffentliche Meinung gibt es nicht.

Es gibt natürlich eine gewisse Anzahl von Leuten, die, obgleich gebildet und beschuht, weder Kreolen noch *Ancien Riches* sind, aber sie stellen keine Klasse dar; im Einzelfall haben sie entweder wenig Bürgersinn oder versuchen auf kürzestem Wege zu Amt und Würden zu kommen. Es gibt nicht die Spur jener *fundamentalen* Macht einer vermittelnden Schicht: die Ausübung von Druck mittels unparteiischer moralischer Kritik, klar unterschieden von jeder direkten Prärogative; jene zügelnde mystische Macht, die seit den Tagen der römischen Republik über die verschiedenen Wandlungen der englischen Monarchie bis zur Dreyfus-Affäre eine einflussreiche politische Realität gewesen ist. Und wo diese Schicht, dieser Einfluss fehlt, kommen Veränderungen, im Guten wie im Schlechten, zumeist – wie es in Lateinamerika weitgehend der Fall war – durch Gewalt, Aufstände der unteren Schichten, Spaltungen im Militär oder Palastrevolutionen zustande.

In diesen Gebieten haben revolutionäre Bewegungen immer etwas seltsam Wankelmütiges gehabt. Es begann damit, dass jemand mit einem persönlichen Interesse sich einen Missstand zunutze machte, um Anhänger zu sammeln. Der Anführer behielt sein Ziel im Auge, seine Anhänger gaben sich den Freuden einer kriegerischen Landpartie hin und vergaßen, wofür sie ausgezogen waren. So hatten die mexikanischen Indianer viel Anlass zu Beschwerden – wenn natürlich auch wenig Waffen – gegen Spanien, doch wurde der Abfall von Spanien erst dann ins Werk gesetzt und erreicht, als die Eroberer zu zahlreich für die Beute geworden waren und der kreolische Teil der herrschenden Klasse sich gegen die spanischgebürtigen und größere Vorrechte genießenden Mitglieder wandte.

Eine Mittelklasse hätte es in Mexiko schwer gehabt sich zu bilden. Woher hätte sie kommen sollen? Wer hätte ihr angehören sollen? Indianer, deren Land besetzt war? Oder die Herren aus Spanien? Die Männer, die ihr Glück machen wollten und ihrem Glauben und ihrem König in einem fernen Land dienten? Oder die Ureinwohner, deren Kultur zugrunde gerichtet und deren Existenz in Hörigkeit verwandelt war? Die Konquistadoren und ihre Nachkommen hatten alle Hände voll zu tun. Über ihrem

Gewissen schwebte die Inquisition, wie die Madrider Regierung über ihre Taschen wachte – jeden Augenblick konnten sie ketzerischer Gesinnung oder der Unterschlagung von Gold bezichtigt werden. Schickten sie doch ohnehin nie genug Gold nach Spanien. Selbst die Zuweisung von Land war an zahllose Auflagen geknüpft; es kam vor, dass die Krone einem getreuen Diener riesige Ländereien verlieh und dann die Erträge für den Unterhalt irgendeiner Kirche bestimmte. So vergingen die Jahre: mit Kampf, Herrschaft, Bittstellerei. Sie waren sehr allein; abgetrennt von der geordneten Welt, abgeschnitten von ihrem Platz in der Ordnung ihrer Zeit, jeder Schritt war ein Schritt ins Neue, und doch waren sie gelähmt, durch hundert bürokratische Fesseln an Spanien gekettet. Sie waren keine Intellektuellen, aber Männer voll intellektueller Neugier. Und sie suchten diese zu befriedigen. Noch kannte man nicht den Unterschied zwischen dem Geist des Wagens und dem Geist des Fragens. Da sandte der Bischof von Michoacán, der Sir Thomas More bewunderte, an den Rat von Indien die Bitte um zeitweilige Entbindung von seinem Amt, um unter den Tarasken einen Modellstaat nach Mores Utopia zu gründen. Sie waren wortgewandte Männer. Sie waren Gelehrte und Poeten, will sagen, sie beherrschten ihr Latein, lasen ihren Plato und dichteten italienische Verse, aber trotz alledem waren sie weder Künstler noch Philosophen. Ihre umfassende Bildung gehörte zu ihrem Rüstzeug als Menschen der Renaissance wie im 19. Jahrhundert die Aquarellmalerei zu dem einer jungen Frau, und sie dachten nicht im entferntesten daran, sie dem eroberten Land zugute kommen zu lassen.

Die Nachkommen der Tolteken, Azteken und Tarasken, deren Vorfahren vermutlich ebenso wenig Ähnlichkeit miteinander hatten wie englische Hirten mit den Athenern ihrer Zeit, lebten in ständiger Bevormundung. Sie arbeiteten, wo man sie arbeiten hieß, sie rissen Tempel ein, bauten Kathedralen, schufteten in Bergwerken; Gesetze wurden für sie geschaffen, für ihre Gotteshäuser wurde ein Stil importiert; sie wurden in ihre neue Religion – ein Verstoß gegen deren elementarste Regeln – als Christen zweiter

Klasse, als geistig Unmündige aufgenommen, die als unfähig galten, zwischen Ketzerei und rechtem Glauben zu unterscheiden, und waren aus diesem Grund weder der Inquisition unterworfen noch verantwortlich für die Reinheit ihres Glaubens.

Gesetzt, dass Erlösung allein innerhalb des Glaubens zu erlangen ist, war diese Lösung ein unvermeidlicher Hilfsgriff, da es die Möglichkeiten und die Zeit jedes Tribunals überfordert hätte, sich mit den vielen Ketzereien der Indianer zu befassen, und diese zu verhindern wäre gleichermaßen unmöglich gewesen. Die Indianer nahmen zwar mit Freuden einen neuen Gott an, zögerten aber, sich von ihren alten Göttern loszusagen. Da man ihnen erlaubte, weiter mit ihrem bunten Pantheon vor sich hin zu wursteln, blieben sie einigermaßen zufrieden im Schoß ihres neuen Glaubens und wurden, wie sich zeigte, im Laufe der Zeit äußerst eifrige Katholiken. Im Verlauf einiger Jahrhunderte verblassten die alten Götter vor dem Glanz der Dreifaltigkeit, der Gottesmutter und der Heiligen zu bedeutungslosen und nur noch gelegentlich beachteten Relikten.

Huitzliputzli ist noch immer gegenwärtig, zuweilen mit Flügeln und Krone angetan, für schlechtere Zeiten unter dem Altar versteckt; doch wenn die mexikanischen Indianer noch immer einen leichten Hang zum Polytheismus zeigen, so finden sich heute die meisten ihrer alten Götter zumindest im *Buch der Märtyrer und* im christlichen Kalender.

So wurden die Indianer fromme Katholiken und lernten Spanisch sprechen. Die Spanier blieben fromme Katholiken und sprachen weiterhin Spanisch. Die erste Generation brachte keine Frauen mit, so dass es, wenn auch nicht zu vielen Heiraten, aber doch zu häufiger Vermischung kam. Die Indianer blieben keine reinen Indianer, und aus den Spaniern wurden Kreolen. Das Land trug auch sein Teil bei, und so wurden denn nach und nach, durch mehrere Phasen der Mexikanisierung, aus den Kreolen mexikanische Kreolen. Nach etlichen Jahrhunderten des Zusammenlebens waren weder Indianer noch Spanier mehr so ganz das, was sie ursprünglich gewesen waren. In mancher Beziehung sind sie einander ähnlich geworden; in manch anderer haben sie überhaupt nichts Gemeinsames. Die Kluft zwischen Eroberern und Unterworfenen hat sich in die Kluft zwischen Klasse und Klasse verwandelt. Jede lebt noch immer aus einer anderen Tradition; keine hat sich bemüht, bewusst von der der anderen zu lernen. Wenn sie gut miteinander auskommen, nennen sie einander *ninos,* Kinder. Da leben sie nun, Seite an Seite, in enger Nachbarschaft, vertraut und einander fern, vertrauensvoll und hochmütig, wie so viele *frères de lait,* Bauernjunge und Herrenkind, von derselben Amme gesäugt.

Natürlich kann Guanajuato nicht sein, was es scheint. Wir wissen, was unter dieser Oberfläche von Redlichkeit und provinzieller Geruhsamkeit vor sich gehen muss: die Tücke (wer hat nicht seinen Balzac gelesen?), die Unterdrückung (wer nicht seinen Mauriac?, seinen Julien Green?), das Verbrechen. Jede Gerichtsverhandlung enthüllt diese gutbürgerliche Idylle als eine Neuauflage des Prozesses gegen den Menschenfresser von Didier-le-Marche oder Argemont-sous-Congre. Und doch, die Oberfläche ist da. In Frankreich ist sie eine natürliche Deckschicht, in Mexiko ist sie nicht im mindesten natürlich. Es fehlen die Grundelemente. Wie diese Stadt es zuwege gebracht hat, auch nur zu scheinen, was sie nicht sein kann, das ist ein Geheimnis. Vielleicht hat man es mit einem Zaubertrick zu tun: Das Auge folgt ihm, aber das Denken erfasst ihn nicht.

Guanajuato liegt in Zentralmexiko. Guanajuato ist ein taraskisches Wort und bedeutet Froschhügel. Der Zugang zu dem Städtchen fuhrt durch einen Canyon. Es liegt auf einer Höhe von 2300 Metern, das Klima ist gut. Architektonisch ist es sehr hübsch: Steile Straßen mit weißen Häusern im schlichten maurischen Stil aus dem 17. Jahrhundert ziehen sich eine Hügelflanke hinauf und hinab. Die Geschichte des Städtchens ist ausnehmend grausam und sein früherer Wohlstand legendär.

Es besitzt eine liebenswerte Absurdität: ein neoklassizistisches Theater mit großem Portikus und neun Musen, die winkend auf dem Sims stehen, das ernst gemeinte Produkt der Erinnerungen seines Schöpfers an die Madeleine, den Parthenon und die Comédie-Française in ihrer heutigen Gestalt und seiner gründlicheren Studien des Stadttheaters von Toulouse, wie es nach der Fertigstellung während der Präsidentschaft von Jules Grevy ausgesehen haben mag. Das Theater ist ziemlich klein und ganz in hellgrünem Stein ausgeführt. Dieser halluzinatorische Anflug verleiht ihm – entgegen allen Absichten des Architekten – einen gemütlichen und exotischen Zauber. Die Hauptsehenswürdigkeit, mit der die Stadt wirbt, ist das Beinhaus, ein Gewölbe, wo die Gebeine der Ärmsten der Armen wahllos aufgehäuft ruhen und die oberflächlich einbalsamierten Leichname der halbwegs Begüterten aufrecht an der Wand lehnen. Diese Stätte ist zu festgesetzten Stunden für Besucher geöffnet. (Kleines Trinkgeld erbeten.)

Die schwersten Kämpfe der Revolutionskriege spielten sich zum großen Teil in Zentralmexiko ab. 1810 wurde Guanajuato mit seiner mächtigen Festung von den Spaniern gegen eine Belagerungsarmee der Unabhängigen verteidigt, die unter dem persönlichen Kommando von Hidalgo stand. Don Miguel Hidalgo y Costilla, heute ein Nationalheld, war, wie man sich vielleicht erinnert, ein kreolischer Pfarrer. Nach harter Belagerung kam der Sturm – ein entsetzliches Ringen, da beide Seiten mit äußerster Tapferkeit und Grausamkeit fochten. Zuletzt wurde Feuer an Holztüren gelegt, im Hof kämpften die Gegner Mann gegen Mann, und der letzte wurde auf dem Dach umgebracht. Dann plünderten die siegreichen Unabhängigen die Stadt. Drei Tage später reagierten die Bewohner von Guanajuato, sie drangen in die Festung ein und ermordeten die einzigen, deren sie habhaft werden konnten, die royalistischen Gefangenen, an die zweihundert entwaffnete spanische Soldaten. Daraufhin marschierten wieder spanische Truppen auf die Stadt zu, belagerten sie nun ihrerseits und nahmen sie alsbald den Unabhängigen wieder ab. Nun exekutierten die Spanier sämtliche Gefangenen, ob Mann, Frau oder Kind. Und als einige Monate später Hidalgo, Ignacio Allende und etliche andere Anführer der Unabhängigen in Chihuahua gefangen genommen und hingerichtet wurden, schickte man ihre Köpfe nach Guanajuato, wo sie in eisernen Käfigen vor der Festung aufgehängt wurden. Zehn Jahre hingen sie dort zur Abschreckung. Dann siegte die Unabhängigkeitsbewegung, aus Neu-Spanien wurde die Republik Mexiko; die Köpfe wurden in einer Kristallurne in die Hauptstadt überführt und in einem Staatsbegräbnis beigesetzt. Dann schwang sich der ehemalige Leutnant Augustin Iturbide, ein blutjunger Mestize und gleichfalls einer der Revolutionsführer, zum Kaiser von Mexiko auf. Trotz seiner Jugend war Augustin I. schon verheiratet und ließ sich zusammen mit seiner Frau in der Kathedrale von Mexiko feierlich krönen und salben. Das Erste Kaiserreich währte genau dreihundertundsieben Tage. Dann dankte Augustin ab; er musste ins Exil gehen; begab sich nach England; kehrte zurück, landete wieder in Mexiko und wurde, nach dem summarischen Brauch des Landes, erschossen. Man fragt sich, ob Stendhal wohl je von Augustin Iturbide gehört hat.

Dann wurde das Land eine konstitutionelle Republik. Der erste Präsident legte seinen Namen Fernandez ab und nannte sich Guadalupe-Victoria, zu Ehren seines Sieges und der Schutzpatronin des Landes, der Heiligen Jungfrau von Guadalupe. Anschließend schaffte er alle anderen Titel ab. Es dauerte nicht lange, und zwei Franziskanermönche entfesselten einen Aufstand gegen das herrschende Regime; General Santa Anna, ein kreolisches Stehaufmännchen, erhob sich zu seiner Verteidigung; und damit begann der Krieg zwischen den Zentralisten und den Föderalisten. Provinzen rebellierten, Banden bildeten sich, Armeen marschierten durchs Land, Städte wurden belagert. Und so ging es weiter.

Heute wachsen Tabak, Mais und Weizen auf den unterhöhlten Hügeln von Guanajuato, und Kanarienvogelfutter ist der wichtigste Exportartikel des Distrikts. La Valenciana, El Melado, Las Reyas – einstmals bargen diese Hügel die reichsten Gold- und Silberlager, die die Menschheit kannte. Damals, in den Tagen, da das Gold noch ungeheures Ansehen genoss, wurde die Frage nach dem inneren Wert von Edelmetallen noch nicht gestellt, und diese Gruben veränderten die Geschichte Europas und trugen dazu bei, die Welt zu formen, in der wir heute leben. Nach der Eroberung wurde ein Jahrhundert lang das Gold von Guanajuato an die spanische Krone geschickt. Die Iberische Halbinsel wurde dadurch nicht fruchtbarer, eher wurden noch weniger Nahrungsmittel erzeugt; doch da die Bewohner fruchtbarerer Regionen mit Freuden Konsumgüter gegen schöne Metalle eintauschten, standen Spanien sämtliche Waren zu Gebote. Ein kleiner Teil des aus La Valenciana bezogenen Silbers diente zur Bezahlung des Bauholzes und der Werkleute, die die *Armada* zimmerten. Spanien wurde eine Großmacht und natürlich eine Bedrohung. Generationen von Engländern blickten mit der gleichen Furcht auf dieses Land, mit der später Generationen von Franzosen auf Deutschland blickten. Die Waage neigte sich auf die Seite der Gegenreformation. Ja, der Mittelpunkt der Christenheit verlagerte sich von Rom zum Escorial und damit von abgeklärter lateinischer Weitläufigkeit zu der Barbarei und der asketischen Strenge eines emporgestiegenen maurischen Preußen.

Noch heute wird in Guanajuato etwas Gold gefordert. Es wird von den USA aufgekauft, die sich zur Abnahme der Förderung verpflichtet haben, um einer Wertminderung vorzubeugen. Es wird nach Kentucky transportiert und hinter den Mauern von Fort Knox abermals vergraben.

Silber gibt es heute in La Valenciana nicht mehr. Auf dem Hügel, der die Stadt, den Canyon und das breite Tal überragt, steht in der funkelnden Luft sonnentrunken San Caetano, die Kirche, die in der Blütezeit der Grube als Dankopfer gebaut wurde, im churrigueristischen Stil, kuppelgekrönt, honiggelb, extravagant und verwittert, jeder Stein glühend von der aufgespeicherten Wärme von zweihundert sonnigen Jahren. Wir waren mit einer Flasche Wein und einem Laib Brot gekommen und saßen an den schattigen Mauern, lauschten in die dichte Stille eines kristallklaren Frühnachmittags, aßen, tranken und blickten blinzelnd ins Tal. E. sprach vom Untergang des Abendlandes: Spengler, so scheint es, hat La Valenciana ein langes Kapitel gewidmet; dem Bergwerk, nicht der Kirche.

Zweites Kapitel

Querétaro: Ein bescheidenes Gasthaus

Où l'on pourra manger, et dormir, et s'asseoir.

Die Fahrt – Bus erster Klasse – von Guadalajara nach Guanajuato, die in Leon, einem vornehmlich seines ländlichen Aussehens wegen bemerkenswerten Industriezentrum, für einen Tag und eine Nacht unterbrochen wurde, war so erfreulich verlaufen, dass wir den verwegenen Versuch unternahmen, von Guanajuato nach San Miguel de Allende zu gelangen, trotz der Tatsache – zu der die Existenz einer Busverbindung etwas im Widerspruch stand –, dass es keine Straße zwischen beiden Orten zu geben schien.

Wir waren unterwegs nach Querétaro. Guanajuato, San Miguel und Querétaro bilden ein Dreieck. Von Guanajuato nach Querétaro fuhrt eine gute und von Querétaro nach San Miguel eine leidliche Straße. Eine Straßenverbindung zwischen San Miguel und Guanajuato ist weder auf lokalen noch auf allgemeinen Karten eingetragen. Da aber die Entfernung zwischen diesen beiden Orten bei Weitem am kürzesten ist, schien es töricht, zuerst nach Querétaro, dann die ganze Strecke nach San Miguel und anschließend die ganze Strecke wieder zurück nach Querétaro zu fahren. Dies legte ich dem Fahrkartenverkäufer an der Autobus-Haltestelle des langen und breiten dar. Er ließ keine Verwirrung erkennen, sondern stimmte mir verständnisvoll zu.

»Wie weit ist es?« fragte E.

»Wenn wir so fahren, nur ungefähr hundert Meilen.«

»Wie lang können hundert Meilen sein?«

Es war eine Autobus-Verbindung zweiter Klasse. In Bussen zweiter Klasse gilt eine recht eindeutige Regelung: Das Wageninnere ist durch ein Seil in zwei Teile getrennt – der vordere hat Sitzplätze und ist für die Fahrgäste und ihre Kleintiere reserviert, der hintere Teil ist für Jungochsen, Kisten sowie diejenigen Ziegen, Schweine und Schafe bestimmt, die schon zu ausgewachsen sind, um auf dem Schoß gehalten zu werden. Reservierte Sitzplätze gibt es nicht. Aber sie werden gewissenhaft denjenigen überlassen, die den Bus am Abend vor der Abfahrt bestiegen haben, und außerdem gibt es reichlich Platz zum Stehen. Die Fahrzeuge selbst sind ältere Erster-Klasse-Busse; neu angestrichen, sehen sie praktisch genauso aus. Die Motoren sind überholt und erlauben ein ordentliches Tempo, und eventuelle Mängel betreffen lediglich Federung und Bremsen. Angehalten wird nach Bedarf.

Eine Trasse *war* vorhanden. Sie befand sich in einem einigermaßen fortgeschrittenen Bauzustand, auf weite Strecken durchaus befahrbar. Was man eine Straßendecke hätte nennen können, gab es nicht, und ebenso wenig war die Straße planiert, so dass die Unebenheiten für einen öffentlichen Verkehrsweg ungewöhnlich stark waren. Wenn es ganz schlimm wurde, stieg man aus, die Tiere grasten, und die männlichen Fahrgäste legten mit Hand an, um den Bus auf abschüssigen, geröllbedeckten Streckenabschnitten zu stützen.

»Glaubst du, er fahrt die Strecke *jeden* Tag?« fragte E.

Alles in allem waren es lange hundert Meilen.

San Miguel de Allende erwies sich nicht als lohnend. Das Städtchen wirkte zugleich ungeschliffen und aufgeputzt; es war voll von großen, plumpen Bauwerken in hausbackener Bauerngotik und kitschigen kleinen Devotionalienläden. Es gab Anzeichen steckengebliebener Bemühungen um den Fremdenverkehr (wie man sie sonst in den Zentralprovinzen überhaupt nicht findet); die Plaza war aufgerissen, und überall trieben wirbelnde Staubwolken. Vielleicht war es eine schlechte Woche; fast alle Leute, mit denen ich seither über San Miguel gesprochen habe, sagten, sie fänden den

Ort hübsch und sehr reizvoll. Wir fuhren, nach einer Rast von ein paar Tagen, weiter nach Querétaro.

Die Ankunft in diesen Provinzstädten vollzieht sich nach einem bestimmten Schema. Wie groß der Ort auch sein mag, die Endstation des Busses liegt immer ein, zwei Meilen vom Zentrum entfernt. Ein Träger steht vom Randstein auf lädt sich das Gepäck auf den Rücken (stets nur ein Träger, gleichgültig, wie viele Koffer es sind) und macht sich in munterem Laufschritt in eine ihm bekannte Richtung auf den Weg. Natürlich folgt man ihm. Zuerst geht es ein schönes Stück geradeaus, und man sieht dreihundert Meter voraus sein Gepäck dahinschwanken. Dann betritt man, während man versucht, hin und wieder einen Blick auf die neue Umgebung zu werfen, in atemlosem Trab die Stadt. Nun beginnt der *cargador* um scharfe Ecken zu flitzen, an denen man stehenbleibt, peinvoll unentschlossen, und nach einer halben Stunde erreicht man die Plaza, wo man ihn auf einem schattigen Ruheplätzchen vor dem Eingang des ersten Hotels wiederfindet.

Ein Wort über diese Provinzhotels, die *posadas.* Sie werden von honetten, mäßig wohlhabenden mexikanischen Geschäftsleuten für andere mäßig wohlhabende mexikanische Geschäftsleute unterhalten. Reisende, die nicht zu dieser Kategorie gehören, können in ein paar bescheidenere Herbergen, die im wesentlichen von der gleichen Art sind, oder in die deutsche *Pension* gehen. Pilger schlafen auf der Straße, englische und amerikanische Touristen finden es gewöhnlich im *Haus Heimat* sehr schön. Die *posadas* sind wirklich ganz famos. Das Erdgeschoß besteht zumeist aus einem großen, unordentlichen Gastzimmer, an das sich ohne viel Obergang der Patio schließt, voll von wuchernden Pflanzen, Korbsesseln, Gegenständen ohne ersichtlichen Verwendungszweck, Vögeln, frei umherfliegend oder in Käfigen, und einer Schar von schlafenden Hunden. Hier schreiben die Wirtsleute ihre Rechnungen aus, hier sortieren sie die Bettwäsche, tätigen ihre Geschäfte mit der Frau, die das Geflügel, und dem Kind, das die Eier bringt, hier zanken sie die Dienstboten aus, spielen das

Grammophon, trinken Rum und Schokolade, hier machen sie ihr Schwätzchen und ihr Nickerchen. Jeder hat seine eigene Flasche, die der *mozo* im Laden besorgt. Der Wirt würde einen für verrückt halten, wenn man ihm Gasthauspreise bezahlte; jedes Mal, wenn man seine Flasche entkorkt, stellt er einem – als Aufmerksamkeit des Hauses – Gläser, Limonen, Salz (ohne Salz gelten scharfe Getränke als untrinkbar), Pistazien, gebratene Anchovis, geröstete Tortillas, mit Käsekrümeln und grünem Salat belegt, kalte gefüllte Maisklöße und Chilischoten in Essig auf den Tisch.

Die drei umfangreicheren Mahlzeiten werden im COMIDOR eingenommen, einem so beschrifteten nüchternen rechteckigen Raum, der durch eine Glastür vom Gastzimmer abgetrennt ist. Die Schlafzimmer sind sehr reinlich, ziemlich kahl und voller Betten. Immer befinden sich die modernen sanitären Einrichtungen, die mit Stolz vorgewiesen werden – in der Regel Waschbecken, Duschbad und WC –, direkt im Zimmer selbst. Zwischenwände gibt es nicht und auch nicht immer ein Fenster. In diesem Fall lässt man die Tür offen, woran man sich bald gewöhnt, da niemand, ob drinnen oder draußen, auf den ändern achtet. Das Personal ist zu manchen Stunden sehr arbeitseifrig und beunruhigend einfallsreich (einmal packte man für uns das Gepäck aus, und wir fanden sämtliche Gegenstände, ungeachtet ihres Verwendungszweckes, zu einem symmetrischen Muster auf dem Boden angeordnet); zu anderen Stunden, am frühen Morgen, während der Siesta, nach dem Abendessen, gibt es überhaupt keinen Service. Man bezahlt pro Tag zwischen acht und zehn Schilling für Unterkunft (ob man das Zimmer nun allein oder zu siebt bewohnt) und Verpflegung, soviel man essen kann. Es gibt keine Abgaben, kein Bedienungsgeld, keine Aufschläge für Sonderleistungen; das heißt, es *gibt* Sonderleistungen: Besorgungen, Kaffee, Schokolade, Trinkwasser, süßes Brot, Obst zu jeder Tageszeit, aber ohne dass man dafür bezahlt. Wäsche kostet anderthalb Schilling das Dutzend, gleichgültig, ob es sich um Hemden, Kleider, Waschlappen, Socken oder Taschentücher handelt, und wird noch am selben Tag in untadeligem Zustand ausgehändigt.

Das Frühstück, das man gegen zehn Uhr einnimmt, besteht aus Ham and Eggs oder Eiern mit Chili, darauf Beefsteak mit Tomatenscheiben, darauf schwarze Bohnen; Tortillas, Brötchen, Korinthenbrot, süßes Brot und Kuchen; Marmelade, Honig und Kompott; Papayas, Kantalupen, Bananen und indische Feigen; Kaffee oder Schokolade. Der Kaffee wird heute häufig aus Guatemala eingeführt und ist sehr gut; Schokolade kann auf drei verschiedene Zubereitungsarten bestellt werden: französisch, mexikanisch und spanisch. Französisch ist die Schokolade schaumig geschlagen, mit Sahne, mexikanisch ist sie einfach dick und schwarz und auf spanische Art schwarz und mit untergeschlagenem Zimt. Manche Gäste nehmen vier Eier, zwei Beefsteaks, drei Tassen Schokolade und einen zweiten Korb mit süßem Brot. Ihre kleineren Kinder thronen auf dem Schoß von Dienstmädchen – ein Mädchen pro Baby die ihnen den Mund aufhalten und sie langsam und gewissenhaft futtern, Gang um Gang, als wären sie kleine Gänse. Zum Mittagessen wird eine Terrine Suppe aufgetragen; dann eine »trockene« Suppe; dann Fisch; gebackenes Gemüse; ein hausgemachtes *plat de résistance,* süße Pfefferschoten, gefüllt mit Bohnenpüree und Rindfleisch, oder *choyotes* mit faschiertem Schweinefleisch und Sauermilch oder Truthahn mit Curry; darauf ein Gemüsesalat; ein paar Happen Geflügel; frischer Salat; gebackenes Bohnenpüree; eine sehr süße Süßspeise; Kompott; Mangofrüchte, Papayas, Guaven, Kakipflaumen, Kantalupen, indische Feigen und Bananen; und natürlich Tortillas, Brot, süßes Brot, Kuchen, Kaffee und Schokolade. Vor dem Essen trinken die Männer Rum mit Coca-Cola, unmittelbar vor dem Essen Tequila, zum Essen trinken sie Bier und nach dem Essen Kaffee und Schokolade. Die Frauen und Kinder trinken Coca-Cola, Orangensprudel, wieder Orangensprudel und Schokolade. Das Abendessen ist auf dem Lande um neun und nicht so umfangreich – Hühnerbrühe, ein Omelett, warmes Gemüse, Beefsteak oder Koteletts, ein Salat, Bohnen, Obst, verschiedenes Brot und Schokolade, für die Kinder vielleicht noch ein Stück Kuchen, aber man kann um vieles bitten, was nicht auf dem Tisch ist.

Die Küche ist gut, die *matière première* ausgezeichnet. Das Rindfleisch ist zäh, aber die Zähne bewältigen es noch. Es gibt wenig Soßen, wenig Fett und Mehl, und es wird wenig ausgelassenes Fett verwendet – statt dessen ein Stückchen frische Butter auf das Gemüse, ein Tropfen Öl auf das gegrillte Kotelett, während es aufgetragen wird –, und so ist das Essen wohl üppig, aber weder sehr nahrhaft noch fett. Wenn man auf die Süßspeisen und das süße Brot verzichtet (was jeder Mensch über zehn mit Vergnügen tut), wird man feststellen, dass die Mahlzeiten leicht sind und dass nach etlichen frischen Salaten ein Löffel gebackene Bohnen durchaus nicht ungelegen kommt. Und obwohl schon die Indiobabys roten Pfeffer kauen und die Armen Maisfladen mit Chili wie Brot mit Käse essen, kocht man in Mexiko nicht scharfwürzig; es gibt einige stark gewürzte Gerichte, und die sind allerdings gepfeffert, und eine Schüssel *salsa ranchera* – rohe Chilischoten, geschnitten, mit Tomaten und etwas Zwiebel – findet sich zu jedem Frühstück auf dem Würztablett; im allgemeinen aber ist das Essen mild, und die Annahme, es sei übermäßig gewürzt, wäre ebenso irrig, wie wenn man von den Gebrauchsanweisungen auf *Lea & Perrins Sauce* und *Colemans*-Senf auf die englische Küche schließen wollte.

Einfaches Essen also, kräftig, ordentlich, schmackhaft. Nicht das beste einfache Essen: die gegrillte Seezunge, das Frühjahrsgemüse, so zart, dass es fast auf dem Gaumen zergeht, das perfekt gebratene Geflügel, sondern der noch ältere Zyklus von Reis, Bohnen und Eiern, von Knoblauch und Tomaten, Kürbissen, magerem Fleisch, Feigen, gebratenem Fisch, grünen Kräutern und Lammfleisch, gesotten in Öl und Limonensaft. Die Kochkunst ist von allen Künsten zugleich am meisten und am wenigsten ortsgebunden: Sie verdankt ihre Entwicklung Handel und Verkehr und ihre Erhaltung zäher Bodenständigkeit; sie muss ihre jeweilige Eigenart aus den verfügbaren Mitteln entwickeln, mag diese aber auch durch mancherlei Gutes aus der Fremde bereichern. Jeder Beitrag zur Erweiterung des Küchenzettels war klugen und weit gereisten Männern zu danken, doch die Bürde der Arbeit wird von unbekannten Frauen aus der Heimat getragen und weitergegeben.

Die Geschichte der Kochkunst mit ihrem Nehmen und Geben, ihren Wanderzügen ist wirklich schwer festzuhalten. Bestimmte Stile laufen wie ein Faden um den Globus, und bestimmte nationale Eigenarten treten immer wieder in Gegenden auf, die in keinerlei Beziehung zueinander stehen. Die mexikanische Kochkunst steht in loser Verbindung mit der mediterranen. Diese Verbindung wurde offensichtlich durch die Seefahrer und Spanien geschaffen; vielleicht wurde sie durch einige gemeinsame orientalische Affinitäten noch verstärkt. Die neue Kost war ein Pfropfreis, der gedieh. Es vertrug sich mit dem Klima und dem Land und verband sich ganz natürlich mit den einheimischen Wurzeln, ebenso wie diese mediterrane Tradition selbst eine glückhafte Kreuzung aus Griechischem und Karthagischem, Gallischem und Maurischem, heimatlicher Kornfrucht und persischen Früchten war.

Querétaro ist eine ländliche Kleinstadt und birgt einige der glanzvollsten Beispiele sakraler Baukunst des späten Churriguerismus. Die Straßen sind gesäumt von ehemaligen Klöstern, von Seiler- und Sattlerläden; überall liegt Stroh, und jeden Augenblick könnte ein Viehmarkt stattfinden. Die Stadt ist einer der wenigen Orte, die die spanische Eroberung überlebt haben; architektonisch bedeutet dieser Umstand nicht das geringste, da die Spanier nirgends die alten Bauten unberührt ließen, aber er dehnt die stets düstere Vergangenheit noch weiter aus. Querétaro wurde, unter einem anderen Namen, von den Otomí gegründet, einem verhältnismäßig wenig aggressiven Volksstamm, der sich weigerte, gegen Cortés' Truppen mit anderen Waffen als den bloßen Fäusten zu kämpfen, natürlich unterlag und seinen neuen Herren einen Tanz vorführte. Montezuma nahm ihnen die Stadt ab und legte eine Garnison hinein, die sie Jahrzehnt um Jahrzehnt gegen die Chimú, die Hunnenhorden des Aztekenreichs, hielt. Dann wurde sie, wiederum unter einem anderen Namen, den Azteken von den Spaniern abgenommen und nach einigen Jahrhunderten vizeköniglicher Herrschaft schließlich die offizielle Wiege der mexikanischen Unabhängigkeit und einer der großen Schauplätze des Kampfes für die Sache: *La Corregidora,* Doña Josefa Ortiz de Dominguez, heilige Johanna und Pasionaria des Unabhängigkeitskriegs, die die Verschwörer gegen die Krone beherbergte, versteckte und unterstützte, war nämlich die Frau des Bürgermeisters von Querétaro.

Drittes Kapitel

Kaiser Maximilian in Querétaro

Presque toute l'histoire n'est qu'une suite d'horreurs.

Chamfort

Maximilian von Habsburg wurde am 15. Juni 1867 in Querétaro von einem Kriegsgericht zum Tode verurteilt und vier Tage danach auf einem Hügel vor der Stadt erschossen. Er war nicht der erste, der in dieser Gegend eines gewaltsamen Todes starb, obwohl in diesen vier Tagen viele Versuche zur Rettung seines Lebens unternommen wurden. Juárez' Hauptquartier in San Luís Potosí war telegrafisch erreichbar. Die Repräsentanten der zivilisierten Welt legten sich ins Mittel: Königin Viktoria, die Königin von Spanien, die Könige von Italien, Belgien, Schweden und Preußen verwandten sich für eine Umwandlung des Todesurteils; der amerikanische Präsident Johnson entsandte einen Beauftragten; Victor Hugo und Garibaldi appellierten an Juárez; der französische Konsul und der österreichische Gesandte handelten nach ihren dringenden Instruktionen; Prinzessin Salm-Salm ritt ganz allein von Querétaro nach San Luís und warf sich Juárez zu Füßen. Juárez ließ sich nicht beeindrucken. Nach drei Jahren im Feld – kämpfend, auf dem Rückzug, kämpfend, von französischer Artillerie und österreichischen Dragonern in himmelblauen Waffenröcken und Patronengürteln aus weißem Lackleder nach Norden getrieben, gezwungen, den immer weniger imposanten Sitz seiner provisorischen Regierung von Marktflecken zu Bergdorf zu verlegen, gegen die Grenze gedrückt, genötigt, nach Texas überzutreten, wieder langsam vorrückend: ein Geächteter, ein Partisan, eine erstarkende Macht – war nun Präsident Juarez de facto wieder das Haupt der mexikanischen Regierung. Er war sehr lange in der Wüste gewesen. Er hatte Tod, Tod und abermals Tod erlebt. Und nun bat man ihn, das Leben eines einzigen Menschen zu schonen. Der moralische Druck auf Juarez war stark; vielleicht war er zu stark, vielleicht kam er von der falschen Seite. Juarez liebte Europa nicht und kannte, durchaus bewusst, keinen Unterschied der Person. Einen Tag, nachdem das Todesurteil gefällt worden war, sandte er ein Telegramm nach Querétaro, in dem er es bestätigte.

Heute scheint alles so einfach. Eine großmütige Geste – eine Begnadigung, allerorten Erleichterung, ein Phantom ins Exil geschickt, und das neue Regime beginnt mit einem Akt der Hochherzigkeit. Warum wandelte Juarez das Urteil nicht um? Warum, wie wir aus allem entnehmen, erwog er nicht einmal den Gedanken? Es war nicht sein Augenblick der Einsicht. Aber dennoch, diese von Sorge bewegten Botschaften, die in San Luís eintrafen, können nicht völlig ihren Eindruck verfehlt haben. Begriff er, ein erklärter Verteidiger menschlicher Werte, die große moralische oder doch zumindest rhetorische Chance nicht, die sich ihm hier bot? Wenn er schon nicht den dringenden Botschaften des Diplomatischen Corps entsprechen konnte, so hätte er doch Präsident Johnsons Bitte entsprechen können, denn blickte Juarez auch mit dem Misstrauen eines ungehobelten Bauern der Neuen Welt auf Europa, so bewunderte er doch die Vereinigten Staaten, und vor allem hatte er Lincoln bewundert, in dessen Kampf er eine Parallele zu seinem eigenen sah, ohne dass er jemals etwas von Lincolns Zweifel an seinen eigenen Geistesgaben, von der Subtilität und umfassenden Persönlichkeit dieses großen Mannes geahnt hätte, der ebenso wie Juarez Mühe gehabt hatte, einen Menschen zu finden, der ihn das Lesen lehrte. Victor Hugo, ein radikaler Gesinnungsbruder und Feind Napoleons III., und sein bewegender Appell an ihre gemeinsamen Ideale von Freiheit und Gerechtigkeit hätten ihn vielleicht rühren können. Mag sein, dass sie nicht dasselbe meinten. Juárez war nicht mit dem Voltaireschen Grundsatz aufgewachsen, man solle einem Gegner jede Möglichkeit geben, seine entgegengesetzten Ansichten zum Ausdruck zu bringen, und er war auch nicht in der Tradition der klassischen Literatur erzogen worden, die den Tyrannen verdammt, die Mäßigung des Siegers preist und sogleich erkennt, dass von ihm neue Tyrannei drohen mag. Er kann sich nicht viele Gedanken über menschliche Selbstüberwindung gemacht haben: Freiheit war ihm die Freiheit, sein Brot zu verdienen und essen zu können, und alle menschliche Hörigkeit war für ihn von äußeren Mächten verursacht. Diese Mächte zu zerstören, hatte Juárez sich vorgenommen. Die erste Möglichkeit bot sich ihm, als ihm 1855 in der Regierung Juan Alvarez das Ministerium für Justiz und kirchliche Angelegenheiten übertragen wurde.

Juárez war ein Indianer, ein Patriot, ein Anwalt und praktischer Reformer und war als solcher unvermeidlich von der Überzeugung erfüllt, seine Reformen würden letztlich Gutes bewirken, und er sei zu ihrer Durchsetzung unentbehrlich. Tatsächlich musste im Mexiko der Fünfzigerjahre des 19. Jahrhunderts, als Juárez' politisches Wirken begann, die Aussicht auf irgendeine Reform schon als eine Besserung und zugleich als eine Chance erscheinen, die die kühnsten Träume übertraf und da Benito Juárez nicht nur zäh, entschlossen und starrköpfig wie sieben Esel, sondern auch für Korruption überhaupt nicht anfällig war, wurde er natürlicherweise von anderen und sich selbst als der rechte Mann für seine Aufgabe angesehen.

Die Ereignisse, die der Präsidentschaft Juan Álvarez' vorausgingen, waren die üblichen, ausgenommen einen von Alvarez' Vorgängern, Mariano Arista, der nicht nur verfassungsmäßig gewählt worden, sondern überhaupt der erste derart gewählte mexikanische Präsident war, der seinen Amtsantritt erlebte. Als Revolten gegen ihn ausbrachen, trat dieser ungewöhnliche Mann, der sein

Land nicht in einen neuen Bürgerkrieg stürzen wollte, von seinem Amt zurück, verließ sogar Mexiko und blieb im Ausland, wo er in Armut starb. Nach Aristas Abtreten übernahm General Santa Anna erneut die Macht. Es war seine vierte oder fünfte Amtszeit als Diktator und Generalissimo, und da er mittlerweile geradezu verrufen war, ist nicht klar, worauf sich sein Anspruch auf das höchste Staatsamt gründete. Er hatte in irgendeiner Schlacht ein Bein verloren und pflegte bei seinen öffentlichen Ansprachen mit dem Holzbein zu klappern, um an die Dankbarkeit der Nation zu appellieren. Er hatte auch einmal nach einem zwanzigminütigen Scharmützel mit der gesamten mexikanischen Armee vor General Houston die Waffen gestreckt. Dafür hatten seine Landsleute ihn erschießen wollen, aber Santa Anna stellte sich unter den militärischen Schutz der Amerikaner, trat Texas an die Vereinigten Staaten ab und entfloh. Später widerrief er die Abtretung. Santa Anna saß lange Zeit schmollend auf seiner Hazienda oder reiste im Ausland umher, aber immer wieder tauchte er auf und wurde von den Politikern mit offenen Armen aufgenommen. Einmal übergab Madame Calderón de la Barcas Gatte, der spanische Botschafter, Santa Anna »ein Schreiben der Königin, das in der Annahme verfasst worden war, er sei noch immer Präsident, was ihm sehr zu gefallen schien«. Madame de la Barca fährt fort: »Er hat eine fahle Gesichtsfarbe, schöne dunkle Augen, sanft und durchdringend, und einen interessanten Ausdruck … Es ist doch merkwürdig, wie häufig man diesen Ausdruck philosophischer Ergebenheit, sanfter Traurigkeit auf dem Antlitz der hintergründigsten, ehrgeizigsten und intrigantesten Männer findet.« Während seiner derzeitigen Amtszeit brachte dieser fabelhafte Scharlatan sein Schäfchen ins Trockene. Er begann damit, dass er ein Stück Grenzland – etwa 40 000 Quadratmeilen – an die amerikanische Regierung verkaufte. Dadurch in den Besitz genügender Mittel gesetzt, rief er den Orden von Guadalupe wieder ins Leben, eines der ephemerischen Fantasieprojekte des jungen Iturbide, dreißig Jahre zuvor aufgehoben, und machte sich selbst zum Großmeister; dann rief er die Jesuiten zurück, die kurz zuvor des Landes verwiesen worden waren. Ein halbes Jahr, nachdem er sich auf den Präsidentenstuhl geschwungen hatte, proklamierte er sich mit geradezu kasperlhafter Frechheit »durch Dekret« zum »Präsidenten auf Lebenszeit«. Revolten brachen aus, und Santa Annas Gegner marschierten auf die Hauptstadt. Santa Anna machte sich aus dem Staub, und zwei neue liberale Präsidenten, General Alvarez und Ignacio Comonfort, zogen an der Spitze ihrer Armeen in Mexiko ein. Sie verständigten sich. Alvarez blieb Präsident, Comonfort übernahm das Kriegsministerium, und in diesem Kabinett hatte Juárez sein erstes Amt inne.

Die Atmosphäre im Mexiko des 19. Jahrhunderts war zugleich mittelalterlich und anarchisch. Noch hatte nicht ein Hauch von Protestantismus und Evolutionstheorie die geistige Autorität der Kirche berührt. Mitglieder des Klerus standen in weltlichen Konflikten auf verschiedenen Seiten, die Institution der Kirche war noch immer auf die Spitze ausgerichtet, starr einheitlich, ihr Prestige intakt. Die Kirche in Mexiko war sehr wohlhabend. Sie genoss viele weltliche Privilegien und Freiheiten, die damals andernorts bereits abgeschafft waren; sie verfugte über ein Viertel des gesamten Grundbesitzes im Lande; ihre Glieder waren privilegiert und ihre Anhänger zahlreich; da das Volk nicht zählte und die Regierungen nichts als eine selbstsüchtige Farce waren, war allein die Kirche unantastbar, und fraglos missbrauchte sie ihre Stellung so offen, so gewohnheitsmäßig und so maßlos, wie es oft geschildert worden ist.

So lagen die Dinge, als Juárez eine umfangreiche und juristisch gut fundierte Vorlage einbrachte, die *Lex Juárez,* die scheinbar allgemeine Verwaltungsfragen regeln sollte. Diese Vorlage enthielt einige Klauseln, die die Machtfülle der militärischen und kirchlichen Gerichte beschnitten, welche bis dato ausschließlich für alle Rechtsfälle zivil- wie strafrechtlicher Art, die Soldaten oder Geistliche betrafen, zuständig gewesen waren. Da der größte Teil der männlichen Bevölkerung früher oder später zum Militär gepresst worden war und die Zugehörigkeit zum Klerus zuweilen bis hinunter zu den Angehörigen der Haushälterinnen von geistlichen Amtsträgern in Anspruch genommen wurde und da die kirchlichen Gerichte in Eigentumsfragen zu einseitigen Urteilen neigten und die militärischen Gerichte bei der Behandlung nichtmilitärischer Verbrechen völlig willkürlich entschieden, hatte Juárez den Hebel geschickt angesetzt. *Ils avaient compris tout de suite.* Es gab einen Aufruhr. Der Bischof von Michoacán schrie Häresie, die halbe Armee rebellierte; die Regierung unterdrückte die Empörung mit der anderen Hälfte; Juárez ließ sich nicht beirren. Sein nächstes Gesetz ordnete schlicht und einfach den Zwangsverkauf des gesamten kirchlichen Grundbesitzes an. Diese Ländereien sollten geschätzt und öffentlich an Privatpersonen verkauft werden, der Erlös der Kirche zufließen. Der Bischof von Puebla schrie von Aufruhr; die kirchliche Partei hob eine Streitmacht von 1500 Mann aus. Der Erzbischof von Mexiko versuchte zu vermitteln und schlug vor, das strittige Problem dem Papst zu unterbreiten. Dies verletzte die nationalistische Empfindlichkeit der Regierung derart, so dass Präsident Comonfort (Alvarez war inzwischen ausgebootet worden) sofort begann, kirchlichen Grundbesitz zu konfiszieren. Daraufhin verbündete sich der Klerus mit dem Militär; die Kirche bedrohte Personen, die bei Versteigerungen kirchliches Eigentum erwarben, mit dem Bann; die Regierung verkündete eine neue, sehr rigorose Verfassung; und der Reformkrieg, einer der grausamsten mexikanischen Bürgerkriege, war ausgebrochen.

1857 erklärte Papst Pius IX. die Regierung von Mexiko für abtrünnig und exkommunizierte ihre Mitglieder. Comonfort bekam es mit der Angst zu tun. Er annullierte die neue Verfassung, ließ Juárez verhaften und versuchte eine Regierung des Ausgleichs zu bilden. Darauf schlug seine Angst in die andere Richtung um, er verstärkte die Nationalgarde, entließ Juárez aus der Haft und setzte die Verfassung wieder in Kraft. Dann ergriff er die Flucht. Die Hauptstadt war in vollem Aufruhr; andere Führer der Fortschrittlichen versammelten sich in Querétaro und erklärten Juárez gemäß den Bestimmungen der Verfassung, die nun wieder galt, zum Präsidenten von Mexiko. Einige Tage, nachdem Juárez seinen Amtseid abgelegt hatte, wählten die Klerikalen einen Gegenpräsidenten. Der Zeitpunkt ist deswegen von Bedeutung, weil Juárez, dessen Festhalten am Buchstaben des Gesetzes der Glaube eines atheistischen Juristen in einer Zeit der Anarchie war, immer die Legalität seiner Regierung betonte. Klerikale und Juaristen kämpften in Querétaro, in San Luís gegeneinander; es gab Gefecht auf Gefecht weiter im Norden. Juarez musste sich nach Guadalajara zurückziehen, und damit begann der erste Abschnitt seiner beiden dreijährigen Amtsperioden, in denen er sich durchs Land kämpfte, Jahre, die, abgesehen von ihren Strapazen, ihrer Grausamkeit, ihrer Eintönigkeit und ihren Gefahren, für Juarez eine unerträgliche Vergeudung von Zeit, Begabung und Möglichkeiten gewesen sein müssen, eine bittere Verzögerung all dessen, was er seinem Lande geben wollte. In Guadalajara wurde er gefangen genommen und beinahe erschossen. Er entkam und schlug sich kämpfend die pazifische Küste entlang nach Norden durch, erreichte die Vereinigten Staaten und kehrte per Schiff nach Mexiko zurück. Er landete in Vera Cruz und hielt diese Hafenstadt zwei Jahre lang, zu Lande und von der See her von den Streitkräften mehrerer aufeinanderfolgender Gegenpräsidenten belagert, die sich in der Hauptstadt Mexiko festgesetzt hatten. Aus dieser Position erließ Juarez mit wahrhaft unbeugsamer Hartnäckigkeit die berühmten Reformgesetze. Sie gingen sehr weit. Trennung von Kirche und Staat natürlich und religiöse Toleranz; Abschaffung sämtlicher Sonderprivilegien des Klerus. Die Gesetze erklärten auch die Eheschließung zu einem rein zivilrechtlichen Vertrag; sie verfügten die Auflösung aller religiösen Ordensgemeinschaften; sie untersagten der Kirche den Besitz jeglichen Grundeigentums, verboten ihren Amtsdienern die Entgegennahme jeder Bezahlung und bestimmten, sie hätten von den freiwilligen Beiträgen der Gemeindemitglieder zu leben. Zu diesem Zeitpunkt waren mehrere hunderttausend Mann unter Waffen und zogen als Juaristas, Klerikale oder Banditen durchs Land. Jeder Bischof verhängte eine Flut von Exkommunikationen, Priester wurden in ihrem Pfarrhaus ermordet und geheime Nonnenklöster in den Kellern von standhaften Gläubigen eingerichtet; auf jeder Seite wurden Gefangene erschossen, und der klerikale General Márquez (der »Tiger von Tacubaya«) ließ Ärzte exekutieren, weil sie verwundete Juaristen behandelt hatten.

1860 gewannen Juárez' Streitkräfte das ganze Jahr über an Boden. Leute wie Don Otavios Vater begannen sich auf die Seite zu schlagen, in der sie nun die richtige erkannten. Und Anfang des Jahres 1861 gelang es den Juaristen, die Hauptstadt einzunehmen. Natürlich begann Juárez sofort mit der Durchführung der Reformgesetze. Er ließ allen noch in kirchlicher Hand befindlichen Grundbesitz konfiszieren, trieb die Bischöfe ins Exil und verwies den päpstlichen Nuntius und den spanischen Gesandten des Landes. Die Bischöfe, der Gegenpräsident, einige Ex-Gegenpräsidenten und eine Anzahl mexikanischer Emigranten flohen nach Paris und begannen das Intrigenspiel, das eine Invasion Mexikos dem romantischen Ehrgeiz der Kaiserin Eugenie so verlockend, dem Vatikan so verdienstlich und den beteiligten Banken so gewinnbringend erscheinen ließ. Eine andere Schwierigkeit, der sich die Regierung Juárez gegenübersah, betraf die Finanzen. Der Staatsschatz war leer, das war nicht ungewöhnlich, und außerdem hatte das Land ziemlich hohe Auslandsschulden: 10 000 Pfund – von Santa Anna aufgenommen – wurden an England geschuldet; Frankreich und Spanien hatten Forderungen aus inflationierten Schuldverschreibungen. Juárez stellte die Zahlung von Zinsen ein. Dies führte zu der Strafexpedition dieser Gläubigerländer, der Landung der Franzosen in Vera Cruz und dem Marsch der Franzosen auf Puebla. Der Krieg fing wieder von vorne an. Nach eineinhalb Jahren drangen die Franzosen in die Hauptstadt Mexiko ein. Präsident Juárez zog sich mit einigen Truppeneinheiten und zwei treu gebliebenen Generälen (einer davon Juárez' ironischstes Vermächtnis, General Díaz) nach Norden zurück. Die Franzosen verbreiteten sich in die Zentralprovinzen, Mexiko wurde ein besetztes Land und für die europäischen Kanzleien Chance und Problem zugleich: ein vakanter Thron. Daher die Ankunft Kaiser Maximilians; daher, drei Jahre später, Querétaro.

So sah im Jahre 1867 Juárez' Vergangenheit aus. (Seine Zukunft, das waren fünfjahre relativ ungestörter Herrschaft nach seinen eigenen Vorstellungen, dann starb er, Sechsundsechzig Jahre alt, eines jähen, natürlichen Todes. Ihm folgte im Amt ein Freund, Tejada, ebenfalls Anwalt, der die Reformgesetze ins Extrem trieb, was ihn unpopulär machte, und in einem Bürgerkrieg von einem anderen Freund Juárez', Porfirio Díaz, aus dem Amt getrieben wurde.) Hätte Juárez in San Luís Potosí eine andere Entscheidung treffen können? Er hatte sich damals schon sehr festgelegt; hat ein Mann einen bestimmten Punkt erreicht, kann er nur noch handeln, wie er muss. Die Antworten waren für Juárez alle im voraus klar. Maximilian hatte gegen die legitime Regierung von Mexiko konspiriert; Maximilian selbst hatte ein Dekret erlassen, demzufolge jedem Mexikaner, der gegen die Monarchie Waffen trug, die Todesstrafe drohte; Maximilian wurde von Kräften unterstützt, die dem Wohl des Landes feindselig gesinnt waren. Seine Exekution war legal; gerecht; eine Warnung. Sie war nicht sehr wichtig. Königsmord bleibt nicht ungerächt? Für Juárez war Maximilian nicht der Fürst, sondern eine Art exotischer Gegenpräsident und nicht mehr. Die beiden Männer sind einander nie begegnet. Es war Juárez nicht gegeben, zu erkennen, dass Maximilian im wesentlichen ein Unschuldiger war, ebenso wie er selbst gebunden an eine Pflichtauffassung und nun ein Mann ohne Wirklichkeit, ohne Anhang, ein Mann, auf sich gestellt. Es hätte keinen großen Unterschied bedeutet. Die Prinzipien, um die es ging, blieben dieselben: Maximilian hatte gegen die Regeln verstoßen. Für Juárez, der zu viele hatte sterben sehen, waren die Regeln dauernder als ein Leben und wichtiger, und in solch einem Fall kann man nie fragen: welche Regeln? Dieser tapfere und hartnäckige Mann, der sich selbst nicht geschont, der sich mit solcher Geduld durch die verlorenen Jahre gekämpft hatte, dem es gelungen war, so viel gegen solche Übermacht zustande zu bringen, er konnte den *juste retour des choses d'ici-bas* nicht wenden, nicht den Zyklus von Tat und Vergeltung zum Stillstand bringen.

Von einem bestimmten Punkt ab kann ein Mann nur noch

handeln, wie er muss. Warum begab Maximilian sich nach Querétaro? Warum dankte er nicht ab? Warum verließ er Mexiko nicht, als es noch möglich war? Und warum, wenn er sich schon entschloss, bis zum Ende zu kämpfen, verließ er eine offene Stadt und begab sich willentlich in ein belagertes Städtchen?

Als Maximilian im Februar 1867 beschloss, sich nach Querétaro zu begeben, war es bereits von zwei tüchtigen Generalen Juárez' umzingelt. Innerhalb weniger Tage nach der Ankunft des Kaisers schloss sich der Belagerungsring; und während der drei Monate bis zur Kapitulation gelang es den kaiserlichen Truppen nicht ein einziges Mal, die Umklammerung zu durchbrechen. Querétaro ist nicht besonders einfach zu halten; es liegt in der Mitte eines Tales auf einer leicht geneigten Fläche und hat nur wenige Befestigungsanlagen; es scheint auch nicht, dass die Stadt für eine verstärkte Garnison ausreichend verproviantiert gewesen wäre. Lebensmittel und Munition waren von Anfang an knapp; später waren Soldaten und Zivilbevölkerung dem Hungertod nahe. Die Trinkwasserversorgung wurde von außen unterbrochen und der Fluss absichtlich mit Leichen verunreinigt. Es traf keinerlei Verstärkung ein, und die Einwohner konnten ihre Bettwäsche und Kleider nicht mehr waschen. In dieses Städtchen zog Maximilian sich aus der Hauptstadt zurück, wo die Verkehrswege des Landes zusammenliefen, und beraubte sich damit aller Bewegungs-, Manövrier- und Entscheidungsfreiheit. Er nahm etwa zweitausend Mann mit; drei Generäle, von denen zwei fielen und der dritte von einem Ausfall nicht mehr zurückkehrte; eine Anzahl von Adjutanten, darunter ein Oberst Lopez, der in sehr suspekte Unterhandlungen mit dem Feind eintrat, aber niemals einen Lohn erhielt; seinen Leibarzt, den wackeren Basch, der vom Kaiser eine Krawattennadel geschenkt bekam und bis zum Ende ein rührendes Tagebuch führte; und seinen Beichtvater, Pater Fischer S. J., einen großen, mächtigen, heftigen Mann, der in Deutschland lutherischer Pastor und in Wyoming Cowboy gewesen war und den der Kaiser in Mexiko zufällig kennengelernt und im vorhergehenden Jahr mit einer Mission zum Vatikan geschickt hatte, wo man ihn gar nicht erst lange hatte zu Wort kommen lassen. Der ungarische Hofkoch und ein Freund des Kaisers, Prinz Felix zu Salm-Salm, ein deutscher Glücksritter, der eben erst in den Reihen der Unionsarmee den amerikanischen Bürgerkrieg mitgemacht hatte, schlugen sich aus eigenem Antrieb durch die feindlichen Linien nach Querétaro durch. Querétaro war Maximilians eigene Entscheidung. In einigen Darstellungen wird angedeutet, der Kaiser habe nicht gewusst, dass die Stadt bereits umzingelt war, seine Generäle hätten ihn nicht darüber aufgeklärt, weil sie es entweder selbst nicht oder nur halb gewusst hätten; in anderen heißt es, er sei verräterischerweise irregeführt worden. Diese Annahmen sind, eine wie die andere, aus der Luft gegriffen. Unfähigkeit, Laxheit, verworrene, halbherzige Verräterei, all das; aber in diesem Ausmaß? Querétaro liegt nur einhundertsechzig Meilen nördlich von der Hauptstadt; die Verbindungswege waren zu der Zeit noch offen, Maximilian hatte eine militärische Ausbildung genossen, die Geografie war eine seiner Liebhabereien, und wem hätte eine solch umständliche Verräterei dienen sollen? Auch kann der Rückzug nach Querétaro bei Maximilians Anhang keine Begeisterung erweckt haben. Für das Verhalten eines unterliegenden Generals gab es eine recht stattliche Reihe von Präzedenzfällen. Je nachdem, welche Pläne man für die Zukunft hatte, setzte man sich entweder ins Ausland ab, oder man schlug sich nach Norden oder an die Küste durch, wo man Vera Cruz als Brückenkopf hielt und seine Zeit abwartete. Man vermied es, sich nach Süden zu wenden, denn der Marsch war eine höllische Strapaze, und man wusste nie genau, welche dritte Macht sich vielleicht in Oaxaca oder Tabasco etabliert hatte. Notfalls konnte man, sofern man im Rücken die Straße zur Küste frei hatte, noch immer versuchen, Puebla zu halten.

Maximilian muss sich schon einige Zeit der gefährlichen See bewusst gewesen sein, auf der er noch immer trieb. Nichts, was er tat, hatte Effekt. Es war alles zu Ende, und er war noch immer da. Und er war fünfunddreißig Jahre alt. Seine Erziehung hätte ihm eine Richtschnur geben können: Man verlässt seinen Posten nicht.

Aber was war aus dem Posten geworden? Für wen sollte er ihn halten? Wem diente er? Maximilian war kein Initiator. Er hatte Ideale, aber da er, anders als Juárez, zugleich beschränkter und menschenfreundlicher, unwissender und bescheidener war, war er auf diesen Fall nicht vorbereitet. Für ihn bestand seine Rolle darin, auf dem Platz auszuharren, auf den er gestellt worden war, seine Sache vielleicht ein bisschen besser zu machen, als man von ihm erwartete, womöglich ein wenig mildernd zu wirken; aus oder gegen seine Überzeugung eine Pflicht zu erfüllen – so seltsam den Juaristen die Form dieser Pflichterfüllung auch erscheinen mochte, die er sich nicht selbst gesetzt hatte. Nun hatten sich die Mächte, die ihn einst vorschoben, zurückgezogen. Niemand wollte ihn mehr irrefuhren; er hatte keinen Anhang mehr, nur noch ein Gefolge – Menschen, die zu sehr an ihm hingen, zu loyal oder zu kompromittiert waren, ihn in dieser Stunde zu verlassen.

Den Boden hatte er unter den Füßen verloren; der Rahmen war noch da. Das Zeremoniell im Schloss Chapultepec, das Maximilian mit dem Eifer eines Schuljungen aus dem spanischen Hofzeremoniell, wie es in Wien galt, entwickelt hatte, seine eigene romantische Neigung zu exotischen Rollen und seine Auffassung von dem, was Montezumas Krone geziemte, all das funktionierte noch; die richtige Zahl kreolischer Hofdamen und österreichischer Hofdamen, der Kämmerer, Adjutanten und Kammerherren kam und ging zu vorgeschriebenen Stunden und verrichtete vorgeschriebene Pflichten; die indianische Wache zog zur Wachablösung auf; Auszeichnungen wurden zu festgesetzten Gelegenheiten getragen; das Lever, die tägliche Messe, der Geburtstag des Kaisers von Österreich, der Vortritt an der kaiserlichen Tafel wurden genau eingehalten – der Hof funktionierte wie ein Uhrwerk, und dies verstärkte noch das Wirklichkeitsfremde der Situation. Nur Maximilian selbst war ein wenig *débraillé* geworden, ein bisschen nachlässig; allzu oft hatte er im letzten Jahr, mit einer Alpakajacke bekleidet, in Cuernavaca im Schatten gesessen – sein Bart war nicht immer gestutzt, und sein Uniformrock blieb offen.

Die einheimischen Diener waren ihm sehr zugetan. Er hatte viel Zeit mit der Familie des Gärtners auf dem Lande verbracht. Er war beliebt im persönlichen Umgang, aber er hatte sich keinen öffentlichen Anhang im Lande geschaffen. Die Bevölkerung, soweit sie ihn gesehen hatte, hatte nichts gegen ihn: Vermutlich war er wirklich der aztekische Messias mit dem blonden Bart, der eines Tages von der anderen Seite des Meeres kommen sollte. Für die Menschen in den von Juárez beherrschten Landesteilen war er entweder ein vages Schreckgespenst, wieder ein gelandeter falscher Prophet wie Cortés, oder aber der Urheber all ihrer Beschwerden und eine Zielscheibe des Hasses. In mehr politisch interessierten Kreisen galt er als der Erzreaktionär und als die Verkörperung aller zweiundsechzig spanischen Vizekönige; und von der Partei, die ihn unterstützt hatte, wurde Maximilian als eine schwere Enttäuschung betrachtet. Er hatte weder die Reformgesetze abgeschafft noch den kirchlichen Grundbesitz zurückerstattet, er hatte mit den Liberalen sympathisiert, die natürlich nichts von ihm wissen wollten, und, der schwerste Schlag von allem, es war ihm nicht gelungen, die Franzosen zu bewegen, ihre Truppen im Land zu lassen, um die Juaristen niederzuhalten. Das einzige, was jetzt noch zu tun blieb: sich so rasch wie möglich von ihm zu distanzieren, dem armen Masimiliano, einem solch ausgezeichneten Mann, wie schade um ihn. Die Kreolen bewiesen eine gewisse aristokratische Solidarität: Ein paar Söhne würden wohl als Obersten und Adjutanten ausharren müssen und irgendwo fallen; aber es wurde Zeit, dass die Sache ein Ende hatte. Abdankung … Man könnte ihm ja ins Exil folgen, Wien war nicht die schlechteste Stadt für junge Leute. Es hieß, Maximilian stehe nicht auf allerbestem Fuße mit seinem Bruder; obwohl Franz Joseph *irgendetwas* tun musste … Natürlich war Wien nicht Paris, aber es gab doch wenigstens einen richtigen Hof die arme Eugenie, sie hatte wirklich viel mehr Chic als die Kaiserin Elisabeth, aber man konnte doch nicht gut die Bonapartes …?

Es traf zu, dass für den Kaiser von Österreich die Schwierigkeiten seines Bruders in Mexiko eine unangenehme Geschichte waren. Ärger, Ausgaben, Skandal. Franz Joseph, immer schon kleinlich und noch keine achtunddreißigjahre alt, war bereits ein ältlicher Bürokrat und hatte schon viel von dem Mann, der siebenundvierzig Jahre später, als ihm die Nachricht von der Ermordung des Erzherzogs Ferdinand in Sarajevo beigebracht wurde, geradezu verärgert sagen konnte: »Mir bleibt doch nichts erspart.« Hilfe? Wo man doch schon so viel Geld ausgegeben hatte. Truppen entsenden? Was, bis nach Mexiko? Außerdem war es Napoleons Sache. Um Himmels willen, nur keine Abdankung. Diesen Eindruck wollte man auf keinen Fall erwecken. Erinnert euch nur alle an das schreckliche achtundvierziger Jahr. Maxi solle nur bleiben, wo er war.

Für Napoleon III., für die Öffentlichkeit der *entrepreneur* des mexikanischen Kaiserreichs, war die Sache ungleich schlimmer. Er war damals schon ein kranker Mann; die Entwicklung war der Dynastie nicht hold gewesen: Opposition im eigenen Land, Bismarcks drohender Schatten, überall Schwierigkeiten – Geld, nicht Ruhm, stand auf der Tagesordnung, und die Stimmung am Abend vor der Einnahme von Puebla muss sehr entrückt geschienen haben. Die Kampagne in Mexiko war bei den Franzosen äußerst unpopulär geworden. Die Soldaten waren nicht mit Gold beladen heimgekehrt wie einstmals die Konquistadoren – sie waren überhaupt nicht heimgekehrt. Eine Besetzung, die als Spaziergang gedacht war, hatte sich als ein weiterer dieser mühseligen, kräftezehrenden Kriege in fernen Landen herausgestellt. Die Presse rieb es einem jeden Morgen unter die Nase; die Kammer war in Aufruhr. Um die Moral der Soldaten dort drüben war es schlecht bestellt: die Männer verkauften ihre Gewehre an die Einheimischen, Korporale machten in der Hauptstadt Gemischtwarenläden auf und wogen am Ladentisch Zucker und Mehl aus Regimentsbeständen aus. Und die Öffentlichkeit fragte schon, was eigentlich der Grund sei. Zu allem Überfluss erhoben die Vereinigten Staaten Bedenken gegen die Präsenz einer wenn auch noch so liederlichen europäischen Armee an ihrer Südgrenze und waren nun, nach Beendigung des Bürgerkriegs, durchaus in der

Lage, diesen Bedenken Nachdruck zu verleihen. Das ganze Unternehmen in Mexiko wurde allmählich äußerst kompromittierend für Frankreich. Es war kein Ende abzusehen. Die Dinge dort drüben schienen aus der Hand zu gleiten, die republikanischen Truppen gewannen mit jedem Jahr mehr an Boden, es gab keine Anzeichen, dass die Monarchie aus der Bevölkerung Unterstützung erhielt. Und nun bat Maximilian um Verstärkung. Gutes Geld dem schlechten hinterherwerfen … Frankreich musste sich aus der Affäre ziehen. Natürlich, der Vertrag von Miramar ließ sich nicht aus der Welt schaffen, Napoleon *hatte* brieflich Hilfe zugesagt, *hatte* militärische und finanzielle Hilfe garantiert … Aber man hätte doch meinen sollen, dass Maximilian *irgendetwas* tun würde in einem Zeitraum von drei Jahren – oder dass diese Mexikaner in Paris wüssten, wovon sie redeten. Nichts blieb jetzt mehr übrig, als die Sache in aller Stille abzublasen. Zuerst die Truppen abziehen …

Die Dinge dort drüben glitten allerdings aus der Hand. Die Lage war noch nie übermäßig solide gewesen; und Maximilian hatte zu seiner Zeit auch nicht viel getan, den Erdrutsch im Lande zum Stillstand zu bringen. Als er eintraf, hatte es nicht allzu schlimm ausgesehen. Vielleicht nicht besonders zivilisiert, das Land, nicht sehr diszipliniert. Es hatte alle möglichen Pannen gegeben: Der Empfang in Vera Cruz litt ein wenig unter mangelhafter Organisation (der Hafenkommandant hielt sein Mittagsschläfchen, als die kaiserliche Fregatte anlegte); die Stadt war ein einziges Elendsquartier, dampfend vor Hitze, ganz menschenleer (es war eine Epidemie vorausgegangen) und, so warnte man den Souverän und seine Gemahlin, voller Verräter und fieberverseucht. Die Bahnlinie von der Küste endete am Rand eines Abgrunds, und man lud die kaiserliche Reisegesellschaft in ein paar uralte Kutschen um, *»des espèces de diligences«*, wurden sie in einem zeitgenössischen Tagebuch beschrieben, *»peinturlurées comme des roulottes de foire, tirées par des chevaux à demi-sauvage«*. In Puebla wurden sie mit Rosen und einem Tedeum empfangen, und der Einzug in die Hauptstadt war prunkvoll, aber der Palast war nicht gelüftet, und in den Betten wimmelte es von Ungeziefer. Die Suite verbrachte die erste Nacht auf den Billardtischen. Die Kaiserin war fassungslos, aber Maximilian nahm alles mit Wohlwollen, ja fast mit Begeisterung. Er war bezaubert vom Klima, von den Menschen, den Blumen; er verliebte sich für immer in das Land. Er war unermüdlich tätig. Er Unterzeichnete Dokumente; er arbeitete an seinem Spanisch; er hielt öffentliche Ansprachen, ernannte ein Kabinett, verteilte Orden, legte Listen an. Er wurde mit Carlota in der Kathedrale gekrönt. Er verfasste ein Handbuch der Etikette für den Hof von Mexiko; er ließ wissen, dass er jedermann anhören werde; er organisierte sein Herrscheramt. Er war dafür erzogen worden und wusste, wie er es anzufangen hatte. Er verlegte den Hof nach Chapultepec und begann zu bauen. Schloss Chapultepec war vom 47. Vizekönig erbaut worden, der sich damit auf Kosten der spanischen Krone eine veritable Festung zulegte, während er Madrid vorspiegelte, er baue sich nur ein Sommerhaus. Das Schloss stand auf einem bewaldeten Hügel am Rand einer hässlichen Vorstadt. Dieses Verlies ließ Maximilian zu einer pompejanischen, besser gesagt, toskanisch-pompejanischen Villa umbauen, wie sie ihm schon vorgeschwebt hatte, als er Miramar, sein Schloss an der Adria, ausgestaltete. Der Wald wurde abgeholzt, das Gelände terrassiert, ein französischer Park angepflanzt; mitten durch die Vorstadt wurde eine Schneise für einen Boulevard geschlagen, der heute Avenida de Reforma heißt. Maximilian ließ Statuen, Mobiliar, seine Porzellansammlung nach Mexiko holen, wodurch im Land Nymphenburg in Mode kam; er schrieb seinem Bruder um Rheinwein und Tokajer. Carlota, die sich ebenfalls fürs Bauen interessierte, ließ an den Straßen Bäume pflanzen und stiftete Bänke, Blumenkästen und Musikpavillons für Plazas in Provinzstädten, wo sie bis auf den heutigen Tag alljährlich zum Feiertag des Schutzpatrons neu gestrichen werden und bei der Bevölkerung sehr beliebt sind. Die mexikanische Gesellschaft nahm die Kaiserin auf. Die Damen waren liebenswürdig zu ihr und bewunderten ihre Kleider, sie zeigten sich nur darüber erstaunt, dass die Kaiserin Rubine und Smaragde trug. Farbige Steine, erfuhr sie, galten als Plunder, nur *schlichte* Diamanten …

Irgendetwas muss verkehrt gewirkt haben. Als dem Kaiser die Bitterkeit bewusst wurde, die der Reformkrieg hinterlassen hatte, hätte er gerne eine Amnestie erlassen. Man hielt ihm entgegen, dass der Krieg noch nicht beendet sei. Diese Kämpfe im Norden *fanden* statt, auch anderwärts – ständig trafen Meldungen von Erhebungen ein –, vermutlich nicht weiter von Belang, Guerillas, die schlimmsten Störenfriede im Lande, obwohl die französischen Offiziere behaupteten, sie stießen auf nichts. Aber es bedeute eben doch, dass Mexiko nicht befriedet, nicht ganz aufseiten der neuen Monarchie sei. Dann kamen immerzu irgendwelche Leute daher und brachten Ansprüche vor. Man habe ihnen, so gaben sie an, eine Bestallung, ein Gouverneursamt, eine Leibrente versprochen. Versprochen? Wer hatte versprochen? Nun ja, die Beauftragten Seiner Majestät hätten gesagt … man habe den Eindruck gewonnen … eine Belohnung … Belohnung wofür? Nun, weil man Seine Majestät auf den Thron gebracht habe, auf dem er jetzt sitze. Maximilian und Carlota waren ungehalten: Der Kaiser hatte keine Beauftragten, niemand habe ihn irgendwohin *gebracht.* (Sie sahen keine Verbindung mit der Anwesenheit der französischen Truppen; diese Truppen waren hier, das Land zu befrieden; allerdings geschah das viel grausamer, als man es in der Hauptstadt gern sagte.) Der Kaiser sei durch einen Willensakt des Volkes nach Mexiko gerufen worden, das, unzufrieden mit fünfzig Jahren republikanischer Herrschaft, den Wunsch nach einer über den Parteien stehenden Erbmonarchie in einer freien Volksabstimmung, abgehalten von verantwortungsbewussten Mexikanern …

Ja, ja, ganz recht. Und dies *seien* die verantwortungsbewussten Mexikaner.

Maximilian gab nicht nach, verursachte Betroffenheit und verletzte Gefühle. Er hatte niemanden, an den er sich um Rat wenden konnte; wenn er das Plebiszit erwähnte, stieß er auf Ausflüchte und Betretenheit. Er wollte die Liberalen ins Kabinett aufnehmen. Die Liberalen, denen nicht gefiel, was er verkörperte, lehnten ab.

Die Klerikal-Konservativen erinnerten ihn, dass er ja schließlich *ihre* Sache verkörpere und dass er auf seinem Platz stehe, um ihren Interessen zu dienen. Maximilian gab der Meinung Ausdruck, er sei gekommen, den Interessen des mexikanischen Volkes zu dienen. Das Plebiszit … Man machte ihm klar, dass man das Plebiszit lieber nicht so genau ansehen sollte. Er schwankte, handelte jedoch nie nach dieser Erkenntnis. Er spürte die Zwiespältigkeit seiner Lage sehr wohl, aber Carlota und die Rücksichtnahme auf den guten Namen seines Hauses ließen ihm einen Rückzug zum gegenwärtigen Zeitpunkt als Desertion erscheinen, und außerdem begann er den in seiner Lage nicht so seltenen Glauben zu hegen, er könne, wenn er die Gelegenheit dazu hätte, noch immer viel Gutes für die Mexikaner wirken, *malgré eux.* (Die Ironie des Schicksals liegt darin, dass Maximilian, der es nicht verstand, mit Beratern, Untergebenen oder Verwaltungsorganen umzugehen und sie zu durchschauen, und der zu keiner Zeit auch nur die geringste Ahnung von der Wirkungsweise und den Ursprüngen politischer Macht hatte, aber keine Rücksicht auf eigene oder Parteiinteressen nahm, einen bewundernswerten absolutistischen Herrscher abgegeben hätte, wenn er durch ein Wunder zu dieser Position und zu direktem menschlichen Kontakt mit seinen Untertanen gekommen wäre, ohne dass Bajonette, Gelder, Minister und überkommene Vorrechte zwischen ihm und seinem Volk gestanden hätten.) Er gab nicht auf doch er verstand sich auch nicht darauf, mit seinen verantwortungsbewussten Mexikanern gemeinsame Sache zu machen. Er wurde gedrängt, weigerte sich aber, die Reformgesetze außer Kraft zu setzen, und verscherzte sich damit sofort die geringe Unterstützung, die er im Lande genoss, ebenso wie das Wohlwollen des Vatikans und viel Hilfsbereitschaft im Ausland, ohne bei den juaristisch Gesinnten auch nur einen Schimmer von Anerkennung zu ernten. Maximilian scheint ein Talent dafür gehabt zu haben, sich mit einer gewissen donquichottehaften Entschlossenheit in Sackgassen zu verrennen. Seine Haltung zum Widerruf der Reformgesetze ist merkwürdig. Vieles an diesen Gesetzen muss für ihn abstoßend gewesen sein; vieles an den Reformgesetzen *ist* abstoßend. Spürte er, dass ihre Abschaffung im Land übel vermerkt werden würde, dass es schon zu spät war, dass die Dinge schon zu unentwirrbar geworden waren? Zehn Jahre sind eine lange Zeit. Klöster waren umgebaut worden, der meiste kirchliche Grundbesitz in private Hände übergegangen, längst bezahlt; das Geld war dahingeschmolzen. Maximilian war sicherlich wenig geneigt, die Rolle des Mannes zu spielen, den man ins Land geholt hatte, damit er die Uhr zurückdrehe; und sowohl er als auch Carlota, so treue Katholiken sie auch waren, hielten mit ihrer Meinung über die raffgierige mexikanische Geistlichkeit nicht hinter dem Berg und sandten empörte Berichte an ihre Verwandten in der Heimat. Maximilian musste entdecken, dass kein Geld vorhanden war. Er war gewohnt zu hören, dass der Staatsschatz erschöpft sei, aber in einem solchen Ausmaß? Es schien überhaupt kein Geld da zu sein. Aber Mexiko *müsse* doch Staatseinnahmen haben? Das hatten schließlich alle Länder. Eine Anzahl von Leuten bot sich als Steuerpächter an. Der Hof hatte bereits etliche Scharlatane aus Europa angezogen. Maximilian gewährte Konzessionen, verkaufte Monopole; er unterschrieb, er borgte, er verpfändete, ohne recht zu wissen, was er tat. Wenn er von einem Projekt nichts verstand, vertraute er dem Projektor, und er vertraute oft dem Falschen. Er und Carlota waren über die Armut des Volkes entsetzt. Galt Mexiko nicht als ein reiches Land? Silber und Bodenschätze und so viele Bergwerke, voll von Schätzen? Sie wollten helfen. Was konnten sie tun? Den Armen von ihrem eigenen Grundbesitz geben? Der Grund gehörte schon anderen. Arbeit beschaffen? Viele Arme wollten nicht arbeiten. Löhne erhöhen? Die Eigentümer sagten, sie könnten es sich nicht leisten. Dann den Boden produktiver machen, etwas unternehmen, um die acht Monate, da er unfruchtbar war, zu verkürzen? Die Bergwerke rentabler fuhren, Maschinen anschaffen? Es war kein Geld da. Um den Grundbesitz neu zu verteilen, Löhne festzusetzen, Geld für Bohrungen, Dämme und Wasserspeicher zu beschaffen, hätte die Krone ein fantastisches, unwahrscheinliches und auf Ablehnung stoßendes Gesetzgebungswerk beginnen müssen, und die Krone genoss keine Unterstützung. In Mexiko werden Gesetze mithilfe von Bürgerkriegen durchgesetzt. Die Krone hätte mächtig sein können. Es gab einen Augenblick, da Bazaine sich hinter Maximilian gestellt hätte, die Truppen waren bis auf Gegenorder aus Paris dem Kaiser zu Diensten; möglicherweise hat Bazaine den Gedanken erwogen, an einer Regierung der starken Hand mitzuwirken. Vielleicht wären die Vereinigten Staaten auf den Plan getreten, vielleicht auch Österreich. Perspektiven für einen Soldaten. Maximilian dachte keinen Augenblick an solch eine Möglichkeit. Auf seine Art war er ebenso verfassungstreu wie Juárez. Das Kaiserpaar ließ bei seinen Ausfahrten Goldmünzen verteilen, Carlota tat für die Krankenpflege, was sie konnte, die Leute sagten *adios* und gingen weiter, Maximilian wandte sein Interesse von der Öffentlichkeit ab. Vielleicht später, vielleicht eines Tages, wenn es ruhiger war im Lande … Er verbrachte viel Zeit in seinem Hagdhaus in Cuernavaca, als Privatmann, fast ganz allein. Besucher schilderten ihn als »melancholisch, doch gelassen«, und man stellt sich ihn zugleich trauernd über seine Ohnmacht und befreit vor. Der Niedergang muss für die Kaiserin schmerzlicher gewesen sein. Sie fand keinen Gefallen am Landleben und war empfindlich, was ihre Stellung anging. Maximilian verspürte große Zärtlichkeit und viel Achtung – wenn auch anscheinend wenig emotionelles Bedürfnis – für seine Gattin und suchte in allen Dingen ihren Rat; tatsächlich war Carlota zugleich seine vertraute und offizielle Beraterin. Sie war von wacherem Sinn als Maximilian, aber ihre Lebenseinstellung war oberflächlicher, und sie beherrschte sein Handeln durch die größere Entschiedenheit und Kraft, mit der sie ihre Wünsche vorbrachte. Carlota scheint eine nervöse Frau gewesen zu sein, voller Energie, mit unersättlichem Appetit auf den Glanz des Lebens, der zu ihrem großen Unglück nur auf dem Umweg über die Karriere des Ehemannes zu stillen war, und Maximilian erwies sich in dieser Hinsicht als ebenso unbefriedigend wie Charles Bovary.

Noch war es dem Regime möglich, Gesten zu machen. Um die Erbfolge und den Fortbestand der Dynastie zu sichern, adoptierten Maximilian und Carlota, die kinderlos geblieben waren, einen kleinen mexikanischen Jungen und ließen ihn zum Thronerben proklamieren. Mit ihrem seltsamen Instinkt für das Falsche wählten sie einen Enkel jenes anderen Phantoms, des Kaisers Augustin Iturbide. Das Kind wurde als Kronprinz von Mexiko eingesetzt und, geschmückt mit sämtlichen kaiserlichen Insignien, auf dem Schoß seiner neuen Mutter porträtiert. Er macht mit seinen großen Augen den Eindruck eines reizenden, ernsten kleinen Jungen. Seine Mutter war eine Amerikanerin, und ihretwegen stimmte die nordamerikanische Presse ein großes Gezeter an; die Tanten des Jungen bestanden darauf zu kaiserlichen Prinzessinnen erhoben zu werden, die Familie forderte Apanagen und machte ein höchst peinliches Theater und verlangte zu guter Letzt, die Adoption zu annullieren. Der Junge wurde nach Europa geschickt und führte später, wie nicht anders zu erwarten, ein unstetes Leben.

Zwei Jahre lang waren die Dinge dahingeglitten, dann sah mit einem Mal alles ganz schlecht aus. Die Juaristen eroberten Städte, die Hälfte der Provinzen hatte sich erhoben; die Familien von Klerikal-Konservativen schifften sich nach Europa ein. Aus Frankreich trafen keine neuen Truppen ein. Verzweifelte Bitten um Hilfe wurden spät und ausweichend beantwortet. Die Kaiserin wurde unruhig: Wusste man denn nicht? Sie entschloss sich, selbst nach Europa zu reisen und den europäischen Höfen vorzustellen, wie drohend sie die Gefahr empfand. Wieder wurde in der Kathedrale von Mexiko ein Tedeum gesungen, man raffte, so gut es ging, eine Eskorte zusammen, und die Kaiserin begab sich nach Vera Cruz, wo sie sich nach Frankreich einschiffte und auf die langen Tage auf See das gefahrvolle Bild des Landes mitnahm, das sie zurückgelassen hatte. Ende des Sommers 1866 betrat sie französischen Boden und fuhr sofort nach Paris. Im Grandhotel war eine Suite für sie reserviert. Der September blühte in den Gärten der Tuilerien, die Fontänen sprangen, hohe Hüte und Musselinreifröcke schwebten unter den Kastanien dahin, auf der Rue de Rivoli klapperte es vom Mittag bis zur Dämmerung von flotten Equipagen. In die elegante Atmosphäre dieser Sommerwelt der späten sechziger Jahre des 19. Jahrhunderts kam die Kaiserin von Mexiko wie ein Mensch, der aus einem brennenden Haus gestürzt ist, um einen Eimer Wasser zu holen. Die Kaiserin Eugenie kam zu Besuch, hielt eine Wange zum Kuss hin. »Sie müssen mein Land retten!« schrie Carlota. Napoleon fühle sich nicht wohl, könne keine Besuche empfangen, ganz sicher nicht diese Woche; inzwischen gebe es ja Offenbach in der Oper. Carlota blieb hartnäckig, wurde mit einer offiziellen Audienz abgespeist, sprach wieder in Saint-Cloud vor, öffnete sich selbst die Türen und schritt in des Kaisers *cabinet de travail.* Sie hatten eine entsetzliche Szene. Später beruhigte sich Napoleon; Eugenie fuhr wieder ins Grandhotel; aber inzwischen war das Schlimmste Gewissheit – es ging nicht mehr darum, Hilfe zu senden. Napoleon beabsichtigte, die in Mexiko stehenden Truppen abzuziehen. Carlota jagte nach Italien weiter; bestand auf einer offiziellen Feier des 16. September, des mexikanischen Unabhängigkeitstags; präsidierte dem Bankett; eilte nach Rom weiter.

Inzwischen wartete Maximilian. Auf neue Entwicklungen, auf Hilfe. Auf Nachrichten. Im September erfuhr er, dass keine weitere Hilfe kommen werde; im Oktober, dass Carlota während einer Audienz bei Papst Pius IX. im Vatikan in einer dramatischen Szene plötzlich wahnsinnig geworden war. Diese entsetzliche und unwahrscheinliche Nachricht lähmte ihn. Es hätte der Augenblick der Abreise sein können. Er erwog, an Carlotas Seite zu eilen, man riet ihm davon ab; er zögerte, machte sich auf kehrte wieder um, blieb. Er wartete auf nähere Einzelheiten; auf eine Wende, einen Umschwung, auf Weisungen, es gab keine Weisungen mehr. Bisweilen muss ihn die Furcht gepackt haben, wie sie selbst den unbeschwerten Reisenden packt; das Gefühl, dass dieses Land unversöhnlich, fremd und fern war. Im Januar begannen die Franzosen ihre Garnisonsstädte zu räumen; am 5. Februar zog die französische Armee aus der Hauptstadt hinaus, auf dem Marsch zum Einschiffungshafen. Maximilian stand hinter einem Fenster des Palastes und sah sie über die Plaza Mayor marschieren. Eine Woche später brach er nach Querétaro auf.

Die österreichische Regierung ließ an der Stätte, wo Maximilian und seine beiden Adjutanten erschossen worden waren, eine Gedenkkapelle errichten. Es ist ein kleines, schmutziggraues Bauwerk aus dunklem Sandstein, eher wie ein Wachhaus, und steht auf einem kahlen, öden Hügel zwischen Steinschutt und kümmerlichen Agaven. Es wurde 1901 gebaut – gut dreißig Jahre nach dem Geschehnis –, ist heute mexikanisches Nationaleigentum und wird vom Instituto Nacional de Antropología e Historia verwaltet, das einen Aufseher stellt, doch nicht dessen Unterkunft. Wenn sich Besucher nähern, erhebt er sich von seinem Platz unter einem Stein, um zum Preis von drei Pence ein Billett und eine Ansichtskarte der schmucklosen Gedächtnisstätte zu verkaufen. Dasselbe Institut verwaltet die Sammlung des persönlichen Nachlasses des Kaisers, das »Politische Museum« genannt, die in einem Raum des Bundespalastes in Querétaro ausgestellt ist. Wir wanderten durch die Kollektion von Fotografien, Medaillen, erbeuteten Feldfahnen; warfen einen Blick auf Papierfetzen mit seiner Handschrift, die unter Glas aufbewahrt sind. Das Schreibzeug, das das Kriegsgericht benutzte … die lehnenlosen Stühle, auf denen die Generäle Mejija und Miramon, die beiden Adjutanten, die mit ihm starben, während der Verhandlung saßen … jemandes Stulpenstiefel … Säbel …

Der Aufseher folgte uns auf unserem Rundgang. »Lassen Sie sich Zeit. Ihre Exzellenzen übersehen den Sarg. Bitte, noch einmal näherzutreten. Das ist der Sarg von Don Masimiliano. Glauben Sie nicht, es ist nicht der echte Sarg, weil er leer ist. *La Mamacita* hat einen ändern geschickt, als Don Masimiliano übers Meer fortgebracht wurde, aber das hier ist der echte Sarg von Don Masimiliano. General Juarez hat sich Don Masimiliano in diesem Sarg angesehen. Ihre Exzellenzen haben den Blutfleck nicht bemerkt. Bitte, den Sarg von innen anzusehen. Hat der Fleck nicht die Form einer Hand? Ihre Exzellenzen haben es nicht gut gesehen. Belieben, dieses Glas zu nehmen. Damit es größer zu sehen ist.«

Ein betresster Mantel … das Faksimile des Todesurteils … eine Daguerreotypie der Prinzessin zu Salm-Salm zu Pferde …

»Und er *hätte* entkommen können«, sagte E. »Ändern ist es auch gelungen. Als die Prinzessin zu Salm-Salm aus San Luís Potosí zurückkam, war sie so außer sich, dass es ihr gelang, ihn zu überreden. Sie, der belgische und der österreichische Gesandte haben alles in die Wege geleitet. Sie haben alle Leute bestochen. Es hat ein Vermögen gekostet. Ein juaristischer General sollte mit ihnen fliehen. Als alles bereit war, haben sie ihm einen Mantel umgelegt, und dann ist ihnen klar geworden, dass sie etwas mit seinem blonden Bart tun müssten. Niemand außer ihm hatte solch einen

Bart. Da muss es ihm bewusst geworden sein: Er hat sich geweigert, sich von der Stelle zu rühren. Vielleicht, dass ihm alles so armselig vorkam. Sie haben mit ihm gestritten. Inzwischen hatten die Wachen gewechselt. Die neuen Wächter waren nicht bestochen. Es war zu spät.«

»Und das ist die Spritze, mit der Don Masimiliano einbalsamiert wurde. Bitte, noch einmal herzusehen: Das ist die Balsamierspritze von Don Masimiliano. Verstehen Ihre Exzellenzen? Die *Balsamierspritze.* Die Spritze, mit der Don Masimiliano einbalsamiert worden ist, als er tot war. Bitte, Exzellenz, versteht die andere Exzellenz nicht? Es ist hochinteressant. Das ist die Balsamierspritze. Belieben, es ihr zu erklären.«

Viertes Kapitel

Cuernavaca – Acapulco – Taxco

Et puis, et puis encore?
Nous avons vu des astres
Et des flots; nous avons vu des sables aussi;
Et, malgré bien des chocs et d'imprévus désastres,
Nous nous sommes souvent ennuyés, comme ici.

Die dominierende Stimmung unseres zweiten Aufenthalts in Mexiko-City ist Reizbarkeit. Ist denn all dieser Lärm nötig? Müssen die Straßenbahnen Hupen haben? Was soll eine Stadt von solcher Größe überhaupt in dieser Höhe? Diese langen amerikanischen Wagen sind in den übervollen Straßen bestimmt doch nur hinderlich; bestimmt ist es nicht vernünftig, das Wasser in eine Großstadt von zweieinhalb Millionen Einwohnern in kleinen irdenen Gefäßen auf dem Rücken von Frauen und einzelnen Tieren schaffen zu lassen. Alles ist ohne Zusammenhang; niemand hat jemanden um Rat gefragt, nichts hat Verbindung miteinander: die Regierung und die Regierten, die Waren und die Verbraucher, das Gesetz und die Praxis …

Und die Filztüren schließen nicht richtig, wo man sich auch aufhält, die Küchendünste – Korruption, Armut, Verfall, schmutzige Geschäfte, verfilzte Interessen und eine sich abschottende Ausländerkolonie.

In jeder Stadt gibt es Menschen, die ihr verfallen sind, eingefleischte Cockneys, die fern ihrem heimatlichen Pflaster am

Meer wie auf dem Lande vor Langeweile vergehen wie Schimpansen in einem nördlichen Zoo. Nur, dass es hier keine Einheimischen gibt. Ein jeder ist gerade angekommen. Die Ärmsten der Armen, die alle Orientierung verloren haben, lassen sich von dem Gedanken an ein leichteres Leben in der Stadt treiben; sie finden keine Arbeit (es gibt keine Industrie), haben keine Möglichkeit zur Rückkehr, keine Bleibe und fristen ihr Leben von Gelegenheitsarbeit, sie holen und tragen Sachen, schleppen Lasten auf den Märkten, schleppen Kunden, stehlen – werden zu Bettlern, Banditen und Handlangern, verbringen ihre Tage und auch ihre Nächte auf den Straßen. Diejenigen, die des Lesens und Schreibens kundig sind, kommen mit bestimmteren Absichten, im Kielwasser der Lokalpolitiker und ausländischen Unternehmen, erpicht auf fette Profite, irgendwelche Profite und was von Profiten abfallt. Die kleinste Bestechungssumme wird in siebzehn ungleiche Teile aufgeteilt; das System ist starr und, bis hinunter zu dem Jungen, der den Tintenlöscher hielt, ausgeklügelt wie eine Pensionsliste.

»Si l'on avait dit à Adam, le lendemain de la mort d'Abel,
que dans quelques siècles il y aurait des endroits où,
dans l'enceinte de quatre lieues carrées, se trouveraient réunis
et amoncelés sept ou huit cent mille hommes, aurait-il
cru que ces multitudes pussent jamais vivre ensemble?
Ne se serait-il pas fait une idée encore plus affreuse de ce
qui s'y commet de crimes et de monstruosités!
C'est la réflexion qu'il faut faire pour se consoler des
abus attachés à ces étonnantes réunions d'hommes.«

(Chamfort)

Wir hatten zehn betriebsame Tage. Wir mussten auf die Bank gehen (die Postbeamten lassen Briefe, die Schecks enthalten, verschwinden, in der hartnäckigen Überzeugung, es müsse sich eines Tages ein Weg finden lassen, diese Zahlungsmittel zu Bargeld zu machen, und von dieser Überzeugung lassen sie sich einfach nicht abbringen). Wir waren hinter einigen anderen verschwundenen Briefen her; wir wollten ein paar Bücher kaufen; E. musste in die Bibliothek gehen. Nichts von alledem geht ohne eine gehörige Portion Schreibkram ab, und der ist nicht ihre starke Seite. Die Buchstaben B und V beispielsweise werden so ausgesprochen, dass man sie nicht unterscheiden kann, und um sie beim Buchstabieren auseinanderzuhalten, sagen die Leute *B Burro* und *V Vaca*. Aus diesem Grund wies ich am Anfang eines Gesprächs stets daraufhin, dass mein Name mit B wie Esel beginne, was die Leute aber nie davon abhielt, auch unter V für Kuh nachzusehen. Einen Sonntagvormittag brachte ich auf dem Diebesmarkt zu und hielt halbherzig Ausschau. Wir mussten allmählich daran denken, uns Papiere zu besorgen, unsere Aufenthaltsgenehmigung lief bald aus, und da keine Möglichkeit bestand, sie hier verlängern zu lassen, hatte man an die Grenze zu fahren, wo man für den Preis von fünf Pesos und eine Fahrt von zweitausend Meilen eine neue Erlaubnis erhielt, was nicht länger als die Zeit zum Schreiben beim Ausstellen dauerte. Don Otavios Bruder Luís sagte, er werde die Sache für uns arrangieren. Wir waren zur *comida* in sein Haus geladen. Er wohnte in Colonia Roma, einem eleganten Villenvorort. Vor der Eingangshalle saßen zwei Truthähne, die Don Luís aus San Pedro mitgebracht hatte und für Allerheiligen mästen ließ. Wir nahmen das Mittagessen mit vier Mädchen zwischen elf und fünfzehn Jahren, alle gleich angezogen, einer Erzieherin und einem etwas bedauernswerten Jungen ein, der etwas jünger war; drei noch kleinere Kinder wurden zum Nachtisch hereingeführt. Doña Asuncion erholte sich von ihrer letzten Niederkunft. Don Luís sagte uns, Don Otavio gehe es sehr gut, und er habe eben einen Hoteldirektor engagiert, einen Herrn aus England, den ihm Freunde von uns empfohlen hätten.

»Wie absonderlich«, sagte E. Dann erzählte sie Don Luís, in welchem Alter Henry Ford noch seine Fabriken geleitet hatte.

Don Luís machte mit uns eine Spazierfahrt auf die Chapultepec-Höhen, zur fashionablen Stunde, wie er sagte. Auf unseren

Wunsch besichtigten wir die Gärten, das Schloss und die kaiserlichen Gemächer. Wir sahen das ungemein luxuriöse Badezimmer der Kaiserin Carlota, das weder Fenster noch sonst eine Öffnung hatte, abgesehen von einer Tür, die auf den Schlosshof führte.

»Was geschah, wenn die Kaiserin ein Bad nahm?« fragten wir.

»Dann kam immer ein Soldat der Indianischen Garde und stellte sich in die offene Tür«, sagte Don Luís. »Natürlich mit dem Rücken zu ihr.«

Wir besuchten die C.s in Coyacán und schilderten unsere Reiseerlebnisse; und wir waren bei Mrs. Rawlstons Tochter, Diana Waldheim, zum Tee, einer hübschen Frau, die etwas vom Charme und nichts von der Grobheit ihrer Mutter hatte, ein Mischmasch aus Virginia-Englisch, mexikanischem Spanisch und Bayrisch sprach, und zwar nur diesen Mischmasch; und wir lernten Mrs. Rawlstons deutschen Schwiegersohn kennen, der zur Strafe für Mrs. Rawlstons Sünden tatsächlich genauso dackelhaft aussah, wie ein menschliches Wesen nur aussehen kann, ja sogar noch dackelhafter. Mrs. Waldheims Kinder waren im Schulzimmer geblieben.

»So, Sie kennen also meine Schwiegermutter?« fragte Mr. Waldheim und sah uns dabei an, als wären wir die Freiwilligen von Balaclava. »Möchten Sie einen Kognak?«

»Ich sage immer zu Diana, es ist nicht recht, dass ihre Mutter ganz allein in dem großen Haus wohnt. Die alte Dame sollte elektrisches Licht haben. Sie mag mich nicht, aber ich werde es dieses Jahr für sie installieren lassen, als Weihnachtsüberraschung.«

»Karl ist sehr nett zu meiner Mutter«, sagte Mrs. Waldheim; »Mutter ist manchmal etwas schwierig.«

»Dann werden wir alle ein glückliches Weihnachtsfest am Chapalasee feiern«, sagte ihr Mann.

»Das werden wir bestimmt, mein Lieber«, sagte seine Frau; und wir begannen Diana Waldheim zu bewundern.

Dann traten wir unsere Fahrt an die Westküste an und unterbrachen sie in Cuernavaca, wo wir zehn magisch schöne Tage verbrachten. Zum ersten Mal, seit wir San Pedro verlassen hatten, waren wir wieder auf dem Lande, und das Land um Cuernavaca ist herrlich. Das Wetter in dieser geschützten Region ist mild und strahlend, und man findet dort dieses mexikanische Wunder, Quellen im Sand: Wasser. Quellen neben der Straße, Bäche am Hang, sprudelndes Wasser überall – man hört es rauschen in der Nacht, riecht es auf den Feldern. Wir wohnten bei einem deutschen Sozialdemokraten und seiner Familie, die aus ihrer Heimat geflohen waren. Auf dem Rasen ihres Hauses gab es ein mit grünen Fliesen ausgelegtes kleines Bassin, das von einem Bergbach gespeist wurde – in Cuernavaca eine Selbstverständlichkeit. Darin badete ich jeden Morgen. Rote Zigarrenblumen blühten am Rand, am Himmel war kein Wölkchen, und man konnte beim Schwimmen die Schneekuppen von zwei Vulkanen sehen. Die Eltern unseres Bekannten, zwei sehr alte Leute, pflegten mit Korbsesseln und der Zeitung aus dem Haus zu kommen. Sie waren gerade erst aus Deutschland herausgeholt worden, hatten lange Jahre in Lagern verbracht. Es waren sehr großmütige Menschen. »Guten Morgen, guten Morgen«, riefen sie. »Schön, das Bad? Viel Vergnügen.«

Eines Nachmittags ratterte ich in einem leeren Autobus durch das Tal. Wir klommen die Straße zum Hochland hinauf und hielten in einem Dorf vor einem Dominikanerkloster mit Kirche aus dem 16. Jahrhundert, halb ausgebrannt, leer, doch offen für die Wärme und die Vögel. Vielleicht war es niemals große Architektur gewesen, aber hier, in der leichten Luft, über dieser Ebene, von Blumen überwachsen, wirkte es wirklich sehr ergreifend. Ein Indio führte mich durchs Refektorium, wo die Fresken von den Wänden blätterten, in eine Kapelle voll von Nestern, in Mönchszellen mit einem Ausblick, für den man gerne die Welt hingeben würde, und hinauf aufs Dach, wo wir zwischen Glockentürmchen und handgeschmiedeten Kuppeln auf bemoosten Steinen umherwanderten, über den schrägen Sonnenstrahlen und den Frauen, die auf den Feldern die Hacke schwangen. Dann kehrte ich zufrieden zurück und setzte mich auf eine Holzbank, die Sonne vor Augen, und die Kühle des Abends senkte sich auf das Land.

Ich war ziemlich neugierig auf Acapulco gewesen, dieses Sankt Moritz der Tropen, wohin die reichen Amerikaner zum Sportfischen im großen Stil fliegen sollen. Ich konnte nicht entdecken, dass hier irgendetwas in diesem Stil betrieben wird. Acapulco war früher einmal ein Hafen; und als Magellan die Philippinen entdeckte, wurde es zu einer Zwischenstation des Chinahandels, und die Vizekönige konnten Seide und Porzellan direkt aus dem Fernen Osten beziehen. Das Klima wurde immer als Tortur empfunden, und Philipp III. ließ Neger ins Land bringen, die nach Perlen tauchen und das Zuckerrohr dreschen mussten, da sich die Indios dafür als zu zart erwiesen. Acapulco sei heute abgewirtschaftet, ein ganz und gar grässlicher Ort, sagten manche. Aber andere – ach, es sei noch immer sehr hübsch; und wenn man sich diese Küste überhaupt ansehen wolle, gebe es auf den neunhundert Meilen zwischen hier und Mazatlán keinen anderen Ort, wo man sein Haupt niederlegen könne.

Auf zwei Dinge war ich nicht vorbereitet: dass die Wirkung der – sehr großen – Schönheit dieses Südseepanoramas durch die Fotografie abgeschwächt, durch Filme und Aufnahmen von anderen Lagunen und Buchten abgewertet würde (genau das Gegenteil wäre geschehen, wenn man die Toskana und das Seinetal erst nach den Bildern der Impressionisten und der florentinischen Schule gesehen hätte); und dass das, was Menschenhand zu dieser Stätte beigetragen hat, sich auf einen Zigeunerslum beschränkt, eingezwängt zwischen Dschungel und Ozean. O ja, es gab die Hotels, zwei ungleich große Klumpen zu beiden Seiten des ungepflasterten Städtchens. Über dem Moskitogürtel, auf luftiger Felsenhöhe, stehen die Luxushotels, so genannt, weil sie aus Stein gebaut sind und entsprechende Klimaanlagen – Luftkühlung, Duschbäder, elektrische Ventilatoren – sowie Reklameattraktionen wie nachts bespielbare Tennisplätze, einen Lift zum Meer und eine unterirdische Bar aufweisen. Die Familienpensionen, in Nut- und Federholz ausgeführt, ziehen sich in einer Reihe am Strand entlang. Die Saison ist sehr kurz – *enrichissez-vous* –, eigentlich nur Dezember und erste Januarhälfte, obwohl die abgehärteteren halbreichen Einheimischen bis zur Karwoche kommen, und das übrige Jahr über brät die Stadt in ihrem eigenen Schlamm. Tatsächlich ist es mitten in der Saison auch nicht viel anders: Die Felsenhotels mit ihren Friseur- und Geschenkläden sind ein Reich für sich, und ihre Gäste leben wie auf Ozeandampfern, während die Familien am Meer sich selten weiter als zum Strand oder zum Speisesaal schleppen. Man stelle sich einen großen Badeort, man stelle sich ein Cannes vor, das ausschließlich aus dem Carlton, dem Majestic und dem Martinez, einigen Morgen von aufgeweichtem Straßenschmutz, von Fliegen umschwärmten Verkaufsbuden und einer Kette von Strandpensionen bestünde.

Wir waren für einen komfortablen Aufenthalt ziemlich früh im Jahr dran, obwohl die Preise schon hoch waren, und wohnten im »Los Pinguinos«, einer Pension – vorne der Strand, hinten gleich anschließend Hütten aus Palmblättern und Lagerfeuer –, die von einem mürrischen jungen, mageren und unverheirateten Deutschen geführt wurde, der wohl als Beamter in der schlesischen Forstverwaltung mehr reüssiert hätte. Er schwieg sich über seine mögliche politische Vergangenheit aus und schien nicht imstande gewesen zu sein, in diesen Breitengraden die Energie aufrechtzuerhalten, für die seine Landsleute berühmt sind. Er ruhte sich immer aus. Er hatte wahrhaftig eine Polizeihündin, Flora, aber sie schien von der Hitze genauso mitgenommen wie ihr Herr. Die anderen Gäste waren eine mexikanische Familie und vier lustige ältere Sachsen aus dem Sachsenlande, die in der Unterwäsche im Speisezimmer saßen und während der Siesta Whisky tranken und Pflaumenkuchen aßen. Sie waren in Mexiko-City geschäftlich tätig und hatten die letztenjahre nicht das Land verlassen und deshalb keine politische Vergangenheit zu verbergen, was ein Stachel für sie gewesen sein muss, denn wenn jemals Leute Anlass hatten, Dorothy Parkers hellsichtigen Satz aus dem Buch der Etikette – »Wir bedauern, dass wir zu spät gekommen sind, Sie auf Ihrer Harfe zu begleiten« – zu verwenden, dann waren sie es.

Die mexikanische Familienmutter versetzte E. in Aufregung, weil sie eines von den altmodischen Korsetts trug, das sie am Ende jeder Mahlzeit an den Rand eines Schlaganfalls in der Öffentlichkeit brachte. »Sollte ich der bedauernswerten Dame nicht sagen, sie soll es aufschnüren?« sagte E. »Wie kann ich es nur ausdrücken?«

Ich sagte ihr, dass meine Großmutter immer voller Stolz erzählt hatte, sie habe in Indien während der ganzen heißen Zeit ein Korsett getragen.

»Sehr ungesund für sie«, sagte E., ohne sich ablenken zu lassen. Sie hat es der mexikanischen Dame nie gesagt, und wir führten jeden Tag wieder dasselbe Gespräch.

Wir entdeckten, was man wusste, sich aber nicht klargemacht hatte, nämlich dass es für einen in den Tropen tagsüber – es sei denn, man muss seinen Lebensunterhalt verdienen – nichts zu tun gibt, und selbst wenn man sich aufraffte, gäbe es nur wenig, was man als Tätigkeit bezeichnen könnte. Man könnte sich von Mulatten, die wie Chinesen aussehen, im Schutz eines Sonnenverdecks aus Matten über die glatte Bucht rudern lassen, mit einem Strohhut auf dem Kopf im topasblauen und durchsichtiggrünen, jedoch leider warmen Wasser baden; in einem drückend heißen Baumgarten sitzen und die Milch frisch geöffneter Kokosnüsse trinken und würde dabei nur den Wunsch verspüren, es wäre Wasser, kaltes Wasser. Man könnte sich von Maultieren durch den Ort und hinauf zum Felsen ziehen lassen, in einem durchsichtigen Kühlschrank über dem Meer sitzen, aus einer Liste von sechsundvierzig verschiedenen Rumcocktails auswählen, Jungen zusehen, die von einer dreißig Meter hohen Klippe nach Münzen tauchen, Stimmen von der Riviera lauschen, die prominente Namen ins Gespräch einflechten. Drei »Starlit Swizzles«, bitte … *Un quinto por caridád* … Willy, Wally …

Von unserem Strand aus konnte man nur vor Sonnenaufgang und in der kurzen Abenddämmerung baden, jenen köstlichen zehn Minuten, da die Wellen sich fast schwarz auftürmen und neben einem fünfzig Pelikane plumpsend ins Meer tauchen, um ihren Jungen das Fischefangen beizubringen.

Den größten Teil des Tages lag man lesend auf dem Bett und duschte sich zwischendurch immer wieder. Das Buch war schwer, das Papier klebte, das Licht durch die weit herabgezogenen Rollos niemals richtig. Bald begann man zu dösen. Wenn es zum Essen ging, raffte man sich auf nahm ein Bad, zog sich an, fühlte sich neubelebt durch die Abwechslung. Es gab wohl Eis, aber es war nicht genießbar, darum hatte der Pensionswirt eine Flasche Gin für uns auf Eis stehen, wovon wir vor dem Mittag- und Abendessen ein Glas, verdünnt mit etwas Limonensaft, tranken und uns für einen, aber auch nur für einen einzigen Augenblick erfrischt fühlten. Dann aßen wir ein wenig von den langweiligen Speisen. Die Kleider begannen einem am ganzen Körper festzukleben – im Speisesaal herrschte immer eine Temperatur von fünfünddreißig Grad –, die lustigen Sachsen sangen, die mexikanische Mutter schnaufte, der Pensionswirt ging zwischen den Tischen umher und stöhnte, durchaus zu Recht, über die schlechte Qualität von allem, der Seife, der Tünche, der Fische. So ging man oft schon vor dem Pudding wieder nach oben. Wieder unter die Dusche, ein Buch … In dieser Vorhölle blieben wir länger, als wir eigentlich hätten bleiben müssen. Bis wir eines Tages die notwendigen Schritte unternahmen und Acapulco hinter uns ließen.

Diesmal unterbrachen wir die Reise in Taxco, einer Hügelstadt an der Landstraße, die Mexiko-City mit der Küste verbindet. Die Kühle war köstlich, wenn wir es auch nach vierundzwanzig Stunden, undankbar, nicht mehr merkten, und hier verbrachten wir drei Tage, die unsere erstarrenden Ansichten über Mexiko als Touristenland endgültig festlegten.

Es gibt wenige Orte in diesem Land, mit denen es die Natur nicht gut gemeint hat. Taxco ist reizend gelegen – in vier Ebenen breiten sich die Häuser über einen Hang hin, überall rote Ziegeldächer, Bogengänge, Blumen. An jeder

Straßenecke kommt ein anderer Teil der Kathedrale ins Blickfeld, ein prachtvolles Bauwerk, mit buntschimmernden Kacheln, teilweise zu hoch, teilweise wieder zu gedrungen, wie ein brillantes Pastiche späten – sehr späten – spanisch-amerikanischen Barocks. Das Handwerk blüht. Die Hauptstraße auf und nieder hocken die Silberschmiede in ihren ordentlichen kleinen Werkstätten und klopfen emsig an Spangen und Ohrringen herum. Jeder Weiße wird mit einem Schwall unflektierter Wörter in primitivstem Englisch angesprochen: Er bleibt stehen, schaut und kauft. Diese Straße, diese Läden, diese Waren sind für die Durchreisenden und die Naiven bestimmt, so wie die Auslagen auf Capri für die Sonntagsschweizer und die skandinavische Reisegesellschaft da sind; die Ausländer, die in Taxco leben, mieten Villen und bleiben sehr lange hier. Manche haben früher vielleicht einmal daran gedacht, ein Buch zu schreiben; ein paar malen immerhin. Die Bars werden von anderen Ausländern geführt, die man beim Vornamen kennt. Zwei Ausländer pro Bar.

»Schau nicht hin«, sagte E. »Dort drüben sind Guillermos Barone. Rosenstern … Schau nicht hin, sie können uns nicht sehen.«

Doch sie konnten es.

Sie sagten, es tue ihnen leid, dass sie nicht mehr über unsere gestohlenen Koffer in Erfahrung hätten bringen können.

Wir dankten ihnen.

»Wir waren letzten Monat in Guadalajara. Dieser süße amerikanische Vizekonsul hat uns Ihre Adresse gegeben, und wir sind zum Chapalasee hinausgefahren, um Sie zu besuchen. Er hat uns so leid getan, als wir hörten, dass Sie abgereist sind, aber Ihr himmlischer Freund hat uns gebeten, bei ihm zu bleiben. Wir haben es so schön gehabt.«

»Sie haben in San Pedro gewohnt?«

»Wir hätten nur gewünscht, dass Sie da gewesen wären.«

Die Reise von Taxco nach Mexiko-City ist von Aldous Huxley in *Beyond the Mexique Bay* geschildert worden. Sehr genau. Die Straße ist noch immer so gut, das Gefälle noch immer so steil. Kein Schutzgeländer dämpft die Aufregung der Fahrgäste, Wagen mit Längssitzen und Limousinen rasen noch immer durch die Haarnadelkurven der Passstraße um die Wette bergab, werfen die Zweisitzer aus der Bahn und prallen um ein Haar frontal auf Lastwagen.

Wir kamen am Abend vor Allerseelen in Mexiko-City an. In den Schaufenstern der Konditoreien waren Totenköpfe aus Schokolade in vielerlei Größen ausgestellt, die Namen in Zuckerguss auf die Stirn geschrieben, Juan, Manuela, Carmen, Padrecito … Am nächsten Tag war zu Ehren des größten Feiertags des Jahres alles geschlossen; auf den Friedhöfen drängten sich die Ausflügler; wir wurden von der Hoteldirektion und auch von Don Luís de X.s Kindern mit »Totenbrot« und einem Nest voll kleiner Totenköpfe beschenkt, und am folgenden Morgen, noch ehe die Sonne aufgegangen war, fuhren wir aus der Stadt hinaus, endlich auf dem Weg in den Süden und zu den präkolumbischen Ruinen.

Fünftes Kapitel

Oaxaca: Mitla und Monte Albán

Et j'ai vu quelquefois ce que l'homme a cru voir.

»… ich glaubte, als Lohn für die Mühen meiner Jugend im Alter Ruhe zu finden; und so habe ich mich vierzig Jahre hindurch abgeplagt, den Schlaf eingebüßt, schlecht und bisweilen überhaupt nicht gegessen, die Rüstung getragen, mein Leben in Gefahren aufs Spiel gesetzt, meine Mittel und Jahre ohne Schonung hingegeben, alles im Dienste Gottes; um in einer Hemisphäre, fern der unsrigen, Schafe in Seinen Pferch zu treiben …
Ich bat Ew. Majestät in Madrid, gütigst Euren königlichen Willen, mich für meine Dienste zu entlohnen, kund zutun …
Ich bin alt, arm und im Königreiche mit über zwanzigtausend Dukaten verschuldet … Ich habe den Hof nicht für einen Augenblick verlassen und drei Söhne dort bei mir gehabt, ganz zu schweigen von Advokaten, Bittstellern …
Ein ums andre Mal habe ich Ew. Majestät gebeten … Und dies ohne Verzug … Ich bin nicht mehr in den Jahren, meine Zeit damit hinzubringen, von Herberge zu Herberge zu ziehen, sondern muss nun zur Ruhe kommen und meine Rechnung mit Gott machen. Sie ist sehr lang, und ich habe nur noch wenig Zeit, sie zu begleichen …

El Marquez del Volle de Oaxaca«
(aus Cortés' letztem Brief an Karl V.)

Auf die Rückseite dieses Briefes hat jemand geschrieben: *Nay que Responder:* ohne Antwort geblieben.

Cortés' Marsch von Tenochtitlán in den Süden hat ein Jahr gedauert. Sie wussten nicht, wohin sie zogen, sie wussten nicht, wo es enden würde. Die Rückkehr war ungewiss, ihre Hoffnung lag darin, eines Tages wieder das Meer zu erreichen. Im Süden sind die Berge des Plateaus höher, die Entfernung von Bergkette zu Bergkette nimmt zu, die Landschaft weitet sich. Unterhalb des Tals von Puebla hört das fruchtbare Land auf es gibt keinen Vordergrund mehr; die wechselnden, begrenzten Landschaften Zentralmexikos – das hundertfache Schema von Tal, Hügel und Gebirgskamm – wandeln sich zu einem weiten, gewaltigen Panorama zurückweichender Bergketten, eine hinter der anderen, die am fernen Horizont ineinander übergehen. Heute gibt es eine Straße, die vor fünfzehn Jahren angelegt wurde; der Reisende denkt nicht mehr an den Wassermangel, läuft nicht Gefahr, erschöpft niederzusinken, doch die Seele ist noch immer von der grenzenlosen Weite bedrückt, die vor einem liegt. Es geht dahin, wie wenn man, Stunde um Stunde, über den Wolken fliegt: die Eintönigkeit, die Isolierung, das Eingeschlossensein im Grenzenlosen – Weite, an die sich Weite um Weite schließt, und kein Entrinnen, und der Geist des Menschen von heute verliert nach einem einzigen Tag allen Mut.

Der Staat Oaxaca ist ein Territorium von einigen sechzigtausend Quadratmeilen, bewohnt von etwa zwanzig Indianerstämmen und einer halben Million Mestizen. Er hat 4000 Meter hohe Berge, Gebiete unerforschten tropischen Dschungels und eine ebene Küste. Im kalten Hügelland wird Kaffee angebaut, in den Ebenen wachsen Vanille und Koschenille; es gibt eine Stadt mit dreißigtausend Einwohnern und eine mit zehntausend; Oaxaca ist die Heimat der Tarantel und der Schwarzen Witwe, die Flüsse wimmeln von Krokodilen und die Wälder von Pumas und Tapiren, und jedes Frühjahr gibt es ein Erdbeben.

Südmexiko ist, wie zu erwarten, sehr südlich. Der meridionale

Charakter eines Landes ist immer ein relatives Phänomen und ergibt sich nicht notwendig aus seiner Breitenlage. So liegt Südengland unterhalb der Highlands, aber unterhalb von Südengland liegt die unwirtliche Industrielandschaft von Nordfrankreich. Marseille liegt nördlicher als die teutonisch blitzblanke und ehrbare Provinz Piemont; Boston liegt südlicher als Florenz, New York auf gleicher Breite wie Neapel und Alabama nördlicher als Monterrey, dieser mexikanische Vorposten nordstaatlicher Tüchtigkeit. In Ländern der gemäßigten Zone sind die Merkmale des Südlichen die Lockerung einer festgefugten Lebensweise, ein freierer, entspannterer Umgang zwischen Mensch und Mensch. Das Leben ist unmittelbarer, der nächste Bus nicht so unbedingt wichtig. Es hat Muße und etwas Hellwaches. Im geografischen Süden beginnt ein Abgleiten: Das *laissez-faire* rutscht zum *laisser-aller* ab, Gemächlichkeit wird zu Schlamperei; Toleranz, Gutmütigkeit, Lebensfreude werden zur Gewohnheit; die Lilien auf dem Felde schießen etwas üppig ins Kraut. In extremen Regionen verschließt sich wieder alles und wird unzugänglich. Stumpfheit. Gleichgültigkeit. Es gibt keine Antworten, *es gibt keine Fragen.* Die Muße ist leer und der Mensch allein, die Zukunft muss ihre Toten begraben, *huis-clos.*

Südmexiko ist ein abweisend-ernstes Land. Es hat die südlichen Elemente des Schlampigen – die Fliegen, den Schmutz, die vom Geschirr wundgescheuerten Ochsen – und keine Fröhlichkeit; keine Reben, keine Girlanden, nur ein störrisches, ewiges Steckenbleiben im Schlamm.

Auf ihrem Zug stießen Cortés und seine Männer auf die Ruinen von Mitla. Die Spanier waren beeindruckt. Man kann es sich gut vorstellen.

Nichts ist über die alten Zapoteken bekannt, dieses Volk, das vielleicht über die Beringstraße aus Asien gekommen ist und, wie man glaubt – im 9., im 4. Jahrhundert, elfhundert Jahre vor Christus? –, diese Tempel zu Mitla und Monte Albán erbaut hat. Außer den Fragmenten jener Bauwerke haben sie nichts hinterlassen. Aber diese enthüllen sehr viel. Sie sind nur insofern Fragmente, als nur Teile ausgegraben sind, nicht etwa, weil die Konstruktion nicht dauerhaft gewesen wäre. Sie werden zu Unrecht Ruinen genannt: Keine Spur von Verfall findet sich an diesen Monolithen, diesen Mauern, diesen Treppenfluchten, keines Restaurators Hand hat sie berührt, kein Krieg auch nur einen Splitter abgeschlagen. Sie sind da und sagen noch heute aus, was sie auszusagen bestimmt waren. Mitla und Monte Albán sind bewusst geschaffene Kunstwerke wie Chartres; sie sollten eine bestimmte Atmosphäre erzeugen. Sie wurden nicht geschaffen, um das Auge zu erfreuen. Sie verherrlichten und bewirkten Unterwerfungsbereitschaft unter eine bestimmte Lebensform. Ihre Bestimmung war, zu beeindrucken, nicht durch Prachtentfaltung, nicht durch Schönheit, nicht durch die Mitteilung jenseitiger Visionen, sondern durch Kraft, Willensstärke, durch unbeugsame Entschlossenheit; alle Hoffnung zunichte zu machen, zu überwältigen. Und dies ist gelungen.

Das Mittel ist Stein und Weite – natürliche Weite, gegen Mauerwerk kontrastiert. Auf dem Monte Albán bestehen die Zugänge zum Sanktum aus einer Reihe von Stadien, hingelagert auf einer nivellierten Hügelkuppe; die Innenhöfe, Durchgänge und Gemächer von Mitla sind nichts als mauerumschlossener Raum auf einer öden Ebene und vermitteln eine zugleich grabhafte und grenzenlose Atmosphäre. Alles wiederholt sich, hart und grau. Es gibt keine ablenkenden Skulpturen, nur ein lapidares Motiv, das von tüchtigen Arbeitermassen unter der antreibenden Knute einer Hierarchie unbarmherzig ausgeführt wurde. Die Zapotekentempel sind nicht groß, nach römischen und ägyptischen Maßstäben sind sie sogar ziemlich klein, und doch rufen sie das Gefühl zermalmender Größe hervor. Die Straße der Säulen in Mitla, diese seltsame, starre, neandertalhafte Pfeilerreihe, ist nur knapp fünf Meter hoch. Die Wirkung ist kolossal. Ja, die Absicht ist gelungen, ganz und gar furchterweckend die Wirkung – eine Lobpreisung der Bedeutungslosigkeit des Individuums wie der menschlichen Herrschaft über die Materie: steingewordene Verherrlichung der Willkür, der Organisation, des Staates.

Wären die Nazis nicht so billig, nicht so ohne jeden Geschmack, wäre ihr Hang zur Selbstdramatisierung nicht so wagnerianisch gewesen – so hätten sie gebaut. In der Architektur der Zapoteken hätten sie Ausdruck und Gestaltung all dessen gefunden, was sie verkörperten. Sie hätten Monte Alban in Nürnberg gebaut und den *Heldentod* in Mitla gefeiert.

Sechstes Kapitel

Oaxaca: Ein paar sympathische Leute

Wir kehrten von Mitla zur Stadt Oaxaca auf einem offenen Lastwagen zurück, der zufällig einmal am Tag dorthin fahrt und auf der Schotterstraße Leute auflädt, die aus dem Nichts auftauchen. Ein eiskalter Wind blies über die Kaktusebene, und die Fahrgäste zitterten in ihren Baumwollgewändern. Wir zitterten mit ihnen.

»Er kommt von Vera Cruz«, sagte unser Nachbar auf der Planke.

»Das kann doch nicht sein«, sagte ich.

»All ihre widrigen Winde kommen von dort«, sagte E.

Auf der Ladefläche des Lastwagens stand ein kleiner, offener Pappsarg, und darin lag, mit Spitzen und Bändern geschmückt, ein totes Kind.

»Der kleine Engel«, sagten die Mitfahrenden.

»Mein viertes«, sagte die Mutter.

Wir hielten an, um einen jungen Indio mit einer Remington-Reiseschreibmaschine mitzunehmen. Es war ein ambulanter Schreiber.

»Haben Sie viel zu tun?« fragten wir.

»Es kommt drauf an. Die Leute sind ja sehr rückständig. Ich komme manchmal in Häuser, wo sie Zauberei von einer Schreibmaschine nicht unterscheiden können.«

»Wäre es nicht leichter für Sie, wenn Sie mit der Hand schrieben?«

»Ich schreibe nicht mit den Händen; ich schreibe mit der Schreibmaschine. Es ist fortschrittlicher.«

»Aber Sie *können* schreiben?«

»Mit der Schreibmaschine. Ich hab es als erwachsener Mann gelernt. Heute lernen nur noch unwissende Kinder das Schreiben mit der Hand.«

»Und weswegen halten wir jetzt an?« sagte E.

»Das ist der große Baum von Tule. Humboldt hielt ihn für das älteste lebende Gebilde der Erde, und der Fahrer meint, wir sollten ihn uns ansehen.«

»In meiner Heimat bin ich glücklich darum herumgekommen, den Grand Canyon anzusehen; ich bin um die Painted Desert herumgekommen, meiner Kinderfrau ist es nicht gelungen, mich zum Niagara zu schleppen. Bei allem Respekt vor Alexander von Humboldt, ich werde nicht von diesem Vehikel heruntersteigen, um einen Baum anzuschauen, und wenn er noch so interessant ist.«

»Das musst du auch nicht«, sagte ich; »du kannst ihn von hier sehen. Dieser Wald über uns, das ist er.«

Es war ein bemerkenswertes Ungetüm, eine Art Zypresse, groß wie ein Haus und hoch wie ein Baum.

»Du großer Gott«, sagte E., »dreitausendjahre in Oaxaca.«

Als Cortés damals ankam, war die Stadt, die heute die Hauptstadt von Oaxaca ist, kein Tenochtitlán. Es gab keine wohlgeordnete Zivilisation zu zerstören, nur ein indianisches Fort zu erobern. Die Spanier kämpften sich den Weg zum Isthmus frei; in späteren Jahren sandte Cortés Statthalter, Verstärkungen, kam selbst zurück. Die Kämpfe mit den Zapoteken waren so schwer, wie die gegen die Azteken gewesen waren. Als sie zu Ende waren, trafen Beamte, Klosterbrüder, ein Bischof ein und begaben sich ans Werk, den Ort wohnlicher zu gestalten. Karl V. machte Cortés zum Marqués del Valle de Oaxaca. Heute ist die Stadt recht hübsch. Die Häuser, wegen der Erdbebengefahr einstöckig, haben bäurische Renaissancefassaden und sind aus rauen, grünlichen Quadern gebaut, die in der Gegend gebrochen werden. Die Plaza liegt in sonnengesprenkeltem Schatten. Samstags breitet sich in jeder Straße ein Markt aus; es gibt eine Herberge eigens für Esel und eine Barockkirche, deren Inneres von den Nischen bis zum Gewölbe prächtig-grotesk mit Heiligen und Engeln in Gold und bemaltem Hochreliefbedeckt ist.

Juárez stammte aus Oaxaca, ein Umstand, dessen eine Bronzestatue des Reformers gedenkt; eine zerbrochene Krone zu Füßen, steht er auf einem Betonpostament in einem verwilderten öffentlichen Garten.

Vor der Bodenreform wurde in der Umgebung Kaffee angebaut. Nun, da die *fincas* aufgeteilt sind, schießen die Büsche in Samen. Kaffeeanbau ist eine ganzjährige Arbeit, nicht einfach eine Haushaltsernte. Man könnte die mangelnde Profitgier der gegenwärtigen Eigentümer bewundern, unsichere Profite im übrigen: Ein einziger Regenfall in der Zeit zum Trocknen, eine spekulative Baissebewegung an der New Yorker Produktenbörse, und schon sind die Mühen eines ganzen Jahres umsonst gewesen, aber die Mexikaner in den Städten sind nicht davon begeistert, ihren Kaffee zum dreifachen Preis aus Zentralamerika beziehen zu müssen.

Ich machte einen Morgenspaziergang. Der Morgen ist in Mexiko immer heiter. Die junge blaue Luft schwebt leicht über dem dürren Land, und man treibt mit dem empyreischen Ballon dahin. Es ist die Stimmung der Skizzen, die

H. Lawrence hier schrieb, aber es ist nicht der dominierende Ton von Oaxaca. Es scheint eine merkwürdige Verkehrung, dass Lawrence die schrille, unheilschwangere *Plumed Serpent* am Chapalasee schrieb und durch die Landschaft von Oaxaca wanderte, mit den Indios lachte, die ihre Hunde riefen, und hier die *Mornings in Mexiko* verfasste, eines seiner wenigen zufriedenen Bücher. Lawrence hielt sich in den frühen Zwanzigerjahren in Chapala auf, damals, als die Christero-Rey-Banditen in Mrs. Rawlstons Garten hineinschossen; er soll sich sehr über eine besonders scheußliche Mordtat in der Nähe seines Wohnsitzes erregt haben, und aus seinen Briefen lässt sich entnehmen, dass er das Leben in Mexiko schon allmählich satt bekam. In Oaxaca, im Jahr davor, war alles noch neu und glänzend. Lawrence dachte immer in Extremen. Schicht um Schicht blickte er in Tiere, Menschen und Orte, doch oft ohne Zusammenhang. Wenn man ihn liest, hat man das Gefühl, als folge man jemandem, der sich tiefer und tiefer in einen Tunnel des Verstehens schreibt, einer Art Erleuchtung nahe kommt, sich aber erschöpft zurückzieht und einen anderen Einstieg versucht. Doch er drang in große Tiefen vor. Manches von dem, was er über Mexiko schrieb, ist verblüffend; gewisse Passagen, etwa wenn er immer wieder darauf zurückkommt, dass die aztekische Muttergottes ein schwarzes Obsidianmesser sei, oder wenn er in der *Plumed Serpent* von Amerika als dem »toten Kontinent« spricht, füllen sich erst hier mit Bedeutung, wenn man dem Land gegenübersteht, und treffen mit ihrer präzisen Beobachtung – ebenso wie vieles andere, was er schrieb, erst einzuleuchten scheint, wenn man es in England liest. Lawrence war sich der beiden wechselnden Grundstimmungen Mexikos bewusst: Allegro und Panik.

In Mexiko-City war es mir gelungen, mir endlich das Werk eines Schriftstellers ganz anderer Art zu beschaffen. Ich hatte mir aus einer Bibliothek ein Exemplar von Charles Macomb Flandraus *Viva Mexico!* leihen können, das bezauberndste Buch über Mexiko, dazu auch noch ungemein komisch. Flandrau war ein Junggeselle aus Boston, der die letzten Jahre seines Lebens in Frankreich verbrachte. Er hatte in Harvard studiert und schrieb außerdem noch zwei oder drei schmale Bände. 1906 ging er nach Mexiko, um seinem

Bruder Gesellschaft zu leisten, der versuchte, auf einem Südosthang Kaffee anzubauen. *Viva Mexico*! ist heute nicht leicht aufzutreiben, besonders in Europa. (Ich wollte, es würde wieder aufgelegt; ich wollte, ich besäße ein Exemplar.)

Dieses Buch las ich während der Abende in Oaxaca E. bei schlechtem Licht vor. Ich habe mir einen Abschnitt – hoffentlich akkurat – abgeschrieben, den ich zitieren möchte, weil er von beidem ein Bild vermittelt, von der Seelenruhe des Autors und der Atmosphäre dieser mexikanischen Landschaft:

»Ich erinnerte mich an einen Abend vor vielen Jahren auf der Kaffeepflanzung meines Bruders – sechzig Meilen vom nächsten nennenswerten Ort entfernt. Da wir im Winter waren, also in der ›Trockenzeit‹, hatte es, mit ein paar kurzen Unterbrechungen, seit vierundzwanzig Tagen geregnet. Weil der Fluss angeschwollen und keine Furt passierbar war, hatten wir seit Tagen niemanden zum Dorf – wohin man in einer Stunde ritt – schicken können, um Lebensmittel zu holen. Fleisch hatten wir natürlich nicht. Wenn man in einem tropischen Land, wo es kein Eis gibt, nicht täglich frisches Fleisch bekommen kann, dann hat man überhaupt keines. Die Kartoffeln waren uns ausgegangen, das Brot war uns ausgegangen, das Mehl war uns ausgegangen … So bestand unser Abendessen aus einer Dose Sardinen, etwas grünem Chili und einem Stapel Tortillas, die nicht schlecht schmecken, wenn sie dünn geklopft und knusprig geröstet sind. Vermutlich weil vierzigtausend Pfund ausgezeichneten Kaffees in Säcken auf der Piazza aufgestapelt waren, spülten wir dieses opulente Mahl mit langen Zügen von Sir Thomas Liptons mäßigem Tee hinunter. Der Abend war kalt – so bitterkalt, wie er nur in einem völlig tropischen Land sein kann, wenn die Temperatur auf sechs Grad Celsius sinkt und ein heulender Wind den Regen durch die Ritzen zwischen den Dachziegeln treibt. Auch das Petroleum war uns ausgegangen, und die Flammen der Kerzen auf dem Abendbrottisch waren zumeist blau und waagrecht. Aber irgendwie war es ein sehr vergnügliches Mahl, und wir unterhielten uns die ganze Zeit. Ich erinnere mich, wie mein Bruder Concha, die Köchin, herbeizitierte und sie höflich auf den Umstand hinwies, dass sie offensichtlich die Teekanne auf den ungefliesten Küchenboden hatte fallen lassen – dass die Tülle mit Schmutz verstopft war und dass sie nichts durchlassen wollte –, und wie er sie ein zweites Mal kommen ließ, um ihr zu erklären, dass der Chili zweifellos den drei Wespen, die er eben herausgefischt hatte, sein ungewöhnlich köstliches Aroma zu verdanken habe. Wir hatten kaum etwas zu essen, aber gesellschaftlich war unser Diner ein großer Erfolg. Danach gingen wir beide unverzüglich zu Bett – jeder mit einer Lesekerze, einem Buch und einer Wärmflasche. Nach einer halbstündigen Stille rief mein Bruder unvermittelt: ›Was für sympathischen Leuten man doch an den merkwürdigsten, entlegensten Orten begegnet!‹

›Wen um alles in der Welt meinst du denn jetzt?‹ erkundigte ich mich.

›Nun, ich hab uns gemeint!‹ erwiderte er ruhig und widmete sich wieder seinem Buch.

Vielleicht waren wir einander eine angenehme Gesellschaft gewesen. Jedenfalls befanden wir uns an einem merkwürdigen, entlegenen Ort, sofern irgendein Ort merkwürdig und entlegen ist, was ich allmählich doch recht bezweifle. Ich habe mich seitdem oft an diesen Abend erinnert – wie, gerade ehe es dunkel wurde, die zerfetzten Bananenbäume sich im Wind krümmten gleich riesigen Algen und der kalte Regen in anmutigen, kristallklaren Bächen aus den Dachtraufen rauschte. Hier und dort warf das Feuer unter einem Kohlenbecken in der Bambushütte eines Arbeiters seinen flackernden Schein durch die Kaffeesträucher. Auf der Piazza hatten die müden Indios, in ihren dünnen Baumwollgewändern zitternd, sich mit Matten und leeren Kaffeesäcken zugedeckt und versuchten zu schlafen. Unter der Küchentür improvisierte ein uralter Mann mit weißem Bart Gedichte – manchmal sentimental, manchmal heroisch, manchmal obszön –, und hingerissen lauschte ihm eine kauernde Zuhörerschaft, von der man nur große Hüte, rote Decken und wunderschöne Augen sah. Abseits von dieser Gruppe brachte Saturnino in den gefühlsvollsten Mollsynkopen eine *jarana* zum Schluchzen.

Während des Abendessens diskutierten wir unter anderem über Tolstois *Krieg und Frieden*, das wir eben zu Ende gelesen hatten, und wir waren uns einig, dass es der größte Roman sei, den wir je gelesen hatten oder noch lesen würden (eine Meinung, die ich noch immer hege); nicht einig waren wir uns über Tolstois so bezeichnend apodiktische Bemerkungen zum Thema Prädestination und Willensfreiheit. Da keiner von uns Philosophie studiert hatte, verfugten wir nicht über die Fachterminologie – den Spezialjargon, der eine philosophische Diskussion so tiefgründig klingen lässt –, und unsere Versuche, uns in der Umgangssprache auszudrücken, waren manchmal ziemlich pikant. Wir waren mitten in diesem Gespräch, als eine Tarantel übers Tischtuch huschte; ich zerquetschte sie mit einem Kerzenleuchter, gerade als sie über den Tischrand verschwinden wollte. Natürlich disputierten wir darüber, ob Gott bei der ursprünglichen Konzeption des Universums den Lebensweg der Tarantel in Relation zu dem des Leuchters und zum meinigen entworfen habe oder nicht, und ja, wenn ich so zurückdenke, bin ich doch überzeugt, dass wir beide sehr sympathische Leute waren.«

Siebtes Kapitel

Puebla: Ein General und ein Schiff

… Mexikaner haben ein natürliches Talent dafür, Worte auf eine blitzende Kette aus Achselzucken und Lächeln zu fädeln – einem einen Rosenkranz aus Worten zu schenken, und später stellt man fest, dass man ihn nicht beten kann.

Charles Macomb Flandrau

Es ist ein Satz der geografischen Logik Mexikos, dass der kürzeste Weg zwischen zwei Punkten über einen entfernten dritten fuhrt. Tatsächlich sogar der einzige Weg. Wenn man von einem Ort zu einem anderen will, geht es nur über einen dritten, und wir hatten gelernt, dass der Versuch, dies als irrig beweisen zu wollen, Narretei ist. In England gilt für Querverbindungen auf dem Lande in etwa das gleiche Prinzip, aber die Größenordnung der Entfernungen ist nicht die gleiche. Wieder einmal ist ein gradueller Unterschied ein wesentlicher Unterschied.

In diesem Stadium wären wir gerne nach Yucatán weitergereist, von Oaxaca aus eine Sache von nur sechs- oder siebenhundert Meilen durch die Sümpfe von Chiapas und die Dschungelwälder von Campeche, aber es schien nicht möglich. Es gibt keine Straße, und es gibt keine Bahnlinie. Wie die Indios so gern sagen, es ließ »sich nicht richten«. Wenn wir zu den Ruinen von Uxmal und Chichén-Itzá wollten, müssten wir die entgegengesetzte Richtung einschlagen und entweder in Mexiko-City ein Flugzeug oder in Vera Cruz ein Schiff nehmen. Und in jedem der beiden Falle müssten wir zuerst nach Puebla fahren.

Es war eine mühselige Reise. Wieder zurück – morgen und morgen und wieder morgen – über all diese Berge. Die Autobusse im Süden sind ganz und gar nicht bequem. Alle neun Stunden etwa hielten wir unterwegs an, um irgendetwas zu essen: kleine Teller mit Eiern und in Schmalz gebratenem Chili, irdene Becher mit Ziegenmilch und gezuckertem Kaffee, vor einer Hütte in einer Reihe aufgestellt. Es gab keine Gabeln und Messer, keine Löffel; und es gab auch kein Brot. Die Mitreisenden hatten ihre eigenen Tortillas mitgebracht. Ein Mann schenkte uns ein paar von seinen. Das war der einzige menschliche Augenblick dieser Fahrt, und es war unschön von uns, zu bemerken, traurig, uns daran zu stoßen, dass er die Tortillas aus dem Hemd gezogen hatte. Die Hygiene hat eine größere Kluft zwischen den Menschen aufgerissen als alle Klassenunterschiede. Während der ganzen Fahrt las E. in einem Buch. Ich kann mir heute nicht mehr vorstellen, wie sie das fertiggebracht hat. Ich weiß nicht, wie sie es überhaupt ertragen konnte, wie wir beide es ertragen konnten. Sollten wir es auf ein hohes Alter bringen, werden wir uns von den Tausenden und Abertausenden von Meilen erzählen, die wir in Autobussen zweiter Klasse durch Mittage und Abenddämmerungen über das mexikanische Land geschaukelt sind, und wir werden es für unfassbar halten – *Ah, que le monde est grand à la clarté des lampes.* Damals waren wir einfach abgehärtet.

Gleichwohl nahmen wir in Puebla ein Taxi und ließen uns zum besten Hotel fahren. Wir fanden es vom Salon bis zu den Schlafzimmerfluren mit echten Louis-Philippe-Kommoden und -Spiegeln vollgestopft. Die Franzosen sind lange hier gewesen. Wie Guadalajara *fait ville,* so auch Puebla – was für wenige Städte in Mexiko gilt –, und wie Guadalajara hat es seinen Charakter bewahrt.

Es gibt eine Schiffsagentur. »*Servidor*«, sagte das Personal, »wir stehen Euer Gnaden zu Diensten.«

Aber sie wussten nicht viel über Schiffsverbindungen mit Yucatán, außer dass sie nicht immer regelmäßig seien. »Sie werden zweifellos in Vera Cruz Genaueres erfahren.«

»Zweifellos. Nur wollen wir nicht nach Vera Cmz fahren, wenn wir nicht sicher sind, dass von dort ein Schiff abgeht.«

»So ist es. Wenn Sie ein Schiff nehmen wollen, dann in Vera Cruz.«

»Falls ein Schiff geht.«

»Das werden Sie in Vera Cruz erfahren.«

Leider aber stand Vera Cruz bei E. nicht in hohem Ansehen.

»Zweimal«, sagte sie, »habe ich mich in ein Pazifikparadies schleppen lassen; ein drittes Mal kriegst du mich diese Sierra *nicht* hinunter.«

»Vera Cmz liegt am Atlantik«, sagte ich, »und dass es ein Paradies ist, hat noch keiner behauptet.«

»Na bitte«, sagte E.

Was aus anderen Quellen über die Beschaffenheit dieser so schwer fassbaren Fahrzeuge verlautete, war nicht ermutigend. Eine recht exzentrische Eigentümlichkeit bestand darin, dass man seinen eigenen Reiseproviant mitzubringen hatte. Ich lese gerne alte Schiffsspeisekarten und war enttäuscht.

Unser Hauptinformant war ein pensionierter General, ein Mestize, der zwar nicht in unserem Hotel wohnte, aber seine Vormittage dort verbrachte.

»Guten Morgen, General.«

»Guten Morgen, gnädige Frau. Ich küsse Ihre Füße. Wie geht es Ihnen?«

»Danke, sehr gut. Und wie fühlen Sie sich?«

»*Ihnen* sehr ergeben. Und Ihnen, gnädige Frau, geht es Ihnen gut?«

»Was für ein herrlicher Tag, nicht wahr?«

»Er ist Ihrer nicht würdig.«

»Bin so froh, dass sich dieser grässliche Wind gelegt hat. Haben Sie ihn oft?«

»Nicht, solange Sie beide diese unwürdige Stadt mit Ihrer erhabenen Gegenwart beehren.«

»Sogar die Elemente sind in Mexiko rücksichtsvoll«, sagte E.

Der General verbeugte sich.

»Wie viel Tonnen, sagten Sie, hat dieser Frachter, der nach Progreso geht?« fragte ich.

»Ihre Zahl lässt sich nicht mit Ihren Vorzügen vergleichen.«

»Falls er wirklich hinfährt ...«

»Ah«, sagte der General. Nun, da die höfliche Einleitung seines Morgenbesuchs vorüber war, ging er zu umständlichen Schilderungen von verrosteten Schiffsrümpfen, schadhaften Maschinen und betrunkenen Kapitänen über.

»Betrunken?« sagte E. »Das ist schlecht. Bei unserer Marine gibt's nichts zu trinken.«

»Schlimmer als betrunken«, sagte der General. »Verräter. Dieser Kapitän konspiriert mit der Regierung in Mexiko. Auf der nächsten Fahrt wird es eine Meuterei geben. Der Erste Offizier ist ein einflussreicher Jesuit.«

Der General hatte, wie viele seiner Standesgenossen, Grund zur Unzufriedenheit mit der Regierung. Sie hatte ihm die Pension halbiert. Nicht, erklärte er, dass man von einem General, der auf sich hält, erwarten würde, dass er von seiner Pension lebe, oder dass die Pension oft gezahlt worden wäre, aber es sei eine Sache des Prinzips.

»Ich bekam diese Annuität zugesprochen, nachdem ich die Ehre hatte, Präsident Calles meine bescheidenen Dienste zur Verfügung zu stellen«, sagte er. »Und jetzt schreiben mir diese Verräter in Mexiko, dass sie sie gekürzt haben. Wenn ich einen triftigen Grund dagegen vorzubringen hätte, solle ich ihn schriftlich Vorbringen. Sie erwarten von mir, dass ich ihnen schreibe! Eine solche Unverschämtheit! Als ich jung war, hat kein Offizier an eine Regierung *geschrieben.* Wir sind gegen sie marschiert. Ah, die Zeiten sind nicht mehr das, was sie waren, und ich auch nicht mehr, sonst würde ich's ihnen zeigen. Feder und Tinte, wahrhaftig! Kugeln, das ist's, was sie brauchen. Ich sag Ihnen, was heutzutage verkehrt ist – die modernen Waffen. Einfach zu kostspielig für arme Teufel wie mich. Diese Burschen in Mexiko verwenden jetzt

Maschinengewehre, aus Flugzeugen sogar, soviel ich weiß. Eine Regierung findet immer Mittel und Wege, ein bisschen Bargeld in die Finger zu bekommen. Meine Leute hatten ihre Messer, und zu meiner Zeit hat sich unsereiner glücklich geschätzt, wenn er ein Dutzend Gewehre pro Kompanie hatte. Manche waren ganz geschickt im Fabrizieren von Bomben … ich selbst hab nie viel davon gehalten. Weiberkram, unsoldatisch, wenn Sie verstehen, was ich meine. *Natürlich*, als ich die Ehre hatte, General Villa …«

In der Schiffsagentur waren die Leute so freundlich, dass ich immer wieder hinging, in der Hoffnung, es würde sich vielleicht doch etwas ergeben. Sie wurden es leid, mich enttäuschen zu müssen, und ich sah es ihnen am Gesicht an, dass sie bald etwas präsentieren würden. Inzwischen durchstreiften wir die Stadt. Puebla wurde vor vierhundert Jahren nach einem Prinzip angelegt, das auch für moderne amerikanische Großstädte gilt: schnurgerade Straßen, die sich im

rechten Winkel schneiden, soundso viele Häuser in einem Block, soundso viele Wohnungen in einem Haus. Dieses nüchterne Konzept wird durch äußerste Farbfreudigkeit in allem anderen ausgeglichen. Das Innere der Kirchen ist ein feuriger Dschungel aus Gold und exotischen Statuen, und sämtliche Fassaden strahlen im Farbenglanz der *mudejar*-Fliesen jeglicher Stilperiode und Form, während die Simse und Fenstereinfassungen nicht eben zurückhaltend mit weißem Stuck verziert sind. Manche der Fliesen sind hübsch, kleine, einfache goldene Ringe auf Azur oder Tiefrot; andere sind scheußlich. Insgesamt nach modernem Geschmack eher kunstgewerblich, aber niedlich ausgeführt und im ersten Augenblick ganz reizvoll anzusehen. Die Kacheln sind nicht durchgehend wie in Moscheen und Bädern, sondern in einzelnen Flächen von wechselnden Proportionen in eine Fassade aus Ziegelstein eingesetzt, und das gleicht ihre Wirkung wieder aus. Zwar ist nicht viel Ziegelstein zu sehen, aber hier und dort gewährt ein Sockel oder eine Einfassung dem Auge einen Ruhe- und Anhaltspunkt.

E. stolzierte an allem vorüber, so wie Doktor Johnson auf den Hebriden umherstolziert sein muss.

Ich beging den Fehler, sie zum »Geheimen Kloster« mitzunehmen. Ich wusste es in derselben Minute, als wir drinnen waren und der Fremdenführer gegen die Wandverkleidung klopfte und uns aufforderte, durch die Öffnung in dem drehbaren Kaminsockel zu kriechen.

Das »Geheime Kloster« Santa Monica scheint eine seriöse historische Tatsache zu sein. Es wurde 1857 durch die Reformgesetze aufgehoben; das Gebäude wurde für weltliche Wohnzwecke verkauft, und man glaubte, die Nonnen seien längst ins bürgerliche Leben zurückgekehrt. 1935, als nach dem Abschluss eines Konkordats der christliche Kult wieder in der Öffentlichkeit praktiziert wurde, stellte man fest, dass man sich getäuscht hatte. Das Kloster war in den Untergrund gegangen, buchstäblich in die Mauern und Wandschränke eines Häuserblocks mitten in Puebla, und hatte achtundsiebzig Jahre lang als eine religiöse Gemeinschaft funktioniert. Während all dieser Jahre kamen die Nonnen, die einem geschlossenen Orden angehörten, niemals in die Öffentlichkeit. Einige Familien der Stadt waren eingeweiht, und sie halfen den Nonnen, den Priester ein- und auszulassen und ihre Toten zu bestatten, vertuschten auffällige Mengen von Asche, Rauch und Abfall und schirmten sie gegen die Entdeckung durch neugierige Mieter ab. Sie versorgten sie mit Nahrung und – so unglaublich es klingt – auch mit Novizen. Tatsächlich war, als die Klostergemeinschaft nach einem dreiviertel Jahrhundert aus dem Versteck auftauchte, die Zahl ihrer faktischen und geweihten Glieder von fünfzig auf etwa achtzig angestiegen. Es gab Denunziationen; die betreffenden Häuser wurden oft von der Polizei durchsucht. Doch niemals wurde etwas entdeckt. Ließen sich die Polizisten von der unechten Wandverkleidung täuschen? Die Familien, die in den verdächtigen Teilen dieser Häuser wohnten, waren reputierlich und sonderten sich nicht ab. Mag sein, es hat Bestechungen gegeben; vielleicht war es aber auch einfach so, dass die durchsuchenden Beamten ihre Aufgabe nicht ganz ernst nahmen – sie hätten nur allzu rasch den Priester im hohlen Kamin entdecken können, aber die Beamtenseele scheute zurück, wenn es galt, nach fünfzig Frauen zu fahnden, die angeblich seit vierzig Jahren in nicht registrierten Winkeln lebten, wie sie sich möglicherweise auch in den Häusern des Direktors der Inter-Ozeanischen Eisenbahn und des Präsidenten der Nationalen Kreditbank von Puebla fanden. Mit ein bisschen Kaltblütigkeit hätte man den Polizeiinspektor und seine gestiefelten Trampel, wenn sie in das Familienfrühstück hineinplatzten, durchaus der Lächerlichkeit preisgeben können.

Im 20 Jahrhundert verstummten die Gerüchte, und so kam vor fünfzehn Jahren die Entdeckung, dass in Puebla ein Kloster bestand, für die Einwohnerschaft als ein schwerer Schock.

Auf diesem Schauplatz unfassbarer menschlicher Glaubensstärke – gewiss ein abstraktes und entlegenes Thema – werden heute gaffende Touristen und sabbernde Dorfweiber dazu gebracht, auf Händen und Knien durch Konsolen mit doppeltem Boden und fingierte Bücherregale in eine Art Katakombe zu kriechen, wo sie über eingemauerte Skelette und einen Trickaltar flennen und kichern. Dieses entwürdigende Schmierentheater nennt sich »Religiöses Museum«.

Selbst bei bestem Willen wäre es für jemandem von E.s Größe schwierig gewesen, sich durch diese Öffnungen zu zwängen, und E. war überhaupt nicht guten Willens. Von den anderen Besuchern vorwärts gedrängt, waren wir bis zu einer Art von Betonfass gekommen, der »Geheimkapelle«; der Führer hatte seine Zusammenfassung beendet und sammelte nun die Gemeindemitglieder um sich, die sich einer um den anderen durch das Gitter des Beichtstuhls winden sollten. Er sah E. an und erkannte die physischen, wenn nicht noch andere Schwierigkeiten.

»Wenn Sie sich bücken wollen, mit Verlaub. Ich werde Euer Exzellenz schieben.«

E. bückte sich nicht.

»Geben Sie mir Ihre Hand«, sagte eine Frau. »Ich werde die Ehre haben, Ihnen voranzukriechen, dann werde ich ziehen.«

»Es muss doch einen anderen Weg hinaus geben«, sagte E.

Es gab einen. Man war genötigt, ihn für sie zu öffnen. Ich benutzte ihn ebenfalls. Nur war es nicht der Ausgang, sondern der Weg ins »geheime Refektorium«, und alsbald erschien auch die Gruppe – mit dem Kopf voran wanden sich die Teilnehmer durch ein Loch unter einer Wandtäfelung herein. Als die Gruppe vollständig war, sagte der Führer sein Sprüchlein auf, die Frauen betasteten und küssten alles, dann drückte er auf einen Knopf: Unter einem Betstuhl klappte eine Falltür auf, die Gruppe tauchte hinab. E. wartete. Man schloss die Tapetentür für sie auf Sie führte in die Zelle der Mutter Oberin. Und so ging es weiter. Eine Stunde und zwanzig Minuten lang, von geheimer Zelle zu geheimem Empfangszimmer, von der Sakristei zum Einkleidungsraum, durch eine verborgene Tür von einem bedrückenden Steinkämmerchen ins nächste geschoben, dann wieder auf die Gruppe wartend, die – mühsam auf dem Bauch kriechend – aufschloß, bis wir schließlich allesamt durch einen großen versenkbaren Wandspiegel wieder in das Wohnzimmer gelangten, von wo wir aufgebrochen waren. E. fühlte sich entwürdigt, der Führer gedemütigt, die Touristen geprellt; die frommen Weiber wisperten: *hereticas.*

»Oh, S.«, sagte E., »die Sehenswürdigkeiten sind noch schlimmer als die Fahrten.«

Nach diesem Erlebnis fuhr ich für den Rest des Tages nach Cholula. Allein. Cholula ist ein Denkmal menschlicher Gründlichkeit. Es war die allgemeine Politik der Spanier, in einem eroberten Gebiet jeden einheimischen Tempel niederzureißen und an seiner Stelle eine christliche Kirche zu erbauen. Nur war Cholula damals nicht nur eine blühende Stadt, es war auch so etwas wie das Rom der Azteken. Quetzalcoatl hatte während seiner Erdentage jahrzehntelang in Cholula gelehrt. Nach seinem Hingang bauten seine Jünger die Große Pyramide. Außerdem bauten sie neun kleinere Pyramiden und ein paar Tempel auf jeden Platz, an jede Kreuzung, jede Straße. Die Spanier zählten sie, dreihundertfünfundsechzig an der Zahl. Sie rissen dreihundertvierundsechzig

Tempel ein und bauten dreihundertvierundsechzig Kirchen. Über der Großen Pyramide errichteten sie eine Basilika. Wohl mangelte es nicht an Willen und Arbeitskräften, aber dennoch dauerte es lange, bis die dreihundertvierundsechzig Kirchen fertig waren. Sie sehen denn auch wie annähernd gleiche Kopien der verschiedenen Kirchenbaustile aus, wie sie heutzutage in Rom zu finden sind. Und sie sind alles, was von Cholula geblieben ist. Die übrige Stadt ist bis auf etwa vierhundert Einwohner und ihre armseligen Hütten verschwunden. Die Azteken verarmten, aufjeden Fall ist die Bedeutung Cholulas mit den Tempeln dahingegangen. Die Spanier machten sich nichts daraus; statt dessen gründeten sie Puebla, ein paar Meilen weiter nördlich, wo die vorbestimmte Lage so vieler Kultstätten ihren Plänen weniger im Wege stand.

Heute gibt es nur eine einzige Gemeinde, aber die dreihundertfünfundsechzig Kirchen sind noch immer Kirchen, behalten ihre Weihe dadurch, dass in jeder von ihnen an einem Tag im Jahr die Messe gelesen wird. An den anderen Tagen treiben sich die vierhundert Cholulaner und ein paar Fromme aus der Umgebung darin herum. Sie fugen zu Reliquienkästchen und Dekor kultische Dinge hinzu, wie sie ihrer unorthodoxen Fantasie entspringen. Krötenähnliche Götter blähen in den Tabernakeln die Kupferbäuche, Engel tragen Federschmuck, und der heilige Antonius hat einen Hydrakopf Und so wurde schließlich doch die Absicht der Spanier zunichte gemacht.

Blickt man von der Spitze der Pyramidenbasilika auf die Stadt, sieht man ein höchst unwahrscheinliches Bild, geschrumpft an Größe, jedoch nicht im Umfang. Zwischen Kirche und Kirche nur Lücken, ländlich, völlig unbebaut, aber die Entfernung von einer Kirche in der Stadtmitte zu einer in den Vororten entspricht noch immer der Ausdehnung einer ganzen Stadt. Man stelle sich vor, man blickt vom Empire State Building auf Manhattan und stellt fest, dass nichts mehr steht bis auf sämtliche Drugstores, diese aber vortrefflich erhalten.

Die Schiffsagentur hatte ein Schiff für uns gefunden. Einen Frachter. Dreitausend Tonnen. Nun ja, vielleicht auch zweitausend. Ein sehr schöner Frachter. Mit Kapitän *und* Stewards. Kabinen? Ja, Kabinen. Und Duschbäder. Das Essen? O ja, reichlich zu essen. Es sei im übrigen ein französisches Schiff ein portugiesisches. Abfahrt *von* Vera Cruz. Direkt nach Yucatán? Nun, nicht ganz. Wohin denn sonst? Ein solch gutes Schiff verschwende seine Zeit nicht an Yucatán. *Wohin* es denn gehe? Nach Bordeaux. Bordeaux? Nach Bordeaux auf der anderen Seite des Meeres.

Es war eine Überlegung wert. Das Schiff lief in einem Monat aus. Es brauchte fünf Wochen, nein, sieben. Es war sehr billig. Wir besprachen uns. War es wirklich notwendig, über New York zurückzufahren? Wollten wir wirklich nach Uxmal fahren? Das Großartige an dem Schiff war, dass ich ohne viel Scherereien zwei kleine Esel mitnehmen könnte. Schon seit einiger Zeit wollte ich zwei junge mexikanische Esel kaufen, einen grauen und einen schwarzen, zu je fünfzehn Schilling. Wo sonst auf der Welt konnte man für diesen Pappenstiel zwei so bezaubernde und seidenmäulige Geschöpfe bekommen? Wenn sie älter werden, neigen sie dazu, verdrießlich zu werden und ein ruppiges Fell zu bekommen, bei mir würden sie gemütliche Jahre verleben. Ich wollte mich irgendwo sesshaft machen, sie würden mich zwingen, sofort ein passendes Heim auf dem Lande zu suchen. Sie würden einen guten Einfluss auf meine Wahl ausüben: ein ruhiges Zuhause, in einiger Entfernung von einem Markt … Ich dachte mir alles aus. Zuerst würde ich die Eselchen bei einer Freundin lassen, die in der Normandie ein kleines Landhaus besaß – ich könnte ihr eines schenken, ich könnte ein drittes mitnehmen –, und Madame Guerinier, die Bäuerin, die so gut mit Hunden umzugehen verstand, könnte sich um sie kümmern. Sie hatte noch nie einen Esel gesehen. E. würde ich in ein Flugzeug setzen, das sie in ihr Heimatland brachte, noch ehe sie gelernt hatte, San Estebán Tlaquepaque auszusprechen …

»Und wie gedenkst du diese Tiere von Bordeaux in die Normandie zu schaffen?« fragte E.

Die Leute von der Schiffsagentur waren jetzt in Fahrt gekommen. Mit jedem Tag kamen neue, lauter großartige Einzelheiten über den begehrenswerten Frachter ans Licht.

»Bist du sicher, dass er überhaupt existiert?« fragte E. »Gibt es denn so etwas, einen Frachter von Vera Cruz nach Bordeaux?«

Ich erinnerte sie an eine gemeinsame Freundin, die tatsächlich auf etwas in der Art gereist war.

»Ja, aber Nancy zaubert Frachter aus dem Ärmel; sie steigen für sie aus dem Meer empor wie Prosperos Insel.«

Mittlerweile erfand der General, seiner düsteren Fabeln von Schiffskatastrophen und Sabotageakten müde, ein Passagierschiff nach Yucatán. Verbindung allwöchentlich, weibliche Stewards, eine Kapelle. Kabinen seien durch die freundliche Vermittlung eines Offizierskameraden zu bekommen, der uns in Vera Cruz zu Diensten stehe.

Drei Tage später erhielten wir zwei Telegramme, in denen uns Kabinen auf einem Schiff nach Bordeaux beziehungsweise Progreso angeboten wurden.

»Ich nehme an, man sollte ihnen irgendwann eine Antwort zukommen lassen«, sagte E.

»Es heißt umgehend.«

»Ja, ja. Man weiß, was das heißen soll. Irgendwann. Nun, gibt es denn keine deiner interessanten Kirchen, die man heute vormittag anschauen könnte?«

Dann kam ein Brief von Don Otavio, in dem er uns daran erinnerte, dass es nur noch vierzehn Tage bis Weihnachten seien und wir versprochen hätten, das Fest und den Winter in San Pedro zu verbringen. Er machte, auf fünf etwas komplizierten Seiten, einen Vorschlag: Da ich oft den Wunsch ausgedrückt hätte, in Mexiko selbst einen Wagen zu fahren, und eine Cousine von Doña Concepción, die in Mexiko-City lebe, mit ihrem nicht fahren könne, weil ihre Schwangerschaft schon zu weit fortgeschritten und ihr Mann der Ansicht sei, sie solle nicht ohne seine Begleitung mit der Bahn fahren, und ihr Chauffeur gesagt habe, dass er um nichts in der Welt ohne seinen Herrn eine solche Reise antreten werde, und

Doña Concepcións Cousine und ihr Mann gerne den Wagen in Chapala hätten, wo sie sich einige Zeit aufhalten wollten – würden wir, könnten wir, möchten wir diese sehr ungewöhnliche Idee, dass wir beide selbst mit diesem Wagen von Mexiko-City nach Guadalajara fuhren, nicht als Zumutung betrachten und in Erwägung ziehen? Der Wagen sei nicht gänzlich unbequem, und Doña Concepcións Cousine würde uns natürlich einen *mozo* und eine Zofe zur Verfügung stellen.

Zwei Nachträge waren angefügt. Der eine lautete:

»Ich hoffe, Sie beabsichtigen nicht, vor Januar nach Yucatán zu fahren. Kaiserin Carlota, die Arme, reiste in der heißen Jahreszeit hin und hat sich nie mehr davon erholt. Wenn Sie unbedingt dorthin wollen, können Sie von Guadalajara nach Merida fliegen.«

Der andere:

»Jaimes Kinder werden zur Noche Buena hier sein, wir werden Spanferkel und neun posadas haben.

q.D.g.«

»Don Otavio ist ein sehr vernünftiger Mann«, sagte E. »Oh, guten Morgen, General. Wie kommt man aus Puebla weg?«

Aber der General war noch nicht soweit. »Guten Morgen, meine Damen«, sagte er mit würdevollem Vorwurf in der Stimme. »Ich küsse Ihre Füße. Wie haben Sie die Nacht verbracht?«

»Sehr gut, danke. Und wie fühlen Sie sich?«

»Ihnen sehr ergeben«, sagte der General.

Achtes Kapitel

Tuscueca: Die letzte Reise

Corydon, marche devant,
Scache où le bon vin se vend,
Fay refraischir la bouteille …
Achète des abricôts,
Des pompons, des artichôts
Des fraises, et de la crême:
Cherche une ombrageuse treille
Pour souz elle me coucher …

Wieder einmal standen wir vor Sonnenaufgang auf. Wieder einmal stolperten wir durch stockfinstere Straßen hinter einem trabenden *cargador* drein. Puebla ist erst ab neun Uhr morgens eine Stadt.

»Können Sie morgen früh um halb fünf etwas Tee auf Nummer 9 und 11 hinaufschicken?«

»Nicht um diese Zeit, Señora.«

»Schön, dann lassen Sie uns einfach wecken.«

»Nicht um diese Zeit.«

»Können wir ein Taxi bekommen?«

»Nein, Señora.«

»Und was tut man mit seinem Gepäck?«

»Das wird ein Träger tragen.«

»Wie besorgt man sich aber einen um diese Zeit?«

»Man besorgt ihn sich jetzt, Señora. Wir werden einen holen.

Er wird draußen vor dem Hotel schlafen, und morgen früh müssen Sie ihn von Ihrem Fenster aus rufen.«

So weckten wir denn zuerst uns selbst und dann den Träger. Puebla liegt in der *Terra Fria,* und es war bitterkalt.

»Der Wind von Vera Cruz«, sagte E. »Er muss über unsere Abreise falsch informiert sein.«

An der Bushaltestelle war zwar kein Autobus, aber ein unternehmungslustiger Mensch hatte ein Feuer angezündet und verkaufte kellenweise kochenden Kaffee, fünf Centavos ein Schöpflöffel voll. Dann wurden uns die Schuhe geputzt. Es war ein eigenartiges Gefühl, da man nicht sah, wer einem da eigentlich auf dem Trottoir an den Füßen herumwienerte. Dann tauchte jemand mit einem Tablett voll hart gekochter Eier auf. Die Bettler waren in einer solch rauhen Nacht nicht so früh auf den Beinen, obwohl sie sich nach und nach einfanden und sich dadurch zu erkennen gaben, dass sie einen an den Kleidern zupften. Dann kam der Bus: hell erleuchtet wie eine Bude auf einem Rummelplatz. Aus irgendeinem Grand war er abgeschlossen und blieb es auch noch einige Zeit.

Die Kälte war teuflisch. Ich hatte keinen Mantel. Meine Wintersachen waren teils in San Pedro, teils hatte Anthony sie in die Staaten mitgenommen, aber das spielte keine große Rolle, denn dieser schneidende Wind wäre ohnehin durch alles gedrungen. Ich erinnere mich, dass ich weder Unbehagen noch Ungeduld empfand, alles kam einem ganz unwirklich vor, und ich hatte das Gefühl, dass dies meine letzte Reise von der Art sein würde.

Später sahen wir, wie die Sonne in den Himmel über dem Tal von Puebla sprang, mit jenem wilden Satz, der hierzulande als Sonnenaufgang gilt und uns aus einer Daumier-Welt von Mauern und Gestalten in dunklem Schatten in eine Landschaft reiner Linien versetzte: zart konturierte Hügel, ein Fluss, Scherenschnittformen von Vulkanen, blau und schneeweiß, die im Blickfeld unserer Fahrt vorüberzogen mit der festen und leichten Ordnung einer Scarlatti-Sonate.

... je veux
Imiter le Chinois au coeur limpide et fin
De qui l'extase pure est de peindre la fin
Sur ses tasses de neige à la lune ravie ...

Serein, je vais choisir un jeune paysage
Que je peindrais encore sur les tasses, distrait.
Une ligne d'azur mince et pâle serait
Un lac, parmi le ciel de porcelaine nue,

Un clair croissant perdu par une blanche nue
Trempe sa corne calme en la glace des eaux,
Non loin de trois grands cils d'émeraude, roseaux.

Auf dieser ganzen Fahrt wurden wir von vier Vulkanen verfolgt; wechselnden Monden gleich tauchten sie auf wie die Straße sich durch das Tal wand; einzeln, paarweise, alle vier zugleich, zu unserer Rechten, zur Linken, zurückweichend, vorwärtsjagend; plötzlich still vor einem, nahe und groß.

Wir hielten auf dreitausend Meter an, in eisigem Schatten, auf einer Höhe, die den Namen *Río Frío* trug. Dort war – wovon man in Acapulco im Wachen geträumt hatte – ein kaltes Büfett zu unserer Erfrischung angerichtet. Ich betrachtete die reiche Auswahl an Aspik. »Suppe gibt es wohl nicht?« fragte ich den Verkäufer.

»Nein, Señora.«

»Überhaupt nichts Warmes?«

»Nein, Señora.«

»Ist *alles* eisgekühlt?«

»Alles eisgekühlt. Es lässt sich richten.«

Wieder einmal verbrachten wir eine Woche in der Hauptstadt Mexiko-City – die Vormittage mit Spaziergängen unter sengender Sonne in den zerfallenden Vierteln hinter der Zocolá, die Nachmittage lesend in der frostigen Jesuitenkirche, die durch die Revolutionen zur Nationalbibliothek umgewandelt worden war.

Die Statuen des heiligen Ignacio und des heiligen Felipe de Jesús waren aus ihren Nischen gerissen und an ihrer Stelle Gipsbüsten von Spinoza, Cuvier und Descartes aufgestellt worden. Bücherregale hatten die Altäre abgelöst. Da die wohlhabenden Klassen keine öffentlichen Institutionen frequentieren und die anderen nicht lesen können, war dieser Ort der Gelehrsamkeit angenehm ruhig. Ich fror beinahe. Wir suchten den Patentanwalt, mit dem Don Luís die Sache mit unseren Papieren regelte, sowohl in seiner nagelneuen Kanzlei als auch im Ritz auf; das Mittagessen nahmen wir immer in einem von den C.s empfohlenen, mit Dozenten überfüllten kleinen Restaurant ein; es lag in der Nähe des früheren Sitzes der Inquisitionsbehörde, in dem sich heute die juristische Fakultät befindet. Wieder versuchte ich einen Blick in die Kathedrale zu werfen, wieder verlor ich den Mut, als ich versuchte, mich durch die fromme Menge zu drängen. In Madame de la Barcas Tagebuch findet sich eine Passage, die die schlichte, reine Wahrheit mit der Unbefangenheit des 19. Jahrhunderts konstatiert:

»Der Boden ist so schmutzig, dass man mit einem Gefühl des Abscheus niederkniet, innerlich entschlossen, hernach so rasch wie möglich einen Kleiderwechsel vorzunehmen. Darüber hinaus waren viele meiner indianischen Nachbarn mit einer Tätigkeit beschäftigt, die ich Ihrer Fantasie überlassen muss … Ich war nicht traurig, nach der Messe wieder an der frischen Luft zu sein, und habe inzwischen erfahren, dass, abgesehen von besonderen Anlässen, nur wenige Damen ihre Andacht in der Kathedrale verrichten.«

Und trotzdem war es wieder reizvoll, durch diese Gegenden zu spazieren; wie beim ersten Mal wurde ich von der Erregung gepackt, fesselten mich die Schreie auf der Straße, die wunderbar verwitterten *palacios.* Welch überlegene Bescheidenheit, all diese kunstvollen Fassaden mit dem einheimischen *tezontle* zu bauen, einem Stein, so weich, dass selbst die strengste klassizistische Steinmetzarbeit, die ausladendsten Barockreliefs verwischt sind, ehe das Jahrhundert um ist, welche Unbekümmertheit! Damit verglichen, wirkt der solide Erhaltungszustand des Palazzo Strozzi geradezu vulgär.

Wir fuhren wieder zu den Pyramiden der Sonne und des Mondes hinaus. Nachdem man Oaxaca gesehen hat, kommen einem diese formidablen Tempel beinahe etwas romantisch vor. Wie waren diese Azteken wirklich? Zur Zeit der Herrlichkeit Tenochtitláns waren sie bereits ein Volk von Eroberern, das sich im schönsten und blühendsten Teil der ihm bekannten Welt niedergelassen hatte, mit all der Härte und all der Weichlichkeit, wie sie der gesicherten Herrschaft eigentümlich sind. Wir kennen ihre spröde Bildhauerkunst; wir wissen, was sie gegessen haben; wir wissen, dass sie Liebhaber der Gartenkunst waren, Bernsteinpulver mit ihrem Tabak vermischt rauchten, dass sie vielleicht ohne große Ungeduld den Weißen Messias erwarteten, der übers Meer kommen sollte. Die Briefe und Tagebücher der Konquistadoren (denen wir ironischerweise die Schilderung der lyrischen Schönheit der Stadt verdanken, die sie zerstörten) geben uns einen schwachen Begriff von der Grausamkeit der aztekischen Religion und unterstreichen die Kühnheit der Azteken in Philosophie und Wissenschaft, deren Daten sie, die Spanier, so angestrengt zu verbrennen und allgemein zu vertilgen suchten. Dennoch schrieb Gibbon, dass die einheimischen Kulturen des amerikanischen Kontinents durch die Konquistadoren »in eigenartiger Weise bereichert« worden seien. »Es gab Universitäten in Mexiko, aber sie beschränkten sich darauf die altersschwache scholastische Philosophie nachzubeten.«

Von Montezuma ist uns eine ziemlich melancholische Bemerkung bekannt. Cortés, der sich die aztekische Tradition des Weißen Messias etwas zunutze machte, hatte mit dem König ein theologisches Gespräch, in dessen Verlauf er versucht haben muss, den gemeinsamen Ursprung ihrer so verschiedenen Glaubensüberzeugungen zu bestimmen. Montezuma erwiderte milde, sie seien keine Einheimischen, sondern vor langer Zeit ins Land gekommen und daher durchaus bereit zu glauben, dass sie in der langen Zeit, seitdem sie ihre Heimat verlassen hätten, etwas vom wahren Glauben abgekommen seien.

Wir riefen bei Mrs. Rawlstons Tochter, Mrs. Waldheim, an, erfuhren aber, dass sie mit den Kindern bereits zum Chapalasee abgefahren sei. Mr. Waldheim war am Telefon und sagte uns, dass er am 24. mit einer Kiste Eierlikör und einer Wildschweinkeule hinfliegen wolle.

»Sie wird sich darüber freuen, die alte Dame? Glauben Sie? Ja? Sie kann das Wildschwein in dem neuen elektrischen Herd braten, den ich ihr schenke. Ist es nicht ein schöner Einfall für Weihnachten?«

Wir sagten, so sei es.

»Meine Schwiegermutter wird es zu würdigen wissen? Vielleicht lässt sie Willi und Hansi wieder auf die deutsche Schule gehen? Nun ja, wir werden Sie draußen sehen. Sie müssen uns besuchen und einen Eiergrog trinken. Fröhliche Weihnachten.«

Dann, eines schönen Morgens, um eine zivilisierte Stunde, machten wir uns auch auf den Weg. Der Wagen, der Reklame zufolge eines der besseren Fabrikate der amerikanischen Automobilindustrie, war keineswegs unbequem. Es war uns gelungen, die Zofe auszuschalten; im Falle des *mozo* waren alle hart geblieben. Er saß, einen großen Hut mit Kinnband auf dem Kopf, ein Taschentuch um den Mund gebunden, kerzengerade im Fond, für jede menschliche Annäherung unzugänglich. Zuerst versuchten wir mit ihm zu sprechen, dann machte er uns nervös, schließlich vergaßen wir, dass er da war. Am Himmel war kein Wölkchen, die Straße frei. Es war der dritte Monat der Trockenzeit, und die Farben der Erde und der Felder hatten sich in Sand- und Rehbraun und Terrakotta verwandelt; die Hügel, jetzt entblößt von der rousseauschen Üppigkeit des August, zeigten die Konturen italienischer Malerei. Manchmal wanderte ein schwarzes Schwein, glänzend wie ein Seehund, seelenruhig vor uns über den Weg. Ortschaften tauchten auf in die Ebene gebreitet, wie Lawrence es ausdrückte, als ob sie in einer Serviette hierhergetragen und ausgewickelt worden wären. Wir waren guter Dinge.

In Tuluca hielten wir im geschäftigen Treiben eines Mittagsmarktes an, um dem *mozo* Gelegenheit zu geben, sich etwas zu kaufen.

»*Tamales?* Heiße *tamales!* Möchten Sie nicht ein paar?«

»Schauen Sie, *quesadillas.* Hier werden *quesadillas* gebraten.«

Und da gibt es *empanadas*, frisch aus der Röhre.«

»Möchten Sie ein paar *enchiladas? Gorditas? Garbanzas? Chimole?* Oder wollen Sie etwas *guacamole?* Wollen Sie einen netten *requeson?* Wollen Sie ein paar Maiskuchen, Fischkuchen? Kuchen mit Käse? Mit Fleisch? Mit Honig? Mit Sauermilch?«

Er schüttelte den Kopf.

»Großer Gott«, sagte E., »was isst er denn eigentlich?«

Man hatte uns Instruktionen für die Behandlung des *mozo* gegeben. Er sollte auf oder neben dem Wagen schlafen, aber nicht im Wagen. Er sollte sich selbst sein Essen besorgen, wofür man ihm täglich einen Peso geben sollte. Man hatte uns eine Anzahl Pesos aufgenötigt, von denen ihm jeden Morgen ein einziger ausgehändigt werden sollte, weil der *mozo* andernfalls die ganze Summe sofort in Tequila und Orangeade umsetzen würde. Übermäßiger Genuss von beidem würde ihn melancholisch stimmen, und im Zustand der Melancholie sei er unzuverlässig.

Der *mozo* seinerseits verwahrte das Geld für Öl und Benzin. Man hatte den Gedanken weit von sich gewiesen, dass wir dafür selbst bezahlen könnten, und eine Abrechnung zwischen uns und den Verwandten von Doña Concepción, ausgenommen die einfache Rechenaufgabe der *mozo*-Pesos, für unschicklich erachtet. Der *mozo* werde sein Geld nach Gutdünken ausgeben, aber niemals das Geld seines Herrn oder eine Summe anrühren, die seine rechnerischen Fähigkeiten so weit überstieg. So war also uns das Geld für das Essen des *mozo* und dem *mozo* das Geld für unser Benzin anvertraut worden.

Das führte für alle zu Schwierigkeiten. Der *mozo* wollte nicht essen, und wir konnten kein Benzin finden. Soweit es Tankstellen gibt, in Toluca, in San Jose Purúa, waren sie geschlossen.

»No *hay.*«

»Aber warum?«

»No *hay*.«

Wir hatten einen Kanister Reservebenzin dabei. Ich machte mir keine weiteren Gedanken darüber.

Wir hatten vorgehabt, in San Jose – Lourdes und Kurbad für Rheumakranke zugleich – zu Mittag zu essen, fanden den Ort aber von den Leuten besetzt, die neuerdings Schuhe trugen. Eine Musikbox in einem scheußlichen neuen Etablissement spielte Tangos. So picknickten wir statt dessen in einem Maulbeerhain im Tal von Zitácuaro. Kaum hatten wir dem *mozo* den Rücken zugekehrt, knüpfte er das Taschentuch auf, das er sich um den Mund gebunden hatte, holte Tortillas und rote Paprikas heraus und begann zu essen.

Am Nachmittag ging es ziemlich bergauf. Dann senkte sich die Straße zu einer Region kleiner Seen. Sie war unbewohnt.

blickte von ihrem Buch hoch. »Weißt du, ich glaube, wir sind heute noch keinem einzigen Wagen auf dieser Straße begegnet. Vielleicht gibt es überhaupt kein Benzin.«

Dann kamen wir schließlich zu einem Dorf. Ich hielt an, um einige oberflächliche Erkundigungen einzuziehen, und während ich hielt, zwinkerte der *mozo* einmal kurz. Von einem Stand kam eine Frau mit einer Flasche Orangeade herbei. Eine weitere knappe Geste, und der *mozo* wurde mit einem Quantum Tequila und einer Prise Salz versorgt. Wieder band er das Taschentuch ab. Zuerst leckte er das Salz auf, dann goss er den Tequila hinunter, dann trank er langsam, doch in einem einzigen Zug, die Flasche Orangeade leer. Dann reichte er seinen Pesoschein hinaus und hielt die Hand flach ausgestreckt, bis er das Wechselgeld bekommen hatte.

Die nächste Ortschaft war groß, und die Einwohner hatten etwas von *gasolina* gehört. Es gebe welches ziemlich weit weg in der Nähe. Der *mozo* machte eine Auktionatorbewegung und wiederholte seine Vorstellung. Er hatte noch immer etwas von dem Wechselgeld.

»Besser nicht mehr halten«, sagte E.

»Viel besser.«

»Haben wir noch genug Benzin?«

»Ich denke schon.«

Wir hatten noch welches. Und so kamen wir wieder einmal bei Einbruch der Nacht in Morelia an. Es war ein warmer, trockener Sommerabend, und meine Gedanken beschäftigten sich hauptsächlich mit Benzin.

Irgendein innenpolitisches Gerangel war im Gange, und die Hälfte der motorisierten Bevölkerung der Republik, unterwegs, um im Westen von Zentralmexiko Weihnachten zu feiern, war in Morelia hängengeblieben. Wir fanden eine drei Tage alte Schlange wartender Autos vor, zwei Meilen lang Buick, Bus, Buick, Bus, von den Bohnenfeldern bis zur Tankstelle. Ich brachte E. und das Gepäck ins Hotel, fuhr zurück, stellte den Wagen ans Ende der Schlange und ließ ihn mit dem *mozo* allein, dessen Verwendungszweck ich nun allmählich verstand. Ich kehrte zu Fuß ins Hotel zurück.

Morelia war natürlich bis zum letzten Gitterbettchen voll von Fremden. Familien schliefen in Hotelfluren auf Strohsäcken. Die einzigen, die es bequem hatten, waren wir – Don Luís hatte in einem kleinen Hotel, das wir ein halbes Jahr zuvor übersehen hatten, Zimmer vorbestellt, und wir wurden zuvorkommend behandelt und bezahlten eher zu wenig – und eine Truppe von Schauspielern aus Kalifornien, die einige Wochen lang einen Film drehten und eine ganze Etage im Hotel »Virrey de Mendoza« besetzt hatten.

Ich sah die Stars in klingelnden mexikanischen Reitkostümen aus der Bar des Mendoza erscheinen. Eine Menge junger Burschen und Frauen lungerte vor dem Eingang umher.

»Un quinto! Por amor de Dios un quinto!«

Die Stars zückten Füllfederhalter.

»Por caridad de la Madre de Dios un QUINTO!«

Die Federhalter schwankten. Die ausgestreckten Hände waren leer. Zwei Gruppen verständnislos starrender Blicke trafen einander.

Die Menge floh. Die Stars sahen sehr verstimmt aus.

Am Vormittag des zweiten Tages war Benzin eingetroffen. Am Mittag erhielt der *WoteX-mozo* – auf welchem Wege, habe ich nie erfahren – eine Nachricht von unserem *mozo,* es sei an der Zeit, dass ich hinauskäme, um mit dem Wagen aufzuschließen. Dies tat ich dreimal an jenem Tag. Um die Teestunde war ich bis dorthin gekommen, wo die Stadt wirklich beginnt. Dann schloss die Tankstelle.

»Nun, Sie können nicht erwarten, dass sie Überstunden machen«, sagte der Hoteldirektor, »das war schließlich ein schwerer Tag für sie. Sie haben heute viel Geld eingenommen, ich würde mich nicht wundern, wenn sie für den Rest der Woche geschlossen hielten.«

Das taten sie jedoch nicht, und am nächsten Abend war das Benzin wieder zu Ende.

Der Wagen war inzwischen ziemlich weit in die Stadt vorgedrungen. Er stand in der Hauptstraße von Morelia – drinnen saß der *mozo,* mit Hut und allem Drum und Dran –, und der Anblick war nicht leicht zu übersehen. Jedes Mal, wenn ich ihn sah, saß er in der gleichen Stellung; ich fragte mich nicht erst lange, wo er eigentlich schlief Jeden Morgen brachte ich ihm einen Peso, aber er nährte sich weiterhin ausschließlich von einem Vorrat Tortillas und roter Paprikaschoten. Einmal brachte E. ihm eine Fleischpastete. Er schien sie nicht zu sehen. So deponierte E. sie denn auf dem Sitz neben den *mozo,* und als wir das nächste Mal wiederkamen, war die Fleischpastete verschwunden. Danach ließen wir Obst und Sandwichs im Wagen liegen. Manchmal verschwanden sie, manchmal auch nicht. Wir brachten ihm auch eine Tüte voll süßer Brötchen, sagten: »Zum Abendessen«, und entdeckten sie zwei Stunden später noch unberührt. Wir fanden heraus, dass er Esswaren nur nahm, wenn es sich um kleine Portionen handelte, die nicht eingepackt waren und dicht neben ihn hingelegt wurden. Wir bekamen ein sehr unangenehmes Gefühl.

Jeden Abend beim Essen nahm ich mir vor und erzählte E., was ich zu dem *mozo* sagen wollte, wie ich ihn bitten würde, sich mitzuteilen, ihn anflehen, doch ein Wort zu sprechen. Jeden Morgen schien der Versuch aussichtslos.

Neues Benzin traf ein, und ich brachte einen Nachmittag damit zu, alle zehn Minuten den Wagen ein paar Meter weiter zu fahren. Als die Tankstelle schloss, stand er gegenüber dem »Virrey de Mendoza« und erntete viel Bewunderung. Der schönste Wagen, den wir bis jetzt in der Schlange gehabt haben, sagten die Leute.

Am nächsten Morgen wurde er wieder weitergefahren, bescheideneren Vierteln entgegen. Dann schloss die Tankstelle übers Wochenende.

Don Otavio sandte ein besorgtes Telegramm. Wir beruhigten ihn und erklärten ihm den Grund der Verzögerung. Am Montagvormittag erhielten wir ein zweites Telegramm von ihm:

NACH EINEM GEWISSEN JOSE MARIA ARTEGAS FRAGEN UND ENRIQUEZ' NAMEN ANGEBEN

»Tatsächlich«, sagte der Hoteldirektor, »Jose Maria Artegas. Ein angesehener Mann. Gegenwärtig arbeitet er mit den Filmleuten im ›Mendoza‹. Er ist ihr hiesiger Vertrauensmann. Ich werde ihn sofort zu Ihnen schicken.«

José María Artegas sagte, es sei ihm eine Ehre, uns und Don Enriquez zu Diensten zu sein. Er sagte, sein armseliges Haus, seine eigene Wenigkeit und kümmerliche Unterstützung stehe uns zur Verfügung, obwohl zur Zeit den meisten

Leuten an Benzin gelegen sei. Er sagte, zufällig verwalte er gewisse internationale Vorräte, die infolge zu hoch angesetzter Verbrauchsschätzung eine verfügbare, wenn auch nicht gerade zur Veräußerung bestimmte Überschussmenge aufwiesen. An der Tür sagte er, ich solle nicht mit dem Wagen, sondern mit einem *mozo* und einem Fass kommen.

Ich tat, wie empfohlen. Der *mozo* bezahlte. Wechselgeld gab es nicht.

»Ich wüsste gern«, sagte E., »ob man uns dazu benutzt, Hollywood übers Ohr zu hauen, oder ob Hollywood mit Señor Jose Maria Artegas unter einer Decke steckt.«

Don Otavio war auf die rücksichtsvolle Idee gekommen, uns einen Wagenwechsel und die Fahrtunterbrechung in Guadalajara sowie die lange Bootsfahrt von Chapala nach San Pedro zu ersparen. Wir sollten weder über Guadalajara noch über Chapala fahren, sondern im Bundesstaat Michoacán weiter westliche Richtung nehmen, die Straße nach Colima einschlagen und an der Stelle, von der aus wir den Chapalasee sehen könnten, den Wagen stehenlassen und zu Fuß in ein Dorf namens Tuscueca am Südufer gehen, von wo aus uns ein Boot über die schmale Stelle in weniger als vierzig Minuten nach San Pedro bringen werde. Den Wagen würden Doña Concepcións Verwandte und deren Chauffeur abholen und auf die Autostraße nach Guadalajara zurückfahren – eine Angelegenheit von lediglich hundert Meilen. Don Otavio schrieb, sein Vater habe immer diesen Weg genommen, wenn er von Mexiko gekommen sei; zwar habe es seit etlichen Jahren niemand mehr versucht, aber Mr. Middleton habe gemeint, er sehe keinen Grund, warum es nicht möglich sein sollte. Ich schaute es mir auf der Karte an und sah, dass er recht haben könnte.

»*Mein* Vater«, sagte E., »hat mir gesagt, man soll nie einer Abkürzung trauen.«

»Nun, so würde ich es auch nicht nennen.« Wir hatten Schwierigkeiten, Tuscueca zu finden, da man zwar von vielen Stellen den See, aber kein einziges Dorf sehen konnte.

Das Südufer des Chapalasees, das man sich von der anderen Seite so angenehm denkt, ist verschilft, kahl und windig. Nachdem wir mehrmals über ein falsches Kaktusfeld gegangen waren, gelangten wir schließlich nach Tuscueca, das aus den elendesten Lehmhütten bestand.

Es war kein Boot da.

Die Einwohner hatten sich verkrochen. Man konnte sich nirgendwo hinsetzen. Wir fühlten uns als etwas auffällige Erscheinungen. »Und wenn kein Boot kommt?« sagte E.

»Es wird eines kommen.«

»Und wenn sie den Tag verwechselt haben? Wenn sie unser Telegramm nicht erhalten haben? S., ich habe ein ungutes Gefühl bekommen, sobald ich gehört habe, dass Mr. Middleton was damit zu tun hat.«

»Ich glaube, ich sehe ein Segel.«

»Ich werde *nicht* hier stehen wie Madame Butterfly.«

»Wir könnten zum Auto zurückgehen, gesetzt den Fall, wir finden es wieder. Wir könnten im Wagen schlafen. Wie der *mozo.* Ich glaube nämlich, das hat er die ganze Zeit über getan.«

Es war kein Segel gewesen.

»Was würde ich für einen anständigen Zug geben«, sagte E. »Das wird uns eine Lehre sein, nicht wie Satrapen des 19. Jahrhunderts reisen zu wollen.«

Dann war das Geräusch eines Motors zu hören. Don Enriquez' Motorboot glitt durch die Fluten. Im Bug standen Domingo und Andreas; sie hielten Decken in den Händen, riefen und winkten.

»Adiós, adiós! Doña E., Doña Sibilla, *adiós!*«

Und im Heck stand, verheißungsvoll, ein großer Teekorb.

E. und ich sahen einander an. »Es ist doch nicht möglich. Es kann nicht sein. Alles wie schon einmal.«

»Alles wie schon einmal.«

Vierter Teil

Das Ende eines Besuchs

Erstes Kapitel

Rückkehr nach San Pedro

Pervixi: neque enim fortuna malignor unquam eripiet nobis quod prior hora dedit.

Wie diesen gemächlichen Winter schildern, der so langsam sich entfaltete, so bald vorüberging, der ein strahlender Sommer war? Wie die lange Ruhe, die nahtlose Spanne immer gleicher Tage aufzeichnen …

Tâche donc, instrument des fuites, ô maligne
Syrinx, de refleurir aux lacs où tu m'attends!
…
Ainsi, quand des raisins j'ai sucé la clarté
Pour bannir un regret par ma feinte écarté,
Rieur; j'élève au ciel d'été la grappe vide
Et, soufflant dans les peaux lumineuses, avide
D'ivresse, jusqu'au soir je regarde au travers.
O nymphes, regonflons des souvenirs divers.

Wir arbeiteten damals beide an einem Buch und hatten die Mitte des Stroms erreicht, jene glückliche Strecke zwischen den Mühen des Anfangs und der Besessenheit des Endes, da das Buch aus sich selbst Leben gewinnt und noch nicht das Leben seines Verfassers absorbiert hat, da das tägliche Schürfen mehr Anker als Bürde ist, eine geheime Ordnung, bindend zugleich und lösend, das übrige

Leben dämpfend und erhöhend. Zwischen dieser Doppeldeichsel wanderten wir, wie es uns gefiel, zwischen zwei Träumen hin und her, dem Leben unserer Bücher und dem Leben der Hazienda.

Jeden Tag trugen wir Leinenkleider, jeden Tag badeten wir. Wir waren niemals so frei gewesen. Post ging verloren oder kam mit Verspätung, alles andere blieb zwischen diesen Vögeln, Früchten und Blumen in der Schwebe – Sorge, Geld, Liebe; die Geschicke von Freunden, die trübselige Politik, vielleicht wir selbst.

Weihnachten wurde barbarisch und opulent gefeiert.

Am Heiligen Abend um Mitternacht wurde ein geplagter Wanderer an den Toren gemeldet, der bat, ihm ein Maultier, einen *mozo* und eine Laterne zu leihen. Don Otavio ging hinaus, um zu sehen, wer es war.

Es war Mr. Waldheim. »Er war ganz außer sich, der Arme. Er wollte nicht hereinkommen.«

»Was hat er denn mit Ihrem Maultier und einer Laterne mitten in der Nacht vor?«

»Er hat gesagt, er wolle nach Ajijíc, um Weihnachten mit der Hexe aus Deutschland zu verbringen. Ich hoffe, es ist nichts Unangenehmes passiert.«

»Hoffentlich nicht.«

Früh am nächsten Morgen kam Mrs. Waldheim herübergeritten und unterhielt sich mit Don Otavio. Es hieß, Diana Rawlston sei fünfzehn Jahre zuvor bis über beide Ohren in Don Otavio verliebt gewesen, aber die Mütter seien völlig dagegen gewesen; freilich sagte Mr. Middleton, es sei niemals etwas daran gewesen, und man hatte selbst den Eindruck, dass sie ihren Dackelgatten anbetete. Es stellte sich heraus, dass Mrs. Rawlston ihn am vergangenen Abend vor die Tür gesetzt hatte, weil er ein deutsches Lied gesungen hatte. Gerade als Karl sich ans Klavier setzte und die Kerzen am Baum auch schon angezündet waren … Karl hatte geweint.

»Diana ist todunglücklich, und Mrs. Rawlston will ihn nicht zurückkommen lassen«, sagte Don Otavio. »Diana sagt, es wird ihm das Herz brechen, wenn er Weihnachten ohne sie und die Kinder verbringen muss. Wir müssen sehen, ob wir etwas tun können.«

»Was für ein deutsches Lied war es denn?« fragte E.

»Ein Weihnachtslied. *Stille Nacht.*«

»O Gott«, sagte E., »diese Deutschen.«

»Würde es etwas nützen, wenn Sie mit Mrs. Rawlston sprächen?« fragte Don Otavio.

»Nein«, sagte E.

»Otavio, und wenn Sie sie alle zu Ihrer *tertulia* heute Abend einlüden?« sagte ich. »Mrs. Rawlston könnte wohl kaum … obwohl sie natürlich könnte. Vielleicht ist es doch keine so gute Idee.«

»Und was ist, wenn Mr. Waldheim die Lust befallt, hier *Stille Nacht* zu singen?« sagte E.

»Es ist gar keine gute Idee. Mr. Middleton wird kommen. Wissen Sie nicht mehr oder waren Sie schon fort, als Mrs. Rawlston Mr. Middleton einen Niggerfreund geheißen hat? Er ist seitdem sehr zornig auf sie. Er sagt, er empfangt in seinem Haus, wen er will. Die arme Blanche sagt, dass er jetzt einen befreundeten Neger auf länger einladen will, nur kennt Mr. Middleton keine Neger und mag es nicht, wenn jemand länger in seinem Haus lebt.«

»Er könnte heute abend als Blitzableiter für Mrs. Rawlston dienen. Mr. Middleton ist aus härterem Holz geschnitzt, als es der arme Waldheim zu sein scheint.«

»Ich *kann* Mrs. Rawlston nicht einladen, nachdem ich Mr. Middleton zuerst eingeladen habe und weiß, wie er über sie denkt«, sagte Don Otavio. »Es ist undenkbar.«

»Ich sehe nicht ein«, sagte E., »warum Mrs. Waldheim und die Waldheim-Kinder nicht alle zusammen hübsche Weihnachten mit der homöopathischen Dame aus Magdeburg verbringen können, woher sie, soviel ich weiß, ursprünglich stammt?«

»Das wäre von Diana nicht respektvoll gegen ihre Mutter«, sagte Don Otavio, »so wie Mrs. Rawlston über die Deutschen denkt, die armen Leute.«

»Das hat sie nicht davon abgehalten, einen zu heiraten.«

»Ich nehme an, unter diesen Umständen würde Mr. Middleton entzückt sein, die Waldheims zum Weihnachtsessen bei sich zu sehen«, sagte ich.

»Diana würde ihre Mutter nicht allein lassen wollen«, sagte Don Otavio.

»Man kann kaum erwarten, dass Mrs. Rawlston die Einstellung ihres Schwiegersohns zu diesem Fest teilt«, sagte E.

»Außerdem könnten wir sie hierher einladen«, sagte ich.

»Sie vergessen wieder Mr. Middleton«, sagte Don Otavio.

»Mr. Middleton wird doch die Waldheims in *sein* Haus einladen.«

»Das kann er nicht«, sagte Don Otavio. »Er ist zum Abendessen bei mir. Die Abmachung wurde schon früher getroffen.«

»Sie würden erleichtert sein.«

»Darauf kommt es nicht an«, sagte Don Otavio.

»Also, was sollen wir tun? Die Waldheims dürfen nicht getrennt werden; Mr. Waldheim und Mrs. Rawlston sowie Mrs. Rawlston und Mr. Middleton müssen getrennt bleiben; Mr. Waldheim darf Mrs. Rawlstons Haus nicht betreten, Mrs. Waldheim darf nicht zu der deutschen Hexe gehen, Mr. Middleton darf niemanden zu sich einladen, und Mrs. Rawlston kann nicht hierher gebeten werden. Wir brauchen mehr Häuser.«

»Bleiben Peter Saunders und seine Schwester in San Antonio«, sagte Don Otavio. »Sie leben zwar mehr für sich, aber Peter ist ein guter Freund von Diana, und Mrs. Rawlston mag ihn. Sie müssen das Boot nehmen und sie aufsuchen und ihnen die ganze Sache erklären. Sie haben sie doch schon einmal getroffen, nicht?«

»Es ist undenkbar«, sagte ich.

»Ausweglos«, sagte E. »Ich habe noch nie so viele Leute mit so vielen Empfindlichkeiten auf einmal erlebt. Ich werde mich jetzt doch aufmachen und mit meiner Landsmännin ein Wort reden, diese Südstaatler sollen nicht glauben, ihnen gehöre die Welt.«

Aber es half nichts. Mr. Waldheim würde den Abend am Harmonium der Hexe verbringen müssen, bei Kräutertee; und

Mrs. Waldheim würde mit ihrer Mutter unter dem grellen neuinstallierten elektrischen Licht sitzen, versuchen, es den Kindern nett zu machen, und Knallfrösche loslassen …

Don Otavios Haushalt lief an diesem Tag auf vollen Touren. Am Nachmittag machte ich einen langen Spaziergang. Es war warm, und die Indios, denen ich begegnete, ließen sich von ihren Eseln tragen. In einem Maulbeerhain stieß ich auf eine andere Gestalt, die sich offensichtlich im Freien die Füße vertreten wollte. Es war ein alter Bekannter. Ich hatte ihn zuletzt in Paris gesehen, im Frühjahr 1939; er studierte, glaube ich, bei Lhote; das letzte Mal, als ich von ihm gehört hatte, war er in Singapur, 1942.

»Jack«, sagte ich, »das ist doch nicht die Möglichkeit!«

»Ich habe die Frau und die Schwestern des Provinzgouverneurs samt ihren Juwelen gemalt. Jetzt wohne ich bei einem Freund, unten am See.«

»Ich hab mir schon immer gedacht, Sie würden nicht bei der Malerei bleiben.«

»Kommen Sie mit zu Peters Haus und trinken Sie einen Tee mit uns. Es ist nur ungefähr eine Meile Weg. Sie kennen Peter Saunders und seine Schwester, nicht?«

»Ich glaube nicht.«

»Sie sind reizend.«

Er hatte recht. In den folgenden Monaten sahen wir die Saunders ständig; wir wurden gute Freunde, sind es noch. Peters Schwester lebt in England, und wenn Peter jemals Mexiko verlässt, haben wir uns verabredet, mit dem Auto durch die französischen Pyrenäen zu fahren. Doch während dieser ganzen Zeit berührten sie in meiner Anwesenheit keine Spielkarte und erwähnten auch nie jenen Nachmittag bei Mrs. Rawlston. Ich wollte oft davon anfangen, konnte mich aber nie dazu aufraffen.

An diesem Weihnachtstag marschierten Jack D. und ich in ihren Patio.

»Sehr erfreut«, sagten sie.

»Sehr erfreut«, sagte ich.

Später zeigte Peter mir das Haus, das er langsam nach Mr. Middletons Ratschlägen, und manchmal auch gegen sie, gebaut hatte. »Das schlimmste ist«, sagte er, »dass der alte Knabe meistens recht hat.«

Bald darauf sagte Peter: »Was ist das eigentlich für eine Geschichte, dass Dianas Mann mitten in der Nacht vor die Tür gesetzt wurde? Wissen Sie etwas darüber? Erzählen Sie uns doch.«

»Ach, eine dumme Sache. Mrs. Rawlston ist wirklich schlimm. Die arme Diana. Wir müssen sehen, ob wir etwas tun können.«

Und so war Mrs. Rawlston bei den Saunders in San Antonio zum Abendessen, und die Waldheims kamen zu Don Otavios Einladung nach San Pedro. Sie brachten das Wildschwein mit, halb gekocht, und Domingo und Andreas reichten es, mit Haaren und allem, nach der neunten *posada* herum, genau vor dem Nesselrodepudding und dem Marzipankamel. Mr. Middleton unterhielt sich köstlich mit Doña Anna; Doña Annas Kapelle spielte unablässig die *Mañanitas*, und Mr. Waldheim saß still und zufrieden neben Frau und Kindern.

Zweites Kapitel

Wolken

Unter der Dienerschaft lief alles geregelt: Guadalupe futterte das Federvieh, die Köchin kochte, die Wäscherin wusch, und Jesus war mit der Gartenarbeit beschäftigt.

»Was ist denn mit allen los?« sagte ich zu Guadalupe. »Angelita ist nüchtern, Carmelita wird nicht geprügelt, Andreas stiehlt nicht den Zucker und schiebt es auf die Pferde. Was geht da vor?«

»Es ist der Priester«, sagte Guadalupe. »Als Jesus wieder angefangen hat, seine Frau zu prügeln, haben wir ihn holen lassen. Er hat ihnen einen großen Schrecken eingejagt.«

»Großer Gott«, sagte ich, »natürlich, Jesus ist ja wieder da. Wollte er nicht nach Texas, um sein Glück zu machen?«

»Er ist nicht nach Texas gegangen, *nina;* er hat die Kuh seiner Mutter vertrunken.«

Die Vorbereitungen für das Hotel gingen gemächlich vor sich. Aus Guadalajara kamen allerlei Dinge an, die Don Otavio polieren und in Schränke verstauen ließ. Don Enriquez hatte eine große Sache für einen großen *politico* gewonnen – »ich glaube, es wurde, wie man sagt, außergerichtlich beigelegt«, sagte Don Otavio – und war mit Doña Victoria nach Paris gefahren. Doña Concepción erwartete ein Kind und kam jetzt nicht mehr so häufig nach San Pedro, und so war ich es, die mit Don Otavio und Don Otavios Juan über Listen und Plänen saß oder mit ihnen in der Abendkühle zu Taraskendörfern ruderte, um Vorleger und Gläser zu bestellen. Die modernen Erzeugnisse dieser eingesessenen Betriebe waren gewöhnlich scheußlich, aber die Leute verstanden sich darauf die anständigen älteren Muster, oft ihre eigenen, zu kopieren, worum Don Otavio sie ersuchte. Don Otavio kaufte für sein Leben gern ein. Er fand es nur schwierig, die Leute dazu zu bewegen, ihm mehr als ein halbes Dutzend vom jeweils Gewünschten anzufertigen oder zu verkaufen, was vielleicht gar nicht so schlimm war, weil zu der Zeit nicht zu viel Geld da war. Das Kapital, das seine Tante beigesteuert hatte, sei zwar vorhanden, sagte Don Otavio, aber sie lasse ihn nicht auf einmal über die ganze Summe verfugen. Doña Isabella-Marfa habe einen neuen Beichtvater, der ihr Interesse auf eine Grotte im Tal von Zapopan gelenkt habe, wo ein Junge ein blaues Licht gesehen hatte, das sprach. Als der Junge sich von dem Schrecken erholt hatte, war sein Kropf verschwunden. Es sei alles sehr fromm und wichtig, sagte Don Otavio. Seine Tante und der Bischof von Guadalajara sähen sich derzeit die Sache genauer an, es gebe noch mehr Fälle von Kropfheilung, aber gerade jetzt verzögere die Grotte das Hotelprojekt doch ziemlich. Sie hatten die Eröffnung für die Karwoche, spätestens für die Regenzeit geplant, aber nun, da Enriquez auch fort war, wisse man nichts Genaues. Und es gebe ja auch noch das Problem der Klientel.

»Enriquez sagt, um einen Stamm von Gästen zu gewinnen, muss man inserieren. In ausländischen Zeitungen. Aber die lesen ja heutzutage alle möglichen Leute … Es ist ein wenig delikat.«

»Otavio«, sagte ich, »liegt Ihnen wirklich an dem Hotel?«

»Natürlich. Immerzu Menschen und Dinnerpartys. Vielleicht werden wir noch ganz reich. Warum fragen Sie das?«

»Ach, ich weiß nicht. Nur, wenn ich einen Besitz wie San Pedro hätte, könnte ich den Gedanken nicht ertragen.«

»Oh, *nina,* Sie haben leicht reden … Sie wissen ja nicht, dass die Zeiten sich geändert haben. Wir sind hier alle ruiniert und müssen Geld verdienen. Enriquez sagt, wir müssen Realisten sein. Aber machen Sie sich keine Gedanken. Ich werde einen Geschäftsführer haben, der sich um all das kümmert. Einen richtigen Gentleman, keinen Geschäftsmann aus der Hauptstadt, der das Hotel wie ein Ministerium verwalten würde. Einen englischen Gentleman. Ich hoffe sehr, wir können den bekommen, an den Ihre Freunde schreiben wollten und den auch Sie kennen, wie sie gesagt haben.«

»Oh, Otavio, ich habe Ihnen doch gesagt, es sind keine Freunde von uns. Und ich kann mir keinen einzigen Gentleman-Geschäftsführer vorstellen, den ich kenne. Obwohl es wirklich nett von Ihnen war, dass Sie sie aufgenommen haben.«

»Es waren zwei reizende Gentlemen«, sagte Don Otavio, und ich ließ es dabei bewenden.

Drittes Kapitel

Ein Ausflug in den Dschungel: Mr. Middleton behält recht

»Sie haben recht, ich kann Acapulco auch nicht ausstehen«, sagte Peter Saunders. »Und ich hab auch kein Verlangen, diesen ändern Ort zu sehen. Trotzdem, die Pazifikküste muss herrlich sein. Wenn man nur an die Stellen gelangen könnte, an die man nicht gelangen kann. Aber jetzt weiß ich, man kann es doch. Es gibt einen Ort da unten, einen indianischen Fischerhafen mit einem einzigen sauberen Gasthaus an einem kühlen Strand. Keine Moskitos. Die Middletons, gerissen, wie sie sind, fahren immer im Januar hin. Das ist die einzige Zeit im Jahr, in der es möglich sein soll, mit dem Wagen durch den Dschungel von Colima zu kommen. Ich wollte, wir könnten alle zusammen hinfahren. Es gibt ja nicht mehr viele solche Plätze; noch ein paar Jahre, und man kann hinfliegen und Bungalows mieten. Kommen Sie doch mit. Sie können im Februar nach Yucatán fahren. Wir werden nicht lange brauchen. Ein, zwei Tage nach Autlán, das ist der letzte Ort vor dem Dschungel, wo man übernachten kann. Einen Tag hin und einen zurück. Man müsste doch ohne Aufenthalt durch den Dschungel kommen können. Er ist paradiesisch, voller Orchideen und Zwergpapageien. Wenn ich nur den Weg wüsste.«

»Vielleicht weiß ihn Don Otavio. Seiner Familie hat doch mal halb Colima gehört.«

»Ich glaube nicht, dass Don Otavio sich auf Landkarten auskennt«, sagte Jack D.

»Er wäre auch gar nicht auf einer Karte zu finden«, sagte Peter,

»es ist so ’ne Art Pfad. Zwei Pfade. Richard Middleton sagt, man darf auf keinen Fall den anderen nehmen.«

»Das würde bedeuten, dass man Mr. Middleton fragen müsste.«

»Ich tu’s nicht«, sagte Peter. »Nicht, nachdem er in der Sache mit meinem Kamin so unverschämt recht behalten hat.«

Also fragte *ich* Mr. Middleton. Er war hocherfreut. Er sagte, es sei nicht schwierig, komme aber darauf an, dem Wetter entsprechend den richtigen Pfad zu nehmen. Er machte eine Kartenskizze. Er stellte eine Liste für die Ausrüstung zusammen. Er sagte, was wir anziehen sollten; er arbeitete einen Fahrplan aus. Die Hauptsache, meinte er, sei, dass man an dem Tag, bevor man den Dschungel durchquert, zeitig nach Autlán kommt, damit einem noch sechs Stunden Tageslicht bleiben, um alle notwendigen Kleinigkeiten zu erledigen. Er sagte, wir sollten lieber ein paar Wochen warten, dann könne er mitkommen und alles arrangieren. Zur Zeit sei er wegen der Einfassung fürs Gurkenbeet unabkömmlich, außerdem sei es noch früh im Jahr für die Fahrt, denn die *arroyos* führten wahrscheinlich noch Wasser.

Am nächsten Tag kam er vorbei, um Ersatzlichtmaschine, Verbandskasten und Impfung zu erörtern. Am Abend schickte er Nachricht und bat uns, unser voraussichtliches Reisegepäck zu wiegen, damit er einen vernünftigen Plan für die Aufteilung auf zwei Autos ausarbeiten könne. Dann schickte er einen *mozo* nach San Antonio, weil er die Maße von Peters Klappsitz wissen wollte. Für den Wasserfilter, erklärte der *mozo;* er sei sehr groß.

Peter war wütend. Schlechthin und ernstlich wütend. Es falle ihm nicht ein, sich im Dschungel nach Birminghamscher Tageseinteilung zu richten, und der einzige Ausweg für uns bestehe darin, sofort loszufahren. »Wir werden sagen, Sie hatten nicht die Zeit, bis zum Monatsende zu warten.«

»Soll mir recht sein. Nur hat Mr. Middleton noch nicht gesagt, welchen Pfad wir bei *welchem* Wetter nehmen sollen.«

»Wenn er selbst draufgekommen ist, seh ich nicht ein, warum wir es nicht auch können sollten. Wir sind doch keine Schwachköpfe. Sind Sie mal mit Mr. Middleton gereist? Ich schon. Entweder fahren wir jetzt oder überhaupt nicht.«

Wir fuhren am nächsten Morgen los, das heißt vor dem Mittagessen, Peter, Jack, ich und die zwei Cockerspaniels von Peter. »Richard Middleton lässt den seinen immer bei dem amerikanischen Tierarzt in Guadalajara«, sagte Peter. »Ich nehme meine mit.« Peters Schwester befand sich auf der Rückreise nach England, und E. hatte wortreich abgelehnt mitzukommen.

Zusammen nahmen wir mit auf die Fahrt: zwei Thermosflaschen, eine davon nicht sehr gut isoliert, eine Flasche Rum, eine Flasche Insektenmittel von Woolworth, eine Kodak-Boxkamera, Mr. Middletons Kartenskizze, ein Medaillon, von Don Otavio geborgt, ein paar Bücher und den Korb für die Hunde. Jack hatte noch ein Taschenmesser dabei. Zu Mittag aßen wir in Chapala, wo Peter seinen Wagen eingestellt hatte, und nach Autlán kamen wir an diesem Tag nicht mehr.

Wir entdeckten einen Wasserfall. Wir nahmen ein Bad und Peter wusch die Hunde. »Bergquellwasser ist so gut für ihr Fell«, sagte er. »Haben Sie was dagegen, wenn ich sie mit Ihrem Insektenöl einreibe?« Später pflückten wir ein paar Limonen und mischten den Tee in der einen Thermosflasche mit dem Eis in der anderen und dem Rum aus der Flasche. Nach Einbruch der Nacht kamen wir in ein Dorf, wo eine Fiesta stattfand. Es war eine gruselige Fiesta – eine Schlange aus jungen Burschen wanderte in der einen Richtung um die Plaza und eine zweite aus Mädchen in der anderen; an Buden mit Azetylenlampen standen Männer schweigend über klebrige Glücksspiele gebeugt. Wir dachten an Mr. Middleton und genossen alles sehr. Wir ließen uns die Wassermelonen schmecken, und Jack versuchte sich im Lotto und verlor fünf Pesos in Kupfermünzen. Er und Peter tranken ein paar Glas in einer Kneipe, zu der mir der Zutritt verwehrt war; wir kauften an einem Stand Schmorfleisch und *garbanzas* und verzehrten unser Abendbrot auf der Straße. Für die Hunde besorgten wir ein Stück gegrilltes Fleisch und futterten sie taktvoll im Auto. Dann sahen wir eine räudige Hündin. Wir gaben ihr etwas zu fressen, und sie schaute uns an.

»Ach, was wird ihr das morgen helfen?« sagte Peter. »Es gibt sie überall. Schauen wir, dass wir hier rauskommen. Ich wollte, wir hätten nicht gehalten.«

»Wenn ich euren *mozos* sage, dass Hunde das gleiche zum Fressen bekommen müssen, was sie selbst essen«, sagte Jack, »dann kichern sie. Können ihre Priester nichts dagegen tun?«

»Sie könnten, aber sie tun nichts.«

Danach hielten wir, sobald wir etwas zum Übernachten fanden.

Aber am nächsten Morgen schien die Sonne hell. Wieder vertrödelten wir viel Zeit. Peter kaufte ein paar Kacheln, und Jack kaufte auf Märkten Hüte. Wir hielten, um uns hübsche Dorfkirchen anzusehen, Ahnungen von Barock, von einem Kinderfinger in hellroten Sand gemalt, schon halb ausgelöscht. Die Straße war steil. Unterhalb einer Höhe von tausend Metern begannen die Felder vertrocknet auszusehen und wir die Hitze des Tieflands zu spüren.

»Sieht nicht danach aus, als ob die *arroyos* überflutet wären«, sagte Peter.

Wir erreichten Autlán in der Abenddämmerung, mit einem platten Reifen.

Peter sagte, irgendwo müsse eine Taschenlampe sein, aber als wir sie fanden, war die Batterie leer.

»Macht nichts. Wir lassen den verdammten Reifen morgen früh auswechseln.«

Das Gasthaus in Autlán, so zeigte sich, bot das Lebensnotwendige. Man servierte uns in einem unaufgeräumten Patio ein reichliches Abendessen, das aus Spiegeleiern, zähem Beefsteak, Maisfladen und Chili bestand. Es gab lauwarmes Bier in Flaschen, und man versicherte uns, wir könnten am nächsten Tag abgekochtes Wasser bekommen. Die Padrona saß geradezu versunken in einem Haufen von Nähmaschinenkatalogen, wurde aber munter, als sie hörte, dass wir lesen konnten.

Spanische Werbeschriften sind reich an Metaphern und sehr lang. Die Kataloge tönten wie Grabreden aus dem 17. Jahrhundert.

Die Padrona dankte uns.

»Und, haben Sie sich entschieden, welche Sie wollen?« fragte Peter.

»Ich will keine Nähmaschine. Ich habe schon drei.«

»Warum machen Sie sich dann die Mühe mit all den Katalogen?«

»Mir gefallen die Beschreibungen. Sie sind noch schöner als die Bilder.«

»Das literarische Leben«, sagte Jack. »Das müssen wir E. erzählen.«

Mit einer Kerze wurden wir zu unseren Schlafquartieren geleitet. Es waren zwei riesige Dachkammern, eine für Männer, eine für Frauen. Es befanden sich keine anderen weiblichen Reisenden in Autlán, und so war ich in der meinen allein. Die Betten waren Bretter, starke Holzbretter mit sauberem Bettzeug. Ich suchte mir eines aus.

»Wie Mädchen in einem feinen Internat«, sagte ich am nächsten Morgen. »Damit sie einen geraden Rücken behalten. Wissen Sie, es ist nicht schlimmer, als auf dem Boden zu schlafen, solange man nicht versucht, sich umzudrehen. Wie unmöglich von mir, zum ersten Mal in meinem Leben auf einem Brett geschlafen und ein Getue darum gemacht und an Mädcheninternate gedacht zu haben, wo doch so viele Menschen auf diese Weise schlafen müssen.«

»Ich hab schon mal so schlafen müssen«, sagte Jack, »und Peter vermutlich auch. Aber ich finde es deswegen heute auch nicht gemütlicher, und ich würde *viel* lieber an Mädcheninternate denken.«

»Sagt mal«, sagte Peter, »meint ihr nicht, wir sollten diesen Reifen flicken lassen, ehe wir weiterfahren? Mein Ersatzreifen ist nicht gerade in der besten Verfassung.«

Mr. Middleton hatte von sechs neuen Reifen, Extraschläuchen und einem Spezialöl gesprochen, mit dem man in der Hitze alle halbe Stunde den Gummi besprühen sollte. Ich hütete mich, das jetzt zu erwähnen.

»Es kommt nicht drauf an«, sagte Jack.

Aber in Autlán gab es niemanden, der dieses Kunststück hätte ausfuhren können. Jack sagte, *er* könne es und es sei gar nichts dabei.

»Genau wie zu den Zeiten, da mein Großvater Auto fuhr«, sagte Peter.

Dann meinte Jack, Peter habe überhaupt nicht die richtigen Sachen, um einen Reifen zu flicken, und man habe es ihm beim Militär anders beigebracht.

Peter sagte, er solle kein solches Theater machen, und es sei fast, als hätten wir Mr. Middleton dabei, und jeder

Mensch wisse doch, dass amerikanische Mechaniker mit einem Stück Bindfaden und einer Haarnadel alles zusammenflicken könnten.

Jack sagte, er wollte, er hätte eine Haarnadel und das Mädchen dazu; und überhaupt, was denn mit der Luft sei.

»Um Himmels willen, eins nach dem ändern«, sagte Peter.

Ich verließ den Schauplatz. Die Leute von Autlán hielten nicht viel von der Idee, ans Meer zu fahren. Ja, die Idee kam ihnen gar nicht. Es ließ sich nicht »richten«. Ob sie sicher seien? Ganz sicher. Vielleicht von Navidad aus, ja, von Navidad aus gingen die Ochsen ein-, zwei-, dreimal im Monat zum Meer. Von Navidad, nicht von Autlán aus.

Ich erzählte das Peter. »Unsinn«, sagte er, »die wissen ja meistens gar nicht, wovon sie reden. Richard Middleton, verdamm ihn, hat Navidad nicht ein einziges Mal erwähnt. Wo liegt es denn?«

»Ich weiß nicht.«

»Na, bitte.«

Jack hatte den Reifen geflickt und einen Jungen mit einer Fahrradpumpe aufgetrieben. »Ich bin voller Dreck«, sagte er, »jetzt muss ich zuerst mal ein Bad nehmen.«

So wurde also im Gasthaus unter einem Kohlenbecken Feuer gemacht. Sie machten drei Eimer Wasser heiß und trugen sie nach oben.

Der Junge mit der Pumpe war sofort wieder verschwunden.

Jack kam in weißen Flanellhosen, duftend nach Bay Rum, wieder heraus. »Der Reifen ist immer noch halbplatt.«

»Hast du ihm vielleicht Geld gegeben?«

»Fünfzig Centavos.«

»Das hätte ich nicht getan.«

»Das hättest du mir sagen können, Peter.«

»Ich kann ja nicht an alles denken. Ich wollte, wir kämen bald aus diesem elenden Nest raus.«

»Es wäre nett, ans Meer zu kommen«, sagte ich.

»Aber lieber vorher was essen.«

»Hier?« sagte Peter. »Doch nicht noch einmal?«

»Es gibt sonst nirgendwo was. Du kannst dein Steak für die Hunde aufheben.«

Zum Frühstück hatte es Eier, Beefsteak, Maisfladen, Bohnen und Chili gegeben. »Was gibt's zu Mittag?«

»Lassen Sie mich überlegen«, sagte die Padrona. »Ich kann Ihnen ein paar Eier geben. Spiegeleier. Und ein hübsches Beefsteak. Und ein paar Bohnen.«

»Gibt es denn gar kein Gemüse?«

»Doch, Bohnen.«

»Frisches Gemüse.«

»No hay.«

»Keine Tomaten? Oder Obst?«

»No hay.«

Es muss doch Obst geben. Wir haben an den Bäumen welches gesehen.«

»No hay.«

Nach diesem Mahl brachte Jack wieder einen Jungen an. Peter schickte ihn weg.

»Du musst den ersten suchen«, sagte er. »Er hat sein Geld bekommen, und er muss seine Arbeit fertig machen. Es geht ums Prinzip. Sie dürfen nicht glauben, sie können sich alles leisten. Du willst doch das Dorf nicht verziehen.«

Jack sagte, wenn er sich überlege, wie viel Zeit er in Autlán zuzubringen gedenke, sei ihm das ganz egal.

»Das ist völlig verantwortungslos gedacht«, sagte Peter.

»Ich kann den Gedanken nicht ertragen, dass Mr. Middleton etwas zustoßen könnte«, sagte ich. »Ich glaube, Peter wartet nur darauf, in seine Fußstapfen zu treten.«

»Seh nicht ein, warum *alles* nach seinem Kopf gehn soll. Und, Jack, da ist dein Junge. Oder ist er's nicht?«

»Ich könnte es nicht sagen.«

»Ach, zum Teufel, lass sie beide pumpen. Und dann fort mit uns. Es wird bald dunkel sein.«

»Daran denk ich schon die ganze Zeit«, sagte Jack.

»Wie weit ist es denn genau?« fragte ich.

»Ach, ungefähr dreißig Meilen Luftlinie. Bei diesen Pfaden kann man nichts Genaues sagen. Vielleicht auch mehr.«

»Fahren wir denn in der Luftlinie?«

»*Wollt ihr* zwei vielleicht noch eine Nacht in Autlán bleiben?« fragte Peter.

»Nicht, wenn wir an die Küste kommen können.«

»Kann man in der Dunkelheit durchkommen, Peter?«

»Ich glaube kaum.«

»Soll man vielleicht im Dschungel schlafen?«

»Drei Leute und zwei Hunde in einem Auto«, sagte ich.

So waren wir also noch immer in Autlán und hatten noch einige Stunden Tageslicht vor uns. Ich nahm Jack beiseite. »Es tut mir leid, wenn es sich anhört wie aus dem Pfadfinderhandbuch, aber sollten wir nicht eine Axt oder was Ähnliches haben, um uns durchs Dickicht einen Weg zu bahnen?«

»Daran hab ich auch gedacht. Und es ist das einzige, was wir hier auftreiben können.«

So gingen wir eine Machete kaufen.

Später spielten wir Domino. Wir tafelten Eier, Beefsteak, Maisfladen, Bohnen und Chili und gingen um zehn Uhr schlafen. Zu einer ziemlich frühen Stunde waren wir wieder in der Gaststube. Wir frühstückten, dann sagte Peter, er wolle die Hunde sich erst austoben lassen, bevor wir in die wirklich heiße Gegend kämen; und so starteten wir schließlich um Viertel vor elf, nachdem die

Hunde spazieren geführt worden waren und Jack ein Bad genommen hatte und Jack gepackt hatte und nachdem wir noch gewartet hatten, bis ein Abendessen für die Hunde, das wir mitnehmen wollten, hergerichtet war.

Zunächst ging es etwa zehn Meilen steil bergab, die wir in knapp zwei Stunden zurücklegten. Es herrschte eine brütende Hitze.

»Wir sind bald im Schatten«, sagte Peter. »Wartet nur, bis wir in die Orchideenwälder kommen.«

Dann war die Staubstraße zu Ende, und es begann ein schmaler Weg. Wir holten Mr. Middletons Kartenskizze heraus. Nichts sah auch nur im geringsten so aus.

»Nun ja, soweit ich sehe, gibt es nur einen einzigen Pfad«, sagte Peter. »Gott sei Dank.«

Wir arbeiteten uns ein Stück voran, das nur aus Sand und Nadelholz bestand. Es ging nur mühsam vorwärts, und wir mussten den ersten Gang einlegen. Der Motor erhitzte sich rasch.

»Was für Öl hast du denn drin, Peter?«

»Oh, ich weiß nicht, das, was der Mann in Chapala hineintut.«

Es war ein tückisches Gelände. Immer wieder blieben wir stecken. Jedes Mal war es ein schwieriges Geschäft, den Wagen wieder flottzubekommen. Die Hunde sprangen aus dem Auto und mussten hineingetrieben werden; die Räder drehten sich in statu quo und wirbelten Sand auf. Wir breiteten einen Regenmantel aus, zwei von uns schoben, der dritte gab Gas, und allen ging uns das Geräusch des Motors in diesen Augenblicken auf die Nerven. Anschließend mussten die beiden, die angeschoben hatten, in den fahrenden Wagen springen, weil es zu riskant gewesen wäre, wieder anzuhalten. Selbst unter den günstigsten Umständen wäre das Ganze eine große Anstrengung gewesen; bei dieser Temperatur wuchs es sich zu einer unwahrscheinlich menschenunwürdigen Plackerei aus, wie sie einem aus einer Geschichte mit Schiffsheizern im Gedächtnis war.

Dann kamen wir in Unterholz, zuerst vereinzelt, dann immer

dichter werdend, und plötzlich befanden wir uns in einem dampfenden Tunnel fetten Blattwerks. Der Pfad aber blieb sandig, und wir achteten alle drei nur auf die Strecke. Dann kam eine Lichtung, und wieder waren wir unter dünnen Kiefern.

»War das der Dschungel, Peter?«

»Schaut mal, Leute!« Tatsächlich, da stand eine Hütte aus Kokosmatten.

»Die kommt uns gerade recht«, sagte Jack und sprang aus dem Auto, »der Regenmantel ist in Fetzen.«

Er kam mit dem Dach zurück. »Hübsche kleine Matte. Sie haben gesagt, sie machen sich eine neue für die Nacht.«

Dann kamen wir zum ersten *arroyo.* Es war voll Wasser. »Das kann doch nicht sein«, sagte Peter. »Wenn alles andere ganz ausgetrocknet ist. Jetzt ist nicht die Jahreszeit dafür.«

Es war nicht tief, unsere Batterie war hoch angebracht – das Wasser spritzte auf, und dann war Peter auf der anderen Seite. Wir hielten den Atem an: Der Motor lief weiter. Bald schloss uns die Vegetation wieder ein; der Sand wurde feucht und klumpig, und wir blieben fast augenblicklich stecken. Die Fasermatte erwies sich als nützlich.

»Ich glaube, mich hat was gestochen«, sagte Jack, als wir wieder fuhren.

»Ich glaub, mich auch.«

»Beißende Insekten, saugende Insekten. Habt ihr was anderes erwartet?« sagte Peter.

»Ich glaube, ich hab einen grün-rosa Flügel gesehen.«

»Es ist doch alles ziemlich wunderbar, nicht wahr?«

»Ich meine, es ist mehr das, was wir früher einen aufgelegten Schwindel zu nennen pflegten«, sagte Jack.

Den Hunden behagte es gar nicht. Sie waren in einem kläglichen Zustand – die Ohren klebten ihnen am Kopf, die Zungen hingen heraus; sie schüttelten sich, sie winselten, und wenn wir hielten, wollten sie nicht mehr ins Freie, sondern klammerten sich feucht an uns. Wir gaben ihnen das Wasser in der Thermosflasche zu trinken.

Wieder kamen wir auf eine Lichtung und, bald danach, an ein *arroyo*. Es war trocken.

»Seht ihr«, sagte Peter.

Das Kühlwasser kochte; das Getriebe klemmte. »Machen wir lieber eine kleine Pause, damit der Motor abkühlen kann.«

»Abkühlen«, sagte Peter.

Wir warteten und beobachteten den Dampf der unter der Kühlerhaube hervorzischte. Jack rauchte, Peter und ich drückten jeder einen warmen, zitternden Spaniel an sich.

Das nächste *arroyo* war überflutet. Wir kamen zwar durch, aber als wir drüben waren, fing der Motor an zu spucken und setzte aus. »Die Zündkerzen sind ein bisschen nass geworden. Nichts weiter. Werden bald trocken sein bei dieser Hitze.«

»Wie viel Uhr ist es?« sagte Jack.

Im nächsten *arroyo* blieben wir stecken. Das Wasser erreichte die halbe Höhe des Motors, die Zündkerzen wurden nicht trocken. »Wenn es *eine* Hütte gegeben hat, muss es noch mehr geben«, sagte Peter. »Suchen wir in verschiedenen Richtungen, aber einer muss bei den armen Hunden bleiben.«

Jack und Peter gingen los, ich blieb, mitten im *arroyo*, im Wagen sitzen. Es war unmöglich, zu lesen oder ein Schläfchen zu halten, und ich langweilte mich entsetzlich.

Nach einiger Zeit kam ein Mann mit einem Ochsen des Weges. Sie waren äußerst hilfsbereit; und als Peter und Jack sehr ärgerlich zurückkamen, war der Mann mit dem Ochsen verschwunden, und der Wagen stand trocken auf der anderen Seite des *arroyo*.

»Das war aber klug von Ihnen«, sagten sie.

Dann teilte sich der Pfad in vier schmale Wege. Wir nahmen den zweiten zu unserer Rechten. Nach einer halben Meile lief er im Sand aus. Mit vieler Mühe konnten wir das Auto wenden. »Immerhin, damit entfällt wenigstens ein Weg«, sagte Peter.

»Meint ihr, es ist ratsam, noch weiterzufahren?« sagte Jack.

»Nicht unbedingt«, sagte Peter. »Aber ich lass mich lieber erschlagen, bevor ich mir vom allwissenden Richard Middleton sagen lasse, er hätte mir's ja gesagt. Wir müssen ans Meer kommen.«

»Und ich würde wirklich sehr gern die Küste sehen«, sagte ich.

Der Pfad ganz links führte ins Dickicht. Wir kurbelten die Fenster hoch, und das Auto stürmte wie ein täppischer Elefant durch die Vegetation.

»Das muss der richtige Dschungel sein«, sagte Peter.

Später kamen wir wieder auf freies Gelände, der Pfad wurde hart und begann steil anzusteigen. »Wie absonderlich«, sagte Peter.

Wir fuhren jetzt immer im ersten Gang, und das Kühlwasser kochte seit zwei Stunden ununterbrochen. Wieder ein *arroyo,* mit raschfließendem Wasser. Wir kamen knapp durch.

»Du weißt, dass du so deinen Wagen ruinierst, Peter?« fragte Jack.

»Es ist schließlich mein Wagen, oder?«

»Das wissen wir. Sei kein Esel.«

»Vielleicht sind es nur noch ein paar Meilen bis zum Meer.«

»Vielleicht auch nicht.«

»Mein lieber Jack, du wirst doch nicht glauben, dass wir zurückfahren können …«

»Sehr wahrscheinlich nicht. Aber den Versuch ist es wert, solange der Motor noch läuft und wir Tageslicht haben.«

»Ich habe wirklich furchterregend scheußliche Kopfschmerzen, Peter«, sagte ich.

»Nehmen Sie ein Aspirin. Ich muss schon sagen, ihr seid zwei schwierige Reisegefährten.«

Die Entscheidung fiel am nächsten *arroyo,* das tief, breit und raschfließend war. Wir loteten es mit einem Stock aus: Das Wasser würde die Batterie erreichen.

»Also, schön«, sagte Peter, »sollt ihr euren Willen haben.«

Von da an war all unser Bemühen darauf gerichtet, nicht stehenzubleiben. Freilich konnten wir nicht viel tun, da wir weder Werkzeuge noch Zeit hatten, aber wir konzentrierten unsere Gedanken wie ein Wunderheiler, dass das Auto nicht auseinanderfallen möge. Es rauchte, es dampfte, es spuckte Öl; zwei Ventile fielen aus, Kupplung und Anlasser klemmten, jede Feder, jeder Kolben quietschte, keuchte und stieß ein anklagendes Todesröcheln aus. Wir blieben stecken; wir verloren den Weg; wir stemmten, wir kurbelten, wir fächelten, wir schoben und stützten. Wir beteten. Jack vollbrachte auch ohne Haarnadel Wunder. Wir wagten nicht an die beiden schwierigen *arroyos* zu denken, die wir wieder zu durchqueren hatten, wir trauten uns nicht, auf den Ölstand- oder Benzinanzeiger zu blicken; vor allem trauten wir uns nicht, auf die Uhr zu blicken. Wenn wir redeten, dann nur, um die Hunde zu beruhigen. Wir hatten eine Reifenpanne und mussten den abgefahrenen Ersatzreifen herausholen. Die Muttern glühten, der Wagenheber rutschte weg, und der Reifenwechsel nahm trotz äußerster Konzentration fünfundzwanzig Minuten in Anspruch.

Eine Viertelstunde vor Einbruch der Dunkelheit erreichten wir die Lichtung mit der Kokosfaserhütte.

Die Besitzer baten uns hinein. Sie wollten uns ein paar Maisfladen, Bohnen und Chili geben. Wir tranken ein bisschen Kokosmilch und Schale um Schale Wasser aus dem *arroyo.* Jack und ich verstanden kein Wort von dem, was sie sprachen. Peter sagte uns später, dass sie einen Otomí-Dialekt gesprochen haben müssen. Es war uns jedoch klar, dass wir hier die Nacht verbringen sollten. Die Hütte war voller Menschen, und unsere großzügigen Gastgeber hatten versäumt, das Dach zu ersetzen, das sie früher an diesem Tag Jack geschenkt hatten. Dass wir infolgedessen ohne Dach schlafen mussten, hätte vielleicht unser Unbehagen noch sehr verstärkt, wenn wir in einem aufnahmefähigeren Zustand gewesen wären, und dies verfolgte mich wie eine ungemein bedeutungsvolle Parabel durch eine fiebrige Nacht. Während ich zwischen einer Indiofrau und einem Spaniel (für die Körbe der Hunde war nicht genügend Platz gewesen, und außerdem waren sie durch die Anwesenheit einiger Schweine verschreckt) auf der Erde lag, zimmerte ich an der Antwort auf die Frage nach der Brüderschaft der Menschen. Es war ein herrliches Stück Schreinerarbeit, wenn auch unhandlich, und es musste in die Öffnung einer großen quadratischen Kiste eingepasst werden, eine mühsame, schwer zu bewerkstelligende Aufgabe, und jedes Mal, wenn ich die Kiste fertig hatte, ging sie mir in den Händen entzwei.

Am nächsten Morgen waren wir wieder die alten.

»Ich bin überzeugt, Richard Middleton hätte sich sofort mit unsren Gastgebern verfeindet«, sagte Peter; »sie hätten ihn nie zum Abendessen eingeladen und bei sich beherbergt. Ein Pluspunkt für uns.«

Wir machten uns tatsächlich im Morgengrauen auf den Weg. Da sich von unserem Motor jetzt nur noch sporadische Bemühungen erwarten ließen, erreichten wir die Staubstraße erst am frühen Nachmittag und bereiteten uns auf die Steigung nach Autlán vor.

»Wir *werden* zum Abendessen dort sein«, sagte Peter.

»Oh«, sagte ich. »Und die Vorstellung, dass wir ein Bad nehmen können.«

»Sie sind nicht einmal eine Woche fort gewesen«, sagte Don Otavio. »Hat es Ihnen an der Küste nicht gefallen?«

»Es ist immer ein Vergnügen, nach San Pedro zurückzukehren.«

»Sie sind zu liebenswürdig.«

»Mach dir nichts draus, dass du nicht hingekommen bist«, sagte E., »wahrscheinlich wäre es doch nur eins von diesen Seebädern gewesen. Aber es freut mich für dich, dass du die Reise gemacht hast. Du scheinst immer so viel zu tun zu haben, wenn wir reisen, und mit diesen beiden netten jungen Männern muss es doch mal eine richtige Abwechslung gewesen sein. Wie unsere Mütter zu sagen pflegten: Mit einem Mann zu reisen ist doch was ganz anderes.«

»Don Otavio möchte wissen«, sagte Juan, »ob Sie zum Abendessen einen besonderen Wunsch haben oder ob Sie es vorziehen würden, wenn Soledad Ihnen ein Tablett hinaufbrächte?«

»Ein Tablett bitte«, sagte ich, »wenn es möglich ist.«

Viertes Kapitel

Mexikanische Medizin

Am nächsten Tag fühlte ich mich sehr krank. Mr. Middleton eilte, als guter Christ, an mein Lager.

»Sie haben doch das Chinin in der Dosis genommen, die ich Ihnen aufgeschrieben habe?«

Der Augenblick lauterer Wahrheit war da. »Wir hatten keines«, sagte ich.

»Was? Das Chinin ausgegangen? So was hab ich noch nie gehört.«

Ich sagte nichts, ließ zu, dass die Wahrheit befleckt wurde.

»Ich frage mich, ob die Dosierung ausreichend war. Schwer zu sagen bei manchen Leuten.«

Dann sagte er: »Das ist keine Malaria. Die Temperatur stimmt schon mal gar nicht. Das ist etwas, wovon ich nichts verstehe. An Ihrer Stelle würde ich zusehen, dass ich auf dem schnellsten Wege nach Guadalajara komme. Gibt ein paar gute Leute dort, obwohl sie sicher nicht die Laborgeräte haben, um so was festzustellen. Sie werden ein paar Untersuchungen machen müssen. Interessante Bazillen holt man sich in der Gegend dort. Immer wieder was Neues. Sind Sie sicher, Sie haben sich an alle Vorsichtsmaßnahmen gehalten, zu denen ich Ihnen geraten habe? Hat Peter richtig auf Sie aufgepasst?«

»Nicht an alle Vorsichtsmaßregeln.«

»Na ja, jeder übersieht mal irgendwas. Sogar erfahrenen Leuten passiert das.«

»Sehen Sie«, sagte ich, »ich glaube nicht, dass ich die Fahrt nach Guadalajara auf mich nehmen kann. Ich weiß, ich kann es nicht.«

»Sie sind in ziemlich schlechter Verfassung. Trotzdem, wissen Sie …«

»Gibt's hier denn niemanden?«

»Der hiesige Arzt trinkt, wie Sie vermutlich gehört haben, und Sie brauchen einen Spezialisten.«

»Einen Spezialisten *wofür?*«

»Eben! Das wird nicht so leicht zu diagnostizieren sein.«

Ich gab nicht nach. Zu diesem Zeitpunkt wäre ich lieber gestorben, als mich von der Stelle zu rühren, und ich wusste, ich würde nicht sterben. »Es ist nicht schlimmer als eine seltsame Art von Grippe«, sagte ich zu E., »ich muss mich nur ruhig verhalten.«

Don Otavio, der E.s Voreingenommenheit zugunsten einer qualifizierten Behandlung nicht teilte, stand mir bei. »Diese ganzen Ärzte werden sie sehr krank machen«, sagte er.

»Sie ist krank«, sagte E.

»Zu krank, um San Pedro zu verlassen.«

Trotzdem meinte Don Otavio, ich sollte irgend jemanden aufsuchen. »Die Dienstboten erwarten das von Ihnen.« Wir einigten uns auf die Hexe aus Deutschland.

»Es ist eine Entzündung«, sagte sie; »sie wird vergehen. Ich habe genau die richtigen Mittel für Sie, nur hab ich sie leider nicht mehr.« Sie kramte in einer Tasche voller Fläschchen mit winzigen weißen Pillen. »Bald werde ich sie mir wieder aus Deutschland schicken lassen können.«

Inzwischen solle ich einen Aufguss aus Haferstroh trinken und ruhen. E. passte sie ab, und sie führten eine Unterhaltung.

Mein Zustand besserte sich nicht. Eine Woche verging, eine zweite; Don Otavio war ein gütiger Engel. Es gab nichts, was er nicht tat. Er hätte mir sogar vorgelesen, wenn ich ihn darum gebeten hätte. Eines Tages, als es mir sehr schlecht ging, schickte die Köchin eine Kerze und einen Löffel herauf Jeder einzelne Gesichtsknochen schmerzte fürchterlich, und ich brauchte ständig eine Eiskompresse. Ich zündete die Kerze an, erhitzte den Löffel in der Flamme und presste ihn mir gegen Wangen und Stirn. Die Hitze tat wohl. Nachdem ich diese Behandlung eine Stunde fortgesetzt hatte, begann ich eine leichte Besserung zu spüren.

Guadalupe kam herein. »Was tun Sie denn da?« sagte sie. »Wissen Sie nicht, was man mit der Kerze und dem Löffel tut? Sie sind doch nicht so unwissend. Sie müssen warten, bis Sie allein sind, und dann müssen Sie die Kerze anzünden und den Löffel in die Hand nehmen und Ihre Gebete rückwärts aufsagen. Man tut so was nicht sehr oft, aber manchmal hilft's.«

Einige Tage später kam Bescheid, dass der Arzt bereit sei, mich zu empfangen. Es war seine nüchterne Woche. »Sie müssen zu ihm, *nina*«, sagte Don Otavio, »Soledad, Juan, Domingo und ich werden Sie mit dem Boot hinbringen.«

»Du musst hin«, sagte E.

»Kann er nicht hierherkommen?«

»Nur für eine Geburt.«

Der Arzt empfing mich in der Drogerie seiner Schwiegermutter. Er war ein onkelhaft aussehender, schon älterer Mann, nicht sehr indianisch, aber auch nicht sehr weiß, in einem fleckigen braunen Anzug. Er behandelte mich freundlich. Wir saßen in zwei Korbsesseln und unterhielten uns, während um uns das Geschäft der Drogerie, vornehmlich der Verkauf von Süßwaren und Abführmitteln, weiterging. Dann führte mich der Arzt auf die Straße, wo das Licht besser war, und schaute mir, während ich gegen das Schaufenster lehnte, in Hals und Nase. Er verschrieb Tropfen und Cachets-Midi, ein Grippepräparat, das ich noch aus meiner Kindheit kannte und das vermutlich bei Bazaines Soldaten beliebt gewesen war, und half selbst seiner Schwiegermutter in den Regalen nach den Cachets suchen.

An diesem Abend stieg meine Temperatur auf einundvierzig Grad. Sie fiel auch am folgenden Tag nicht. Doktor Gomez lag wieder in einem Tequilakoma und war nicht zu konsultieren. Don Otavio nahm die Sache in die Hand.

Er schickte nach Penicillin; er schickte das Boot nach Chapala, um das Telefonfräulein zu holen, das gelernt hatte, Spritzen zu geben. Vierundzwanzig Stunden blieb das Telefonamt geschlossen. Später wurde das Fräulein alle paar Stunden hin und her gefahren, damit es sich sowohl um die Spritzen als auch um die Ferngespräche kümmern konnte. Innerhalb eines einzigen Tages fiel das Fieber, am zweiten hatte ich schon keine Schmerzen mehr, am dritten war ich wieder auf den Beinen. Nach einer Woche war ich gesund.

Doktor Gomez, wieder nüchtern, wollte Näheres über die Behandlungsmethode wissen. Wieder untersuchte er mich vor der Drogerie. »Die Symptome sind alle verschwunden, *nina* es war eine ganz großartige Idee. Sie müssen noch zwölf Spritzen bekommen, um einem Rückfall vorzubeugen«, sagte er und gab mir hinter dem Ladentisch die schmerzhafteste intramuskuläre Injektion, die ich je bekommen habe.

Ich beendete meine Kur im Kämmerchen des Telefonfräuleins im Postamt von Chapala.

»Aber wie sind Sie eigentlich draufgekommen, Otavio?« sagte ich.

»Wir haben nicht viele Medikamente. Nur Cachets-Midi und Aspirin und diese neumodischen Sachen. Die Cachets-Midi hatten Sie ja schon probiert.«

»Es hätte schiefgehen können«, sagte E.

»Nein, nein. Die Klosterfrauen meiner Tante nehmen immerzu Penicillin. Es ist ganz harmlos.«

Später erwähnte ich das zufällig gegenüber einem Arzt in New York. »Was Sie hatten, hört sich an wie diese neue Art von Milzbrandinfektion«, sagte er, »sie tritt neuerdings an der Ostküste ziemlich häufig auf. Ich möchte wissen, wo Sie sie sich geholt haben. Sagten Sie nicht, Sie hätten den Sommer zuvor in Connecticut verbracht? Nun, da haben wir's schon. Es braucht einige Zeit, bis es sich äußert; vermutlich ist es in Mexiko durch die Hitze oder irgendetwas ausgebrochen. Was übrigens gut für Sie war. Penicillin? Das ist aber interessant. Wir haben schon daran gedacht. Natürlich sind wir noch im Experimentierstadium.«

Fünftes Kapitel

Die beste aller möglichen Welten

Ich sah mit Schrecken, wie die Zeit vergangen war. Der Februar war fast um, und nun war es dieses Jahr zu spät für Yucatán.

»Nun müssen Sie bleiben«, sagte Don Otavio.

»Eines Tages werden wir doch fahren müssen. Wir sollten allmählich daran denken.«

»Denken Sie nicht daran. Noch lange nicht. Nein, nicht an Ostern. Sie können nicht vor der Regenzeit abreisen. Dann wird alles wieder aussehen wie letztes Jahr. Sie müssen mindestens bis zur Regenzeit bleiben.«

Wir dachten also nicht daran; Monate nicht, wieder ein Geschenk. Jeder Tag war wie sonst, aber ich wusste, die Zeit war um. Obwohl ich mich wieder wohlfühlte, war mir von der Krankheit eine gewisse Überempfindlichkeit der Nerven geblieben, durch die ich alles verschärft und überbelichtet aufnahm. Vor allem hatte ich großes Verlangen nach Geruhsamkeit, und ich verließ San Pedro nur selten. Wohl ruderte ich in einem Kanu auf den See hinaus oder ritt am Nachmittag mit Don Otavio aus, aber ich war nicht gern länger als ein paar Stunden auf einmal fort. E. war es zur Gewohnheit geworden, in Chapala Leute zu besuchen und hin und wieder in Guadalajara bei Jack und Peter ein paar Tage zu verbringen, und außerdem unterhielt sie mit Mrs. Rawlston eine streitlustige Bekanntschaft. Es war eine trockene Trockenzeit, der Maispreis war gestiegen, und *pistolleros* machten die Hügel unsicher. Don Otavio sah es nicht gern, dass wir nach Einbruch der Nacht ohne Andreas oder Domingo mit einer Flinte ausgingen.

E. hatte sich dagegen gesträubt, wie eine Figur aus *Fra Diavolo* bei Bekannten zum Abendessen zu erscheinen.

»Ich hatte während der Prohibition auf der Park Avenue nie einen Revolver bei mir«, erklärte sie Don Otavio.

Aber Don Otavio wollte durchaus nicht verstehen, und bald bemerkte E. ihren Leibwächter gar nicht mehr. Ich nahm die *pistolleros* zum Vorwand, nicht zum Abendessen auszugehen. E. kam immer gehobener Stimmung von Mrs. Rawlston zurück. »Sind wir uns in die Haare geraten wegen der Südstaatler!« sagte sie. »Aber ich muss sagen, das alte Mädchen tut einem wirklich gut – schade, dass du nicht mitgekommen bist –, wir haben wunderbaren Rotwein getrunken, etwas ganz Seltenes. Ihr Schwiegersohn hat ihn ihr geschenkt, hat sie uns erzählt. Kein böses Wort über ihn, ganz höflich. Mrs. Rawlston scheint weich zu werden.«

»Soledad hat Domingos Antrag angenommen«, sagte Don Otavio.

»Doch nicht Domingo!«

»Er drängt sie schon lange. Er ist ein braver Junge und nicht sehr jähzornig. Sie werden beide hier wohnen.«

»Wie kann sie so einen Bauernburschen heiraten?«

»Es passt sehr gut. Wer weiß, eines Tages werden sie vielleicht sogar in der Kirche getraut. Wir müssen ein hübsches Fest zu ihrer ersten Hochzeit geben.«

»Wie im *Sommernachtstraum*: Zettel im Wald bei Athen«, sagte E.

Noch mehr, noch größere Kisten trafen ein, und ein Satz kleiner runder Emailschilder mit Nummern, die Don Otavio entzückten und das Personal in Verwirrung setzten.

Andreas nahm Hammer und Nägel Juan trug die Schachtel, Don Otavio und ich folgten, und wir machten uns daran, die Schlafzimmer zu nummerieren. Wir blieben vor einer Tür stehen. Juan hielt Don Otavio die Schachtel hin, dieser zog ein Schildchen heraus, als wäre es ein Lotterielos. »Sollen wir dieses hier anmachen?«

»Sollte man sich nicht an ein bestimmtes System halten?« sagte ich.

»Das ist ein guter Einfall. Denken wir uns eines aus.«

Wir kamen zum Zimmer von Don Otavios Vater, das jetzt von E. und ihrem Stapel von Notizbüchern belegt war. »Wir werden das zu Nummer eins machen, meinen Sie nicht auch?«

Andreas nagelte das Schildchen über die Tür.

»Das sieht sehr nett aus. Es wirkt –«

»Es gefällt mir ganz und gar nicht«, sagte ich.

»*Nina,* Sie sind in einer sehr seltsamen Stimmung.«

Einige Tage später sagte er: »Ich glaube, Sie hatten recht. Ich hätte die Nummern nicht anbringen lassen sollen, ehe wir die Änderungen vorgenommen haben. Enriquez schreibt, dass manche von den großen Zimmern aufgeteilt werden müssen. Und es sind auch zu viele Loggien. Er sagt, man kann heute Häuser kaufen, die schon ganz fertig gebaut sind, und er bringt vielleicht ein paar, die man auf dem Rasen aufstellen kann. Er und der Geschäftsführer werden sich darum kümmern. Sie wissen doch, der Geschäftsführer, den uns Ihre Freunde schicken wollen, kommt bald. Ich habe ihn engagiert. Meine Tante ist sehr erfreut darüber. Sie schickt ihm das Fahrgeld nach New York.«

»Wie, sagten Sie doch, war sein Name?«

»Bill. Bill Irgendwas. Ich kann mir englische Namen nicht recht merken.«

»Und was beschäftigt den englischen Gentleman in New York?« fragte E.

»Er fuhrt ein Hotel. In dem Brief steht, er ist ein erfahrener Geschäftsführer.«

März und April gingen ohne größere Störungen dahin. Ich erhielt ein paar Briefe, die beantwortet werden mussten, die Dienstboten waren in der Karwoche alle stockbetrunken, das Wetter wurde beinahe heiß, und der Spiegel des Sees sank. Der amerikanische Konsul in Guadalajara gab eine große Party, und Mr. Middleton organisierte einen Ausflug zu einer der unerforschten Inseln im See. E. ging zu der Party, ich nirgendwohin. Dann traf der Präsident der Republik ein, der eine Besichtigungsreise durch die Provinz machte. Im Gouverneurspalast fand ein Ball statt, der für Jacks Porträts Reklame machte; in Guadalajara lud der Präsident zu einem Bankett für etwa dreihundert seiner präsentableren Anhänger ein und in Chapala zu einem bukolischen Mahl für die niedrigere Gefolgschaft. Aus diesem Anlass wurde die Villa von Díaz' Tochter geöffnet, und wir fuhren alle hinüber, um zu sehen, wie Speisen und Getränke für zweitausend Personen eintrafen.

Der Zug des Präsidenten kam mit so viel Verspätung aus Mexiko-City an, dass Ball, Bankett und Picknick sämtlich um einen Tag verlegt werden mussten, ein Umstand, der die Popularität des Besuches beträchtlich erhöhte.

»Nun muss alles doppelt bezahlt werden«, erläuterte Don Otavio.

Wir beobachteten die Ankunft des Präsidenten und seines Gefolges vom Balkon eines Hauses in Chapala aus. Zuerst kamen einige Motorradfahrer mit Revolvern. Sie mussten dem Gros etwas vorangeeilt sein, denn nach ihnen kam nichts. Zehn Minuten später preschten die Motorradfahrer aus der Gegenrichtung vorüber, und nach einer Weile erschienen sie wieder aus der ursprünglichen. Dann gab es wieder eine Pause, und schließlich kam ein Dutzend offener Wagen, vollgepfercht mit wilden Gestalten, die breite Hüte trugen und mit Schusswaffen behängt waren. Wieder eine Pause und wieder eine Folge von Autos mit ähnlicher Besatzung.

»Was für eine zahlreiche Leibwache«, sagte E.

»Das sind die Gäste«, sagte Don Otavio. »Sehen Sie, das ist der Oberrichter des Westbezirks. Und da ist der Bürgermeister von Zapopan.«

»Und wo ist der Präsident?«

»Er speist nicht mit ihnen. Er kommt später.«

In der Tat, nach einigen Stunden kam eine schnelle Limousine vorübergebraust, in der man hinter den geschlossenen Fenstern einen Mann mit fahler Gesichtsfarbe und einem Zylinder erkennen konnte. Die ganze Zeit über wurde unablässig Feuerwerk abgebrannt. Firmen aus Guadalajara, das Hotel von Chapala, Bittsteller, Dörfer, Privatpersonen, die um den See lebten, alle hatten etwas beigesteuert – Raketen, selbst gebastelte Schwärmer, Feuerwerkskörper, die »Viva Mexico« und »Vergesst nicht die Armen von San Tomás Poxcuoco« oder die Initialen des Präsidenten an den Himmel schrieben. Die Hexe aus Deutschland hatte einen großen Ballon geschickt, auf dem in Leuchtbuchstaben die Inschrift stand:

GEDENKET DES VOLKES DER DICHTER UND DENKER

Er war gut gemacht und hielt sich lange in der Luft. Noch wochenlang sahen wir ihn die Nacht hindurch über dem Ufer von San Pedro schweben. Er erschreckte viele Betrunkene und verschaffte seiner Schöpferin großes Ansehen.

»Sie sehen traurig aus, *nina,* kann ich irgendetwas für Sie tun?«

»Oh, Otavio ... Sie haben doch alles getan.«

»Nein, nein. Gibt es irgendetwas, was Sie aufheitern könnte? In der letzten Zeit ist es bei uns sehr ruhig gewesen. Möchten Sie Doña Anna besuchen? Möchten Sie, dass Guadalupe ein Huhn schlachtet? Möchten Sie Champagner?«

»Otavio.«

»Ja?«

»Ich traue es mich fast nicht zu sagen. Sie wissen doch, diese Lafite und Margaux, die in Ihrem Keller lagern und alt werden ... Sie gehen einem nicht aus dem Kopf Sie haben gesagt, Ihnen und Ihren Brüdern liege nichts daran, sonst würde ich gar nicht davon sprechen. Nun, und für mich, verstehen Sie, hat der Gedanke, ein Glas von diesem erlesenen Bordeaux ... Ach, lassen Sie mich lieber nicht weiterreden.«

»Diese französischen Rotweine? Ich hab sie Mr. Waldheim geschenkt.«

»Otavio!«

»Er hat mich dämm gebeten. Erinnern Sie sich, er ist an Weihnachten mit mir in den Keller gegangen?«

»Oh!«

»Ich habe sie ihm gar nicht so gerne gegeben, weil ich sie selbst nicht mag. Es kam mir so unhöflich vor. Ich habe darauf bestanden, dass er mindestens noch eine Flasche Cointreau nahm. Er schien tatsächlich diese Weine zu wollen, der Arme.«

»Alle Flaschen?«

»Ja, ich glaube schon. Er ist selbst mit dem *mozo* gekommen. Es waren nur ein paar Dutzend. Sie hätten sie alle haben können.«

Soledads Hochzeit wurde für die dritte Maiwoche festgesetzt.

In derselben Woche sollten der neue Geschäftsführer eintreffen und Don Enriquez aus Europa zurückkehren. Unmittelbar danach würde mit dem Umbau begonnen werden. Die »Segnung der Tiere« war am 24., die Fiesta von Tlayacán am folgenden Tag. Und unsere Abreise sollte am Ende des Monats stattfinden.

Ende April begab sich Jack nach San Salvador, um die Präsidentenfamilie in Öl zu malen, und am 1. Mai gebar Doña Concepción ihr Kind. Don Otavio fuhr nach Guadalajara und blieb eine Woche fort. Während seiner Abwesenheit traf ein junger Mexikaner in einem gemieteten Boot aus Chapala ein und verlangte den Chef zu sprechen. Es war Guillermo.

Wir drückten unsere gegenseitige Überraschung aus.

»Sie wohnen im Hotel?« sagte Guillermo.

»In welchem Hotel?«

»Im Hotel von Don Otavio de X. Ich bin der neue Geschäftsführer.«

Wir schickten ihn nach Guadalajara, dass er sich dort Don Otavio vorstelle.

»Ich dachte, das ist ein Kurort«, sagte Guillermo.

»Noch nicht«, sagte *E.*

»Sie wissen doch, dass ich es war, der diese Pension hauptsächlich geleitet hat? Sie werden es so sagen?«

»Ein Haus mit möblierten Zimmern in der 33. Straße?« sagte E.

»Ich habe Erfahrungen gesammelt.«

»Ohne Zweifel«, sagte E.

»Wurden Sie nicht erst in einigen Wochen erwartet?« sagte ich.

»Nun, sehen Sie, gerade jetzt war es nicht sehr vorteilhaft für mich, in New York zu bleiben.«

»Ich verstehe«, sagte E.

»Der arme Guillermo«, sagte ich später, »er muss ganz schön über uns erschrocken sein – diese Sache haben Rosenkranz und Güldenstern verkehrt eingefädelt, sie konnten ja auch schwerlich voraussehen, dass ich im Dschungel krank werden und wir unsere alten Tage bei Don Otavio verbringen würden – und du warst nicht sehr nett.«

»Sollten wir nicht Don Otavio warnen?«

»Ich denke, er kann sich selbst überzeugen.«

»Das frage ich mich.«

»Wovon überzeugen eigentlich?«

»Das ist es ja. Was wissen wir tatsächlich, was *gegen* Guillermo spricht?«

»Nichts.«

»Genau. Es ist nur dieser unglückliche Eindruck, den er macht. Und das ist wirklich so aufrichtig von ihm.«

»Es wäre fair, Otavio zu warnen.«

Don Otavio kam niedergeschlagen aus Guadalajara zurück. Seine Tante hatte Schwierigkeiten gemacht.

Es war noch keine kirchliche Erklärung über die Grotte abgegeben worden.

»Sie wird allmählich ungeduldig, die Arme. Sie hat gesagt, wenn sie sich nicht bald entschließen, wird sie sich einer andren Sache zuwenden. Sie sagt, in Rom wird man in der letzten Zeit sehr schwerfällig. Als wir unter den Reformgesetzen den Glauben am Leben hielten, seien sie um jedes kleinste Wunder froh gewesen, aber heutzutage braucht man für alles beglaubigte Aussagen in dreifacher Ausfertigung. Es genügt ihnen nicht, dass die Kröpfe verschwunden sind, sie wollen Beweise, dass die Leute überhaupt einen Kropf hatten. Als ob es eine Heilung hätte sein können, wenn sie nicht verschwunden wären. Wie ein Verein von Steuererhebern. Tante Isabella-Marfa sagt, eine solche Haltung gefällt ihr nicht, sie schickt sich nicht für eine große Kirche.«

Don Otavio war ohne Guillermo zurückgekommen. Er hatte ihn nach Mexiko-City geschickt, hier gebe es für ihn nichts zu tun, und Guillermo habe große Bereitwilligkeit an den Tag gelegt, dorthin zu fahren. Es gebe allerhand Dinge zu kaufen, die in Guadalajara nicht zu bekommen seien, und Guillermo habe einige Papiere mitgenommen, die Don Luís unterschreiben müsse.

»Die Post ist ja so unzuverlässig«, sagte Don Otavio.

Domingo war mit Guillermo nach Mexiko-City geschickt worden. »Bill ist jetzt unser Geschäftsführer, es gehört sich, dass er einen *mozo* hat, und es wird viel einzupacken geben. Wir werden überall neue Vasen aufstellen. Domingo wollte die Hauptstadt kennenlernen, und da er bald heiratet, wird er nicht mehr soviel reisen können.«

Es wurde wärmer. Mit jedem Tag sank der Spiegel des Sees ein bisschen mehr, nichts deutete auf Regen hin. Soledad nähte, Guadalupe mästete ein paar Truthähne, Doña Anna wurde gebeten, die Musikkapelle zur Verfügung zu stellen, und Don Otavio überlegte, ob er Domingo ein Fahrrad schenken solle. Don Jaime kam heraus, um seine Sachen von der Hazienda zu holen, und wir machten uns bereit, am Tag nach der Hochzeit in die Villa überzusiedeln. Schon hatten Arbeiter im rückwärtigen Hof einen Haufen Gips abgeladen. Abzüge von Inseraten trafen ein, die im Reiseteil der *New York Herald Tribune* und *Chicago Tribune* und des *Los Angeles Examiner* erschienen. Don Otavio klebte sie in ein für diesen Anlass angelegtes Album und leitete die erste schriftliche Anfrage aus Pittsburgh, in der nach näheren Einzelheiten bezüglich Sport- und Erholungsmöglichkeiten sowie Preisen gefragt wurde, an Don Enriquez weiter. E. schritt im Schlafzimmer des Exgouverneurs auf und ab und versuchte ein Kapitel zu Ende zu bringen.

Drei Tage vor Soledads Hochzeit erhielten wir die Nachricht, dass Guillermo in Mexiko-City festgenommen worden sei.

Don Otavio fuhr sofort nach Guadalajara. Zwei Tage später kam er zurück, sehr schweigsam. Er kam herüber auf die westliche Loggia und setzte sich. »Der arme Bill, es wird in Ordnung kommen. Enriquez wird ihn herausholen und Luís sich um ihn kümmern. In seinem Gefängnis gibt es keine Küche. Ich glaube nicht, dass der arme Bill schuld ist. Es ist irgendetwas mit seinen Papieren, und sie glauben ihm nicht, dass er Ausländer ist. Das ist nicht ungewöhnlich. Enriquez sagt, das Lokal, wo sie ihn festgenommen hätten, habe ihnen nicht gefallen, und sein Hotel habe ihnen nicht gefallen, und dass es auch noch um eine Schuldengeschichte geht. Aber es ist alles ziemlich traurig und unerfreulich. Meine Tante ist sehr ärgerlich. Bill hat nämlich unsern Namen angegeben. Enriquez ist auch ärgerlich. Und Jaime ebenfalls. Und jetzt muss ich gehen und mit Juan sprechen. *Con su permiso*?«

»Kannst du dir denken, was passiert ist?« sagte ich zu E.

»Nur dass Guillermo seinen unglücklichen Eindruck auf die Polizei gemacht hat.«

Am Abend sagte Don Otavio: »Es hat eine allgemeine Verärgerung gegeben, und aus dem Hotel wird jetzt nichts.

Oh, es ist nicht nur der arme Bill. Der Vatikan hat gegen die Grotte entschieden, haben wir soeben erfahren. Und Tante Isabella-Marfa hat bereits eine ziemliche Menge Geld hineingesteckt. Sie ist ganz außer sich, die Arme. Sie hat ihren Beichtvater vor die Tür gesetzt. Sie sagt, die Kerzen allein haben ein Vermögen gekostet, und was soll sie jetzt mit dem Grund anfangen. Sie sagt, nun versteht man, warum es so viel Ketzerei gibt. Und Enriquez ist jetzt auch gegen das Hotel. Er sagt, dass er jetzt, da uns die Politik wieder mehr offensteht, nicht daran denkt, seine Zeit mit wöchentlichen Abrechnungen zu verschwenden, und dass ich nicht zu gebrauchen bin, und überhaupt fahren Amerikaner mit Geld jetzt wieder nach Europa, und er hat gesehen, was die Leute wollen, und etwas wie San Pedro ist es nicht. Er sagt, San Pedro ist ein hoffnungsloser Fall. Man müsste Millionen hineinstecken und jeden Stein und jeden Pfeiler niederreißen, um etwas daraus zu machen, was mehr wie San Jose Purúa aussähe, und wo wäre man dann? In Tlayacán und ohne Straße. Das Geld für die Straße ist gerade wieder für den Ball des Präsidenten ausgegeben worden. Und ein Motorboot, sagt Enriquez, ist ganz schön, aber die Leute wollen mit ihren Autos fahren, und wenn die Republik überhaupt eine touristische Zukunft hat, dann an der Überlandstraße nach Taxco, und er hat von einem hübschen Stück Land gehört, direkt an der Straße, nicht mit alten Häusern vollgestopft, und vielleicht wird er das ausbauen. San Pedro könnte man nicht einmal verkaufen, sagt er. So etwas wie San Pedro könne man in der heutigen Zeit nur bewohnen, zu was anderem tauge es nichts.«

»Dann werden die Arbeiter also *nicht* am Tag nach Soledads Hochzeit anfangen?«

»Es gibt keine Hochzeit. Sie haben Domingo geholt.«

»Was meinen Sie damit?«

»Das Militär. Als die Polizei den armen Bill mitgenommen hat, ist Domingo auch gleich festgenommen worden. Das ist so üblich. Sie hätten ihn freigelassen, aber sie sind dahintergekommen, dass er seine Dienstzeit noch nicht abgeleistet hatte – er wäre schon vergangenes Jahr eingezogen worden, aber Enriquez hat ihn freibekommen, nur gilt es nicht außerhalb der Provinz. Und so haben sie ihn gleich nach Uxpan in die Kaserne geschickt.«

»Für wie lange?«

»Ein paar Jahre. Es kommt darauf an.«

»Der arme Domingo.«

»Nein, nein. Domingo hat immer gesagt, er möchte Soldat werden. Er war so enttäuscht letztes Jahr. Enriquez wusste nichts davon, natürlich richtet er es immer so ein, dass unser Personal freigestellt wird – irgendwas mit einer Liste im Kriegsministerium –, und dann war es zu spät.«

»Und was sagt Soledad dazu?«

»Soledad ist erfreut darüber. Sie sagt, sie würde gerne weitermachen wie bisher. Sie wollte sich ohnehin nicht so gerne mit jemandem verheiraten. Domingo hat ihr so zugesetzt. Und dabei fallt mir ein, ich muss Guadalupe sagen, dass sie den Truthähnen keine Milch mehr gibt.«

Einige Tage später sagte Don Otavio: »Jetzt bekommt der arme Domingo sein Hochzeitsgeschenk nicht. Und er wollte doch so gern ein Fahrrad. Vielleicht könnte ich es ihm trotzdem schicken.

Wo er jetzt ist, könnte er es sogar gebrauchen. Dort gibt es eine Straße.«

»Otavio«, sagte ich, »bedauern Sie es sehr?«

»Dass es mit dem Hotel nichts geworden ist? Es wäre schön gewesen, reich zu werden und immer reizende Menschen hier zu haben. Aber Enriquez sagt, sie würden nicht reizend sein und wir würden vielleicht ärmer. Vielleicht wäre es ein bisschen schwierig geworden. Wir haben schon so viel Arger deswegen gehabt. Wer weiß, vielleicht hat Enriquez recht, und ich hätte mich im Geschäft nicht sehr gut gemacht. Jetzt wird mehr Platz für meine Nichten und Neffen sein, und E. kann die Suite meines Vaters haben, sooft sie kommt. Vielleicht ist es besser so.«

Unsere Tickets trafen ein. Wir wollten von Guadalajara direkt nach New York fliegen.

»Weißt du, ich fahre wirklich nicht gern von hier weg«, sagte E. »Ich verspüre keine große Begeisterung, in die Heimat zurückzukehren. Ich furchte, Don Otavio wird recht behalten: Wir werden es ungemütlich haben und uns gar nicht glücklich fühlen.«

Drei Tage später fuhren wir alle zur »Segnung der Tiere« nach Chapala. Alle Tiere, die es um den See gab, waren festlich geschmückt dorthin gebracht worden, um diesen alljährlichen Segen zu empfangen. Ich fühlte mich in großen Menschenansammlungen noch immer unbehaglich, und das Gedränge, der Lärm, der Gestank waren überwältigend. Auf dem Platz vor der Kirche drängte sich eine Menge von Maultieren und Jungochsen, mit Girlanden und schönen Hüten aufgeputzt. Für die kleineren Tiere war es eine schwierige Angelegenheit. Man sah neugeborene Kälber, die auf dem Rücken von Eseln getragen, Ferkel, die an den Busen gedrückt, Hühner, die von ungeschickten Kindern festgehalten wurden, Kanarienvögel in Käfigen, einen großen, zornigen Papagei auf einem Stock, Meerschweinchen in Schürzentaschen, Enten in Körben, Katzen in sicherer Entfernung auf den Dächern, noch tapsige Promenademischungen, die an einer Schnur geführt wurden, Don Otavios Malteserhündin und Doña Annas Griffon auf den Armen der Chauffeure und stinkende Kaninchen, die an den Ohren getragen wurden; dazwischen wanderten Gänse umher, Pferde, die zitterten, und eine herrliche weiße Angoraziege, der die Ochsen den Weg frei machten.

Die Kirchenglocken läuteten wie verrückt, der Priester hielt das Sakrament hoch, machte eine Segensgeste, die Menschen knieten sich in den Staub und hoben ihre ängstlich kreischenden Tiere der Monstranz entgegen – *Mamacita del cielo, Madrecita Maria, Firgen,* ein einziges Heulen, Wiehern, Jaulen, Gackern, Quieken …

»So ein netter Brief von Luís«, sagte Don Otavio am Abend. »Er scheint sich gar nichts aus den Scherereien zu machen, die wir ihm bereitet haben. Bill gefällt ihm. Er schreibt, er sei sehr nett und brauchbar, und wenn er es einrichten könne, die Sache mit Bills Papieren in Ordnung zu bringen, so dass er bleiben kann, wolle er ihn zu seinem Sekretär machen. Luís schreibt, Bill sei genau das, was ihm immer gefehlt habe, und Bill gefalle es in der Hauptstadt. In San Pedro wären seine Talente verschwendet worden.«

Am nächsten Tag kamen die Enriquez und die Jaimes zur Fiesta von Tlayacán heraus. Doña Concepción sah hinreißend aus; Doña Victoria war in guter Stimmung.

»Du kannst Mamas Silber ruhig behalten, *chiquito*«, sagte sie zu Don Otavio. »Es gehört ja nach San Pedro.«

Wir saßen bei einer langen *comida* und brachen erst auf als es Zeit für die Stierhetze in Tlayacán wurde. Als wir das Vergnügungsgelände betraten, brach die Haupttribüne zusammen, ein Gerüst aus Stöcken und Schnüren, und zweihundert Menschen in fröhlich bunten Kleidern, sehr betrunken, fielen ganz langsam in die Bäume, die darunter standen.

»Ich denke, ich sollte jetzt gehen«, sagte ich. »Ich glaube nicht, dass die Fiesta das noch überbieten kann.«

»Ich gehe auch«, sagte Doña Concepción; »die Hitze setzt mir doch noch recht zu.«

Wir fuhren, begleitet von Andreas, nach San Pedro. Als wir am Tor ankamen, schickten wir ihn zu der Fiesta zurück. Die anderen Dienstboten waren fort, das Haus still. »Setzen wir uns auf die Westloggia«, sagte Doña Concepción, »ich bin um diese Stunde gerne dort.«

Nach einer Weile sagte sie: »Sie reisen morgen ab, nicht? Für lange?«

Ich gab keine Antwort.

»Wie einsam es für Tavio sein wird. Haben Sie unsere Neuigkeiten gehört? Die Enriquez werden in der Hauptstadt leben. Enriquez sagt, mit Guadalajara sei es vorbei; und auch mein Mann wird ziemlich oft hinfahren müssen. Darum werden die Kinder und ich mehr Zeit in San Pedro verbringen. Jaime möchte, dass das neue Baby auf dem Lande aufwächst. Er sagt, es wird Zeit für uns, dass wir wieder lernen, wie Gentlemen zu leben.«

»Das wird nett sein für Otavio«, sagte ich.

»Ja, das denke ich auch. Das mit dem Hotel hat mir zuerst so leid für ihn getan. Jetzt bin ich mir nicht mehr sicher. Alle haben sich gegen ihn gestellt und gesagt, es sei seine Schuld, und dann diese neuen Ideen von Enriquez und Tante Isabella-Marías Ärger, weil sie all das Geld verloren hat, und ihre Reden, dass sie es leid sei, mit Beichtvätern und Geschäftsführern und solchen Leuten umzugehen – das war alles sehr traurig für den armen Otavio. Aber jetzt hat Tante Isabella-Maria einen so reizenden Brief von Monsignore bekommen, in dem er schreibt, dass, vertraulich gesprochen, in Rom jedermann die Idee mit Tante Isabella-Marías Grotte so schön finde und dass die Wunder sich herrlich anhörten, aber vielleicht sei es gerade im Augenblick nicht ratsam, noch eine Grotte zu eröffnen, da sie ja schon so viele auf dem Hals hätten, man müsse in der heutigen Zeit so vorsichtig sein, weil man sowohl an die Kommunisten wie an die Protestanten zu denken habe. Schließlich, wenn die Grotte das wäre, was sie alle erhofften, würde sie gewiss zuletzt triumphieren, und Tante Isabella-Maria sei eine zu treue Tochter der Kirche, um nicht zu verstehen, dass es nicht das geringste ändere, wenn die Grotte die nächsten hundert oder zweihundert Jahre ohne Anerkennung bliebe. Tante Isabella-Maria solle des Lebens der Heiligen gedenken, und vielleicht ließe es sich irgendwie einrichten, einen Teil der Kerzen zurückzukaufen. Und wenn sie inzwischen irgendeinen kleinen persönlichen Gefallen erbitten wolle, so sei Monsignore sich fast gewiss, ihr versichern zu können, dass jemand, der so lange und mit solcher Hingabe auf dem Felde der guten Werke geackert habe, kein ungeneigtes Ohr finden werde.

Und so, sehen Sie, werden Tante Isabella-Maria und Monsignore den armen Tavio zu einer Art Titularlaienpriester machen. Ich weiß nicht ganz genau, was das ist; Monsignore arbeitet daran. Tavio war sich doch noch immer über seine Berufung unschlüssig und konnte nicht Priester werden, weil er nicht für die Examina studiert hat, und fortgehen und irgendwo ein Mönch sein, das wollte er auch nicht. Und jetzt wird er zu einem *abbé* ehrenhalber gemacht werden und in San Pedro leben können. Er wird hier und in der Kirche sein, und es wird so hübsch für ihn sein, einen geistlichen Status zu haben. Niemand kann ihn mehr necken, weil er nicht verheiratet ist. Er kann uns und alle seine Freunde bei sich wohnen lassen. Tante Isabella-Maria wird ihm Geld vermachen, dass er so wie jetzt in San Pedro leben kann. Sie hat immer gesagt, sie wolle ihr Geld der Kirche vermachen, aber es hat ihr nicht gefallen, dass es dann aus der Familie kommt, aber nun natürlich wird Tavio sozusagen in der Kirche sein, und damit würde das Geld der Kirche vermacht werden und trotzdem in der Familie bleiben, nicht wahr? Vielleicht ist es doch gut, dass es mit dem Hotel so gekommen ist, weil San Pedro Tavios Zufluchtsort sein wird und Monsignore ihn nicht zu so einem Priester hätte machen können, wenn Tavio ein Hotel geleitet hätte. Vielleicht hat es nicht sein sollen. Vielleicht kann Tavio jetzt feststellen, ob er wirklich eine Berufung hat. Oder vielleicht ist dies seine Berufung? Der Kirche anzugehören und in San Pedro zu leben? Wer weiß, Doña Sibilla, vielleicht hat sich alles zum besten gewendet?«

»Es hat sich alles zum besten gewendet«, sagte ich.